規基準の数値は「何でなの」を探る

第2巻

寺本隆幸・大越俊男・和田 章：監修

建築技術

巻　頭　言

二つの大震災

　関東大震災では，木造の被害が最も多かったが，鉄筋コンクリート造の被害は，無被害551棟（78%），全壊15棟（2%），半壊20棟（3%），大破45棟（6%），小破74棟であった。東京や横浜のれんが造と石造の多くが壊滅的な被害を受け，以後，れんが造と石造が姿を消した。しかし，東京駅や一丁ロンドンの3階建のれんが造や，銀座通りの2階建のれんが造の建物は損傷を免れた。

　阪神・淡路大震災でも，木造の被害が最も多かったが，超高層建物はおおむね無事で，1981年に改正された建築基準法に従って建築されたビルは被害は少なかった。旧耐震設計のビル，1階が駐車場のビル，マンションの物件では被害も多かったものの，幸いにも死者は少なかった。それも，家具の転倒による死亡であった。

　両大震災の被害を比較すると，1950年から1980年の間に建設されたモダニズム建築に被害が集中していることがわかる。ちょうど，日本の高度成長期につくられた建物である。皮肉なことに，1950年につくられた建築基準法や日本建築学会の構造規準は緩やかで，構造設計者にとって自由な時代であった。膨大に要求された新築の量に対して，あまりにも短期間に多くの構造設計者を乱造した結果であるともいえる。

一貫自動構造計算プログラム

　1970年代の建築構造の設計では，D値法を用いた計算が主流であった。しかし，超高層の設計では，汎用プログラムFRANなどを用いて三次元立体骨組応力解析もできるようになったが，計算機の容量が小さく，疑似立体モデルを用いた平面骨組応力解析が主であった。また，汎用プログラムNASTRANや有限要素法も導入された。

　超高層の解析を中心に電算プログラムが開発されていたが，1973年になり，その妥当性を図るために，日本建築センターが電算プログラムの評定を開始した。

　1980年代に入ると，汎用プログラムSAP Ⅳやチューブ構造解析プログラムETABS，地盤振動応答解析プログラムSHAKEやFLUSHなどのプログラムが導入された。1980年代前半には，保有水平耐力計算を含んだ一貫自動構造計算プログラムがおおむね開発された。1990年には，構造解析用プログラムの開発が終了したといえる。

　一貫自動構造計算プログラムが，本格的に普及したのは，1995年のWindows95の発売以後といえよう。このプログラムは計算機の能力とともに高機能になり，何にでも対応できるようになった。

建築構造物の安全性

　一連の複雑な作業を隠し，より簡単な操作に置き換えることを，ソフト開発では

「抽象化」と呼んでいる。「抽象化」によって，ユーザーに与えようとしていた「心理モデル」が破れてしまうことがある。これを「抽象化の漏れ」と呼んでいる。航空機ではすべての操作が電子制御に代わっているが，パイロットは「抽象化の漏れ」が発生する事態に対応できるように厳しく訓練されている。

現在，PCを用いて高度な解析や振動の可視化も可能であり，使用にあたってはパイロット並みの操作の訓練が必要といわれている。適用できないモデルに使用され，時として無知や入力ミス，バグによって間違っていても，パイロットと違い，地震が来るまでわからない。軽飛行機のパイロットが，ジャンボジェット機を操縦しているといわれている。

建築に限らず，巨大建造物は実物実験ができず，常に実験であるといわれている。すなわち，建築構造物はシミュレーションによって，安全性が確認されているにすぎない。

シミュレーション技術の信頼性や解析限界，予測精度，解析プロセスでのミス防止といった課題，あるいは，シミュレーション技術を利用した新しい視点の発見や，アイデア，提案する技術の欠如が指摘され，同時に，解析品質を理解できる人材の存在の有無がしばしば議論される。

解析品質を理解できる人材は，どのように教育されるべきか。教育に時間がかかりすぎて無理ならば，完璧なプログラムを望むべきか。

耐震設計とは

1950年につくられた建築基準法の耐震規定では，ベースシア係数0.2で弾性設計していれば，その建物の耐力が2〜3倍になり，関東大震災の0.5程度に耐えられるものとしていた。技術慣行に依存していた構造規定といえる。

宮城県沖地震では，モダニズム建築の函館大学校舎が1階柱のせん断破壊によって層崩壊してしまった。さらに，阪神・淡路大震災では，旧耐震規定の欠陥を証明してしまった。

建築基準法が1998年に性能設計に移行したにもかかわらず，多くの技術基準や技術慣行が残され，逆に追加・強化されたようにも思われる。

2006年に構造設計一級建築士制度が導入され，構造の専門性が明確化された現在，一貫自動構造計算プログラムを自由に駆使し，創意・工夫に富んだ，安全性の高い構造設計が望まれる。パイロットは飛行機を自由に操るために，飛行機のすべてを知る必要がある。構造設計者も，プログラムを自由に駆使するためには，力学の本質を理解し，出力を正しく判断する必要がある。

本書が，そのために役立つことを願っている。

2015年3月吉日
大越俊男
東京工芸大学客員教授

Contents

巻頭言 | 大越俊男 …… 002

構造／RC造

- Q.145 RC造ルート判定 | 勅使川原正臣 …… 014
- Q.146 設計用せん断力の割増係数 | 菅野俊介 …… 015
- Q.147 ルート1の標準せん断力係数 | 広沢雅也 …… 016
- Q.148 Exp.Jで区切る建物長さ | 角 彰 …… 017
- Q.149 保有水平耐力の割合 | 勅使川原正臣 …… 018
- Q.150 耐震壁開口低減率の制限 | 壁谷澤寿海 …… 020
- Q.151 コンクリートのひび割れ幅 | 大野義照 …… 024
- Q.152 壁式構造の階数・高さ | 勅使川原正臣 …… 025
- Q.153 材料の許容応力度のF値に対する比率 | 林 靜雄 …… 028
- Q.154 部材種別の判定項目 | 勅使川原正臣 …… 029
- Q.155 RC造柱・梁の曲げ耐力比 | 市之瀬敏勝 …… 034
- Q.156 RCのクリープ係数 | 小柳光生 …… 035
- Q.157 RC部材の許容せん断力 | 市之瀬敏勝 …… 036
- Q.158 応力中心距離 | 松崎育弘 …… 037
- Q.159 太径鉄筋に対する長期許容応力度 | 大野義照 …… 038
- Q.160 RC柱の最低鉄筋量 | 小谷俊介 …… 040

Q.161	柱の主筋,梁の複配筋	林 靜雄	041
Q.162	RC柱の最小径	大越俊男	042
Q.163	RC大梁の最低鉄筋量	小谷俊介	043
Q.164	耐震壁に取り付く梁主筋	中谷好志+勅使川原正臣	044
Q.165	異形鉄筋の付着割裂破壊	市之瀬敏勝	045
Q.166	小梁の設計用曲げモーメント	大野義照+岩田樹美	046
Q.167	フープ筋の余長,鉄筋の定着・継手長さ	大野義照	048
Q.168	RC柱・梁のせん断補強筋比	市之瀬敏勝	050
Q.169	RC柱梁接合部のせん断補強筋比	小谷俊介	051
Q.170	RC柱の帯筋ピッチ	青山博之	052
Q.171	荒川mean式の採用と割増係数	福山 洋	053
Q.172	RC柱梁の許容せん断力	生部宏幸+勅使川原正臣	054
Q.173	耐震壁の厚み	市之瀬敏勝	056
Q.174	スラブの支点間距離に対する厚さ	大野義照	057
Q.175	スラブ厚さの規定	松崎育弘	058
Q.176	フラットスラブの鉛直荷重	槙谷榮次	059
Q.177	スラブの支持条件とスラブ厚さ	大野義照+岩田樹美	060
Q.178	スラブの応力	大越俊男	062
Q.179	あと施工アンカーの使用規定	松崎育弘	063
Q.180	円形孔の補強	大越俊男	064

- Q.181 RC梁貫通補強｜勅使川原正臣 ……… 065
- Q.182 PC規準のコンクリート強度｜鈴木計夫 ……… 066
- Q.183 梁主筋の定着起点｜鈴木計夫 ……… 068
- Q.184 梁端部の機械式継手｜林 靜雄 ……… 069
- Q.185 あと施工アンカーの長期許容応力度｜細川洋治 ……… 070

構造／S造

- Q.186 鉄骨造ルートの判定｜緑川光正 ……… 072
- Q.187 鉄骨ラーメン構造における$D_s=0.25$｜向井昭義 ……… 073
- Q.188 ブレース構造のD_s値の上限｜田中淳夫 ……… 074
- Q.189 露出柱脚, アンカーボルトの伸び能力｜田中淳夫 ……… 075
- Q.190 根巻形式柱脚の根巻高さ, 埋込形式柱脚の埋込み深さ｜原田幸博 ……… 076
- Q.191 アンカーボルトの埋込み長さ, ベースプレートの厚み｜角屋治克 ……… 077
- Q.192 露出柱脚の回転剛性｜角屋治克 ……… 078
- Q.193 鋼構造設計規準での許容曲げ応力度｜青木博文 ……… 080
- Q.194 鋼材の許容せん断応力度｜青木博文 ……… 081
- Q.195 JIS規格鋼材の耐力｜青木博文 ……… 082
- Q.196 鋼板の許容曲げ応力度｜田中淳夫 ……… 084
- Q.197 鉄骨造角形鋼管柱の柱梁耐力比｜中込忠男 ……… 085
- Q.198 鋼材の短期許容曲げ応力度｜田中淳夫 ……… 087

- Q.199 鋼構造材としての炭素鋼とステンレス鋼｜青木博文 …… 088
- Q.200 鋼材の許容支圧応力度｜千田 光 …… 089
- Q.201 鋼材の基準強度｜青木博文 …… 090
- Q.202 鉄骨造の柱・梁の幅厚比｜青木博文 …… 091
- Q.203 鉄骨造の幅厚比制限｜緑川光正 …… 093
- Q.204 鋼材の圧縮材の有効細長比｜青木博文 …… 094
- Q.205 曲げモーメント分布の効果に関する式｜津田惠吾 …… 095
- Q.206 座屈長さ｜津田惠吾 …… 096
- Q.207 横補剛材の必要剛性・耐力｜小野徹郎 …… 098
- Q.208 横補剛における均等間隔の条件式｜小野徹郎 …… 099
- Q.209 H形梁の曲げモーメント分布｜坂田弘安 …… 100
- Q.210 梁の短期曲げ許容耐力と横座屈細長比｜坂田弘安 …… 101
- Q.211 梁材やクレーン走行梁のたわみ制限｜常木康弘 …… 102
- Q.212 山形鋼突出脚｜橋本篤秀 …… 103
- Q.213 冷間成形角形鋼管柱の応力割増係数｜田中淳夫 …… 105
- Q.214 構造用アンカーボルトの降伏比｜田中淳夫 …… 106
- Q.215 伸び能力のあるアンカーボルト｜田中淳夫 …… 107
- Q.216 鉄骨の横座屈補剛｜竹内 徹 …… 108
- Q.217 鋼材の疲労破壊｜竹内 徹 …… 109
- Q.218 シャルピー値｜中込忠男 …… 111

Q.219	鉄骨のJIS規格サイズ｜小野寺紀昭	112
Q.220	高力ボルト摩擦接合部のすべり係数｜田中淳夫	113
Q.221	鋼材規格のマイナス規定｜木原碩美	114
Q.222	ボルト接合の長期支圧許容応力度｜岡田久志	116
Q.223	高力ボルト接合部の孔径, ピッチ｜田中淳夫	117
Q.224	高力ボルトの遅れ破壊｜橋本篤秀	118
Q.225	スタッドボルトの必要ピッチ｜内田直樹	119
Q.226	ボルト締付け長さ｜橋本篤秀	120
Q.227	接合用ファスナーのせん断強度｜田中淳夫	124
Q.228	ボルトの孔径｜田中淳夫	125
Q.229	パス間温度｜中込忠男	126
Q.230	溶接部における外部欠陥｜青木博文	127
Q.231	鉄骨溶接検査のAOQL第6水準, サンプル数｜中込忠男	129
Q.232	隅肉溶接の有効長さ｜中込忠男	131
Q.233	スカラップの半径｜中込忠男	132
Q.234	最小縁端距離と規定数値｜田中淳夫	133
Q.235	鉄骨の継手｜護 雅典	134
Q.236	鋼材の曲げ半径, 加熱温度｜中込忠男	136

構造／SRC造

- Q.237 SRC柱部材のコンクリート許容圧縮応力度 ｜ 立花正彦 ……… 138
- Q.238 梁内鉄骨の曲げ強度 ｜ 立花正彦 ……… 140

構造／木造

- Q.239 木造での許容応力度計算 ｜ 槌本敬大 ……… 142
- Q.240 木造・RC造併用でのA_i分布の算定 ｜ 槌本敬大 ……… 143
- Q.241 地震用必要壁量における地域性考慮 ｜ 鈴木秀三 ……… 144
- Q.242 木造の壁量計算 ｜ 石山祐二 ……… 145
- Q.243 木造の必要壁量 ｜ 河合直人 ……… 146
- Q.244 バランス計算での壁量充足率 ｜ 鈴木秀三 ……… 147
- Q.245 木造の壁量計算 ｜ 安村 基 ……… 149
- Q.246 木造の壁倍率 ｜ 河合直人 ……… 150
- Q.247 木造の壁倍率の上限 ｜ 大橋好光 ……… 151
- Q.248 筋かい応力のβ割増し ｜ 鈴木秀三 ……… 152
- Q.249 木造耐力壁の短期許容せん断耐力 ｜ 宮澤健二＋鴛海四郎 ……… 153
- Q.250 木造設計の荷重継続時間と許容応力度の係数 ｜ 河合直人 ……… 156
- Q.251 木材の長期許容応力度 ｜ 安村 基 ……… 157
- Q.252 木材のめり込み強度 ｜ 北守顕久 ……… 158

- Q.253 木材のせん断強度 ｜ 長尾博文 159
- Q.254 木造柱の小径, 部材の径長比・細長比 ｜ 宮澤健二 160
- Q.255 木造のJAS材かつ含水率15%の条件 ｜ 槌本敬大 161
- Q.256 木造の柱梁の燃えしろ ｜ 菅原進一 162
- Q.257 水平構面の設計 ｜ 五十田 博 164
- Q.258 木造における床倍率の加算 ｜ 五十田 博 165
- Q.259 木造のN値計算 ｜ 河合直人 166
- Q.260 木造のLの値とN値計算 ｜ 河合直人 167
- Q.261 床高さ, 木造基礎の立上がり ｜ 宮澤健二 168
- Q.262 木造の防腐処理 ｜ 桃原郁夫 169
- Q.263 木造の床梁におけるD/L ｜ 鈴木秀三 171
- Q.264 木造のヤング係数 ｜ 有馬孝禮 172
- Q.265 木造の壁, 床の傾斜 ｜ 中島正夫 173

仕上げ

- Q.266 パネルの変形 ｜ 清家 剛 174
- Q.267 カーテンウォールの層間変位追従性能 ｜ 清家 剛 175
- Q.268 タイルの接着試験での接着強度 ｜ 本橋健司 176
- Q.269 鉄骨のさび止め塗装 ｜ 近藤照夫 177
- Q.270 防水施工時のコンクリートの含水率 ｜ 湯浅 昇 179

Q.271	防水層の耐用年数	輿石直幸	180
Q.272	シーリング材の耐用年数	田中享二	181
Q.273	防水保証	田中享二	183

計画

Q.274	蹴上げ, 踏み面	古瀬 敏	184
Q.275	折れ曲がり階段	後藤義明	185
Q.276	階段の手すり高さ	直井英雄	186
Q.277	バルコニー等の手すり高さ	直井英雄	187
Q.278	手すり子の隙間	直井英雄	188
Q.279	手すりの強度	真鍋恒博	189
Q.280	病床の数	長谷川裕能	190
Q.281	病室の面積	長谷川裕能	191
Q.282	居室の天井高	岸崎孝弘	192
Q.283	延焼のおそれのある部分	菅原進一	193
Q.284	二項道路の幅	安達和男	194
Q.285	避雷設備の設置	高橋健彦	195
Q.286	高さ制限	桑田 仁	196
Q.287	建物の高さの定義	小泉秀樹	197

規基準の数値は「何でなの」を探る　第2巻

構 造
RC造
S造
SRC造
木造

仕上げ

計 画

Q.145 RC造ルート判定

勅使川原正臣●名古屋大学大学院教授

RC造ルート判定におけるA_w+A_cの数値について

　鉄筋コンクリート造の耐震壁は，柱や梁部材に比べて強度や剛性が非常に高く，一般的に耐震壁を多く含む建物は耐震性が高い。過去の大地震においても，耐震壁を多く含む建築物の被害が比較的少なかったことが報告されている。鉄筋コンクリート造建築物の壁率や柱率と地震被害の関係については，1968年に発生した十勝沖地震や，1978年に発生した宮城県沖地震における地震被害調査で検討され，壁率や柱率と地震被害にある程度の相関があることが確認された。その中で最も有名なものは，故志賀敏男教授により提唱された「志賀マップ」[1]であろう。1978年に発生した宮城県沖地震で，故志賀敏男教授（東北大学名誉教授）の主導のもと行われた鉄筋コンクリート造建物の被害調査において，被害程度（大破および中破，無被害）と壁率，柱率の関係が図1のように示された。この図では，横軸は壁率A_w/A_f（A_w：壁水平断面積，A_f：その階より上の床面積の合計）を，縦軸はベースシア係数を$C_0=1.0$としたときの壁，柱の平均せん断応力度$W/(A_c+A_w)$（W：ある階より上の階の総重量，A_c：柱水平断面積）を表している。

　図より，壁率が高く，平均せん断応力度の低い建物ほど被害が軽微となっている傾向が見て取れる。図中の実線は，地震時の単位床面積当たりの重量を1,000kgf/m^{2}とし，壁および柱の終局せん断応力度をそれぞれ25kgf/cm^2，7kgf/cm^{2}としたときの曲線（$\Sigma 25A_w+\Sigma 7A_c=1,000\Sigma A_f$（kg））を表している。中破以上の被害となった建物（図中の×）と，軽微な損傷となった建物（図中の○）はこの曲線によりおおむね分離できることがわかる。壁，柱の終局せん断応力度は，既存鉄筋コンクリート造の耐震診断基準における一次診断時の値[2]，構造規定を満足する断面の柱，壁部材の終局強度を安全側に丸めた値である。

　「志賀マップ」は，所定の壁断面積を確保することで，地震時の被害を防止できることを実証した明快な図である。1981年に制定された新耐震設計法では，構造規定を「志賀マップ」を基礎として設定している。建築基準法で定められる鉄筋コンクリート造建築物の許容応力度等計算では，建物の規模に応じた構造計算ルートが定められている。

　この中で，壁率や柱率に関する構造規定として，次のような規定が定められている。

- ルート1：
$$\Sigma 2.5A_w+\Sigma 0.7A_c \geqq ZW_i\beta \tag{1}$$

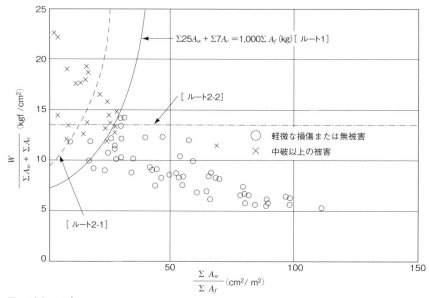

図1　志賀マップ

- ルート2-1：
$$\Sigma 2.5A_w + \Sigma 0.7A_c \geqq 0.75ZW_i\beta \quad (2)$$
- ルート2-2：
$$\Sigma 1.8A_w + \Sigma 1.8A_c \geqq ZW_i\beta \quad (3)$$
$$[1.35(\Sigma A_w + \Sigma A_c) \geqq 0.75ZW_i\beta \quad (4)]$$

式（1）は図1中の実線で表される曲線であり、「志賀マップ」において一般的に被害が軽微となることを保証した規定である。式（2）の規定は式（1）の規定を緩和したかたちとなっており、図1中の点線で表される曲線である。ルート2では、建物の剛性率や偏心率、層間変形角が許容値以下であることが確認されているため、整形性が確保されており、被害がある程度軽くなることを考慮して規定が緩和されている。一方、式（3）の規定は式（4）に示したように、袖壁の取り付く柱の平均終局せん断応力度を1.35N/mm²としたときを表しており、図1中の鎖線で表される直線である。この場合も、規定を満たす範囲ではおおむね被害が軽微となることが示される。

（てしがわら　まさおみ）

【参考文献】
1) 志賀敏男：鉄筋コンクリート造建物の壁率と震害のマップについて、日本建築学会東北支部研発表会、1978年11月
2) 国土交通省住宅局建築指導課監修：2001年改訂版既存鉄筋コンクリート造建築物の耐震診断基準・耐震改修設計指針・同解説、日本建築防災協会、平成17年2月25日改訂版第6刷

Q.146 設計用せん断力の割増係数

菅野俊介●広島大学名誉教授

施行令および関連告示において、RC造の靭性確保の方法として規定されている設計用せん断力の割増係数n（ルート1では1.5、ルート2-1、2-2では2.0、ルート2-3では1.1、ルート3では1.1や1.25（ヒンジ柱と非ヒンジ柱）、など）の根拠は

● 耐震設計ルートと設計用せん断力の割増係数

『2007年版建築物の構造関係技術基準解説書』には、設計ルートごとに設計の狙いと設計用せん断力の割増係数の値が次のように示されている。

- ルート1、2-1、2-2：せん断破壊防止と靭性確保のため一次設計地震力（$k=0.2$）によるせん断力に対して$n=1.5$（ルート1）または2.0（ルート2-1、2-2）以上とする。ルート1では4階建程度以下の建物では2倍以上とするのがよいとされている。ルート1より大きな靭性能が要求されるルート2-1、2-2はルート1より大きな割増係数となっている。
- ルート2-3：保有水平耐力計算をしないが梁降伏先行を確かにするため、梁両端にヒンジが発生する時のせん断力に対して$n=1.1$以上とする。
- ルート3（保有水平耐力計算）：ヒンジ部材の靭性能を確保し非ヒンジ部材のせん断破壊を防止するため、保有水平耐力時せん断力に対して両端ヒンジ部材で$n=1.1$、それ以外の梁で$n=1.2$、柱で$n=1.25$以上とする。

以下に割増係数の根拠を示すが、根拠のすべてを示すものではないことをお断りしたい。なお、本巻の「Q.171 荒川mean式の採用と割増係数」に、関連する解説があるので参照されたい。

● 一次設計地震力（$k=0.2$）によるせん断力の割増係数

$k=0.2$の地震力によるせん断力を割り増してせん断設計する方法の考え方を、『1971年版鉄筋コンクリート造計算規準』は次のように解説している。

1968年の十勝沖地震で多数の2〜4階建の学校建築が被害を受けたが、震度$k=1$による柱のせん断力をコンクリート全断面積で除した値が20kg/cm²以上の柱でせん断破壊した例が多い。これは、$k=0.2$の地震力に対して設計したときの柱のせん断応力度が5kg/cm²であることに相当する（$bj=0.8bD$と仮定）。ほとんどの被害建物で$F_c=180$kg/cm²であったから、短期許容せん断応力度は9kg/cm²となる。したがって、水平荷重時せん断力を2倍に割り増して許容せん断力以下に収まるように設計しておけば、大きな被害を受けなくてすんだと思われる。一方、6階建で耐震壁を有する建物の解析では、$k=0.2$による柱のせん断応力度が10kg/cm²でもせん断破壊を起こしていない。以上の考察から、4階程度以下の建物では割増率を2以上にとることが望ましく、7〜8階程度のものでは1.5程度に低減できると思われる。

表1　D_Sによるnの値（1981年版 保有耐力と変形性能）

D_S	0.30	0.35	0.40	0.45	0.50	0.60以上
n	1.60	1.40	1.30	1.25	1.20	1.10

◉梁の両端ヒンジ時のせん断力に対する割増係数

割増係数を$n=1.1$とする根拠は，技術基準解説書（360頁）の記述を基に次のように説明される。

一般にせん断耐力は告示式（荒川mean式）で求められるが，荒川min式を用いるなら得られたせん断耐力が梁の両端にヒンジが発生するときのせん断力を上回ればよい。一方，荒川min式によるせん断耐力は告示式に比べ1.1倍程度の余裕度があるので，告示式を用いるときは1.1倍程度の設計せん断力の割増しが必要になる。

◉保有水平耐力時のせん断力の割増係数

両端ヒンジ部材においては，上記と同じ理由から，保有水平耐力時のせん断力に対して割増係数を$n=1.1$以上とする。なお，nは変形性能D_Sとともに変化させ，D_Sが小さいほど大きな値とすることが望ましいとされている。告示にその値は示されていないが，1981年版建築耐震設計における保有耐力と変形性能には，D_S値に対応する割増率を表1のように定めている。D_S値は塑性率に依存し，塑性率はせん断耐力余裕度に依存するから，同表は塑性率を介してD_S値とせん断耐力余裕度との関係を結びつけたもので，D_Sが最小（0.30）の場合，最大（0.6）の場合の1.5倍の割増係数となる。

非ヒンジ部材に対しては，梁曲げ耐力が増大する要因を考慮して設計せん断力を割り増すもので，値は下記諸点を考慮して決められている。

①梁の終局強度上限値の下限値に対する比率ϕは，材料強度のばらつきやスラブ効果を考慮すると$\phi=1.30$～1.35としてよい（靭性保証型耐震設計指針，74頁）。

②梁のせん断耐力は，一般に告示式で計算するので，上記ϕを1.1で除すとほぼ1.20となる（非両端ヒンジ梁）。

③柱にせん断破壊を起こさせないため，上記ϕよりやや大きな値を設定し1.1で除すと，1.25倍以上の割増しが必要になる（非両端ヒンジ柱）。

（すがの　しゅんすけ）

Q.147　ルート1の標準せん断力係数

広沢雅也●工学院大学名誉教授

耐震設計ルート1は，一次設計でせん断力係数$C_0=0.3$と割り増しているが，0.2→0.3と設定した根拠は

ルート1と呼ばれる設計法は，1982年に改正された耐震設計法のルートの一つで，それまでの許容応力度による設計法から中地震動と大地震動とを対象とした二段階の設計法を基本として制定された一連の耐震設計体系の一部を成すものである。

周知のように，この設計法では大地震動に抵抗するために必要な耐震強度とともに，それを補う変形性能の確保を目標としている。種々のルートの中で，個々の部材の強度と靭性を具体的かつ総合的に評価し設計するルート3の精算法に対して，ルート1とルート2はともに一定の条件のもとに略算により，ルート3による場合とほぼ同等耐震性能を確保しようとする設計法である（表1，2）。

ルート1およびルート2ともに各種構造ごとに異なった条件を有する建物を対象としているが，その中で大地震動時の保有水平耐力の検討に替えて，$C_0 \geq 0.3$とする許容応力度設計を行うことを必要条件とするルート1は，表1に示すようにS造の小規模建物のみに適用される設計ルートである。そこでまず，なぜ，S造のみが対象なのか，その理由は次のとおりである。

各種構造による建物の耐震性能を大別すると，RC造およびSRC造は，主として靭性はあまり大きくないのに耐震強度は大きくしやすいという強度抵抗型の建物が多いのに対し，鋼材を主な構造材料とするS造は耐震強度はあまり大きくはなくても，靭性は種々の接合部の問題がなければ全般的にかなり大きいという靭性抵抗型建物が多いという区分けが可能となる。その結果，表1に記したRC造，SRC造のルート1の適用条件は十分な耐震強度が得られるか否かを検討する式（1）または式（1）'となっている。これに対しS造については，

表1　各種構造建物のルート1への適用条件（—は条件なし）

構造（（　）内は適用外）		S造	RC造(WRC)	SRC造	在来木造
規模制限	高さ上限	13m	20m	20m	13m
	階数上限	3階	—	—	2階
	床面積上限	500m²	—	—	500m²
許容応力度設計のC_0		0.3以上	0.2	0.2	—
関連検討項目	偏心率	不要	不要	不要	—
	剛性率	不要	不要	不要	—
	変形角	不要	不要	不要	—
保有水平耐力検討に代わる条件		ブレースの保有耐力接合	式(1)*1および式(2)*2	式(1)'および式(2)	所要壁率

*1　$2.5\alpha A_w + \Sigma 0.7\alpha A_c \geq Z \cdot W \cdot A_i$　　(1)
　　$2.5\alpha A_w + \Sigma 1.0\alpha A_c \geq Z \cdot W \cdot A_i$　　(1)'
*2　$Q_{D1} = Q_L + n \cdot Q_E$　$(n \geq 1.5)$　(2)

表2　S造建物の各ルートでの必要検討項目（○は必須項目，—は不要項目）

事項	設計ルート			
	ルート1-1	ルート1-2	ルート2	ルート3
建物の規模制限	○	○	—	—
偏心率	—	○	○	○
剛性率	—	—	○	○
塔状比	—	—	○	○
$C_0 \geq 0.3$によるA, D*1	○	○	○	—
筋かい破断防止（βの検討）*2	○（—）	○（—）	○（—）	—
保有水平耐力の検討	—	—	—	○
設計難度*3	易	易	普通	難

*1　許容応力度設計　　*2　β：ブレースによる耐力分担率
*3　一般的な難度を示す

$C_0 \geq 0.3$に加えて，ブレース端部や接合部の保有耐力接合が条件になっているが，これはS造建物の優れた靱性を確実に実現するために，最も靱性低下の原因となりやすいブレースの靱性確保を条件としたものである。

最後に，$C_0 \geq 0.3$とする許容応力度設計を必要とする理由であるが，この点については二つの理由が指摘できる。一つは靱性抵抗型建物の場合でも，地震時に極端に大きな水平変形に至らないためには，保有耐力としておおむね$C_0 \geq 0.3$程度の下限強度が必要なことである。さらにもう一つの理由は，倉庫や工場などに代表される小規模S造建物の水平耐力については，RC造の非構造壁のような付加的な水平耐力が期待できる非構造部材が少ないために，この種の建物の終局強度は許容応力度設計時の設計用せん断力と大差のない場合が少なくないことである。さらには対象を小規模建物に限定し，剛性率および偏心率の検討を不要としていることは，$C_0 \geq 0.3$としていることに加えて耐力および靱性の点である程度の余力を期待しているといえよう。

（ひろさわ　まさや）

Q.148　Exp.Jで区切る建物長さ

角　彰●一般財団法人日本建築総合試験所

エキスパンションジョイントで区切る建物長さは何mがよいか

本来は一体の建築物を無理やり独立したブロックに分けるエキスパンションジョイント（以下，Exp.J）は，止水性や断熱性故障のリスクを含み，デザイン上も難しく，地震がくれば損傷が生じる，設計者の悩みの種である。

しかし，Exp.Jの必要性は，それほど明確な根拠で説明できるものではなく，その間隔も合理的に計算できるものではない。多分に経験的に決められている。その必要理由としては，平面的な大きさ，平面・立面形状の不整形（L形，凸形，凹形など），地盤の不連続による不同沈下，また地震時の一体性の問題などがある。

筆者は，建物長さは常時の問題に対しては50mを超えると要注意，地震時の問題に対しては100mを超えると要注意とするのが一般的ではないかと考えている。しかし，最近では300m程度もある大規模店舗や大規模生産施設が要求されており，機能的要求と経験の蓄積，および技術開発の関連において，構造設計者がExp.Jの要否や間隔を総合的に判断すべきと考えている。

◉常時に必要なExp.J

建物が長大になると，コンクリートはその乾燥収縮によりひび割れが発生する。コンクリートの乾燥収縮率は800×10^{-6}程度であるが，乾燥速度や拘束程度によりひび割れの発生は異なり，多くの条件の複雑な関数となる。建物長さが長くなると，収縮変形量がそれに比例して大きくなるため，多くのひび割れが発生する。立面では壁，梁に発生し，平面では床コンクリートに発生する。

参考文献1)によれば「60mを超えるような長大な建築物は，エキスパンションジョイントでブロック分けするのが望ましい」とし，60mをExp.J間隔の一つの目安としている。

また，基礎免震建物では，免震層直上の床の収縮により建物端部の免震部材に建物内部に向かった恒久的な水平変形が発生することがある。これは変形を拘束して発生するひび割れによる故障ではなく，拘束力が弱いために生じる変形の問題である。

しかし，乾燥収縮はコンクリート硬化の初期にその多くが生じるため，コンクリート打設方法を工夫してExp.Jと同等の効果を得る施工が行われている。これは長大な建築物ではコンクリート打設もブロックに分けて行われるため，隣接する打設ブロック間に50～100cm程度の後打ち帯を設けて各ブロックが初期に乾燥収縮を起こして，収縮後，後打ち帯に膨張コンクリートを打設して一体化を図る方法である。ブロック長さは50～60m程度にしているが，多分に経験的に決められている。

温度変化による建物の伸縮も，Exp.J採用の根拠とされている。鉄やコンクリートの熱膨張係数は1×10^{-4}であり，温度変化を±20℃とするとコンクリートの乾燥収縮と同程度である。しかし，建物の外部を覆う外壁材や屋根材の断熱性能や，それらの取付方法の影響が大きく，熱による伸縮を吸収することで対策をとることができる。しかし屋根では，断熱が完全でなく屋根床構造と直下の床構造との熱伸縮の違いにより，その間に設けた鉛直面内の引張ブレースが座屈するなどの事故も時に起こっている。

最近は乾燥収縮，熱伸縮の問題に対しては熱応力解析を行ってその問題点を探り，Exp.Jを決める根拠としている場合が多い。

◉地震時に必要なExp.J

長大な建物の地震時の挙動で問題になるのは，剛床仮定の成立と地震動の位相差の問題である。

剛床仮定が成立するかどうかは建物長さだけでなく，平面形状も問題となる。解析上は床の変形を考慮して，水平力分担部材の剛性とせん断力を定めることができる。ただし，床組の剛性も，非線形性の影響など不明確な部分も多い。そのため，剛床仮定に不安がある場合は，水平力の分担は想定したブロックごとに成立させて，安全側となるような設計が必要である。また，床組の損傷にも設計上の配慮が望まれる。

建物が長大になれば，その両端では地震動の伝搬速度に応じて時間差のある地震動が入力することになる。その結果，建物の平面内で異なる地震動を受ける。剛な床の場合は，建物が平面上でねじり変形を受けて上部構造のねじれ変位が増大する。床が剛でなければ，部分ごとに振動することになり，設計上想定していた水平力分担とは異なることになる。これに対して，立体骨組に多点で地震動を入力し，その挙動を解析することも行われている。しかし，地震動にはまだまだ未知な部分が多く，解析的な評価には限界があることを考え，安全側の配慮が望まれる。

（すみ　あきら）

【参考文献】
1) 日本建築学会：鉄筋コンクリート造建築物の収縮ひび割れ制御設計・施工指針（案）同解説，p.105，2006年

Q.149 保有水平耐力の割合

勅使川原正臣◉名古屋大学大学院教授

RC構造の建築物の保有水平耐力計算用D_Sで，β_uの区切0.3，0.7の意味はなにか

必要水平保有耐力は各方向，各階ごとに規定される。階の必要耐力は架構の性状と架構の形式の組合せにより，国土交通省告示第596号第6で表1のように規定されている。「（い）剛節架構又はこれに類する形式の架構」とはどんな架構か，「（は）各階に生ずる水平力の大部分を当該階の耐力壁又は筋かいによって負担する形式の架構」において，大部分とはどれくらいであるかを定量的に定める指標がβ_uで，表2のように同告示第4ハで規定されている。

β_uは，保有水平耐力を検討する階において耐力壁が負担するその階の保有水平耐力の割合である。β_uが小さいほど，耐力壁が負担する保有水平耐力の割合は小さい。

一般に耐力壁の変形性能は，柱梁からなる剛節架構（ラーメン架構）より小さいと考えられている。したがっ

表1　鉄筋コンクリート構造の各階のD_S（国土交通省告示第596号第6）

架構の性状		架構の形式		
		（い）剛節架構又はこれに類する形式の架構	（ろ）（い）欄及び（は）欄に掲げるもの以外のもの	（は）各階に生ずる水平力の大部分を当該階の耐力壁又は筋かいによって負担する形式の架構
（一）	架構を構成する部材に生ずる応力に対してせん断破壊等耐力が急激に低下する破壊が著しく生じ難いこと等のため、塑性変形の度が特に高いもの	0.3	0.35	0.4
（二）	（一）に掲げるもの以外のもので架構を構成する部材に生ずる応力に対してせん断破壊等耐力が急激に低下する破壊が生じ難いこと等のため、塑性変形の度が高いもの	0.35	0.4	0.45
（三）	（一）及び（二）に掲げるもの以外のもので架構を構成する部材に塑性変形を生じさせる応力に対して当該部材にせん断破壊が生じないこと等のため、耐力が急激に低下しないもの	0.4	0.45	0.5
（四）	（一）から（三）までに掲げるもの以外のもの	0.45	0.5	0.55

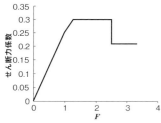

図1　せん断力係数とF値の関係（表1の（一）と（い）の場合）

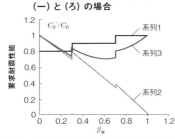

図2　せん断力係数とF値の関係（表1の（一）と（ろ）の場合）

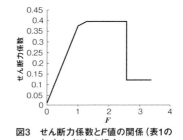

図3　せん断力係数とF値の関係（表1の（一）と（は）の場合）

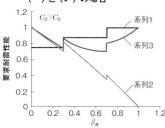

図4　β_uと要求耐震性能の関係　WA-FA

図5　β_uと要求耐震性能の関係　WC-FC

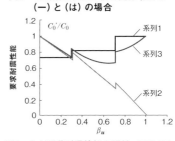

図6　β_uと要求耐震性能の関係　WD-FA

表2　鉄筋コンクリート造の各階のD_Sと耐力壁とラーメン架構の水平力負担割合の関係（国土交通省告示第596号第4ハ）

耐力壁の部材群としての種別		柱及びはりの部材群としての種別			
		FA	FB	FC	FD
WA	$0<\beta_u\leq0.3$の場合	0.3	0.35	0.4	0.45
	$0.3<\beta_u\leq0.7$の場合	0.35	0.4	0.45	0.5
	$\beta_u>0.7$の場合	0.4	0.45	0.45	0.55
WB	$0<\beta_u\leq0.3$の場合	0.35	0.35	0.4	0.45
	$0.3<\beta_u\leq0.7$の場合	0.4	0.4	0.45	0.5
	$\beta_u>0.7$の場合	0.45	0.45	0.45	0.55
WC	$0<\beta_u\leq0.3$の場合	0.35	0.35	0.4	0.45
	$0.3<\beta_u\leq0.7$の場合	0.4	0.45	0.45	0.5
	$\beta_u>0.7$の場合	0.45	0.5	0.5	0.55
WD	$0<\beta_u\leq0.3$の場合	0.4	0.4	0.45	0.45
	$0.3<\beta_u\leq0.7$の場合	0.45	0.45	0.45	0.5
	$\beta_u>0.7$の場合	0.55	0.55	0.55	0.55

この表において、β_uは、耐力壁（筋かいを含む。）の水平耐力の和を保有水平耐力の数値で除した数値を表すものとする

て、耐力壁が多い、つまり耐力壁が水平力を多く負担する架構は、柱梁からなるラーメン架構より変形性能が劣ると考えられている。

β_uの値0.3、0.7は、その程度を3段階に等分に区切ったものであろう。以下、柱梁種別と耐力壁種別の代表的な組合せによる耐震性能の評価を試みる。

表1の架構の性状（一）の架構の形式（い）、（ろ）、（は）のせん断力係数とF値の関係を、図1～3に示す。図1～3の作図において、β_uはそれぞれ0.3、0.5、0.7とした。また、柱や耐力壁の変形能力は、架構がすべてFA種別の柱、もしくはWA種別の耐力壁で構成されているときのD_S値に相当するとした。

ここでは、日本建築防災協会『既存鉄筋コンクリート造建築物の耐震診断基準・同解説（2008年）』（以下、診断基準）[1]を参考に、柱の曲げ降伏時の変形は$F=1.27$、耐力壁の曲げ降伏時のF値は1.0、D_Sに対応する変形性能とF値の関係は$1/D_S$と仮定した。

表2のWA-FA、WC-FC、WD-FAの組合せごとの要求耐震性能のせん断力係数換算値C_0'を診断基準と同様に、せん断力係数とF値の積、もしくは柱と耐力壁

それぞれのせん断力係数とF値の積の二乗和平方根として評価する。β_uと要求耐震性能比C_0'/C_0（標準せん断力係数1.0）値の関係を図4～6に示す。図中の系列1は耐力壁のF値で、系列2は柱のF値で、系列3は柱と耐力壁それぞれのせん断力係数とF値の積の二乗和平方根で耐震性能が決まる場合を示している。

おおよそ$\beta_u=0.3$までは構造システムの靭性に期待する耐震性能評価となり、$\beta_u=0.3$より大きい範囲では低位のF値、ここでは耐力壁のF値時点での耐震性能評価となる。構造システムの靭性が期待できる範囲がおおむね$\beta_u=0.3$までであることが読み取れる。靭性が期待できる架構ではC_0'値がC_0値（標準せん断力係数）

の8割くらいとなっているが、それは構造システムの靭性に期待しているためと考えられる。

靭性に期待できる架構システム（β_uが0.3以下）と耐力壁ばかりの靭性に期待できないとされている架構システム（β_uが1.0）では、β_uの差が大きすぎる。そこでこれら間に中間的な構造システムを設定し、$\beta_u=0.3$で$C_0'/C_0=0.8$程度と$\beta_u=1.0$で$C_0'/C_0=1.0$の間に、$\beta_u=0.7$で$C_0'/C_0=0.9$としたものと思われる。

（てしがわら　まさおみ）

【参考文献】
1) 日本建築防災会：既存鉄筋コンクリート造建築物の耐震診断基準・同解説、2008年

Q.150 耐震壁開口低減率の制限

壁谷澤寿海●東京大学地震研究所教授

RC耐震壁の開口周比の制限値$\gamma\geq0.4$の根拠は。開口低減率r_2に基づき、$r_2\geq0.6$で耐震壁、$r_2<0.6$で骨組とする理由は

◉開口低減率の適用範囲に関する質問

本稿は、耐震壁開口の大きさに基づく慣用の適用範囲（主に日本建築学会『鉄筋コンクリート構造計算規準』（2001または2010）の規定）に関して、編集部からいただいた質問への回答または解説の一案である。質問の原文は以下のとおりである。

RC耐震壁の開口周比制限値$\xi\leq0.4$の根拠は

RC造の有開口耐力壁のせん断耐力は、開口周比0.4以下では無開口壁のせん断耐力に低減率を乗じて算出するが、なぜ開口周比0.4以下なのか、開口低減率r_2に基づき、$r_2<0.60$で骨組とする理由は（RC規準では目安と書かれているが、0.6がなぜ出てきたのか）。[関連する質問として]開口を有する耐震壁の開口周比を算定する際に、包絡開口とする場合と、面積総和の簡単な判断基準はないのか。

質問を再整理すると、耐震壁に開口がある場合の設計では、開口周比（$\xi=\sqrt{h_0l_0/hl}$）により、
①開口面積が一定以下（$\xi\leq0.4$）であれば、耐震壁にモデル化し、開口低減率、開口補強を適用

②開口面積が一定を超える（$\xi>0.4$）場合、骨組にモデル化し、各部材に許容応力度設計を適用

という原則（推奨規定）が踏襲されてきたが、その理由と数値の背景に関する質問である。関連して、複数開口で方立壁が細長い場合、面積総和よりも包絡開口に置換する方がよい、とする慣用的な扱いに関する実務的な目安の有無についても質問されている。

開口が大きい場合（いずれも$\xi>0.4$程度以上になると）、剛性耐力ともにそれぞれ低減率による略算的な評価は実験あるいは解析に対して誤差を生じる（耐力は「危険側」にばらつく）傾向があるからである。これらの根拠を示す図は「RC規準」にもあり、剛性については78頁の解説図8.15、8.16（解析）、耐力については301頁の解説図19.15（実験）に根拠の図が示されている。これに基づいて耐震壁モデルの適用範囲の限界の数値（$\xi\leq0.4$）による①②の区別は踏襲されてきた慣行規定であるが、実験、解析ともに古い研究を参照しており、最近の改定に際しても新しい実験データなどによる見直しは行われていない。図にあるように、剛性の低下は開口がやや大きい場合でも連続的かつわずかである。（終局）耐力の低下は開口周比が0.4をやや上回ると式による低減率（$r=1-\xi$）に対して70%程度にまで低減する結果も示されている。大きく低下している実験結果は配置や配筋詳細（特に柱配筋）の影響などもあると思われ、最近の実験結果も含めて実験条件なども再

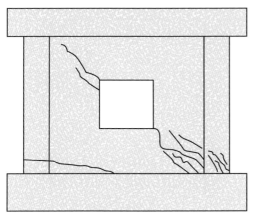

図1 開口が小さい場合の破壊形式

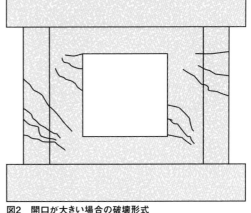

図2 開口が大きい場合の破壊形式

精査する必要があろう。

剛性耐力とも開口により面積比以上に低減する理由は，いずれも主として開口周辺の部材のアスペクト比が相対的に大きくなる（壁から柱梁的になる）ことによる局部曲げ挙動に起因する。

開口が小さい場合は，耐震壁のせん断破壊モードは無開口耐震壁と同様に斜め圧縮ストラットの圧縮破壊，すべり破壊，あるいはせん断補強筋の引張破壊などにより，せん断耐力は開口周比あるいは水平断面積の比率に応じて低減する（図1）。

開口面積が大きい場合は，剛性では開口により骨組的な変形モード（局部曲げ変形）が無視できなくなり，開口周比によって線形的に低下する剛性低下率よりもさらにやや低下する（適用範囲はこの限界値に基づく）。また，開口による危険断面位置における局所的な曲げ降伏（あるいは隅角部への斜張力破壊）が生じることにより，断面積欠損によるせん断抵抗機構に対応するせん断力負担の低下以上に耐力が低減する（図2）。したがって，開口周比（面積比）が一定以上になる場合は，耐震壁モデル（無開口耐震壁×低減率）よりも，骨組モデル（上下左右の壁付き梁柱部材モデル）による解析および各要素ごとの耐力検定の方が望ましい，とする推奨規定が踏襲されてきた。

ただし，現状の慣行規定（特にRC規準2001年版以前）による耐力評価などには以下のような問題点があり，開口面積が一定以上（$\xi > 0.4$）であれば「必ず」骨組モデルに「しなければいけない」，とする扱いは，当面は必ずしも合理的ではない場合もある（「RC規準」299頁解説参照）。まして，大きい開口を耐震壁にモデル化する計算を「偽装」扱いするなどは本来の適用範囲の趣旨（目安にすぎない）ではない。

①耐震壁モデル（×剛性低下率）では，剛性耐力とも適用範囲を超えると計算値に対してややばらつきが生じるが，骨組モデルの精度が（これより優れていることが）検証されているわけではない。特に，一貫プログラムによる自動的なモデル化には疑問がある場合が少なくない。非線形解析はさらに難しく，変動軸力を受ける部材のせん断剛性の変化を精度よく算定し得るモデルはまだ確立されていない。

②壁付き部材（腰壁垂れ壁付き梁，袖壁付き柱）の許容耐力，終局耐力，部材ランクは，いずれも評価法に問題がある，あるいは，確立していない。また，開口が柱に接して配置される場合は，柱のせん断補強が耐力低減，靱性に（開口の大きさよりも）大きく影響する場合があることにも注意する必要がある。

複数開口の等価置換については，最近の実験結果によれば，方立が細長い場合でも，包絡開口よりもむしろ一律に等価面積置換による低減率に調和的な傾向がみられるが，紙面の都合で詳細は省略する。

以下，問題を一次設計と二次設計に分けて，さらに詳細に解説する。

⦿ 一次設計

①剛性評価は，骨組モデルの精度が耐震壁モデル（×剛性低下率）の精度が「よりもよい」ということが保証されているわけではない（解析モデルの精度はほとんどが検証されているわけではないが）。設計で恣意的に剛性低下率を操作するのは問題であるが，応力度レベルで異なる剛性低下が生じている部材に対して，一次設計とはいえ，弾性剛性を遵守して用いるのが妥当か，という別の問題もある。応力算定を目的にする骨組解析では部材の相対的な剛性比がおおむね正しければよい，とするならば，少なくとも連層耐震壁あるい

は並列耐震壁で同じ程度の大きさの開口の場合はできるだけ同じモデルを用いる方が間違いない（例えば，一部の階高やスパンが異なるなどの理由で適用範囲をやや逸脱する場合など）。現在の電算プログラムではせん断剛性や剛域の評価も含めて，骨組モデルが無条件で優れているとは必ずしもいえない（299頁の解説4.(1)に同様の記述がある）。

②許容耐力の評価では（2010年度版以外），壁付き柱梁部材では耐力に壁の累加効果が明示的に規定されてなかったので，骨組モデルによる柱のせん断設計はかなり過大な必要配筋量が算定されることになっていた。実務で，袖壁が「スリット」によって切り離される設計が多用されてきた理由の一つである。なお，開口補強筋については，局部曲げ降伏を防止する考え方の計算法が示されているが，設計用応力は一次設計用地震力に対応するものなので，計算上メカニズム時の降伏は防止されない。

◉二次設計

③骨組モデルによる非線形解析では，開口上下左右の曲げ降伏型（またはせん断破壊型）による崩壊メカニズム（開口低減率でいえば r_3）の可能性が検討できるのが利点であるが，解析モデルでは，降伏点剛性低下率，剛域，変動軸力の影響の評価法など，検証が不十分な課題も残されている。したがって，現状では解析モデルを複雑にすれば解析結果の信頼性が向上する，とは限らない。開口低減率による簡略評価の方がかえって連続的なモデル化が可能であるともいえる。骨組モデルでは，特に変動軸力とせん断剛性の関係，せん断破壊による耐力低下などを精度よくモデル化しないと，わざわざ要素ごとの応力を算定する意味はない。特に耐震診断などで，不規則な配置の開口を電算プログラムの汎用ルールによって自動的にモデル化される結果，崩壊形を想定している例などもみられる。

④開口耐震壁の終局強度に関しては，柱に接する偏在開口など，やや大きい開口よりもさらに耐力や靱性に大きな影響を及ぼす要因もあることに注意する必要がある（図の実験データに含まれる可能性がある）。また，このような場合，周辺柱のせん断補強筋が重要になる。現状ではこの問題は無視されており，2010年度版改定案原稿には含まれていたが，非対称配置の場合，正負加力でモデル化および検定が異なる計算が必須になるという煩雑さから，途中で立ち消えになった経緯がある。前述のように開口補強は，終局時の応力が想定されているわけではないので，終局時のメカニズムが局部曲げ降伏型に移行する，ということはあり得る。この場合，梁降伏型には問題ないが，袖壁の両端曲げ降伏（またはせん断破壊）による層降伏型は望ましくない（$D_S=0.55$の強度型設計以外）。保証設計では，せん断設計は割増係数が設定されるが，曲げ降伏は防止されない。

⑤開口耐震壁を骨組モデルにすると，開口両側は袖壁付き柱になるが，端部壁の圧縮破壊が先行する袖壁付き柱の部材ランクの評価法は「告示」や「技術基準」で明示されていない。かといって，柱の規定を単純に準用するのも問題がある。したがって，事実上，部材ランク，必要保有水平耐力を特定するのは困難であるのが実状であると思われる。これも，「スリット」が多用される原因である。

⑥耐震壁モデルにするか，骨組モデルにするかはRC規準の解説にもあるように，実質的に従来からの適用範囲を目安にすることになるが，設計の規定としてはどちらのモデルでも結果としておおむね同じような設計（配筋詳細）になるような連続的な要求になっているのが理想である。ただし，これを整合させるには（耐震壁の負担比率による施行令レベルの）必要保有水平耐力の見直しが必要であり，事実上かなり困難である。耐震壁モデルで脚部曲げ降伏型になる場合や骨組モデルで梁降伏型になる場合の構造物の変形能力を評価する場合，無開口耐震壁の評価手法（せん断余裕度）を単純に適用するだけでは不十分であることにも注意する必要がある。

⑦関連して，複数開口の等価面積置換は，これまで設計者の判断に基づいてきた。開口の中央に細長い方立壁がある場合，弾性剛性によるせん断力負担が小さいことから，RC規準による剛性評価では一定以上に細長い場合は包絡開口に置換する考え方が示されている（78頁（i）(b)）。ただし，最近行われている複数開口耐震壁や不規則開口の実験では，実際のせん断負担は不明であるが，実験をみていると細長い方立壁でも（反力として生じる）軸方向拘束により予想外の脆性的な破壊が先行する場合もあり，終局時にかなりのせん断力を負担していると推定される例もある。終局せん断耐力は方立壁の影響を受けず，包絡開口よりも面積等価による（方立も累加可能な）低減率に調和的な結果がむしろ一般的である。RC規準2010年版では面積等価を採用しており，さらに踏み込んで，（斜めにずれる）

不規則配置の場合も評価可能な投影長さの合計→等価1開口→等価面積による低減，という等価置換の考え方を示しているが，いずれも実験などによる検証が必要であろう。

この質問には，RC規準[1]19条のせん断耐力の開口低減率の規定とともに，8条の解説（78～79頁）剛性低下の評価式の適用範囲に関する「推奨事項」が関連するので，RC規準から質問に関連する解説，本文を以下に引用しておく（ξの定義が（解8.24），（解8.26），（19.10）ではそれぞれやや異なっていることにも注意。ただし，ここでは深入りはしない）。

⦿ 8条の解説（78～79頁から引用）
(i) 1層の場合

坂静雄は，1層1スパン耐震壁を対象として，8条解説にはゴムの実験による研究成果（1942年）に基づいて，開口による横力負担の低減率の実験式として，次式を得た。

$$\eta = 1 - (1-r)\left(\frac{1}{2}\xi + 2\xi^2 - \frac{3}{2}\xi^3\right) \quad \text{（解8.24）}$$

r：有壁無開口骨組に対する無壁骨組の横力分担比
ξ：等価開口周比で，
　　(a) 開口が一つの場合，$\xi=$開口と等面積で壁と相似な長方形の周長／壁の周長
　　(b) 開口が二つ以上ある場合，(a)の分子に次の小さい方を加える。
　　　a. 開口に挟まれた壁の短辺の2倍の長さ
　　　b. 開口に挟まれた壁の長辺の長さ

(ii) 多層の場合，開口壁のせん断剛性（せん断変形による層剛性）D_Fは，無開口のせん断剛性D_Sに剛性低下率rを乗じる。

$$D_F = D_S \cdot r \quad \text{（解8.25）}$$
$$r = 1 - 1.25\xi \quad \text{（解8.26）}$$
$$\xi = \sqrt{\frac{A_0}{A_w}} \quad \text{ただし，}\xi < 0.4\text{とする。}$$

A_0：開口面積
A_w：壁（見付け）面積（梁，柱芯間）

⦿ 19条の本文（276～277頁）
4. 開口による低減

壁板に開口がある壁部材の許容せん断力Q_{AO}は，5項に定める開口補強がされている場合，(19.7)式のように無開口壁部材の許容せん断力Q_Aに(19.8)式による低減率rを乗じて算定することができる。ただし，原則として(a) 耐震壁に対しては1スパンごとに算定されるr_2が0.6以上，(b) 袖壁付き柱，(c) 壁板および(d) 腰壁・垂れ壁付き梁では各部材で算定されるr_2が0.7以上の場合に適用する。矩形以外の開口は，等価な矩形に置換して低減率を適用してよい。

$$Q_{AO} = rQ_A \quad (19.7)$$
$$r = \min(r_1, r_2, r_3) \quad (19.8)$$

r_1は開口の水平断面積による低減率，r_2は開口の見付け面積による低減率で，(19.9)式，(19.10)式による。

$$r_1 = 1 - 1.1 \times \frac{l_{0p}}{l} \quad (19.9)$$
$$r_2 = 1 - 1.1 \times \sqrt{\frac{h_{0p}l_{0p}}{hl}} \quad (19.10)$$

l：柱（または梁）を含む壁部材の全せい（$=\Sigma l' + \Sigma D$）。Σは部材せいの方向の和とする
l_{0p}：開口部の水平断面への投影長さの和
h_{0p}：開口部の鉛直断面への投影高さの和
h：当該層の壁部材の高さ（上階の水平力作用位置から下階の水平反力位置までの距離で，原則として下階床から上階床までの距離とする）

筆者補注）以下，2010年版のRC規準によるr_3は連層耐震壁で縦方向に連続する開口の配置を考慮して，開口上下の梁の許容耐力が壁と同様であると仮定して，縦方向の破壊面によるメカニズムを想定した（上層の）極限耐力に基づいて定式化するかたちで規定されている（$r_3 = 1 - \lambda \Sigma h_0 / \Sigma h$，詳細略）。なお，$r_3$を連層ではなく1層ごとに定義すると（$r_3 = 1 - h_0/h$，SRC規準など），常に$r_2 \leq \min(r_1, r_3)$となるので，$r_2$は実質不要になると思われる。

4. 開口による低減（299頁の解説）
(1) 開口低減率による算定の適用範囲

開口がある耐震壁（有開口耐震壁）の応力および耐力の評価は，開口が小さい場合は耐震壁としてモデル化して剛性および耐力を低減して評価することで十分であるが，開口が大きい場合は開口周辺部材をそれぞれ耐震壁または線材にモデル化して，部材ごとに応力と耐力を評価する方が望ましいとされる。本規準では，1スパンで評価した等価開口周比が0.4以下であれば小さい開口として扱い，0.4を超える場合は大きい開口として扱う，ことを適用範囲の原則にしている。すなわち，

① $\sqrt{\dfrac{h_{0p}l_{0p}}{hl}} \leq 0.4$の場合

耐震壁としてモデル化，開口低減率，開口補強を適用

② $\sqrt{\dfrac{h_{op}l_{op}}{hl}} > 0.4$ の場合

骨組としてモデル化，各部材に許容応力度設計を適用

以上の原則は，あくまで解析手法の精度による運用の目安であり，応力解析モデルや開口による耐力低減率などの評価精度の問題である。結果としてどちらの方法が合理的であるか，あるいは安全性を担保するものであるか，などは別の問題であるので，実務的には対象に応じて適切に使い分けるのが望ましい。解析モデルや計算の煩雑さ，あるいは，規準の適用制限などの理由で有開口耐震壁の計画が制限され，結果として構造物全体の耐震性能の余力が小さくなるような構造計画が選択されやすくなるのでは本末転倒である。

有開口耐震壁の地震時の挙動は開口の大きさ・位置・個数などの影響が複雑であり，強度および靭性，破壊モードの評価は難しい。一般に，許容せん断力の評価の参考となる有開口耐震壁のせん断終局強度が無開口耐震壁のせん断終局強度に比較して相対的に低下するのは多くの実験により明らかにされてきたことであるが，この開口による低減が水平断面積の比率（開口による欠損率）以上に低下するのはほとんどが局部的な曲げ降伏に起因して，基本的には構成要素の水平断面積または見付け面積に比例するはずの潜在的なせん断終局強度が発揮されないことによると考えてよい。

したがって，局所的な曲げ降伏が生じないように，開口周囲を本条5.項に従って補強するならば，壁板各部で同じせん断応力度を仮定する考え方で導かれた開口低減率を適用しても問題ないと考えられる。開口が複数であっても，適切な仮定により容易に開口低減率，補強方法を定めることができる。

逆に，骨組にモデル化する場合は，開口耐震壁としてモデル化するよりも応力あるいは耐力ともに評価精度がかえって低い場合もあり得るので，注意が必要である。開口周囲の部材をそれぞれ線材にモデル化する方法では，剛域の評価，せん断剛性（低下率）の評価が難しく，解析モデルによっては適切に設定できない場合もある。したがって，解析対象によっては耐震壁にモデル化する方がむしろ適切な場合がある。例えば，ほとんどが耐震壁にモデル化される層あるいは連層耐震壁で若干適用範囲を超えるごく一部の開口壁のみを骨組にモデル化するのは相対剛性の評価としてはかえって適切でない。このような場合は，若干開口周比が大きくても，耐震壁としてモデル化して開口低減率を適用し，余裕のある設計を行う方が合理的である。 （かべやさわ　としみ）

【参考文献】
1) 日本建築学会：鉄筋コンクリート構造計算規準・同解説，2010年

Q.151 コンクリートのひび割れ幅

大野義照●大阪大学名誉教授

コンクリートのひび割れ幅で，「鉄筋コンクリート造建築物の収縮ひび割れ制御設計・施工指針（案）・同解説」（日本建築学会）では，許容幅が0.3mm，限界幅が0.5mmとされ，「ひび割れ調査，補修・補強指針2009」（日本コンクリート工学会）では制限幅が0.2mm以下とされている根拠は

コンクリート中の鉄筋は，アルカリ環境におかれて腐食から守られているが，ひび割れが生じると図1に示すように，ひび割れから侵入したCO_2がブリーディングなどで生じた空隙に達し，鉄筋まわりのコンクリートが中性化する。同時に，鉄筋腐食に必要な水や酸素が健全部などから供給され，鉄筋が腐食する。したがって，鉄筋コンクリート部材のひび割れは，鉄筋の腐食，すなわち耐久性の観点から許容ひび割れ幅が定められている。諸外国の規準・指針をみると許容ひび割れ幅は，一般屋外環境で0.3mm，屋内環境で0.4mm程度である。また，暴露試験の結果，0.1～0.2mm程度であれば，鉄筋腐食は軽微であることが報告されている。

日本建築学会『鉄筋コンクリート造建築物の収縮ひび割れ制御設計・施工指針（案）』[1]（以下，ひび割れ制御指針）では，許容ひび割れ幅は，屋外では0.3mm，屋内では0.5mmとしている。ひび割れ幅が0.5mmを超えると鉄筋降伏のおそれがあることや，「住宅の品質確保の促進等に関する法律」の技術基準によれば0.5mm以上のひび割れは瑕疵が存在する可能

性が高いことから、鉄筋腐食の可能性の低い屋内についてもこのような規定値を設けている。なお、これらの値はばらつきのあるひび割れ幅の最大値に相当する値であるので、設計値はそれぞれ0.2mmおよび0.3mmとしている。

日本コンクリート工学会『コンクリートのひび割れ調査、補修・補強指針-2009-』[2]（以下、ひび割れ調査指針）では、ひび割れが部材の性能低下の原因となっておらず、部材が要求性能を満足する幅として、最大ひび割れ幅を塩害・腐食環境では0.2mm、一般屋外環境では0.3mm、土中・屋内環境では0.4mm以下としている。

ひび割れ制御指針での屋外は、ひび割れ調査指針の一般屋外に対応しており、両指針の規定値は0.3mmで同じといえる。海岸から1km以内の塩害・腐食環境では、建築物におけるひび割れ幅を0.2mm、あるいはそれ以下に制御すべきであることはいうまでもない。

ひび割れ制御指針では、屋内の許容値を0.5mmとしているが、最近は一般ユーザーの目が厳しく、住宅のような場合は0.3mm、あるいはそれ以下に制御しなければ苦情が多くなるようである。

ここで、改めてひび割れ幅と鉄筋腐食の関係について考えてみたい。これまでの研究や調査によると、鉄筋腐食の初期にはひび割れ幅、特にひび割れの有無が大きく影響する。鉄筋に断面欠損が生じ部材耐力に影響するような腐食段階では、ひび割れ幅やひび割れそのものの影響は少なくなっている。しかし、建物においては、腐食初期の段階でも屋外に面している壁では、ひび割れから浸入した雨水が錆汁となってコンクリート表面を汚す。また、鉄筋の膨張によってかぶりコンクリートが剥落することもある。このような段階では建物

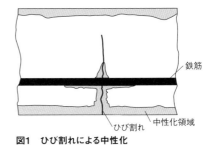

図1　ひび割れによる中性化

全体の耐力の低下は少ないが、美観上は大きな問題になり、補修および対策が必要になる。ただし、ひび割れ幅のみが鉄筋腐食に密接に関係しているわけではない。鉄筋の腐食には、前述のように水と酸素が必要であり、またコンクリートの中性化、塩化物イオンの存在が大きく影響する。したがって、コンクリートの品質、特に密実性が大きく関係し、同じ幅であってもコンクリート強度が高ければ、中性化の進行が遅くなり、鉄筋腐食の速度は遅くなる。かぶり厚さの影響も大きい。

なお、壁の収縮ひび割れの制御法の一つとして、鉄筋によってひび割れを分散させ、ひび割れ幅を制御する方法がある。壁に生じた複数のひび割れの各最大幅の平均値を0.3mm以下に制御するには鉄筋比0.4〜0.45％程度でよいが、最大値を0.3mm以下に制御しようとすると鉄筋比は0.5〜0.6％となる[1],[3]。

（おおの　よしてる）

【参考文献】
1) 日本建築学会：鉄筋コンクリート造建築物の収縮ひび割れ制御・施工指針（案），2009年
2) 日本コンクリート工学協会：コンクリートのひび割れ調査，補修・補強指針，2009年
3) 徐泰錫，大野義照：鉄筋コンクリート壁における乾燥収縮ひび割れ幅算定式，日本建築学会構造系論文報告集，Vol.72，No.626，pp.497-504，2008年

Q.152 壁式構造の階数・高さ

勅使川原正臣●名古屋大学大学院教授

> 壁式構造は5階まで、軒高さ20m以下、階高3.5m以下というのはなぜか。壁式RC造における、床面積に対する必要壁長さの数値について

壁式鉄筋コンクリート構造は、X、Y両方向に多くの耐力壁を配し、それらを相互に壁梁で連結することにより耐震性を確保する構造形式である。1995年に発生した兵庫県南部地震で震度7の激震地においても、壁式構造建物の被害が少なかったことは耐震性の高さを実証するに十分であろう。壁式構造では、表1に示す種々の構造規定を設けることにより、簡便な平均せん断応力度法を用いた許容応力度設計による構造計算を可

表1　壁式構造の構造規定[1]

項目	規定
階数	5階以上
軒の高さ	20m以下[注1]
階高	3.5m以下[注2]
壁量L_w (mm/m²)	$L_w > \alpha \beta Z L_{w0}$ かつ $L_w > (L_{w0}-50)$
壁率a_w (mm²/m²)	$a_w > ZWA_i\beta / 2.5 S_i$
最小壁厚t_0 (mm)	150かつ$h_s/22$（最上階）　180かつ$h_s/22$（中間階）

α：耐力壁厚さに伴う低減係数
β：コンクリート強度に伴う低減係数
Z：地域係数
L_{w0}：標準壁量
A_i：地震層せん断力分布係数
S_i：当該階の床面積
W：当該階までの荷重の合計
h_s：鉛直支点間距離

【注1】壁式構造設計基準[2]では16m以下と規定している
【注2】壁式構造設計基準[2]では原則3.0m以下と規定している

表2　平均せん断応力度（単位：N/mm²）
（$Z=R_t=1$, $W_i/S_i=12,000$N/m²）

	5階建	4階建	3階建	2階建
5階	0.22			
4階	0.31	0.20		
3階	0.41	0.29	0.19	
2階	0.39	0.37	0.26	0.16
1階	0.45	0.36	0.34	0.27

能にしている。

壁式構造の高い耐震性の確保は，次のような理由によっている。

① 耐力壁に生じるせん断応力度を小さくし，十分な水平強度を確保する。

② 鉄筋コンクリート構造に用いる耐震壁と異なり，壁式構造の耐力壁には周囲を拘束する枠フレームがないので，水平力に対する靭性の確保が十分にできない。そこで，地震力に対して変形を小さくするために，十分な水平剛性を確保する。

③ 平均せん断応力度法を用いるために，曲げ変形成分があまり大きくならないようにし，耐力壁の断面積に比例して耐力壁にせん断力を配分できるようにする。

④ 建築物に生じる転倒モーメントには，1階耐力壁脚部の曲げと壁梁の曲げ戻しによって抵抗する。

質問はともに壁式構造の構造規定に関するものなので，ここでは二つの質問に対する回答として，上記の構造規定の背景について概説させていただく。

◉ 十分な強度の確保

壁式構造は表1の構造規定を満たす場合には，耐震計算ルート1の適用範囲内となる。

しかし，壁式構造の場合は，耐力壁周辺に剛強な付帯ラーメンを有していないため，壁板のひび割れの抑制が期待できず，ひび割れの進展によって種々の障害が生じる危険性がある。壁率，壁量の構造規定を設けることにより，標準ベースシア係数$C_0=0.2$で壁板にせん断ひび割れが生じないことを保証している。実大実験[3]や準実大実験[4]などにおいて，ひび割れ時の壁板のせん断応力度は，コンクリートの短期許容せん断応力度程度であることが確認されている。地震時の層せん断力係数がA_i分布に従うとし，建築物が壁式構造規定を満たす場合（各階高さ3.0m，壁量L_{wi}を標準壁量L_{w0}，壁厚を最小壁厚t_0）に，各階の床面積を一定（$S_i=S$）とし，地域係数Zおよび振動特性係数R_tを1.0，各階の単位床面積当たりの荷重を12,000N/m²とすると，各階の標準的な平均せん断応力度が略算できる。階数を2〜5階としたときの，各階の平均せん断応力度を算定した結果を，表2に示す。1階耐力壁が最もせん断応力度が大きくなることは明白であるが，5階建の場合には1階耐力壁の平均せん断応力度は0.45N/mm²程度に達する。

実験結果からせん断力が集中する耐力壁であっても，応力集中係数ϕは1.5以下であることが確認されており，平均せん断応力度の最大値は0.68N/mm²となる。形状係数によるせん断応力度の増大（$\kappa=1.5$）を考慮しても，せん断応力度の最大値は1.0N/mm²程度である。コンクリートの短期許容せん断応力度は，$F_c=18$N/mm²の普通コンクリートで0.9N/mm²，軽量コンクリートで0.81N/mm²となるため，構造規定を満たす範囲であれば，標準せん断力係数$C_0=0.2$に対してせん断ひび割れを抑制しているものと考えられる。また，コンクリートの収縮ひび割れなどの不測のひび割れに対して，壁筋の短期許容応力度がひび割れ時せん断応力度以上となるように，最小せん断補強筋比の規定が設けられている。

一方，表2より，標準せん断力係数$C_0=1.0$のときの平均せん断応力度は最大で2.25N/mm²となる。最大荷重時の耐力壁の平均せん断応力度は，実大実験によりおおむね2.0N/mm²以上であることが確認されており，必要保有水平耐力をおおむね満たすことができる。逆に，構造規定を逸脱した建物の場合には，必要保有水平耐力を満たさない可能性が高く，保有水平耐力計算の規定に基づき，建物の靭性を確保する必要がある。

◉ 十分な剛性の確保

脚部が固定された耐力壁に曲げモーメントM，せん断力Qが作用する場合に，全体の変形角Rは曲げ変

形R_bとせん断変形R_sの和として次式で表される。

$$R = R_b + R_s$$
$$= 2Q/A_w E \{(1+\nu)+(3y-1)(h/l)^2\} \quad (1)$$

ここで，A_w：耐力壁の水平断面積，E：コンクリートのヤング係数，l：実長，h_e：同一の実長を有する部分の高さ，y：反曲点高さ比，ν：コンクリートのポアソン比（$=1/6$），κ：形状係数（$=1.5$）である。

単位床面積当たりの荷重を12,000N/m²とし，反曲点高さ比yを0.5，h/lを10/3とすると，$C_0=0.2$のときの層間変形角は次のように算定される。

$$R = R_b + R_s = 1/4,097 + 1/16,260$$
$$= 1/3,272 < 1/2,000$$

一方，日本建築学会『鉄筋コンクリート造壁式構造計算規準』の付録2[2)] では，動的応答解析により，$C_0=0.2$のときの層間変形角を1/2,000以下に抑制することで，脚部の曲げひび割れ発生を抑えることができ，大地震動時（代表的な既往波を50kineとした場合）での応答層間変形角を1/200以下に抑制することができることが示されている。

枠柱フレームがないI型の耐力壁の加力実験結果も同文献において検討されており，せん断破壊時（最大耐力時）の変形角として1/200はあるという結果が示されている。

● 平均せん断応力度法と同一開口部の高さhと壁長さの規定l（h/lは10/3以下），壁量と階高の規定

耐力壁の曲げ成分とせん断成分の比率は，式（1）から次式と導かれる。

$$R_b/R_s = (3y-1)/1.4 \cdot (h/l)^2 \quad (2)$$

式（2）より，反曲点高さが高く，h/lが大きいほど曲げ成分が多くなることがわかる。壁式構造では，h/lは10/3以下と規定しており，曲げ変形成分/せん断変形成分は4以下となる。一方，一般的な柱は，h/lが3以上で，曲げ変形成分/せん断変形成分は4以上となる。さらに耐力壁は，一般的な柱に比べてせん断ひび割れが入りやすく，せん断変形成分はさらに大きくなることが考えられる。同一開口部の高さhと壁長さの規定l（h/lは10/3以下），壁量と階高の規定は，耐力壁の断面積に比例して（せん断剛性に比例して），階のせん断力を各耐力壁に分配できるとする平均せん断応力度法適用の妥当性を担保している。

● 転倒モーメントと階数，軒高さの規定

転倒モーメントは，建築物の高さが高くなるほど大きくなる。せん断強度が十分にあっても，その強度を発揮

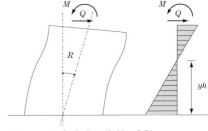

図1 MおよびQを受ける部材の変形

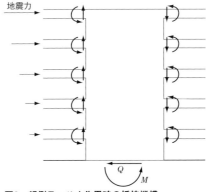

図2 転倒モーメント作用時の抵抗機構

させるためには，転倒モーメントに抵抗できる必要がある。壁式構造の場合，転倒モーメントに対する抵抗機構は図2のようになる。すなわち，転倒モーメントに対して壁脚部の曲げと，壁梁の曲げ戻し力により抵抗する。しかし，壁式構造では，壁梁の幅は取り付く壁の厚さと同等以上と規定されているが，室内空間に梁型が出現するために居住性が悪くなることや，施工性が悪くなることから，梁幅を壁厚と同厚とする場合が多い。壁厚はせいぜい200mm程度であり，それと同厚の壁梁に配筋可能な曲げ補強筋には限界がある。実際，構造規定を満足する5階建壁式構造のモーメント抵抗を概算してみると，直交壁の効果を考慮しないで$C_0=0.5$相当を確保できるかできないかという検討結果が得られている[5)]。耐力壁や壁梁に多くの曲げ補強筋を配することが困難となるため，高層化したときの転倒モーメントに対して十分な抵抗モーメントを確保できないため，5階以下，16m以下の規定がある。

（てしがわら　まさおみ）

【参考文献】
1) 平成13年国土交通省告示第1026号，国土交通省
2) 日本建築学会：壁式構造関係設計規準集・同解説（壁式鉄筋コンクリート造編），2003年
3) 松島豊：実大5階建壁式鉄筋コンクリート造アパートの耐震実験，建築研究所年報，1970年
4) 坪井善勝，富井政英，徳広育夫：壁式RC構造の再検討その7，8，日本建築学会論文報告集号外，1965年
5) 日本建築センター：壁式鉄筋コンクリート造設計施工指針，2003年

Q.153 材料の許容応力度の F 値に対する比率

林 靜雄●東京工業大学名誉教授

材料の許容応力度の F 値に対する比率，コンクリートで長期1/3・短期2/3，鉄筋で長期2/3・短期3/3などの数値について

鉄筋コンクリート造の場合，許容応力度は設計外力の大きさと材料強度との関係で決まるので，材料強度に対する比率だけを考えるのは意味がない。材料強度と許容応力の考え方の経緯については，『日本建築構造基準変遷史』[1]に述べられている。

◉ コンクリート
1) 圧縮

日本で最初の建築関係の法律である1919年施行の市街地建築物法では，コンクリートについては，配合標準と圧縮許容応力度が示されている。コンクリートの圧縮の許容応力度が圧縮強度の1/3，せん断が1/30と定められたのは，1932年の改訂のときであるが，長期・短期の区別はなかった。コンクリート強度と許容応力度の変遷については，「構造体コンクリートの品質に関する研究の動向と問題点」[2]に述べられている。長期と短期の概念が取り入れられたのは，1947年の臨時日本標準規格であるが，設計応力に対してのみ取り入れられ，許容応力度には長期と短期の区別はなかった。このとき，従来の許容応力度が2倍に引き上げられたので，短期の応力に対して許容応力度を長期の2倍にしたこととなる。設計応力と許容応力度の両方に長期と短期の考え方が入ったのは，1947年日本建築規格・建築3001からである。

コンクリートの許容圧縮応力度は，長期，短期の設計応力とセットで考えなければならないし，クリープともリンクして考えなければならない。現在，RC規準[3]では，長期で1/3，短期で2/3と定められているが，この数値は，1932年および1944年に定められたもので，この数値で安全であるように，設計用外力の大きさと組合せを定めてきたと思われる。

2) せん断

鉄筋コンクリート部材の曲げ強度が弾性に基づく材料の許容応力で計算するのに対し，せん断強度は，1971年の建築基準法の改訂に際し終局強度に基づく設計法に改められた[3]。したがって，数値には大きな意味がある。長期に対しては，柱はひび割れが発生しないこと，梁にはひび割れが発生するが大きなひび割れ幅とはならないこと，短期に対しては安全であることという性能に基づいて定められている。ひび割れ幅の計算は難しいので，当時のせん断終局強度設計式である荒川式に基づいて部材の安全率を確保できるように許容応力度が定められている。したがって，設計応力とリンクしており，設計指針と独立した許容応力度ではないことはいうまでもない。

◉ 鉄筋
1) 引張・圧縮

短期許容応力度は，降伏強度としている。しかし，降伏比が低い（75%以下）ことや降伏棚があって，ある程度一定能力を保持できることが前提となっている。降伏比が高いあるいは降伏棚がない鉄筋を梁主筋に使用すると，材端に曲率が集中して部材の変形性能が失われる。高層建物の開発に伴って，高強度鉄筋の開発が行われたが，この降伏比と降伏棚を解決することが難しく，主筋用としては降伏強度685N/mm^{2}までの鉄筋しかない。

長期の許容応力度は，梁端に発生する曲げひび割れ幅を0.3mm以下に抑えることを目的として定められている[3]ので，鉄筋の降伏強度にかかわらず定められている。基準法では，許容応力度は基準強度の2/3倍と決められているので，鉄筋には材料強度用と，長期許容応力度用の2種類の基準強度が存在する。

2) せん断

せん断補強用の長期許容応力度については引張と同様に，225（195）N/mm^{2}になる。これはせん断ひび割れ幅を抑制するためである。短期許容応力度は，JISで規定されているSD490以下の鉄筋に対しては，降伏点をとることができる。やはり，降伏棚があること，降伏比が低いことが前提となる。

SD490を超える鉄筋に対しては，一般的には，降伏強度と無関係に短期許容応力度を590N/mm^{2}としている。これは，高強度せん断補強筋が実用化となるときに大臣評定として決められたものである。これは，降伏比が高いことや降伏棚がないことが原因であると思われるが，なぜ590なのかはわからない。

せん断補強筋用の鉄筋については，材料強度用，短期許容応力度用，長期許容応力度用と3種類の基準強度が存在する。

（はやし　しずお）

【参考文献】
1) 大橋雄二：日本建築構造基準変遷史，日本建築センター，1993年
2) 日本建築学会：構造体コンクリートの品質に関する研究の動向と問題点，2008年
3) 日本建築学会：鉄筋コンクリート構造計算規準・同解説 2010

Q.154 部材種別の判定項目

勅使川原正臣●名古屋大学大学院教授

> RC造のD_S算定にかかわる部材種別の判定項目h_0/D，σ_0/F_cの意味と，それぞれに規定されている数値の根拠は

部材種別を規定する項目に関する数値については，多くの実験および規定のわかりやすさを勘案して定められたものと考えられる。また，日本建築学会『鉄筋コンクリート構造計算用資料集』(2001)[1]の他に，これらに関する解説が多くある。ここでは，判定項目に挙げられた具体的な数値には言及できないが，できるだけ定量的に解説したいと思う[3],[4]。

柱の部材種別は，国土交通省告示第596号第4で，(1) 破壊形式，(2) h_0/D，(3) 軸力比，(4) 引張鉄筋比，(5) せん断応力度比で規定されている。

(1) 破壊形式

破壊形式は靱性のない破壊形式として，せん断破壊，付着破壊，圧縮破壊，その他急激な耐力低下を生じる破壊を挙げ，それらに該当しない部材（一応靱性がある部材）を部材種別FA～FCの候補としている。以降は，曲げ降伏が先行する場合について記述する。

(2) h_0/D

図1に，逆対称曲げモーメント状態において，水平荷重を受ける柱の変形状態と応力状態を示す。図中，δは柱の水平変形量を，h_0は柱の内法長さを表しており，柱の部材角Rはδ/h_0で表される。柱頭，柱脚の曲げモーメントの大きさをMとすると，柱のせん断力Qとの間には，$Q=2M/h_0$の関係がある。図2は，柱のせん断力Qと部材角Rの関係を模式的に表したものである。柱が良好な変形性能を示すためには，まず，主筋が降伏する前にせん断破壊および付着割裂破壊が生じないように設計を行い，材端部において降伏ヒンジを形成させる必要がある。通常，柱の断面せいDに対する内法長さh_0の比h_0/Dが2以下のものは短柱と呼ばれ，曲げ降伏以前にせん断破壊を生じやすい。明確な降伏ヒンジが形成されるには，h_0/Dが2程度以上の大きさになっている必要がある。明確な降伏ヒンジが形成されると考えられる値を，FBの境界と定めたものと考えられる。

(3) 軸力比

図3に，降伏ヒンジの変形機構を示す。降伏ヒンジの引張側では，曲げモーメントおよびせん断力により生じたコンクリートのひび割れ幅が拡大し，引張鉄筋に伸びが生じる。一方，中立軸より圧縮側ではコンクリートに縮みが生じ，降伏ヒンジ全体では回転変形が生じることになる。曲げ降伏後，すなわち，降伏ヒンジが形成された後の柱の変形の限界を決定する要因としては，塑性変形に伴うヒンジ領域のせん断強度の低下（図4），ヒンジ領域の拡大に伴う付着長さの減少による主筋とコ

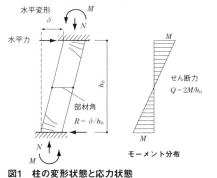

図1　柱の変形状態と応力状態

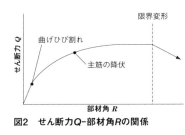

図2　せん断力Q-部材角Rの関係

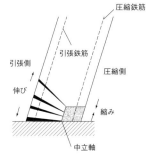

図3　降伏ヒンジの変形機構

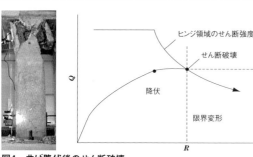
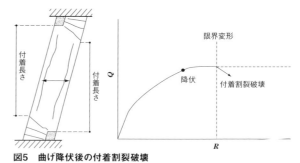

図4　曲げ降伏後のせん断破壊　　　　図5　曲げ降伏後の付着割裂破壊

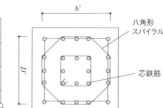
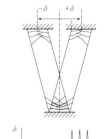

図6　曲げ破壊型柱の限界変形部材角と軸力比の関係[2]　　図8　柱の載荷方法

図7　高層建物の外柱の断面例

ンクリートの付着性能の低下（図5），および，軸力と曲げにより大きな圧縮ひずみを強制されるヒンジ領域の圧縮側コンクリートの破壊（圧壊）が挙げられる。

　曲げ降伏後のせん断破壊や付着割裂破壊が適切に防止された場合，柱は曲げ破壊することになる。曲げ破壊する柱の変形性能は，ヒンジ領域のコンクリートの圧縮特性と軸力の大きさに依存する。図6は，高層の鉄筋コンクリート造建物の柱を対象とした実験の曲げ破壊による限界変形を整理した資料[2]である。図中の横軸は限界変形部材角R_uを表しており，抵抗モーメントが最大モーメントから95%に低下した時の変形を限界変形としている。縦軸は，柱に作用する作用軸力Nを，柱のコア断面の拘束コンクリート部分の軸圧縮強度で除した軸力比ηを表している。ηは式（1）で表される。なお，高層建物の外柱では，柱の軸強度を高めるため，図7のように柱中央部に芯鉄筋が配される場合がある。その場合は，作用軸力から芯鉄筋の軸力負担分を除いた軸力を考えている。

$$\eta = \frac{N - a_s \cdot \sigma_{sy}}{b' \cdot D' \cdot \sigma_B'} \quad (1)$$

ここで，N：作用軸力（N）（圧縮を正），a_s：芯鉄筋の断面積の合計（mm²），σ_{sy}：芯鉄筋の降伏強度（N/mm²），b'：コア断面の幅（mm），D'：コア断面のせい（mm），σ_B'：拘束コンクリートの圧縮強度（N/mm²）

である。なお，柱の載荷実験では，図8に示すように2種類の載荷方法が採られており，これらを一方向載荷，繰返し載荷と呼んでいる。図6中，▲印は一方向載荷を受け曲げ破壊した試験体，△印は一方向載荷を受けたが所定の耐力低下がなかった試験体を示す。●印および□印は繰返し載荷を受け曲げ破壊した試験体，○印は繰返し載荷を受けたが所定の耐力低下がなかった試験体を示す。また，$\eta = R_{SL}$関係は一方向載荷を受け曲げ破壊した試験体の限界変形の下限を表す曲線である。$\eta = R_{CY}$関係は，繰返し載荷を受け曲げ破壊した試験体の限界変形の下限を表す曲線である。図6より，軸力比ηが低いほど限界変形時の部材角R_uが大きくなることがわかる。ηが小さい領域では，一方向載荷の場合も繰返し載荷の場合も，柱の限界変形は同程度で，ηが0.3程度以下であればR_uは3%程度である。一方，ηが大きい領域では，繰返し載荷を受けると一方向載荷を受ける場合よりも変形性能が低下することがわかる。柱の変形性能を確保するためには，軸力

表1　せん断応力度比と曲げ降伏後のせん断破壊の推定変形角

$\tau/\sigma B$	α	$\alpha\varepsilon_u$	R_u
0.1	1.0	0.003	0.015 (1/67)
	1.5	0.0045	0.0225 (1/44)
0.15	1.0	0.003	0.01 (1/100)
	1.5	0.0045	0.015 (1/67)
0.2	1.0	0.003	0.0075 (1/130)
	1.5	0.0045	0.011 (1/90)

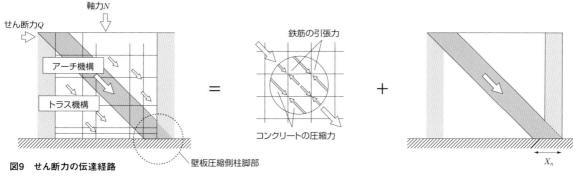

図9 せん断力の伝達経路

比を制限することが重要である。

(4) 引張鉄筋比

日本建築学会『鉄筋コンクリート構造計算用資料集』(2001, 164頁)[1] によれば，p_t が大きくなるほど R_u は小さくなる傾向があると述べられているが，定量的な検討や説明はなされていない。また，付着割裂の検討を行うことにより，p_t の制約を受けないとも述べられている。

ここでは，2010年『鉄筋コンクリート構造計算規準・同解説』(以下，RC規準)[5] の16条の大地震に対する付着の検討方法 (16条1. (4) 3)) を用いて，p_t の定量的検討を試みる。

検討の仮定として，$K \cdot f_b/\sigma_y=1/100$，($K \cdot f_b$ は付着強度，鉄筋降伏点 $\sigma_y=345\mathrm{N/mm^2}$，コンクリート設計基準強度 $F_c=24\mathrm{N/mm^2}$ 程度を想定)，鉄筋の間隔：$a \cdot d_b$ ($a>=2.5$)，部材の長さ：$L=\beta d$ ($\beta >=2.5$，d：部材の有効せい)，同径の引張鉄筋が n 本あるとする。

RC規準16条では，両端ヒンジ部材の付着長さ l_d を

$$l_d=(L+d)/2=(\beta+1)\,d/2 \qquad (2)$$

とし，付着応力度 τ_a を以下のように算定している。

$$\begin{aligned}\tau_a &= (\sigma_y \cdot a)/(\phi\,(l_d-d)) \\ &= (\sigma_y \cdot a \cdot n \cdot b)/(n \cdot \pi \cdot d_b\,(l_d-d) \cdot b) \\ &= 2 \cdot (\sigma_y \cdot a \cdot n \cdot b)/(n \cdot \pi \cdot d_b\,(\beta-1) \cdot d \cdot b)\end{aligned} \qquad (3)$$

曲げ降伏後の付着割裂破壊を防止するためには，この τ_a を $K \cdot f_b$ 以下とする必要があるとしている。

$$\begin{aligned}(\tau_a/\sigma_y) &= (2 \cdot p_t \cdot a)/(\pi \cdot (\beta-1)) \\ &\leq K \cdot f_b/\sigma_y = 1/100\end{aligned} \qquad (4)$$

ここで，鉄筋の最小間隔として $a=2.5$，FAの L/D 最小値として $\beta=2.5$ を代入すると，$p_t \leq 1/100$，すなわち引張鉄筋比1%以下がFA材の条件となる。もちろんこの値は導出の仮定から明らかなように目安であり，現在では付着割裂強度の検討を行うことで，この p_t の規定は緩和できることになっている。

(5) せん断応力度比

柱の曲げ降伏後の変形性能評価は，参考文献4) を引用した壁の曲げ降伏後のせん断破壊時の変形評価と同様の考えを適用してみる。

式 (12) によれば，$\theta=45°$，$\varepsilon_u=0.003, 0.0045$ を仮定すると，R_u は**表1**のようになる。

圧縮縁のコンクリートの終局ひずみを通常規定される 0.003〜0.0045 とした場合に，せん断応力度比が大きくなるに従い，曲げ降伏後のせん断破壊時の変形がおおよそ 1/50，1/75，1/100 程度になると推定できる。もちろんこれらの値は，各部材種別が想定している変形値とはならないことを付記しておく。

【梁の変形性能】

梁の曲げ降伏後の挙動は，柱とほぼ同様である。ただし，梁には軸力が作用しない (厳密には，ヒンジ領域におけるひび割れ幅の拡大とともに梁に軸方向の伸びが生じるため，実際の建物の中では柱がこの伸びを拘束するので軸力が存在する) ことから，曲げ破壊する場合でも，特に拘束筋を用いなくても設計上十分な変形性能が得られる。また，柱に比べ，梁は部材長が大きいことから，引張鉄筋比が過大でなければ付着長さの確保も容易である。よって，この場合は，曲げ降伏後のせん断破壊が早期に生じないように，ヒンジ領域のせん断設計に十分配慮すればよい。しかしながら，短スパン梁のように引張鉄筋比が大きく，部材長が小さい場合には，付着割裂破壊が生じやすく，変形性能も低下することから，付着割裂破壊が生じないように十分配慮する必要がある。

曲げ降伏後のせん断破壊については，式 (12) の壁のせん断破壊と同様の考えが使えると思われる。その際，端部の拘束 (終局圧縮ひずみ) は柱より大きいが，柱付き耐震壁よりは小さいことが予想される。

【曲げ降伏が先行する耐力壁の変形能[4]】

曲げ降伏時のせん断力を伝達する圧縮束 (**図9**) の

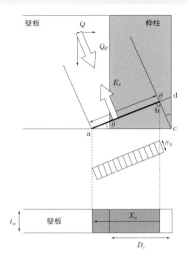
(a) 枠柱のない耐震壁
$E_\theta = X_n t_w \sigma_B \cos\theta$

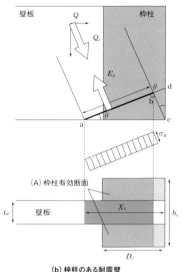
(b) 枠柱のある耐震壁
$E_\theta = X_n t_w \sigma_B \cos\theta + (b_c - t_w)(X_n \cos\theta - (X_n - D_c)/\cos\theta)\sigma_B$

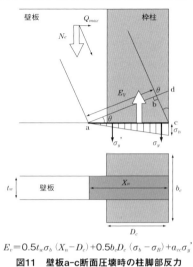
$E_v = 0.5 t_w \sigma_b (X_n - D_c) + 0.5 b_c D_c (\sigma_b - \sigma_B) + a_{cc} \sigma_y'$

図11 壁板a-c断面圧壊時の柱脚部反力

図10 壁板a-b断面圧壊時の柱脚部反力

応力が壁板の最大強度に達することで、耐震壁は曲げ降伏後のせん断破壊に至ると考える。この圧縮束の基礎への接触長さは中立軸深さとする。すなわち、図10のようにa-b断面がコンクリートの圧縮強度に達すれば「曲げ降伏後のせん断破壊」となり、図11のようにa-c断面がコンクリートの圧縮強度に達すれば、「曲げ圧壊」となると考える。この破壊仮定により、曲げ降伏後のせん断破壊時変形を評価する。

① 曲げ降伏後の壁板のせん断破壊

壁板のせん断破壊は、壁板に生じる圧縮束によって伝達される力Q_e($=Q/\sin\theta$)が、図10のa-b断面のコンクリートの圧縮強度に達することで生じると考える。枠柱のない耐震壁は、図10(a)のa-b断面のコンクリートが圧縮強度σ_B'に達したときに壁板が圧壊すると考え、壁板の作用荷重Q_eに対する耐力E_θは、式(5.a)で表される。また、枠柱を有する耐震壁は図10(b)の(A)の部分も有効断面として考慮し、図10(b)のa-b断面が圧壊すると考えると、その耐力E_θは式(5.b)で表される。

$$E_\theta = \begin{cases} X_n t_w \sigma_B \cos\theta & (5.a) \\ X_n t_w \sigma_B \cos\theta + (b_c - t_w)\left\{X_n \cos\theta - \dfrac{(X_n - D_c)}{\cos\theta}\right\}\sigma_B & (5.b) \end{cases}$$

ここに、X_n：平面保持を仮定して算出した中立軸位置(mm)、t_w：壁厚(mm)、σ_B：コンクリートの圧縮強度(N/mm²)、θ：圧縮束の角度、b_c：柱幅(mm)、D_c：柱せい(mm)

よって、曲げ降伏時強度Q_{max}で「曲げ降伏後にせん断破壊」するときのa-b断面での釣合いは式(6)となる。

$$Q_{max}/\sin\theta = E_\theta \qquad (6)$$

このときには、鉛直断面の最外縁の鉛直ひずみはε_uと仮定する。

② 曲げ降伏後の耐震壁の変形性能評価

【変形性能評価式】

曲げ降伏後の耐震壁の変形性能評価の前提条件として、指標とする変形角R_uは曲げ降伏後にせん断破壊したときの壁全体の変形角とし、τは最大耐力時のせん断力Q_{max}を壁全幅l_wと等価壁厚t_{we}($\leq 1.5 t_w$)で除した値とする。また、曲げ降伏後にせん断破壊するのは図10のa-b断面のコンクリートが圧縮破壊するときと考え、a-c断面では破壊しないものとし、そのときの最外縁での終局ひずみはε_uであるとする。上記条件をもとに、耐震壁の変形を図12のように仮定する。耐震壁の終局時変形角R_uはヒンジ領域の変形角が卓越すると仮定し、終局時曲率ϕ_u(1/mm)とヒンジ領域長さl_p(mm)を用いて式(7)のように表す。このとき、せん断変形は曲げ変形に対して十分小さいとして考慮しない。

$$R_u = \phi_u l_p \qquad (7)$$

ここに、R_u：最大変位の地上1階スラブ面に対する変形角(rad)

同様に、終局時曲率ϕ_uは中立軸位置X_nと最大耐力時の危険断面位置の圧縮最外縁のコンクリートのひずみε_uを用いて、式(8)のように表す。

$$\phi_u = \varepsilon_u / X_n \qquad (8)$$

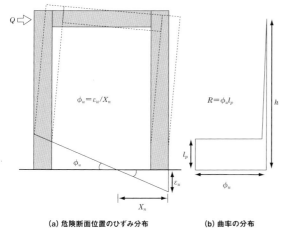

(a) 危険断面位置のひずみ分布　(b) 曲率の分布

図12　耐震壁の変形仮定

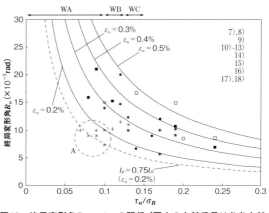

図13　終局変形角R_u-τ_u/σ_Bの関係（図中の文献番号は参考文献4）を参照）

ここに，ε_u：危険断面におけるコンクリートの終局ひずみ（$\varepsilon_u=\gamma\varepsilon_u'$），$\varepsilon_u'$：図10のa-b断面におけるコンクリートの終局ひずみ，γ：コンクリートの終局ひずみの補正係数

曲げ終局強度M_uは，参考文献2）より式（9）のように表すことができるため，曲げ終局時せん断力Q_{mu}は式（10）となる。そのときの鉛直荷重は，参考文献1）のC_cであり，せん断力の鉛直成分である$Q/\tan\theta$に相当することから，式（11）が導出できる。

$$M_u = a_t\sigma_y l_w + 0.5 a_{wy}\sigma_{wy} l_w + 0.5 N l_w \tag{9}$$

$$Q_{\max} = M_u/h \tag{10}$$

$$\tan\theta = \frac{(a_t\sigma_y + 0.5 a_{wy}\sigma_{wy} + 0.5 N) l_w}{(N + a_t\sigma_y + a_{wy}\sigma_{wy}) h} \tag{11}$$

ここに，h：加力点高さ（mm），l_w：耐震壁両側柱の中心間距離（mm）

よって，式（7）に式（8）と式（5.a），式（6）を代入し，ヒンジ長さl_pを片持ち梁と同様に部材せい（壁長さ）l_wとし，壁長さと壁高さの比を考慮した$l_p=\alpha l_w$，（$h<l_w$のとき）$\alpha=1$，（$h\leq l_w$のとき）$\alpha=h/l_w$と，$\tau=Q_{\max}/(t_w\times l_w)$の関係を用いると，変形性能評価のパラメータである$\tau/\sigma_B$の関数となる式（12）の終局変形角$R_u$の評価式が導かれる。

$$R_u = \frac{\alpha\varepsilon_u\sin 2\theta}{2(\tau/\sigma_B)} \tag{12}$$

式（12）を検証するため，曲げ降伏後にせん断破壊した既往の実験結果（参考文献4）を参照）より，試験体33体を選定し，評価式との比較を行った。選定基準は，曲げ降伏後に脆性的な破壊もしくは，急激な耐力低下を生じているものとし，スリップ破壊を除く，壁板の圧壊または壁板端部のせん断破壊によって終局に至った試験体を対象とした。

各試験体のτ_u/σ_Bと終局変形角R_uの関係を，図13に示す。点種の違いは文献を表し，曲線は式（12）においてコンクリートの終局ひずみε_uをそれぞれ0.2％，0.3％，0.4％，0.5％とした場合の終局変形角R_uを表す。実曲線は$\theta=45°$，$l_p=l_w$として求めたものであり，破曲線は角度$\theta=45°$，ヒンジ長さl_pを壁高さhとして求めたものである。また，参考として耐震壁の曲げ降伏後の変形性能の指標である壁式構造耐力壁の部材種別も図上に示した。

図13より，数値の是非はさておき実験値より得られた終局変形角R_uはτ_u/σ_Bに反比例して変化する傾向があり，コンクリートの終局ひずみ0.2～0.4％の間におおむね分布している。

枠柱がない壁式構造のコンクリートの終局ひずみを0.2％とすると，WAで7.5×10^{-3}程度，枠柱がある場合には，コンクリートの終局ひずみを0.3％と仮定することで，WAには同じく7.5×10^{-3}程度の変形能を期待していると思われる。

（てしがわら　まさおみ）

【参考文献・引用文献】
1) 日本建築学会：鉄筋コンクリート構造計算用資料集，2001年
2) 稲井栄一，平石久廣，薬研地彰：一定軸力下で曲げ破壊する鉄筋コンクリート造柱の設計用限界変形算定式，日本建築学会構造系論文集，第536号，pp.129-134，2000年10月
3) 勅使川原正臣：鉄筋コンクリート構造を学ぶ，理工図書，2009年11月
4) 勅使川原正臣，川崎愛，田内浩喜，中村聡宏，日比野陽：鉄筋コンクリート造耐震壁のせん断破壊形式と曲げ降伏後のせん断破壊時変形の評価法，日本建築学会構造系論文報告集，第75巻，第675号，pp.2037-2043，2010年11月
5) 日本建築学会：鉄筋コンクリート構造計算規準・同解説，2010年

Q.155 RC造柱・梁の曲げ耐力比

市之瀬敏勝●名古屋工業大学教授

> RC造の超高層以外の建物に関して、柱・梁の曲げ耐力比の規定は不要なのか。また、必要とすればどの程度の値がよいか

　この問いに対して明確な回答をすることは難しい。まず、「不要なのか」という問いに関して考えてみる。秋山[1]によれば、建物に入力する地震エネルギーは建物の崩壊モードにあまり影響されない。よって、地震時に塑性化が生じるような建物では、図1(a)のような梁降伏型が有利であり、図1(b)のような柱降伏型の場合は特定層に塑性変形が集中する。したがって、高層で靱性型の建物では耐力比の重要性が大きい。逆に、ルート1のように強度型で設計される建物では、柱・梁の曲げ耐力比の規定は不要である。靱性型であっても、平屋の建物であれば規定は不要である。

　「どの程度の値がよいか」については、さらに難しい。米国のACI 318-11[2]では、地震危険度の高い地域でのRC骨組で、軸力比0.1以上の柱に関して、次の式を満足することを求めている。

$$\Sigma M_c \geq 1.2 \times \Sigma M_b$$

ここで、M_cは、接合部フェイスにおける柱の曲げ強度で、変動軸力（弾性解析による値）を考慮して計算する。M_bは、接合部フェイスにおける梁の曲げ強度で、有効幅に含まれるスラブの鉄筋を考慮して計算する。材料の強度は規格値を使用する。総和Σは、図2のように接合部ごとに足し合わせる。

　この式を満たさない柱は、耐震設計上、無視される。係数1.2の根拠は示されていない。

　一方、わが国の耐震診断基準[3]では、

$$\Sigma M_c \geq 1.4 \times \Sigma M_b$$

が満たされる場合に「完全な梁降伏型」と分類される。この理由としては、次の2点が挙げられている。

①梁の強度が主筋の降伏強度のばらつきやひずみ効果などの理由から上昇する。……靱性保証型指針[4]によれば、SD295の降伏強度は規格降伏点の1.4倍程度まで、SD345では1.3倍程度までの値を取り得る。その他、梁の変形が増えるにつれ、スラブの有効幅が増大するという要因もある。

②二方向入力や動的な効果により柱の応力が厳しくなる。……x, y方向に同じ断面の梁があり、斜め45°方向の地震力に対しても梁降伏を実現しようとすれば、柱の曲げモーメントは$\sqrt{2}$倍つまり1.4倍になる。また、地震外力が静的解析で仮定するようなA_i分布となるとは限らない。

　以上、歯切れの悪い回答になってしまったが、ベースシア係数の小さい建物では、なるべく1.4程度の柱梁耐力比を確保することが望ましいのではないかと思われる。ただし、必ずしもすべての節点でこれを確保することが必要というわけではない。

　また、図3(a)(b)のように、曲げ降伏型の連層耐震壁があり、層降伏に対する余裕の大きい建物（Q_1, Q_2の大きい建物）では、柱梁耐力比にこだわる必要はあまりないであろう。

（いちのせ　としかつ）

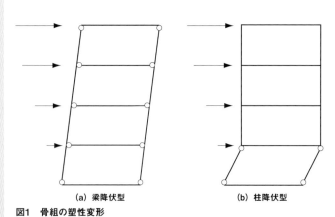

図1　骨組の塑性変形　(a) 梁降伏型　(b) 柱降伏型

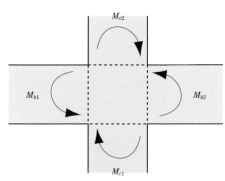

図2　ACI 318-11の規定

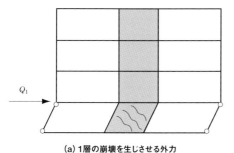

(a) 1層の崩壊を生じさせる外力　　(b) 2層の崩壊を生じさせる外力

図3　層降伏に対する余裕度

【参考文献】
1) 秋山宏：エネルギーの釣合に基づく建築物の耐震設計，技報堂出版，1999年
2) American Concrete Institute, Building Code Requirement for Structural Concrete (ACI 318-11) and Commentary, 2011
3) 日本建築防災協会：2001年改訂版既存鉄筋コンクリート造建築物の耐震診断基準同解説，2001年
4) 日本建築学会：鉄筋コンクリート造建物の靱性保証型耐震設計指針・同解説，1997年

Q.156 RCのクリープ係数

小柳光生●㈱コンステック 技術総括部技術顧問

RC部材のクリープ係数はどのように決まったのか

『鉄筋コンクリート構造計算規準・同解説』（日本建築学会：2010年）付7．長期たわみ（465頁）において，長期たわみに及ぼす要因は，ひび割れ，クリープ係数，乾燥収縮であるとし，長期たわみを算出するための標準的なクリープ係数値は3.0と設定している。なお，乾燥収縮は400×10^{-6}としている。ここでは，クリープ係数を3.0と設定した根拠について解説する。

コンクリート部材の長期変形挙動を考える場合，クリープの取扱いとしては，単位クリープひずみ，あるいはクリープ係数という考えがあるが，ここでは基本的にはクリープ係数という考え方を取り込んでいる。

クリープひずみを，載荷時の弾性ひずみ（載荷直後のひずみ）で除した数値を，クリープ係数と呼ぶ。

$$クリープ係数 = \frac{クリープひずみ}{弾性ひずみ} \quad （単位：無次元）$$

クリープ係数は，環境条件・調合（乾燥収縮の大小）・部材形状など多くの要因の影響を受ける。採用したクリープ係数値の根拠は，直接的には長期たわみ算定の文献である『床スラブの長期たわみに関する研究』[1]で紹介した実験データ（材齢4週で$1/3F_c$加力，$W/C = 58.5\%$，載荷期間200日のクリープ係数$\phi = 3.0$）を参考にしている（図1）。

また，1986（昭和61）年制定の土木学会『コンクリ

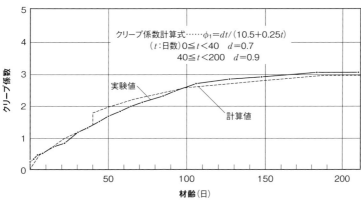

図1　クリープ係数。実験値と計算値[2]

ート標準示方書（設計編）』では，普通コンクリートのクリープ係数として，載荷材齢4週，屋内では3.1という数値を提案している（**表1**）。このときの条件は，作用する応力度$0.4F_c$以下，屋内温度20℃，湿度40%，仮想厚さ60cmとしている。

以上の文献などを参考にして，付7. 長期たわみでは，クリープ係数を3.0と設定している。

実構造物の場合，床スラブに積載荷重が作用する時期は，竣工以降と思われる。その意味では材齢4週で加力開始したクリープ係数を使用するのは大き過ぎないかという議論があるかもしれない。しかし，コンクリート設計基準強度が発現する材齢3週〜4週で，支保工が除去されて以降，自重荷重の他に施工荷重や作業荷重の履歴を受けて，クリープたわみを生じる可能性があり，安全側に設定していることになる。

ちなみに，乾燥収縮ひずみの設定は$600×10^{-6}$あるいは$800×10^{-6}$ではないのか，という質問を受けることもある。確かにコンクリート供試体（$100×100×400$mm）の脱型後からの自由乾燥収縮ひずみは$600×10^{-6}$〜$800×10^{-6}$であるが，長期たわみに関係する乾燥収縮ひずみは載荷開始以降，つまり4週以降の乾燥収縮ひずみを対象としていることや，形状寸法の影響（供試体より大きい），仕上材の影響などを考慮して，$400×10^{-6}$としている。ただし，乾燥した環境条件下でかつ仕上げがないような場合には，$600×10^{-6}$を設定するなど柔軟に対応されたい。

（こやなぎ　みつお）

表1　普通コンクリートのクリープ係数
コンクリート標準示方書（設計編）（1986年版）

セメントの種類	環境条件	プレストレスを与えたときまたは載荷するときのコンクリートの材齢				
		4〜7日	14日	28日	3か月	1年
早強セメント	屋外	2.6	2.3	2.0	1.7	1.2
	屋内	4.0	3.3	2.8	2.1	1.3
普通セメント	屋外	2.8	2.5	2.2	1.9	1.4
	屋内	4.3	3.6	3.1	2.4	1.6

【参考文献】
1) 武田寿一ほか：床スラブの長期たわみに関する研究，コンクリート工学（論文），1983年9月
2) 高橋久雄ほか：床スラブの長期たわみに関する研究，コンクリート工学，1976年10月

Q.157　RC部材の許容せん断力

市之瀬敏勝●名古屋工業大学教授

> RCの許容せん断力のαの範囲，$1<\alpha<2$はどう決まったか。また，せん断ひび割れ強度式の，せん断スパン比の適用上限値が3なのはなぜか

『鉄筋コンクリート構造計算基準』15条の解説に記載されているように，すべては実験結果から決まったものである。しかし，これだけではあまりにも素っ気ないので，少し屁理屈をこねてみる。

$M/Qd=1$となる2点載荷の単純梁（あばら筋なし）の例を，**図1(a)**に示す。せん断力Pが，ほぼ斜め40°の圧縮力Cによって効率よく伝達される（**図1(b)**の釣合条件を参照，$P≒C\sin40°≒0.6C$）。つまり，後述のようなM/Qdが大きい梁に比べてせん断ひび割れが発生しにくくなり，せん断終局強度も上昇する。これをアーチ作用と呼ぶ。**図1(c)**の4点載荷梁，**図1(d)**の片持ち梁でも同様である。M/Qdをさらに小さくすれば，圧縮力の角度はさらに大きくなり，せん断ひび割れ強度，せん断終局強度はさらに上昇する。したがって，強度だけを考えればαの上限を2以上にしても差し支えないが，変形能力が減少するなどの弊害もあり得るので，2を上限としたのではないかと思われる。なお，一概に$M/Qd=1$といっても，**図2**のような逆対称曲げを受ける梁では伝達機構がかなり異なる。圧縮率Cの傾きは約20°であり，$P≒C\sin20°≒0.3C$となる。せん断強度には種々の要因が影響するので，ばらつきは避けがたい。

次に，逆対称曲げを受ける$M/Qd=3$の梁のアーチ作用を**図3(a)**に示す。圧縮力の傾きは小さくなり，アーチ作用によって伝達できるせん断力は極端に小さくなる。よって，**図3(b)**のように，中央部のコンクリートはほぼ純せん断応力状態になる。M/Qdを3より大きくしても，この状況はほとんど同じであり，$\alpha=1$の下限値はこのような理由によるものと考えられる。

なお，RCの許容せん断力は，$p_w=0.2$%の最小せん断補強筋比を前提としたものである。つまり，**図3(c)**のようなトラス機構が多少なりとも働くことを前提としている。例えば，基礎スラブの設計では，せん断補強筋

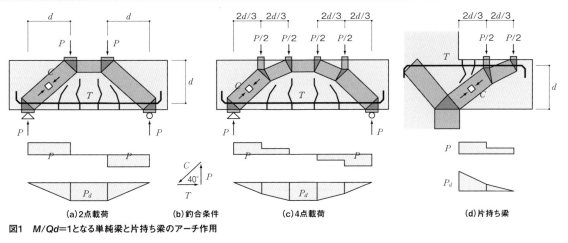

図1 $M/Qd=1$ となる単純梁と片持ち梁のアーチ作用

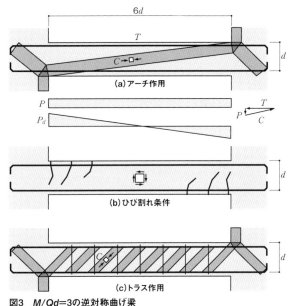

図2 逆対称曲げ梁のアーチ作用

がなくても許容せん断応力度を f_s としてよいことになっているが，M/Qd が大きくなるような特殊な場合はアーチ作用が期待できないので，スラブ厚を多めにとるなど，安全側の設計が望まれる。　　　　（いちのせ　としかつ）

図3 $M/Qd=3$ の逆対称曲げ梁

Q.158　応力中心距離

松崎育弘●東京理科大学名誉教授

RC部材の曲げ計算で j（応力中心距離）を用いる。$j=(7/8)\cdot d$ となっているが，7/8の根拠または出所はどこか

[1] 日本建築学会（当時の出版書には，単に「建築学会」と記されている）は，『コンクリート及び鐵筋コンクリート標準仕様書』と『鐵筋コンクリート構造計算規準』を合冊した形で，1933（昭和8）年9月に初版している。

『鐵筋コンクリート構造計算規準』は，全22条で構成されている。

第1章　荷重
第2章　許容応力度
第3章　曲げモーメント，せん断力及び軸方力
第4章　材料及び配筋

この規準の「第3章 第18条 矩形梁」の文中に，「梁の引張鉄筋比がつり合い鉄筋比以下である時は，許容曲げモーメントは，$M=a_t \cdot f_t \cdot j$ によるとし，$j=(7/8)\cdot d$ と仮定してよい」と記している。

また、「第3章 第22条 曲げ材のせん断力に対する算定」の文中に、「曲げ材各断面のコンクリートのせん断応力度f_sは、$f_s=Q/(b \cdot j)$により算定すべし」とある。さらに、「引張鉄筋の付着応力度f_bは、$f_b=Q/(\phi \cdot j)$により算定すべし」とある。なお、ここでも「jは、$j=(7/8) \cdot d$とみなすことができる」と記されている。

[2] これより先に、独逸（ドイツ）コンクリート協会は、1926年8月に『鉄筋コンクリート構造・設計及び計算』を編纂している。

ドイツでは、1925年9月にドイツ鉄筋コンクリート委員会によって、『鉄筋コンクリート構造物施工規則』を作成している。協会は、この規則をドイツ全域に亘って実際的に統一して適用することを目的として、1926年8月に『鉄筋コンクリート構造・設計及び計算』が編纂されている。本書は、4章より構成されている。

第1章　鉄筋コンクリート構造物用として最も重要なる建築材料並に之等の主要なる性質と適切なる用途並びに施工
第2章　荷重の算定
第3章　応力度の算定並びに断面の決定
  1) 軸方向圧縮力、座屈
  2) 単純曲げ
   ・コンクリートの引張強度を無視した場合の左右対称断面の曲げ材の算定式
   ・曲げ材において、コンクリートの引張強度を考慮する場合
   ・単純曲げにおける図式解法
   ・鉄筋コンクリート梁に関する実験
   ・非対称L型梁の曲げ
  3) 軸方向力と曲げを受ける矩形断面の算定
  4) 曲げと軸圧縮とを同時に受ける材の実験
  5) 曲げ材におけるせん断力の作用
  6) 捩じり
第4章　構造規準

この第3章 単純曲げ「コンクリートの引張強度を無視した場合の左右対称断面の曲げ材の算定式」誘導において、鉄筋コンクリート梁断面に曲げモーメントが作用していく過程において、断面に亀裂が生じた直後から、引張力は引張鉄筋だけが受け持ち、コンクリートは梁の上端（圧縮側）のみに圧縮応力が生じるとした応力状態について、外力のモーメントMとの釣合い式を示している。この時、ヤング係数比nを15、xをコンクリートの圧縮端から中立軸までの距離、dを引張鉄筋重心位置から圧縮端までの距離としている。

$$M = a_t \cdot f_t \cdot (d - x/3)$$

さらに、次式を示している。

$$d - (x/3) = (7/8) \cdot d \sim (8/9) \cdot d$$

[3] ドイツコンクリート協会（1926年8月）編の『鉄筋コンクリート構造・設計及び計算』を参考に、「建築学会」も、$j=(7/8) \cdot d$を用いることにしたと思われる。ルーツはここにある。

（まつざき　やすひろ）

Q.159 太径鉄筋に対する長期許容応力度

大野義照 ● 大阪大学名誉教授

日本建築学会RC規準で、D29以上の太径鉄筋に対して長期許容応力度を低減しているのはなぜか

鉄筋の長期許容応力度は、長期荷重下で引張側のコンクリートのひび割れ幅を大きくしないことと、鉄筋降伏点σ_yに対する一定の安全率をもたせるという観点より定められている。SD35が開発されるまでは、SD30に対してひび割れ幅制御と安全率の確保のため、長期許容応力度は$2/3\sigma_y$の2,000kgf/cm²とされていた。RC規準1971年版からSD35、SD40が用いられるようになり、これらの鉄筋の長期許容応力度はひび割れ幅制御の観点から2,200kgf/cm²（D29以上の鉄筋に対しては2,000kgf/cm²）とされ[1]、その後のSI単位系の移行により現在の数値となった。

以下に、鉄筋径のひび割れ幅に及ぼす影響を説明する。ひび割れ幅は、コンクリートの伸びひずみは小さいので無視すると、ひび割れ間隔と鉄筋ひずみの積で表される。

ひび割れ間隔について、RC引張材で考える。鉄筋とコンクリート間の付着によって、鉄筋からコンクリートに伝達された端からlの距離における引張力T（$=\tau_{av} \cdot$

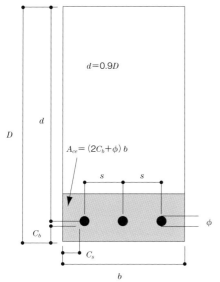

図1 断面と記号

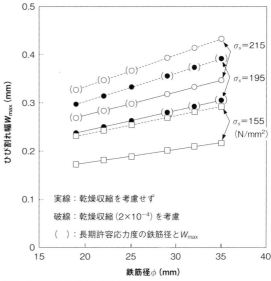

図2 鉄筋径とひび割れ幅の関係

$U \cdot l$）がコンクリートの引張耐力に達すると，ひび割れが生じることから次式が成り立つ。

$$\tau_{av} \cdot U \cdot l = \sigma_t \cdot A_c$$

この式を整理すると，次式が得られる。

$$l = \frac{\sigma_t}{\tau_{av}} \cdot \frac{A_c}{U} = \frac{\sigma_t}{\tau_{av}} \cdot \frac{\phi}{4p} = k \cdot \frac{\phi}{p}$$

ここに，U：鉄筋周長，τ_{av}：平均付着応力度，σ_t：コンクリートの引張強度，A_c：コンクリート断面積，ϕ：鉄筋径，p：鉄筋比，k：定数。

この式から理解されるように，ひび割れ間隔は鉄筋の径 ϕ が大きいほど大きくなる。この他にも，ひび割れ間隔にはかぶり厚さ c や鉄筋間隔 s が影響するので，それらを考慮して，梁の平均ひび割れ間隔 l_{av} の算定式として次式が導かれている[2]。

$$l_{av} = 2\left(c + \frac{s}{10}\right) + 0.1\frac{\phi}{p_e}$$

ここに，c：$(c_s + c_b)/2$，p_e：有効引張鉄筋比（$= a_t / A_{ce}$），a_t：鉄筋断面積，A_{ce}：有効引張鉄筋（図1参照）。

計算例によって鉄筋径の影響を考える。梁において，$d = 0.9D$，主筋のかぶり厚さを50mm，鉄筋間隔 s は鉄筋のあきの規定の最小値（1.5ϕ）から決まる 2.5ϕ とする。梁の鉄筋比 p_t を0.8%とすると有効引張鉄筋比 p_e は，$p_e = a_t / \{2(D-d) \cdot b\} = a_t / 0.2bD = 0.9/0.2 \cdot a_t/bd = 4.5p_t$ の関係より3.6%となる。これらを代入すると，l_{av} は鉄筋径の一次式となる。

$$l_{av} = 2\left(50 + \frac{2.5\phi}{10}\right) + \frac{0.1\phi}{0.036} = 100 + 3.28\phi \text{ (mm)}$$

鉄筋応力度 σ_t における平均鉄筋ひずみ ε_{sav} は，鉄筋まわりの協力作用（いわゆるテンションスチフニングス）を考慮して求まる[2]（$\sigma_t = 215$N/mm² に対する ε_{sav} は 9.1×10^{-4}）。

梁側面の鉄筋位置における平均ひび割れ幅 w_{av} は $w_{av} = l_{av} \times \varepsilon_{sav}$ で，制御目標とする最大ひび割れは，ひび割れ間隔のばらつきと，中立軸からの引張縁と鉄筋位置の距離の比（1.2とする）を考慮して，$w_{max} = 1.5 \times 1.2 \times w_{av}$ で計算される。

図2に，$\sigma_t = 155, 195, 215$N/mm² に対する鉄筋径とひび割れ幅との関係を示す。鉄筋径が大きくなると，ひび割れ間隔が大きくなるのでひび割れ幅も大きくなる。この点を考慮して，D29以上の鉄筋の長期許容応力度が低減されている。これらの鉄筋応力度であれば，ひび割れ発生時のひび割れ幅は0.3mmに制御されているといえよう。

しかし，長期荷重下では，ひび割れ間のコンクリートの乾燥収縮によってひび割れ幅は増大する。図2には，破線でコンクリートの乾燥収縮 2×10^{-4} を考慮したひび割れ幅も示している。これは，先に示した計算値に $\Delta w_{sh} = 1.5 \times l_{av} \times 2 \times 10^{-4}$ を加算したものである。一例ではあるが，長期ひび割れ幅は鉄筋応力 195〜215N/mm² では，0.3mmに制御することが困難であることが示されている。ひび割れ幅の制御目標を0.3mmとする場合は，σ_t を155N/mm² 以下にするか，直接鉄筋応力度を計算することが望ましい。 （おおの よしてる）

【参考文献】
1) 日本建築学会：鉄筋コンクリート構造計算規準・同解説，昭和57年版
2) 同2010年版，付7

Q.160 RC柱の最低鉄筋量

小谷俊介●東京大学名誉教授

RC柱の断面積に対する最低鉄筋量が0.8%なのはなぜか

　鉄筋コンクリート造に関する構造技術は，日本建築学会制定『鉄筋コンクリート構造計算規準・同解説』（以下，RC規準という）が基本となっている。これは設計規準ではなく，構造計算規準である。すなわち，日本建築学会が1933年に初めてRC規準を刊行したときから，独創的な設計行為には規準などはあり得ない。しかし，構造計算は構造理論に従って誰が行っても同じ結果にならなければならないから，構造計算のための規準を定めるとの強い意図があった。ところが，構造計算規準の中の仕様を定めた構造規定には，構造方法，施工管理，材料などの技術の現状に照らして規定されたにもかかわらず，改訂されることなく継承されてきたものが多く，現在ではその技術的な根拠が不明になっているものが多い。柱の最小鉄筋量もその一つであろう。

　RC規準（1999年版）の14条「柱の軸方向と曲げに対する断面算定」第3項に，「コンクリート全断面積に対する主筋全断面積の割合は，0.8%以上とする」と規定している。この規定は1933年の初版からあり，この技術的な根拠を示す解説が示されていなかった。

　Q.163に取り上げる梁の場合と異なって，柱には大きな軸力が作用するので，曲げモーメントを受けてもひび割れが発生しにくく，ひび割れ後に鉄筋が降伏してひび割れが大きく開くおそれは比較的少ない。柱の最小鉄筋比の規定の根拠は，ひび割れによる剛性低下とは別に考えるのが妥当であろう。

　歴史的経緯を見てみよう。1923年関東大震災の後に改定された市街地建築物法施行規則は設計用震度0.1が導入されたので有名であるが，柱の最小鉄筋比として1/80が規定された。1933年刊行の初版RC規準の第4章「材料及び配筋」では，柱の全鉄筋比を0.8%以上，4.0%以下と規定したが，この理由を説明した解説はなく，欧米の設計規定にならったものと推測される。1950年11月に公布された建築基準法施行令の第3章第6節「鉄筋コンクリート造」には，柱の鉄筋比を0.8%以上とする規定があり，現在の建築基準法施行令第77条「柱の構造」に引き継がれている。

　1956年のアメリカのコンクリート工学協会（ACI）の建築規準では，柱の全鉄筋比を1%以上，8%以下としている。この数値は，合理的な力学的な根拠に基づくというよりは，経験的な慣用数値であったと思われる。後になって，コンクリートに乾燥収縮あるいはクリープなどの変形が生じると，このような変形を生じない鉄筋に応力が集中し，鉄筋が降伏して柱が破壊に至ることが危惧されたので，最小鉄筋量を定める一つの根拠とされたが，具体的な数値的検討は不明である。

　1970年代のRC規準以来，鉄筋コンクリート柱断面の最小鉄筋比は，①場所によりコンクリートの密実さに差がでやすい鉄筋コンクリート柱では，鉄筋はコンクリートの局部的欠陥を補うべきこと，②設計で想定する応力に比べて多少の変動があっても，安全性を確保することなどの理由を解説に述べている。しかし，必要鉄筋量の上・下限値を数値的に検討する方法を示していない。

　以上，鉄筋コンクリート造柱の最小鉄筋量を定めた背景には，乾燥収縮・クリープ変形に対する安全性，施工法の欠陥に対する補償，設計で想定した応力と異なる応力が発生した場合に対する余裕，終局状態における粘り強さの確保などがあるようだ。しかし，定量的な根拠が示されていないことを考えると，鉄筋とコンクリートの複合構造である鉄筋コンクリート造柱に必要な最小鉄筋比として，慣用的に使用されてきた数値0.8%以上と規定したのではないだろうか？　確かに，1971年に改正された建築基準法施行令では，柱頭・柱脚部では帯筋を100mm間隔で配筋することを求めているが，この横補強筋に対するバランスを考えれば，柱鉄筋比0.8%程度の縦筋が必要であろう。

　この質問に対する回答者には，柱の必要主筋比を0.8%とする定量的な根拠を説明することができないので，この慣用数値を守らなくてもよいとする理由も説明できない。

　なお，柱の最大鉄筋比については現行のRC規準には示されていないが，初版RC規準では4%に制限していた。これは，鉄筋をあまり多量に配筋すると，コンクリートのまわりが悪くなるなどの施工的な理由により，構造性能が低下することに対する規定であったろう。しか

し，施工に対しては，鉄筋間隔あるいはかぶり厚さの規定があり，最大鉄筋比で規制する理由が薄弱で，現在ではこの規定が削除されたのであろう。

（おたに　しゅんすけ）

Q.161 柱の主筋，梁の複配筋

林　靜雄●東京工業大学名誉教授

柱主筋4本以上，梁は複配筋などについて

◉柱の主筋を4本以上とすることについて

柱の構造として主筋を4本以上とする規定は，1918年に提出された警視庁建築取締規則案に見られる。この規定は，翌年施行された市街地建築物法施行令に引き継がれているので，日本における建築に関する法律として最初からある規定である。

なぜ，このような規定を設けたかはわからないが，一般的に，柱は長期荷重下において二方向の外力を受けていること，柱の主軸の二方向および主軸に対して45°の二方向の地震外力に対して鉄筋を有効に利用することを考えれば，自然に四隅に配筋することが必要になる。柱の主筋は4本以上としか規定されていないが，最低四隅に各1本と理解する。

四隅に配筋することのメリットを挙げると，下記のようになる。

①二方向および45°方向の外力に対し，鉄筋を有効利用できる。
②せん断補強筋の隅角部を主筋にかけることによって，せん断補強筋の端部の定着が確保され，有効に働かせることができる。
③四隅に主筋を配し，せん断補強筋を口形に配筋することによってコアコンクリートを形成することができ，コンクリートの曲げ圧縮破壊を防止して，変形性能を向上させることができる。
④梁のところで後述するように，長期荷重によるクリープ変形を抑制するためには，ある程度の鉄筋を配すことが必要となり，この場合も四隅に配筋されることが望ましい。このことは，柱の最小鉄筋比0.8%とも連動して考える必要もある。

◉主要な梁は複配筋とすることについて

梁の主筋を複配筋とする規定は，1919年施行の市街地建築物法にはなかった。1923年に発生した関東大震災を教訓としての，1924年の市街地建築物法の改訂で追加された。この改訂の基本方針は，「水平力に抵抗する構造部材の強度と剛性の強化」「主要な構造部材相互の接合部の強化」の2点とされている。

主要な梁の主筋を複配筋とする理由は，柱の項で述べたように，せん断補強筋は端部を主筋にフックで定着させないと，有効に働かないことが挙げられる。柱と異なり，二方向や45°方向の外力は作用しないことから4本以上という規定はないが，靱性が必要な梁は，主筋を四隅に配し，コアコンクリートを形成して圧縮靱性能を確保することが重要である。

梁を複配筋することの目的のもう一つは，梁の長期たわみを防止することである。コンクリートは長期間一定の圧縮応力を受けているとひずみが増加する性質があり，この性質をクリープという。曲げを受ける梁の圧縮縁のコンクリートのひずみがクリープによって増加し，梁のたわみが長期的に増加する現象をクリープ変形という。このクリープ変形を正確に計算することは難しいが，簡単な方法として，コンクリートの見かけのヤング係数を落とすことによってクリープによる影響を検討することができる。表1に，弾性およびクリープ後の曲げ材断面の応力の変化を比較した一例[2]を挙げる。クリープによって圧縮鉄筋の応力が，増加していることがわかる。このように，梁の圧縮鉄筋は，梁の長期的なたわみの防止と地震時の変形性能確保に重要な働きをしていることがわかる。

軽量コンクリートは，ヤング係数比が小さいので，同じ荷重条件の下に普通鉄筋コンクリートと同断面の梁を設計した場合，曲げ剛性が小さくクリープ変形も含め

表1　弾性およびクリープ後の曲げ材断面応力の比較の一例[2]
（p_t=1%, γ=0.4, d_c=d_t=0.1d, $M/(bd^2)$=1.5N/mm^{2}の長方形断面）

項目	弾性の場合 (n=10)	クリープを考慮した場合 (n=15)	クリープによる増減
$x_{n1}=x_n/d$	0.337	0.386	増大
σ_c (N/mm^2)	8.56	7.20	減少
σ_{sc} (N/mm^2)	60.2	80.0	増大
σ_{st} (N/mm^2)	168.4	171.0	やや増大

σ_c：圧縮縁コンクリートの応力度，σ_{sc}：圧縮鉄筋の応力度，
σ_{st}：引張鉄筋の応力度

て，たわみが大きくなる傾向にあるので，主要な梁の圧縮鉄筋量は，引張鉄筋量の0.4倍以上と規定されている。

（はやし　しずお）

【参考文献】
1) 大橋雄二：日本建築構造基準変遷史，日本建築センター，1993年
2) 日本建築学会：鉄筋コンクリート構造計算基準・同解説 2010

Q.162　RC柱の最小径

大越俊男●東京工芸大学客員教授

普通コンクリートにおけるRC柱の最小径が，支点間距離の1/15以上とされる理由はなにか

写❶は，薄い梁の単純梁の実験で，梁上部の圧縮による横座屈が生じたものである。写❷は，ヨークシャーの鉄筋コンクリート造大型クーリングタワーが強風の後流渦に共振し，座屈で崩壊したものである[1]。

鉄筋コンクリート部材は，座屈しないと思われている。しかし，すべての部材は材質にかかわらず，オイラーの座屈式に応じて弾性座屈するものである。

『鉄筋コンクリート構造計算規準』（日本建築学会）14条 柱の軸方向力と曲げに対する断面算定では，柱の最小径が，「4.（1）材の最小径とその主要支点間距離の比は，普通コンクリートを使用する場合には1/15以上，軽量コンクリートを使用する場合には1/10以上とする。ただし，柱の有効細長比を考慮した構造計算によって，構造耐力上安全であることが確かめられた場合においては，この限りではない」と，規定されている。したがって，柱の最小径が，無条件に制限されているわけではない。

『鉄筋コンクリート構造計算規準』は，歴史的にはACI規準を準用してつくられている。一方，『鋼構造設計規準』は，DIN規準を準用してつくられている。そのために，座屈に関しては欧州基準に準じているといえる。

座屈応力度は，ヤング率Eと細長比λ（座屈長さ／断面二次モーメント），支持条件による係数C（両端ピンが1，両端固定が4）によって決まり，オイラーの式で示される。なお，EN2ではクリープによる影響を，計算によらない場合は0.7としている。

❶単純梁の横座屈

❷薄肉シェルの座屈

$$\sigma_{cr} = C\frac{\pi^2 E}{\lambda^2}$$

　鉄筋コンクリート造の長柱の座屈圧縮耐力は，コンクリートの圧縮強度からNavierの式によって求められる。

$$N = \frac{\sigma_B}{1+\alpha\lambda^2}A$$

　ここに，Aは柱の断面積，αは両端支持で0.00005。

　長柱では，断面計算において，存在する応力を割増しする必要がある。応力の割増しを必要としない条件は，DINでは，角柱が1/15，円柱が1/10としているが，ACIでは，曲げ応力を考慮した式で示され，およそ梁剛性が非常に大きい角柱で1/6.6で，耐震壁のある階の角柱で1/10.2としている。

　鉄筋コンクリート柱のヤング率は，コンクリートのヤング率と鉄筋量とによって決まる。当然であるが，鉄筋のヤング率はおよそコンクリートの10倍になるので，鉄筋量が多くなれば座屈耐力が上がる。学会規準では，柱の全鉄筋量を0.8%以上，4.0%以下としているが，その根拠は不明である。なお，ACI規準では，1%以上，8%以下としている。

　学会規準では，これらを考慮して，普通コンクリートでは1/15，軽量コンクリートでは1/10としている。これを受けて，施行令第77条 柱の構造では，「五 柱の小径は，その構造耐力上主要な支点間の距離の1/15以上とすること 六 主筋の断面積の和は，コンクリートの断面積の0.8%以上とすること」と規定している。

　なお，近年では，超高強度コンクリートが使用されるようになったので，計算で確かめる必要がある。

（おおこし　としお）

【参考文献】
1) R.J.メインストン，山本・三上訳：構造とその形態―アーチから超高層まで，彰国社，1984年

Q.163 RC大梁の最低鉄筋量

小谷俊介 ● 東京大学名誉教授

RCの大梁の引張側の最低鉄筋量が，断面積の0.4%なのはなぜか

　鉄筋コンクリート造（RC造）とは，コンクリートが引張破壊してひび割れが生じたとき，コンクリートが負担していた引張力をひび割れ面を横切る補強鉄筋が肩代わりすることにより破壊を防止する構造，すなわち，コンクリートを鉄筋で補強した構造である。鉄筋の量が少なすぎると，コンクリートのひび割れと同時に鉄筋も降伏して，ひび割れが大きく開いたり，大きな塑性変形が生じて，常時荷重に対して使用性を保証することができなくなる。引張鉄筋にはコンクリートのひび割れ発生を抑える効果は期待できないが，ひび割れが発生した後にひび割れ幅が広がるのを抑える効果がある。

　そこで，日本建築学会制定『鉄筋コンクリート構造計算規準・同解説（1999年度版）』（以下，RC規準）13条「梁の曲げに対する断面算定」第4項に，「長期荷重時に正負最大曲げモーメントを受ける部分の引張鉄筋断面積は，$0.004bd$または存在応力によって必要とされる量の4/3倍のうち，小さいほうの値以上とする」と規定している。ここで，bは梁の幅，dは有効せい（断面の圧縮縁から引張鉄筋重心位置までの距離）である。その解説では，断面のひび割れ抵抗モーメントよりも降伏モーメントが小さくなると，ひび割れ発生と同時に鉄筋が降伏し，曲げひび割れが大きくなって急激に剛性低下をきたすので，最小引張鉄筋比を設けると説明している。しかし，存在応力では曲げひび割れが発生しないような大きな断面では最小引張鉄筋を設ける理由がないので，緩和規定を設けており，必ずしも，すべての梁断面に対して$0.004bd$の引張鉄筋を要求しているわけではない。また，後で説明するように，コンクリート強度が大きくなると，ひび割れ時モーメントが大きくなるので，引張鉄筋比を0.4%より多めにすることが望ましい。

　それでは，長方形断面（$b \times D$）の梁を想定して数値的に検討してみよう。RC造部材に曲げひび割れが発生するときのひび割れモーメントM_{cr}は，部材実験でコンクリートにひび割れ発生が観察されたときの曲げモーメントの平均値として，コンクリートの圧縮強度σ_B（MPa）と部材の断面係数Z（$= b \times D^2/6$）を用いて，

$$M_{cr} = 0.57\sqrt{\sigma_B} \times Z$$

とする菅野の実験式[1]が用いられることが多い。しか

し，元のデータを見ると，この式のばらつきはきわめて大きいので注意する。

コンクリートに曲げひび割れが生じた後に引張鉄筋が降伏するときの降伏モーメントM_yは，引張鉄筋比が釣合い鉄筋比以下のとき，引張鉄筋断面積a_t，鉄筋の降伏点σ_{sy}，鉄筋降伏時の断面内の圧縮・引張応力中心間距離$j \times d$ $(j=7/8)$とすれば，

$$M_y = a_t \times \sigma_{sy} \times (jd)$$

となる。

降伏モーメントM_yをひび割れモーメントM_{cr}よりも大きくするためには，

$$a_t \times \sigma_{sy} \times (7/8) \, d \geqq 0.57\sqrt{\sigma_B} \times (b \times D^2)/6$$

でなければならない。簡単にするために$d = 0.9D$と仮定すれば，最小引張鉄筋比$p_{tmin} = a_t/bd$は，

$$p_{tmin} = 0.13\sqrt{\sigma_B}/\sigma_{sy}$$

と表すことができる。この関係から，定性的に，コンクリート強度が大きいほど，引張主筋強度が小さいほど，最小引張鉄筋比を大きくしなければならないことがわかる。

上記のひび割れモーメントに関する菅野式のばらつきがきわめて大きく，また実際の梁ではコンクリートに乾燥収縮・クリープによる引張応力が生じることを考慮すれば，上式を鵜呑みにして最小引張鉄筋を算定することは危険である。

ここで，コンクリート圧縮強度を30MPa，引張鉄筋の降伏点を300MPaとし，菅野のひび割れモーメントの略算式のばらつきを考慮して安全側に1.5倍程度に割り増すと，必要最小鉄筋比がほぼ0.004程度になる。

なお，断面に引張主筋が過剰に配筋されている場合には，鉄筋が引張降伏する前に圧縮を受けるコンクリートが圧壊するか，あるいは，引張鉄筋に作用する応力度をコンクリートに伝達する付着抵抗が破壊して，脆性破壊を起こす。そこで，引張鉄筋比の上限を規定する必要があり，単筋梁としたときの釣合鉄筋比の75%程度に制限することが多い。さらに，コンクリートの圧壊による変形能低下を防止するためには，圧縮応力を負担する圧縮鉄筋を配筋した複筋梁とするのがよい。

（おたに　しゅんすけ）

【参考文献】
1) 菅野俊介：鉄筋コンクリート部材の復元力特性に関する研究，コンクリートジャーナル，Vol.11，No.2，1973年2月

Q.164 耐震壁に取り付く梁主筋

中谷好志◉名古屋大学大学院環境学研究科都市環境学専攻大学院生
勅使川原正臣◉名古屋大学大学院教授

RC規準で，耐震壁に取り付く梁主筋は，なぜ断面0.8%以上なのか

鉄筋コンクリート（以下，RC）造耐震壁の設計において，剛強な付帯ラーメンがなければ，壁板にひび割れが生じると負担せん断力が低下し，その低下が著しい場合は，せん断力の再配分により他の水平せん断力負担部材の破壊が起こるおそれもある。

そのため，日本建築学会『鉄筋コンクリート構造計算規準・同解説』（以下，RC規準）では，剛強な付帯ラーメンの条件として推奨断面以外に，19条「壁部材の算定」第7項で梁主筋に関し，「梁型拘束域の主筋全断面積は，本条第6項の検討により必要とされる梁型拘束域の断面積の0.008倍以上とする」との規定を設けている。この規定は，1971年版RC規準から示されているが，数値に対する具体的な解説は特になされていない。

このような規定を設けた背景として，一般的に軸力が作用する耐震壁周辺の梁型拘束域では，柱部材と同様の最小鉄筋比を規定したことが考えられる。柱部材は，RC規準14条において，柱主筋量を「全断面積に対し0.8%以上とする」と規定している。この理由として，RC規準では，場所によってコンクリートの密実さに差が出る場合，鉄筋がコンクリートの局部的欠陥を補うことや，設計で想定する応力に比べて多少の変動があっても，安全性を確保することなどを示している。耐震壁に取り付く梁型においても，これらの影響を考え，最小鉄筋量の規定を柱部材と同様に定めたことが考えられる。

また，一般的に耐震壁周辺の梁主筋は以下の2点

において重要な役割をもっている。
1) 耐震壁の壁板にせん断ひび割れが発生すると圧力場が形成され、その面積が広がる。壁板周辺の梁主筋は、その広がりを抑制する補強筋としての役割がある。
2) 連層耐震壁の場合、上下の壁の連続性を確保するために、十分な量の梁主筋を配筋する必要がある。

梁主筋がこれらの役割を十分果たすには、①梁の軸引張ひび割れ強度時に軸筋が降伏しないこと、②外力により梁型に生じる軸力を軸筋で負担できることが求められる。

この2点に関し、1999年版RC規準で推奨される最小梁型断面（$=st/2$, s：l', h'の短辺の長さ、連層耐震壁を想定して$s=l'$（図1））をもった連層耐震壁を想定し、数値的な検討を行う。

条件①は、式(1)、(2)より、必要とされる梁主筋比を式(3)で与える。

条件②は、以下の仮定のもと検討を行う。耐震壁に水平外力Qが作用するとき、壁板のせん断応力度τが一様に分布するとすれば、耐震壁下部梁型には、分布水平外力が加わり、この外力により梁型に軸力$Q/2$が生じる（図2）。簡易的に梁の引張強度（＝梁主筋断面積と梁主筋降伏強度の積）を$Q/2$以上にすることで、壁板の広がりを有効に抑制できると考える。ここで、壁板のせん断ひび割れ発生時に破壊が生じないことを考え、せん断ひび割れ強度をRC規準より式(4)で表すと、梁型が必要とする引張強度は式(5)、必要となる梁主筋比は式(6)となり、式(3)と同様の式となる。式(3)において、コンクリート圧縮強度F_cを18～21N/mm²、鉄筋降伏強度f_tを295N/mm²とすると、必要な

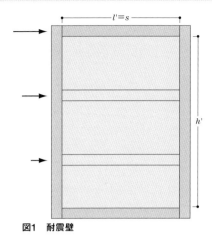

図1　耐震壁

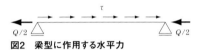

図2　梁型に作用する水平力

梁主筋比は0.61～0.71%、多めに0.8%となる。

$$p_b \cdot A_b \cdot f_t \geqq A_b \cdot \tau_{cr} \quad (1) \qquad Q = tl\tau_{cr} \quad (4)$$

$$\tau_{cr} = \frac{F_c}{10} \quad (2) \qquad p_b \cdot A_b \cdot f_t \geqq \frac{Q}{2} \quad (5)$$

$$p_b \geqq \frac{\tau_{cr}}{f_t} \quad (3) \qquad p_b \geqq \frac{l\tau_{cr}}{l'f_t} \approx \frac{\tau_{cr}}{f_t} \quad (6)$$

ここに、A_b：梁型断面積、t：壁厚、l：壁板全長、l'：柱芯間長さ、p_b：梁主筋比、τ_{cr}：コンクリートのひび割れ強度。

梁主筋量が耐震壁の最大強度、破壊性状に与える影響は大きく、靭性に期待した設計を行う場合には、梁型拘束域の適切な配筋を行う必要があるといえる。

（なかたに　よしゆき、てしがわら　まさおみ）

【参考文献】
1) 日本建築学会：鉄筋コンクリート構造計算規準・同解説 2010

Q.165　異形鉄筋の付着割裂破壊

市之瀬敏勝●名古屋工業大学教授

多段筋の内側鉄筋列に対して、付着割裂の基準となる強度を低減する割合が0.6なのはなぜか

異形鉄筋の付着割裂破壊は、図1のようなくさびの形成と放射状応力に伴うものと考えられている。実際の梁では、写❶のように水平方向の付着ひび割れが卓越することが多い。そこで、図2(a)のように付着応力度τ

の鉛直成分を考えると、図2(b)のような一段配筋の断面では、あばら筋に生じる引張力は単位長さ当たり$2\tau d_b$となる。一方、図2(c)のような二段配筋の断面では$4\tau d_b$となり、図2(b)の2倍になる。また、図2(c)のA面におけるあばら筋は図2(b)と同じ応力となるので、付着破壊はB面で生じることが予想される。実際、二段配筋の梁を逆対称曲げ加力すると、付着破壊は図3

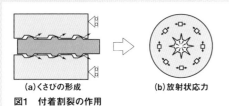
図1 付着割裂の作用

❶付着割裂破壊

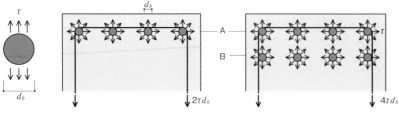

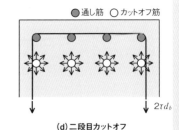

図2 付着破壊に伴うあばら筋の応力

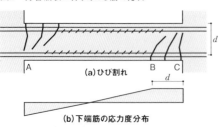
図3 通し配筋の付着破壊

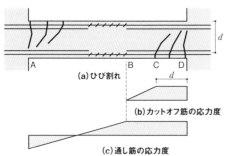
図4 カットオフをした梁の付着破壊

(a)のように二段目で生じる。なお，主筋の応力度分布は図3(b)のように梁端近傍BC間でほぼ一定となるので，付着破壊はAB間で生じる。図2(c)のモデルが正しいとすると，二段目の主筋の付着強度は一段目の1/2となるが，実験的には0.6倍程度であることがわかっている。これは，一段目より内側にあることによる拘束効果のためと思われる。

ただし，二段目の主筋をカットオフするときの付着強度を0.6倍すべきかどうかについては，疑問が残る。筆者らの実験[1]では，カットオフ筋の付着応力度がRC規準の最大2.7倍の値になったにもかかわらず，付着破壊は生じなかった。むしろ，図4(a)のように，一段目の主筋で付着破壊が見られた。このとき，カットオフ筋の応力度は図4(b)のようにBC間で急激に変化したが，通し筋の応力度は図4(c)のようにBC間でほとんど変化しなかった。このとき，BC間では図2(d)のような状況になっていたものと考えられる。つまり，二段通し筋とは異なり，0.6倍する必要はないのではないか，というのが筆者の個人的見解である。この問題については，日本建築学会の委員会で検討中である。

（いちのせ　としかつ）

【参考文献】
1) 鈴木悠矢ほか：2段目主筋がカットオフされたRC梁主筋の付着割裂強度，日本建築学会東海支部研究報告，pp.293-300，2013年2月

Q.166 小梁の設計用曲げモーメント

大野義照●大阪大学名誉教授
岩田樹美●㈱NTTファシリティーズ

小梁の設計用曲げモーメントが，単スパンだと端部は0.6C，中央部が$M_0-0.35C$などと略算が与えられているが，それらの係数の根拠は

◉検討概要

大梁のねじれ抵抗による拘束を，取り付く小梁の平均剛度のα倍に等しい剛度をもつ仮想柱と考えて，小梁の応力を算出する方法[1]が『鉄筋コンクリート構造

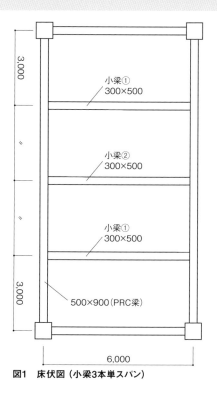

図1 床伏図（小梁3本単スパン）

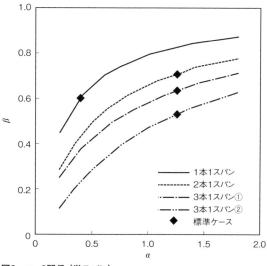

図2 α−β関係（単スパン）

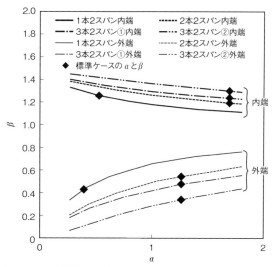

図3 β−α関係（2スパン）

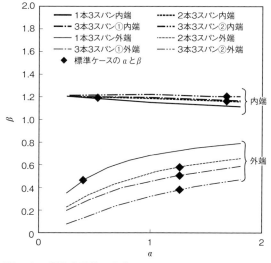

図4 β−α関係（3連外スパン）

計算規準・同解説』（以下，RC規準）に示されている。この計算法を用いて，略算の係数の根拠を示す（下式の記号は，RC規準（1991）参照）。

$$\alpha = \frac{GJ}{4EI} \cdot \frac{\varphi}{\phi} \cdot \frac{l}{L}$$

小梁本数1〜3本ごとに単スパン〜3スパンを設定する。**図1**に，小梁3本単スパンの床伏図を示す。小梁スパンは6m，大梁スパンは小梁本数に応じて6，9，12mとする。小梁の標準断面は300×500mm，大梁の標準断面はスパン6mの場合400×600mm，スパン9，12mの場合500×900mm（スパン12mはPRC梁を想定）とする。

小梁，大梁が標準断面の場合（以下，標準ケース）のαは，スパン6mの場合外端で0.39，内端で0.52，スパン9，12mの場合外端で1.26，内端で1.68である。

⦿検討結果

算定結果を**図2〜4**に示す。それぞれ単スパン〜3スパンの場合の両端固定梁の固定端モーメントCに対する小梁端部曲げモーメントの比率βとαの関係を示している。

図2の単スパンではαが大きくなると，βはRC規準（2010）解説図9.3（以下，解説図）の係数0.6より大きくなり，標準ケースにおいては小梁2，3本の場合に0.6

を超過しているものの，0.6程度とみなせる値となっている。標準ケースのうち，小梁3本の場合の小梁②（中央の小梁）のβが最も小さくなっているが，解説図の中央部曲げモーメントにおける係数0.35より大きくなっており，解説図の中央部曲げモーメントは余裕のある数値となっている。

図3の2スパンの場合，外端のβは標準ケースにおいては0.6以内に収まっている。そのうち，小梁3本の場合の小梁②のβが最も小さく0.6の半分程度となっている。内端のβは標準ケースにおいては，1.3（解説図の値）程度とみなせる値となっている。解説図の適用範囲で内端のβが最も大きくなる隣接スパンが1.2倍の場合，標準ケースにおけるβは1.4～1.6と大きくなる点に注意を要する。

標準ケースにおける外端と内端の平均βは0.8～0.9で，解説図の中央部曲げモーメントにおける係数0.65より大きい。解説図の適用範囲で隣接スパンが0.83倍（=1/1.2），かつ隣接スパンの積載荷重が0（積載荷重を固定荷重の2倍とする）の場合が中央部曲げモーメントへの影響が最も大きく，内端のβの低下により内外端のβの平均値も低下し，標準ケースでは0.7～0.8となるが，この場合でも余裕のある値である。

図4の3スパンの場合の外スパンにおいて，内端のβはαに関係なくほぼ一定値で，解説図の係数1.2に相当する値となっている。外端のβおよび外端と内端の平均βは2スパンの場合とほぼ同じである。

誌面の関係で図は省略するが，3スパンの内スパン端部におけるβはαにかかわらず1.0～1.1でほぼ一定の値で，解説図の係数1.0に相当する値となっている。外スパンを1.2倍とすると，標準ケースにおける内スパン端部βは1.1～1.2と大きくなっている。2スパンの場合と同様，隣接スパンが1.2倍になると内端の設計用応力を割り増す必要があるといえる。

（おおの　よしてる，いわた　たつみ）

【参考文献】
1) 建築構造問題快答集，11巻，pp.209-214，建築技術，1988年

Q.167 フープ筋の余長，鉄筋の定着・継手長さ

大野義照●大阪大学名誉教授

フープ筋の余長（135°フックの余長6d以上など）の根拠は。鉄筋の定着長さや重ね継手の長さは，どのようにして決められたのか。また，L_1とL_2に5dの差をつけたのはなぜか

●フープ筋の余長

フープ筋（帯筋）などのせん断補強筋のフックの余長が建築関係の規準・指針などで規定されたのは，『鉄筋コンクリート構造計算規準・同解説』（以下，RC規準）昭和33年版である。そこでは，90°フック（13φ以下に限る），135°フック（あばら筋に限る）および180°フックのすべて余長は4d以上とされていた。JASS5第5版（昭和50年）では，十勝沖地震被害とその後の実験結果を検討し，90°フックはT形およびL形梁のあばら筋のキャップタイのみに限定，通常のあばら筋，帯筋は135°フックで余長6d以上と規定され，現在に至っている。135°フックの余長6dの妥当性は1980年前後，および兵庫県南部地震後に実施された多くのフックを有する鉄筋単体の引抜き試験や柱，梁の部材実験によって確認されている[1]。

●定着長さと重ね継手長さ

RC規準では，図1に示すように定着および継手部分の付着応力度は定着長さあるいは継手長さに一様に分布するものと仮定して，この付着応力度τ_a'を定着・継手計算用の許容付着応力度f_b以下に収めるよう，その長さlを決めている。また，ドイツの規準を参考にして昭和33年版から，フックは定着あるいは継手起点の鉄筋応力の1/3を伝えるという考え方をしている。フックのないときのlの基本式は式（1）で，フックのあるときのlはその2/3である。

$$\tau_a' = \sigma_t a/(l\phi), \quad \tau_a' \leq f_b より \quad l \geq \sigma_t a/(f_b \phi)$$
$$l \geq nd, \quad n = \sigma_t/(4f_b) \tag{1}$$

ここに，a：鉄筋断面積，ϕ：鉄筋周長，d：鉄筋径，σ_t：鉄筋応力度，f_b：鉄筋のコンクリートに対する許容付着応力度。

RC規準第1版（昭和46年）では，鉄筋応力度σ_tを存在応力度はなく短期許容応力度としている。許容付着応力度f_bは短期許容付着応力度とし，鉄筋応力が

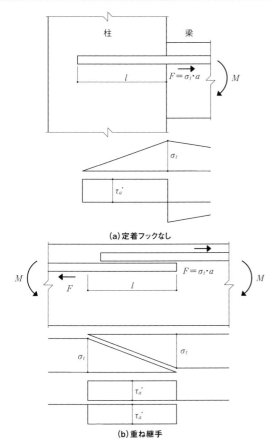

σ_t：定着あるいは継手起点の鉄筋応力度
τ_a'：平均付着応力度
a：鉄筋の断面積
図1　定着・継手の付着応力度

圧縮の場合や引張応力が小さい場合，割裂破壊のおそれのない仕口へ定着する場合は，f_bを1.5倍する。

JASS5昭和50年版では，簡素化を図る目的で，実際に使用されている鉄筋に対して，それまでのコンクリート強度別による区分を簡単化し，鉄筋応力の種別・大小の区分を廃止し，5d刻みに丸めた定着および継手の長さが示された。ここで初めて定着長さと継手長さが異なり，定着長さL_2は継手長L_1より5d短くなった。これは定着部は割裂破壊のおそれのない箇所であるのに対して，継手部は鉄筋応力度が小さい箇所とは限らず，また割裂破壊のおそれもある箇所として算定されていることによる。

- 算例：SD295・SD345，$F_c21～27$の定着，継手長さ

鉄筋応力大または割裂のおそれがある場合：
$l \geqq 345d/(4 \times 2.1) = 41.1d$

鉄筋応力大または割裂のおそれのない場合：
$l \geqq 345d/(1.5 \times 4 \times 2.1) = 27.4d \Rightarrow 35d$

式(1)による計算値は27.4dであるが，最小値の規定より35dとなる。JASS5（昭和50年）の定着長さL_2は35dで，継手長さL_1は40d（=35d+5d）である。

RC規準1999年版では，直線定着長さと重ね継手長さの考え方は旧版と同じであるが，定着長さに対しては側面かぶり厚さの影響，継手に対しては鉄筋量と横補強筋の影響を考慮する。一般の折曲げ定着に関しては，定着長さ（L_2）を旧版では鉄筋末端までの全長で規定していたのに対して，これをフック付き定着とし，仕口面から投影定着長さを定着長さ（l_a）と変更した。RC規準2010年版では，直線定着および折曲げ定着の必要定着長さ（折曲げ定着は投影定着長さ）を，次式で算定する。

$$l_a \geqq \alpha S \sigma_y d / (10 f_b) \tag{2}$$

コアの内外をα，耐震・非耐震部材および直線・折曲げ定着をSで考慮する。その他鉄筋の損傷制御および安全性確保のための継手長さは，次式で算定する。

損傷制御のため　　$l \geqq \sigma_t d/(4f_b)$ (3)

安全性確保のため　$l \geqq \sigma_y d/(4Kf_b)$ (4)

σ_t：鉄筋の短期許容応力度，σ_y：鉄筋の降伏強度，K：鉄筋配置と横補強筋による修正係数

- 算例：SD345，F_c21の場合のL_2とL_1

仕口内直線定着長さL_2：式(2)より30.3d
柱や梁の主筋以外の重ね継手長さL_1：損傷制御の方で決まり式(3)より41.4d

JASS5（2009年）では，30.3d，41.4dを丸めてそれぞれ35dと45dとしている（詳細は日本建築学会の『鉄筋コンクリート造配筋指針・同解説』（2010年）を参照）。

1999年版RC規準から定着と継手の長さの算定式が異なり，直線定着長さL_2と重ね継手長さL_1との差は，5dの他に10dの場合もある。また，折曲げ定着はフック定着の扱いになり，定着起点から先端までをL_2とすることはできなくなっている。

公共建築工事標準仕様書（平成25年）では，鉄筋の定着の長さにはL_1とL_2があり，$L_1=L_2+5d$（一部10d）で，L_2は割裂破壊のおそれのない箇所へのL_1はそれ以外の直線定着の長さであり，重ね継手の長さはL_1である。なお，これらL_1，L_2の値はJASS5（2009年）のL_1，L_2の値と同じである。　（おおの　よしてる）

【参考文献】
1) 日本建築学会：阪神・淡路大震災と今後のRC構造設計，1998年

Q.168 RC柱・梁のせん断補強筋比

市之瀬敏勝●名古屋工業大学教授

> RC柱・梁のせん断補強筋比は，なぜ0.2％以上でないといけないのか。1.2％以上にしても許容せん断力が大きくならないのはなぜか

RC規準の許容せん断力は，下記のような構成になっている。

$$Q_A = bj(\tau_c + \tau_s) \quad (1)$$

ここで，bは断面の幅，jは応力中心間距離（**図1**），τ_cはコンクリートの寄与分，τ_sはせん断補強筋の寄与分である。つまり，せん断補強筋比がゼロであっても，許容せん断力はゼロにならないような式になっている。実際，せん断補強筋比がゼロである柱・梁の実験は数多くあり，それなりのせん断強度が得られている。また，主筋量と軸力が小さく，クリアスパン（**図2(a)**のh）が長い柱・梁であれば，大地震時でもせん断力が十分に小さいというケースがあり得る。しかし，地震時の水平変形が増大すると，図2(a)のような曲げせん断ひび割れが開くことが避けられない。さらに，このような大変形が左右に繰り返されると，**図2(b)**のように柱の中央部にせん断ひび割れが生じることがある。地震以外でも，建物の不同沈下，乾燥収縮，温度変化などによる斜めひび割れがあり得る。つまり，τ_cのみに頼るのは危険であり，せん断補強筋の最小規定が必要になる。

とはいえ，最小せん断補強筋比が0.2％である理由の定量的な説明は難しい。苦し紛れの説明を試みよう。せん断ひび割れ発生直前のせん断力を，

$$Q_c = bjf_s \quad (2)$$

と表す。ここで，f_sは長期せん断許容応力度とする。このQ_cが**図3(a)**のような2：1の傾きをもつ斜めひび割れによって失われ，せん断補強筋によって肩代わりされる状態を考える[1]。ひび割れを横切るせん断補強筋の断面積は，

$$\Sigma a_w = \frac{2j}{x} a_w \quad (3)$$

である。ここで，a_wは一組のせん断補強筋の断面積，xはせん断補強筋の間隔とする。せん断補強筋によって負担されるせん断力は，せん断補強筋比の定義$p_w = a_w/(bx)$より，

$$Q_s = \Sigma a_w \times {}_wf_t = 2bjp_w{}_wf_t \quad (4)$$

となる。ここで，${}_wf_t$はせん断補強筋の許容引張応力度とする。$Q_s < Q_c$より，

$$p_w \geq \frac{f_t}{2{}_wf_t} \quad (5)$$

$F_c = 24\text{N/mm}^2$のコンクリートであれば$f_s = 0.74\text{N/mm}^2$であり，${}_wf_t = 235\text{N/mm}^2$のせん断補強筋であれば，$p_w > 0.74/(2 \times 235) = 0.16\%$となる。よって，せん断補強筋比が0.2％であれば，図3(a)のような斜めひび割れが生じた後でも，式(2)程度のせん断力を保持できるといえる。なお，米国のACI規準も式(5)に似た最小規定を定めている。

せん断補強筋比を増やしていくと，せん断ひび割れ発生後もせん断補強筋が降伏せず，**図4(a)**のような斜め圧縮破壊が生じることになる。これは，**図4(b)**のようなトラスモデルで，斜め材AC，BDの圧縮破壊と解釈できる。つまり，せん断補強筋を増やした場合，式(1)

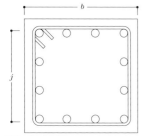

図1 柱の断面

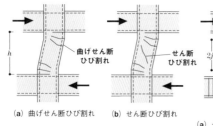

図2 地震時に予想されるひび割れ

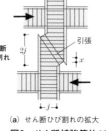

図3 せん断補強筋比が小さい場合

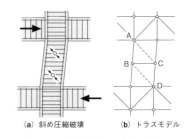

図4 せん断補強筋比が大きい場合

のτ_sが比例的に増加することはない。RC規準では，p_wの上限を1.2%とすることによって，この影響を表現しているのである。米国のACI規準では，τ_sの上限をコンクリート強度の関数で与えている。

（いちのせ　としかつ）

【註】
1）軸力が小さい場合，初期せん断ひび割れは45°方向に生じる。しかし，このようなひび割れが開こうとすると，ひび割れ面が凹凸であるため，せん断補強筋だけでなく，コンクリート自体も抵抗する。その結果，初期せん断ひび割れはあまり拡大せず，最終的な破壊は図3(a)のような角度のひび割れによって生じることがよくある。

Q.169 RC柱梁接合部のせん断補強筋比

小谷俊介●東京大学名誉教授

> RC柱梁接合部のせん断補強筋比0.2%以上入れないといけないのに，接合部のせん断耐力計算時に，それがまったく考慮されないのはなぜか

日本では，関東大震災以来，大きな設計用地震力を用いた許容応力度設計を行ってきたため，柱の寸法が大きく，柱梁接合部に地震被害を見ることは比較的稀であった。そのため，日本建築学会制定『鉄筋コンクリート構造計算規準・同解説』（以下，RC規準）には，1999年改訂まで，柱梁接合部に関する規定がなかった。

しかし，1981年の建築基準法施行令の改正に伴って保有水平耐力の検定が要求され，部材の終局状態を考慮する設計法が取り入れられると，梁端部で主筋の降伏を想定する設計が行われ，地震時柱梁接合部の応力状態が厳しくなってきた。

このような状況で海外の柱梁接合部の設計規定をみると，米国とニュージーランドでは柱梁接合部に必要とする横補強筋（帯筋）の量が大きく異なっていた。そこで，接合部の設計規定がなかった日本も加わって，1984年から接合部の設計方法に関する三国共同研究を行った。

ニュージーランドでは梁曲げ降伏先行型の設計が行われており，梁曲げ降伏によって接合部に入力するせん断力に対して，接合部の斜め圧縮ストラット機構と横補強筋によるトラス機構で抵抗させる設計法を規定していた。「ストラット機構」は，曲げモーメントによって接合部周辺の柱と梁端部のコンクリートに生じる圧縮力を，接合部対角方向のコンクリートによって伝達する機構であり，コンクリートの圧縮強度が重要である。それに対して，「トラス機構」は，梁および柱の主筋の応力が接合部内でコンクリートに伝達される付着力と，柱の中段筋に作用する付着力および接合部の横補強筋の引張力により，接合部内コンクリートに一様な斜め圧縮力が作用する抵抗機構であり，せん断抵抗には横補強筋が大きく寄与する。しかし，トラス機構を実現するためには，梁主筋に生じる引張力と圧縮力を付着により接合部内コンクリートに伝達できることを前提としている。

ニュージーランドでは，梁主筋に低強度の軟鋼を用いるとともに，柱幅に対する梁主筋径の比を低く抑えることにより，接合部内の梁主筋に沿う付着応力度を低く抑えており，トラス機構を実現しやすくしていた。そのために，接合部のせん断抵抗はトラス機構が支配的で，多くの横補強筋を要求としていた。

しかし，日・米では，工事現場の配筋作業を省力化する要求が強く，比較的高強度で太径の主筋を用いる傾向にあり，梁端で主筋が降伏した後，接合部内の付着応力伝達能力が低下し，トラス機構によるせん断抵抗を期待することが難しい。そこで，米国では実験結果に基づき，想定する設計変形の範囲で，梁主筋の接合部からの抜け出しによる過大な変形と，接合部のせん断ひび割れ発生後の耐力低下を起こさせないために必要な横補強筋量を定めていた。

共同研究では，それぞれの建設事情と設計規定に従った試験体を用いた実験結果が報告された。日本では，この共同研究の結果に基づいて，日本建築学会制定『鉄筋コンクリート造建物の終局強度型耐震設計指針・同解説（1990年）』[1]で柱梁接合部規定が設けられた。すなわち，実験では柱梁接合部の横補強筋量によるせん断耐力への寄与を裏付けるデータが乏しいことから，柱幅に対する梁主筋径をある程度制限し，接合部のせん断ひび割れに対して接合部を拘束する最小横補強筋比を配筋する，という米国の考え方を踏襲した。柱梁接合部内の最小横補強筋比は柱に準じて

0.2％とした。また，接合部のせん断抵抗として，ストラット機構を想定し，せん断耐力をコンクリート強度と接合部の有効面積の積の形式で表した。

　これらの研究に加えて，1995年阪神・淡路大震災では柱梁接合部に大きな被害例が見られたことから，RC規準でも1999年度版から，15条「梁・柱および柱梁接合部のせん断補強」第4項「柱梁接合部」に，帯筋比を0.2％以上とする仕様規定を設けた。ここでは，接合部の帯筋の役割は，主として接合部コア・コンクリートにせん断ひび割れが生じた後に接合部を拘束する効果を考えている。参考文献2）でも，接合部の帯筋によるコアコンクリートの拘束効果は，接合部と隣接部材の一体性を確保してラーメンの梁降伏後の靱性を高め，接合部内に折り曲げ定着される梁主筋の定着性能を向上させるとしている。

（おたに　しゅんすけ）

【参考文献】
1) 日本建築学会：鉄筋コンクリート造建物の終局強度型耐震設計指針・同解説，1990年11月
2) 日本建築学会：鉄筋コンクリート造建物の靱性保証型耐震設計指針・同解説，1999年8月

Q.170 RC柱の帯筋ピッチ

青山博之●東京大学名誉教授

RC柱の帯筋ピッチを100mm以下としている根拠は

　この規定は，鉄筋コンクリートの柱の構造を定めた建築基準法施行令第77条の一部であって，1970年の同令一部改正の際に取り入れられた規定である。この改正は，2年前の1968年十勝沖地震による建物被害に対応して行われたものであり，その意味を正しく理解するには，この地震による被害がわが国社会に及ぼした影響についての理解が不可欠である。

　1968年十勝沖地震はマグニチュード7.9，地震の発震地は北海道十勝の沖だったが，地震の主要エネルギーはそれよりずっと西の方だったので，地上の被害は主として青森県東部の三八下北地方と北海道南部の函館周辺に集中した地震であった。死者52名，全壊家屋673棟という被害で，これは大地震の多いわが国としては特別に大きな被害というわけではなかった。この地震による被害の最大の特徴は，低層の鉄筋コンクリート建物，特に小学校や中学校の校舎に多くの被害が出たことであった。

　当時の社会情勢について考えてみよう。1968（昭和43）年といえば，わが国はすでに戦後の混乱期を脱し，高度成長期に差し掛かっていた。とはいえ，大都会は別として青森県など地方の市町村では，住宅はもちろん，役場も警察も病院もまだ木造建築のままであり，その中で学校建築だけが鉄筋コンクリートに建て替えられ始めていた。当時，鉄筋コンクリートの建物は「本建築」と呼ばれていた。耐震耐火で雨にも風にも強い，本物の建築物という意味である。文部省（今の文部科学省）の補助金があったとはいえ，少なからざる地元負担金を支出する市町村にとって，「本建築」の学校建設は長岡の「米百俵」ではないが，町の将来のための思い切った投資であったに違いない。そうしてできあがった鉄筋コンクリートの校舎は町一番の立派な建築物であり，町の誇りであった。被害調査で赴いたある学校の黒板に，掃除当番の生徒の字で，「この学校は百年も使うものですから，大切にしましょう」と書かれてい

❶1968年十勝沖地震で被害を受けた八戸工業高等専門学校の柱

たのが，印象的であった。その市民や子供の期待を裏切って，できたばかりの本建築の校舎が，地震で脆くも壊れてしまったのである。

地震被害で一番目立って多かったのが，柱のせん断破壊であった（写❶）。それも柱の上下に垂れ壁や腰壁がついて，短くなった柱に多かった。これは単に柱の強度不足といった問題ではなく，またもちろん施工不良が原因なのでもなく，当時の構造設計法全般にかかわる大問題であった。日本建築学会では鉄筋コンクリート分科会（後の運営委員会）を中心に，RC規準の全面的改定の準備を進めた。せん断設計に関しては，コンクリートの許容せん断応力度（長期，短期）の改正，新しい梁・柱の許容せん断力式の導入，設計せん断力を原則として部材の曲げ終局耐力に基づいて算定すること，などであった（ただし，設計せん断力算定法には例外規定が追加され，せん断破壊防止の観点からはやや不徹底なものになってしまった）。これに対して，建設省（今の国土交通省）では最も直接的に効果の上がる対策として，柱の帯筋の間隔がそれまで30cm以下（柱頭柱脚は15cm以下）だったのを，15cm以下（柱頭柱脚は10cm以下）にするという施行令の改正を進めた。

日本建築学会ではこの建設省の対応に対していろいろの意見があった。一律10cmではなくて帯筋の直径に応じた値にするべき，間隔でなく帯筋比で規定するべき，一律でなくせん断応力度に応じて定めるべき，柱頭柱脚の範囲を柱の小径の2倍とすると，壁柱のように直交方向の厚さが薄い場合に具合が悪いので，柱の大径の1.5倍とするべき，などであった。しかしこれらの意見に対し，当時の住宅局建築指導課長であった前川喜寛氏は一切耳を傾けなかった。一律10cm案が建設省の唯一絶対の案であり，議論の余地はなかった。それは前川課長の信念から出たもののようであった。

このようにして定められた10cmピッチの規定なので，科学的根拠のようなものは一切ない。前述のように，できたばかりの町の宝物を地震で壊されてしまった市民に対する行政からのお見舞いの贈り物として，この規定は理解されるべきものであろう。

（あおやま　ひろゆき）

Q.171　荒川mean式の採用と割増係数

福山 洋●独立行政法人建築研究所

告示式では荒川min式でなく，mean式が採用されているのはなぜか。また，荒川mean式とし，それに対して設定した割増係数の根拠は

平成19年国土交通省告示第594号第4第三号には，梁，柱および耐力壁が崩壊形に達するときのせん断力の割増係数と，荒川mean式ベースのせん断耐力式が示されているが，これは代表例であり，それ以外のせん断耐力式の使用を妨げるものではない。法令では，適用できる方法の例を一つ示し，それ以外についても利用できる条件をただし書きで示すことは一般的な記載方法である。他の式を用いる場合には，荒川mean式ベースのせん断耐力式に告示の割増係数を用いた場合と同等の安全性が得られるように，各式の算定値に対する実験値のばらつきなどを考慮し，適切な割増係数を設定する必要がある。

同告示に規定するせん断力の割増係数は，同告示第一号の崩壊形を保証するためのものである。また，これはD_sの告示（昭和55年建設省告示第1792号第4）の表に規定される，柱および梁の破壊の形式として「構造耐力上支障のある急激な耐力の低下のおそれのある破壊を生じないこと」を確かめるためにも用いられる。平成19年国土交通省告示第594号第4第三号における「部材の両端にヒンジが生ずる状態」の割増係数1.1は，柱および梁の種別FAに相当すると思われる変形能を十分に確保し得る数値として，荒川mean式を用いる場合を対象に定められている。

なお，『2007年版　建築物の構造関係技術基準解説書』の360頁には，「本規定にはただし書きが設けられており，ヒンジ部分については靱性能の確保を，非ヒンジ部分については外力分布やヒンジ部分の耐力のばらつきによる崩壊メカニズム時応力のばらつきを，それぞれ考慮した上で耐力式の余裕度等を勘案して，告示の方法と同等の安全性が確かめられる耐力式及び設計用応力の割増し係数を定めることができる場合には，それによることができる」と書かれている。さらに，

表1　平成19年国土交通省告示第594号第4第三号の規定

第4　保有水平耐力の計算方法
三　構造耐力上主要な部分である柱，はり若しくは壁又はこれらの接合部について，第一号における架構の崩壊状態の確認に当たっては，局部座屈，せん断破壊等による構造耐力上支障のある急激な耐力の低下が生ずるおそれのないことを，次のイからニまでに掲げる方法その他特別な調査又は研究の結果に基づき適切であることが確かめられた方法によるものとする。
イ・ロ（略）
ハ　鉄筋コンクリート造の架構にあっては，使用する部分及び第一号の計算を行う場合における部材（せん断破壊を生じないものとした部材に限る。）の状態に応じ，次の表の式によって構造耐力上主要な部分にせん断破壊を生じないことを確かめること。ただし，特別な調査又は研究の結果に基づき，構造耐力上主要な部分にせん断破壊を生じないことが確かめられた場合にあっては，この限りでない。

使用する部分	第一号の計算を行う場合における部材の状態	
	（い）部材の両端にヒンジが生ずる状態	（ろ）（い）欄に掲げる状態以外の状態
はり	$Q_b \geq Q_0 + 1.1Q_M$	$Q_b \geq Q_0 + 1.2Q_M$
柱	$Q_C \geq 1.1Q_M$	$Q_C \geq 1.25Q_M$
耐力壁	—	$Q_u \geq 1.25Q_M$

（記号の説明）
Q_M：当該階が崩壊形に達する場合にはり，柱もしくは耐力壁に生ずるせん断力
Q_0：はり部材に長期に生ずるせん断力
Q_b，Q_C，Q_u：はり，柱，耐力壁のせん断耐力（荒川mean式ベースの告示式による計算値）

荒川meanが荒川min式に対して1.1倍程度の余裕度があると考えられることから，荒川min式を用いる場合で部材の両端にヒンジが生じる状態の割増係数は，告示の数値を1.1で除した1.0を用いることができると紹介されている。

一方，「両端にヒンジが生ずる状態以外の状態」（非ヒンジ部材や片側ヒンジ部材）では，両端ヒンジ部材に比べて，建築物の高次モード，保有水平耐力の計算上考慮しなかった部材の存在，その他構造計算において考慮されていない事項などにより，せん断力がさらに増大する可能性がある。よって，崩壊形に達するときのせん断力を両端ヒンジ部材よりもさらに割り増すことにより，脆性破壊を適切に防ぐ必要がある。しかしながら，これらのせん断力を増大させる要因の影響の仕方はきわめて複雑で，それらを逐一考慮することは困難であり過大である。そこで，告示においては，設計における利便性を考慮し，従来の設計における採用値などを踏まえ，工学的な判断により，梁，柱，壁に対してそれぞれ一つずつの数値が定められている。

これらの数値は，設計式のばらつきなどを考慮した割増係数と，それ以外のせん断力が増大する要因による割増係数を掛け合わせたものと考えられる。そのため，荒川min式を用いる場合には，非ヒンジ部材に関する告示の割増係数を1.1で除した値とすることができる。

なお，告示に示される割増係数は，建築基準法令が想定する一般的な材料強度の範囲を対象としている。すなわち，普通コンクリートの上限は建築基準法第37条の大臣認定を要しない60N/mm²まで，鉄筋は平成13年国土交通省告示第1024号に定められるSD490までである。これらを上回り大臣認定を取得して使用される材料の場合には，上記の一般的な材料強度の範囲におけるせん断耐力実験値の荒川mean式計算値に対するばらつきを基に，対象とする材料強度の範囲におけるせん断耐力実験値の採用設計式に対するばらつきを，平均値と標準偏差などを用いて勘案し，その関係から適切かつ安全側に割増係数を設定する必要がある。

（ふくやま　ひろし）

Q.172　RC柱梁の許容せん断力

生部宏幸●名古屋大学大学院環境学研究科都市環境学専攻大学院生
勅使川原正臣●名古屋大学大学院教授

RC柱梁の許容せん断力を求める際の$\alpha = 4/(M/Qd+1)$の意味は。パンチングに対する許容せん断力を求める際のα値（$=1.5$）の意味は

RC柱梁の大地震動に対する安全性確保のための短期許容せん断力を式（1）に示す[1]。式（1）のαは，シアスパン比M/Qdが小さくなるほど，強固なアーチ機構が形成され，柱梁のせん断強度が大きくなることを考慮した割増係数である。割増係数αとM/Qdの関係は，式（2）のように表わされる。

αは，柱梁の軸力を0，有効せいを$d > 400$mm，引張鉄筋比を0.8%としたときの柱梁のせん断終局強度の推定（式（3），荒川min式[1], [2]）を設計上，簡便な式（1）となるように設定された係数である[1]。式（3）の補強筋に関する第2項は，常用範囲内（$p_w = 0.1 \sim 0.6$%）であれば，式（4)[2]のようにp_wに関する一次式で近似

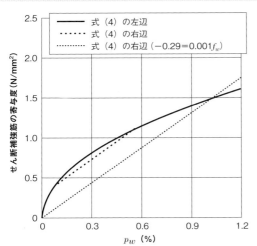

図1 式(4)の両辺と$p_w\sigma_{wy}$

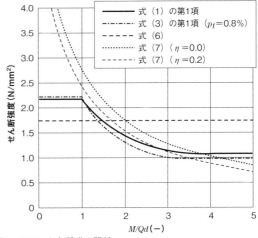

図2 M/Qdと各種式の関係

できる(図1)。式(4), (5)を式(3)に代入して, 式(1)が導出される。最小補強筋比0.2%を考慮し, 式(4)の右辺のp_wを$p_w-0.002$としている。式(4)右辺の0.29, 0.001f_w相当を引いた値が図1の点線で, $p_w=0.1$%程度までは式(4)左辺の値を下回っている。図2に示すように, M/Qdの適用範囲内($1 \leq M/Qd \leq 3$)であれば, 式(2)に示すαを用いることで, 式(3)を式(1)に簡略化することができる[1]。

$$Q_A = bj\{\alpha f_s + 0.5 f_w (p_w - 0.002)\} \quad (1)$$

$$\alpha = \frac{4}{M/Qd+1} \quad 1 \leq \alpha \leq 2 \text{ (梁)}, \quad \alpha = 1 \text{ (柱)} \quad (2)$$

$$Q_{su} = \left\{\frac{0.092 k_u k_p (18+F_c)}{M/Qd+0.12} + 0.85\sqrt{p_w\sigma_{wy}} + 0.1\sigma_0\right\} bj \quad (3)$$

$k_u = 0.72$, $k_p = 0.78$ ($d > 400$mm, $p_t = 0.8$%より)[1]

$$0.85\sqrt{p_w\sigma_{wy}} = 0.5 p_w \sigma_{wy} + 0.29 \quad (4)$$

($0.1\% \leq p_w \leq 0.6\%$)[1), 2)]

$$f_s = 1.5 (0.49 + F_c/100) \quad (5)$$

α: M/Qdによる割増係数, f_s: コンクリートの短期許容せん断応力度, f_w: せん断補強筋の短期許容引張応力度, F_c: コンクリートの設計基準強度, p_w: せん断補強筋比, b: 部材幅, j: 柱梁の応力中止間距離$=7/8d$, σ_0: 軸力比, p_t: 引張鉄筋比(%), M/Qd: $1 \leq M/Qd \leq 3$, d: 有効せい, k_u: dに関する補正係数[1], k_p: p_tに関する補正係数[1]

基礎スラブのパンチングシアに対する短期許容せん断力は, 式(6)で表わされる[1]。基礎スラブは短期・長期荷重に対し, せん断ひび割れを生じさせないことを原則としていることから, 式(1)の補強筋の効果を無視した式の構成となっている。式(6)では$\alpha=1.5$とされている。そのため, パンチング破壊した基礎スラブの既往の実験結果に対し, 安全率1.5以上が確保されるとしている[1]。

$$Q_{PA} = \alpha f_s bj = 1.5 f_s bj \quad (6)$$

f_s: コンクリートの短期許容せん断応力度, b: パンチングシアに対する設計用せん断力算定断面の延べ幅, j: 基礎スラブの応力中止間距離$=7/8d$, d: スラブの算定断面の有効せい

式(6)と参考文献3)で提示されている増設耐震壁の柱梁のパンチング強度$_pQ_c$(式(7))との比較を行う。式(6)と同様にM/Qdに関する割増係数が式中に含まれている。軸力比ηを0と0.2としたときの式(7)による$_pQ_c$をbjで除した値を図2に点線で, 式(6)の値を破線で示す。パンチングシア検討時は, 通常$M/Qd \leq 1$となることが多い。式(6)は, $M/Qd=1$とした式(7)に対して, 約1.5倍以上の安全率を有している。

$$_pQ_c = K_{av}\tau_0 b_0 D \quad (7)$$

$$K_{av} = \frac{0.58}{M/Qd+0.76} \quad \sigma = P_g \cdot \sigma_y + \eta F_c$$

$\tau_0 = 0.98 + 0.1 F_c + 0.85\sigma$ ($0 \leq \sigma \leq 0.33 F_c - 2.75$)

$\tau_0 = 0.22 F_c + 0.49\sigma$ ($0.33 F_c - 2.75 < \sigma \leq 0.66 F_c$)

K_{av}: シアスパン比による割増係数, b_0: 有効幅, D: 部材せい, p_g: 主筋比, σ_y: 主筋降伏強度, η: 軸力比

(しょうぶ　ひろゆき, てしがわら　まさおみ)

【参考文献】
1) 日本建築学会:鉄筋コンクリート構造計算規準・同解説, 2010年
2) 荒川卓:鉄筋コンクリートはりのせん断抵抗に関する研究(実験結果の総括), 日本建築学会論文報告集第66号, pp.437-440, 1960年10月
3) 日本建築防災協会:2001年度改訂版既存鉄筋コンクリート造建物の耐震改修設計指針・同解説, 2001年

Q.173 耐震壁の厚み

市之瀬敏勝●名古屋工業大学教授

耐震壁の厚みが120mm未満だとどうなるか

　正直なところ筆者にはこの問に正しくお答えする自信がないが、せっかくのご指名なので、諸規準を横目で見つつ苦し紛れの回答をさせていただく。なお、RC規準は2010年版を参照する。

　第一の心配は、コンクリートの充填性とかぶり厚さの確保である。ただし、米国規準ACI318では何十年も前から4インチ（102mm）以上と規定しているから、120mm未満では絶対にまずいとはいえない。

　第二の心配は、防火・遮音性能である。ただ、防火・遮音性能の不要な壁もあるから、構造的には大きなお世話であるといえよう。

　第三の心配は、座屈である。壁構造では壁が軸力を負担するので、平屋でも120mm以上の厚さがほしいのは当然である。ラーメン構造では、柱が軸力を負担するので、壁が薄くても長期荷重時の座屈は問題にならない。問題は、地震時の斜め圧縮力による壁板の座屈（面外曲げ）である。ただし、RC規準では壁板の厚さを壁板の内法高さの1/30以上という規定も設けており、これを守れば120mm未満であっても座屈の心配はないようである。なお、新RC規準では、1/30は緩和可能である。

　ということで、ラーメン構造に限っていえば、耐震壁の厚みを120mm未満とすることが絶対にまずいとはいえないように思われる。

　しかし、壁を薄くすることによる構造上の弊害は大きい。第一は、せん断ひび割れ強度の低下である。RC規準19条では、許容水平せん断力として下記の式が示されている。

$$Q_1 = rtlf_s \tag{1}$$

これはせん断ひび割れ強度の概算値を表し、tは壁の厚さ、lは壁の長さである（図1）。つまり、耐震壁のせん断ひび割れ強度は、両側の柱のサイズに関係なく、壁の厚さに比例する。これは、せん断応力度が図2のように分布するためである。

　第二の弊害は、せん断終局強度の低下である。『2007年版建築物の構造関係技術基準解説書』では、I型断面を図3のように断面積が等価な長方形に置き換える。よって、両側に大きな柱があると、壁が薄くても高いせん断強度となる。ただし、t_eは壁厚tの1.5倍以下という制限がある。実際、柱に比べて壁が薄い耐震壁の実験を行うと、写❶のように壁板の圧縮破壊によってせん断強度が決まることが多い。同様の現象は、袖壁付き柱のせん断破壊でも見られる。

　第二の弊害は、やや特殊であるが、曲げ降伏型の

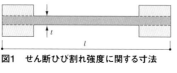

図1 せん断ひび割れ強度に関する寸法

図2 せん断応力度分布

図3 せん断終局強度に関係する寸法

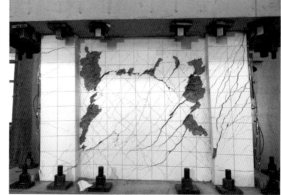

❶壁板の圧縮によるせん断破壊

❷長い袖壁の圧縮破壊

図4 袖壁付き柱

袖壁付き柱で壁厚を小さくしたときの曲げ圧縮破壊である。図4(a)のように柱せいに比べて壁が短い場合や、図4(b)のように直交壁がある場合はさほど深刻ではないが、図4(c)のような場合は、壁の圧縮破壊により急激な耐力低下が生じる。写❷は、壁の脚部が圧縮破壊して座屈した例である。曲げ降伏型の腰壁付き梁（スリットなし）でも、壁が薄い場合は同様の圧縮破壊が予想される。

以上まとめると、壁構造の建物と曲げ降伏型の袖壁・腰壁では、壁の厚さが構造上重大な意味をもつ。それ以外では、壁を薄くしても若干の弊害が出る程度といえよう。

（いちのせ　としかつ）

Q.174 スラブの支点間距離に対する厚さ

大野義照●大阪大学名誉教授

スラブの支点間距離に対する厚さの規定の目安である1/30とは

スラブの支点間距離に対する厚さの規定の目安である1/30は、周辺固定場所打ち床スラブのたわみを短辺有効スパン長さl_xの1/250以下に制御するために定められた数値で、正確にはスラブ厚さを短辺有効スパン長さl_xの1/30である。定められた背景・経緯は次のとおりである。

1970年代にスパンの大きなスラブの増加に伴い、スラブの剛性不足による過大なたわみが問題になった。苦情はスラブの厚さが$l_x/200$以上になると多くなることから、日本建築学会では$l_x/250$を最小スラブ厚さの算定用限界値とした。一方、床スラブの長期載荷実験結果をまとめると、長期たわみは弾性たわみの12から18倍程度であったことから、長期たわみは弾性たわみの16倍として、弾性たわみを$l_x/4,000$（$=l_x/(250\times16)$）以下に制御するためのスラブ厚さとl_xの関係式として次式が導かれた。なお、弾性たわみはコンクリート全断面有効として計算されるたわみであり、長期たわみはひび割れによる剛性低下により弾性たわみより大きくなる瞬時たわみに、コンクリートのクリープや乾燥収縮などによる長期付加たわみを加えたものである。

$$t = 0.02\frac{(\lambda-0.7)}{(\lambda-0.6)}\left(1+\frac{w_p}{10}+\frac{l_x}{10,000}\right)l_x$$

t：スラブ厚さ
$\lambda : l_x/l_y$
l_x, l_y：短辺有効スパン長さ、長辺有効スパン長さ
w_p：積載荷重と仕上げ荷重との和

この式（以下、学会式）より、住宅を想定して$w_p=2.6\mathrm{kN/m^2}$の場合、λを1.0〜2.0と変化させたときのl_xとスラブ厚さの関係を求めると、図1のようになる。図中にはスラブ厚さtとl_xの比が1/30の関係を太線で示す。太線は、学会式から決まるスラブ厚さ最小値をほぼ抑えている。λが1.5の場合、l_xが6mを超えると学会式による値が$l_x/30$より大きくなるが、同式はl_xが6m程度までのスラブを対象にして導かれており、それ以上になると長期たわみ＜$l_x/250$という条件から定まるスラブ厚さtを大きめに算定することがわかっている。

以上のように、スラブ厚さtをl_xの1/30以下に抑えておけば、通常の場合、長期たわみを$l_x/250$以下に抑えることができるが、積載荷重と仕上げ荷重との和が$2.6\mathrm{kN/m^2}$より大きい場合や、コンクリートのクリープや乾燥収縮が大きい場合はたわみが大きくなるので、そのような場合は直接たわみを計算してチェックする必要がある。

なお、集合住宅においては、要求水準の高まりや建

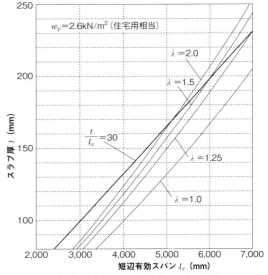

図1　たわみ条件から定まるスラブ厚さとλ、l_xとの関係
（等分布荷重、周辺固定、$\delta_e=l_x/4,000$）

具の収まりを考慮して，長期たわみをl_xの1/400以下に制御することが望ましい。また，短辺有効スパン長l_xとの比率だけでの長期たわみ制御ではスパンが大きくなると許容たわみも大きくなるので，たわみの絶対量（20mm程度）でも制御することが望まれる（l_x＝5mで，l_x/250＝20mm）。

たわみの算定に関しては，2010年2月改定の学会RC規準付録に紹介されているひび割れの発生による剛性低下，コンクリートのクリープ，乾燥収縮，および固定端からの鉄筋の抜出しを考慮した計算法が参考になろう。

告示平12建告第1459号では，スラブ厚さtが床スラブの短辺有効長さl_xの1/30を超えない場合は，弾性たわみを16倍した長期たわみがl_x/250以下であることを確認することを求めている。また，プレストレストコンクリート（PC）に関する告示第600号では，PC床スラブ厚さtがl_xの1/40を超えない場合は，プレストレスによる吊上げ荷重分を引いた荷重による弾性たわみを8倍した長期たわみが使用上支障がないことを確かめることとしている。
　　　　　　　　　　　　　　　（おおの　よしてる）

Q.175　スラブ厚さの規定

松崎育弘●東京理科大学名誉教授

RCスラブ厚さが8cm以上かつL_x/40以上という規定はどこで決まったのか

◉ルーツは？

ドイツ，日本で出版された規準等からルーツを知る。

1) 独逸（ドイツ）コンクリート協会の活動

① 1925（大正14）年9月に『独逸鉄筋コンクリート協会規定』（以下，独逸規定）を発表。

② 1926（大正15）年8月に『鉄筋コンクリート構造，設計及び計算』以下，独逸・設計及び計算）を出版し，設計者にとって設計上の規準となるように，「独逸規定」に即して，鉄筋コンクリート構造物の設計および計算に対する資料としてまとめている。

2) 日本建築学会の活動

① 1929（昭和4）年4月に『コンクリート及び鉄筋コンクリート標準仕様書』（以下，標準仕様書）をまとめ，1932（昭和7）年10月改正している。1933（昭和8）年4月に『鉄筋コンクリート構造計算規準』（以下，RC規準）をまとめている。

② 1933（昭和8）年9月に，「標準仕様書」および「RC規準」を初版。1935（昭和10）年1月に「標準仕様書」および「RC規準」の解説書を出版。

◉1925年9月出版の「独逸規定」から

AからD編の4編で構成。A編にルーツの記述がある。

A　鉄筋コンクリート造の設計及び施工に関する規定
第2部　構造法及び構造計算に関する規定

【第14章　構造に関する基本規定】

- コンクリートの被り（かぶり）は版の下側にては1cm以上，屋外に面する箇所にては1.5cm以上。
- 両端固定・二方向配筋版の有効厚さhは支点間距離の1/40以上。両端支持・二方向配筋版の有効厚さhは短スパンの1/30以上。版の最小厚さdは8cm。床版の主筋間隔は，正曲げモーメント部分で15cm以下。

注）h，dの記号は原本記載による。

【第17章　外力の算定（二方向配筋版）】

- 周辺固定，周辺支持の矩形二方向配筋の版は，版の理論による正確なる解法をしない場合，縦横の単位幅の梁に置換し，その周辺条件よって，固定梁，単純梁として計算する。版の長さが幅の2倍以下である時は，Marcusの文献で示された式を利用してよい[1]。

【第18章　応力度の算定】

- 曲げモーメントを受ける部材の応力度の算定は，平面保持を仮定し許容応力度設計を行う。断面における引張力は鉄筋が負担する。コンクリートの引張力は無視。

【第19章　許容応力度】

- コンクリートの許容圧縮応力度は立方体強度とする。
- 普通鉄筋の引張許容応力度は，1,200kg/cm²とする。

◉1926年8月出版の「独逸・設計及び計算」から

4章で構成されている。4章に構造規準が示されてい

る。第4章Bで，建築物各部の構造規準が述べられており，IVに，二方向以上に主筋を有する鉄筋コンクリート版について解説している。「独逸規定」とほぼ同じ。
- 床版における積載荷重は全面積に等分布とする。
- 版厚と鉄筋は，コンクリートおよび鉄筋に対する許容応力度を超過しないように選ばねばならない。
- 応力算定法には，Marcusの方法を用いる。
- 縦横配筋版の有効厚さhは，両端支持の場合，短スパン距離の1/30以上。周辺固定の場合，モーメント反曲点最大間隔の1/30以上かつ短スパン距離の1/40以上。

⊙ **1933年9月初版の「RC規準」（日本建築学会）から** 4章全22条で構成されている。

【第6条　コンクリートの許容応力度】
- 許容圧縮応力度：圧縮強度の1/3かつ70kg/cm²以下。
- 許容引張応力度：圧縮強度の1/30かつ7kg/cm²以下。
- 許容せん断応力度：圧縮強度の1/30かつ7kg/cm²以下。

【第7条　鉄筋の許容応力度】
- 許容圧縮および引張応力度：1,200kg/cm²

1940年に1,400kg/cm²と改定。

【第11条　矩形版】
- 二方向の曲げモーメント算定式にMarcusの解を採用。

【第17条　床版】
- 床版は通常矩形版として用いられるとして，第11条および第18条より，床版の厚さおよび鉄筋量等を算定する。bなる鉄筋間隔に版を区切り曲げモーメント$_bM$と第18条（15）式より，$_bM = C \cdot bd^2$，有効丈$d = \sqrt{M/C}$。
- 計算外規定として，以下のことが定めている。
① 版有効丈は短スパンの1/40以上，全丈は8cm以上。
② 版の主筋は直径8mm以上。正負最大曲げモーメントを受ける部分は，その中心距離を20cm以下。
③ 版の副筋は直径8mm以上，中心距離は30cm以下。
④ 鉄筋に対するコンクリートのかぶり厚さは2cm以上。

（まつざき　やすひろ）

【参考文献】
1) Dr.Ing,Marcus, "Die vereinfachte Berechnung biegsamer Platten (J.Springer出版，1925年)

Q.176　フラットスラブの鉛直荷重

槇谷榮次●関東学院大学名誉教授

> 日本建築学会のRC規準のフラットスラブの項では，鉛直荷重は両方向それぞれの架構で全応力を負担することになっているが，なぜ二重に負担しなければならないのか

⊙ **フラットスラブの曲げ変形**

フラットスラブ構造は，スラブによる扁平な梁と柱から形成されるが，スラブの厚さを大きくしても通常の梁に比べると，曲げ剛性は小さい。したがって，鉛直荷重を受けたフラットスラブ全体の面外方向の変形（曲げ変形）は，一般の梁による弾性支承スラブに比べると，大きな曲げ変形が起きる。4本の柱によって支持されたフラットスラブに，鉛直荷重が作用したときのフラットスラブの曲げ変形を，図1に示す。この図において柱の中心軸から$l/4$の間の帯状スラブ（柱列帯）では，端部では上方に反った変形（上ぞり），中央部では下方に反った変形（下ぞり）を生じる。この曲げ変形は，柱列帯の方が柱間帯よりも大きく発現する。また，直交方向も同様な曲げ変形を生じる。

⊙ **フラットスラブにおける荷重伝達**

鉛直荷重を受けたフラットスラブの曲げ応力解析において，柱列帯と柱間帯のように一方向帯スラブにモデル化された略算法を適用するとき，解決しなければならないことは，二方向に対する荷重の伝達である。一般床スラブのように大きな曲げ剛性を有する梁によって支持されているときは，床スラブの端部は固定状態に近いので，その境界条件を用いると，荷重の伝達は容易に求められるが，フラットスラブの場合，特に柱間帯は直交する柱列帯に支持されるので，先に述べたように，柱列帯に生じる大きな曲げ変形の影響を受ける

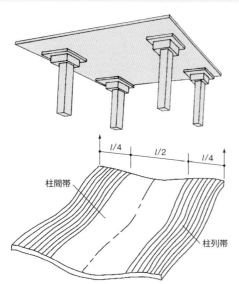

図1 4本の柱に支持されたフラットスラブの曲げ変形

ので，鉛直荷重が二方向の柱列帯に対して伝達される荷重を算出するのは，かなり困難となる。したがって，それぞれ一方向帯スラブと仮定して，曲げ応力を評価する算定式における応力係数に対して，整合性をもたせることが合理的であると考えられる。この際，鉛直荷重を構成する固定荷重と積載荷重は，単純に累加するのではなく，集中的に偏在することによってフラットスラブの曲げ応力に対して不利な状態を与えることも予測される積載荷重に関しては，一様分布状態の固定荷重とは区別し，応力係数として重み付けを行う配慮がなされている。

●フラットスラブに作用する曲げ応力略算式

日本建築学会編の『鉄筋コンクリート構造計算規準・同解説』におけるフラットスラブ構造に関する曲げモーメントの算定に用いられる設計式は，H.Marcus提案のドイツ規程に準拠している[1]。この規定によると，単位幅に対する曲げモーメントMの略算式は，次のように与えられている。

$$[M_F,\ M_G] = l^2 \left\{ \frac{g}{k_g} + \frac{p}{k_p} \right\} \tag{1}$$

k_g, k_p：それぞれ固定荷重および積載荷重に関する応力係数
g, p：それぞれ固定荷重および積載荷重
l：柱間のスパン長
F, G：柱間帯および柱列帯を表す記号

式（1）に表された応力係数k_gおよびk_pは，二方向のフラットスラブに対する精密解から得られる曲げ応力解析結果を用いて決められている。この結果から，柱列帯に生じる大きな曲げ変形を考慮すると，二方向の荷重が重複して計算されている柱間帯の曲げモーメントに対して，応力係数は$k_g = 30$，柱列帯の応力係数は$k_g = 10$と決められている。これより，柱間帯に作用する曲げモーメントが柱列帯の曲げモーメントに対する1/3に低減されている。ここで重複荷重および変形による影響を考慮すると，略算的であるが，応力解析として精密解に対応する整合性をもたせた結果となっている。この略算法による解析の裏付けは，参考文献1）を参照されたい。また，この方法は，他に提案された種々の略算法を用いて計算しても，似たような結果が得られることが報告されている。

（まきたに　えいじ）

【参考文献】
1）坪井善勝：平面構造論，丸善，1955年

Q.177 スラブの支持条件とスラブ厚さ

大野義照●大阪大学名誉教授
岩田樹美●㈱NTTファシリティーズ

> スラブの支点間距離に対する厚さの規定で，RCの場合，四辺固定を基準としているが，一辺単純支持，三辺支持など固定度が変わる場合に1/30を準用できるか

スラブ厚さの短辺有効スパンl_xの1/30の規定は，辺長比λが1.5〜2の四辺固定の場合で，長期たわみ倍率を弾性たわみの16倍として計算される長期たわみがl_xの1/250以下になるように定められた値にほぼ対応している[1]。長期たわみは，ひび割れによる剛性低下，コンクリートのクリープ，コンクリートの乾燥収縮および固定端からの端部鉄筋の抜け出しによって，時間経過とともに増大する。単純支持のスラブの場合は，端部筋の抜け出しによる増大はなく，長期たわみ倍率は小さ

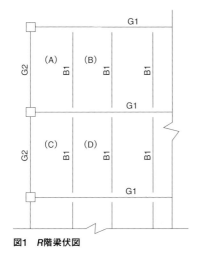

図1　R階梁伏図

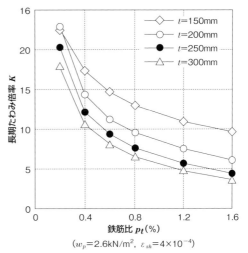

($w_p=2.6\text{kN/m}^2$, $\varepsilon_{sh}=4\times10^{-4}$)
図2　長期たわみ倍率K-鉄筋比p_t関係

くなるが弾性たわみが大きくなり，長期たわみは四辺固定の場合より大きくなるので，スラブ厚さは大きくなる。例えば，一方向板の場合，両端単純支持の弾性たわみは両端固定の5倍で，目安となるスラブ厚さのスパンl_xに対する比率も大きくなる。

両端単純支持の場合のおおよその目安は，仮にたわみ倍率が両端固定と同一として弾性たわみで比較すると，たわみが5倍となるので，これを剛性で調整すると断面二次モーメントIを5倍とするために，スラブ厚さは$\sqrt[3]{5}=1.71$倍となり，四辺固定の規程値1/30に1.71を乗じると1/17.5となる。前述のように単純支持の場合は抜け出しの影響がなく，これにより長期たわみ倍率は小さくなるので，1/20程度と考えればよい。

三辺固定で長辺の一辺が単純支持の場合は，両端固定と両端単純支持の間にあるので，スラブ厚さの目安は短辺の1/30〜1/20になる。

RC規準における片持ちスラブの厚さ最小値は，l_xの1/10とされている。これは，固定端に生じる設計用曲げモーメントを曲げひび割れモーメント以下とする条件から導かれたものである。片持ちスラブの長期たわみ倍率は，前述の各種要因の影響度は異なるものの，両端固定の場合とほぼ同じで16倍と見てよい[2]。そこで，両端固定と片持ちスラブの弾性たわみの比率から最小値を計算すると，片持ちのたわみはスパンを同一とすると，両端固定の48倍で先程と同様に$1/30\times\sqrt[3]{48}=1/8.25$となり，1/10より若干大きくなるが，ひび割れ発生条件から定められた目安とほぼ対応する値となる。

したがって，三辺固定で長辺の一辺が自由の場合は辺長比が大きくなるとスラブ厚さの目安はl_xの1/10により近くなる。

鉄骨梁で受ける床スラブのスラブ厚さの目安について考える。図1に，鋼構造架構のR階梁伏図を示す。周辺の梁のねじれ剛性は期待できないので，スラブAは二辺固定二辺単純支持，スラブB，Cは三辺固定一辺単純支持，スラブDは四辺固定と見なして設計される[3]。スラブAは，短辺方向を考えると両端固定と両端単純支持の間にあるのでスラブ厚さの目安は短辺の1/30〜1/20になる。スラブBは，短辺方向が両端固定なので1/30近い値を，スラブCは，短辺の1/30〜1/20程度を，スラブDは，1/30がスラブ厚さの目安となろう。実際の設計では，スラブごとにスラブ厚さを変えることは困難だが，図2の長期たわみ倍率Kと鉄筋比p_tとの関係に示すように，鉄筋を増やすことによってたわみ倍率を低減できるので，鉄筋を割り増すことで対処することになる。

なお，図2は，スパンl_xはスラブ厚さtの30倍とし，住宅用荷重$w_p=2.6\text{kN/m}^2$，$F_c=24\text{N/mm}^2$，クリープ係数3，乾燥収縮4×10^{-4}，かぶり厚さ30mm，鉄筋比は端部上端筋の値を示し，中央下端筋は端部上端筋の0.78倍として作成した[1]。

以上のように，支持条件によりl_xに対するスラブ厚さの目安は変わり，両端固定の1/30と片持ちの1/10の間の値をとることになる。

（おおの　よしてる，いわた　たつみ）

【参考文献】
1) 大野義照：長期性能に関する改定のポイント，建築技術，2011年3月号
2) 岩田樹美ほか：鉄筋コンクリート片持ちスラブの長期たわみ計算法，日本建築学会大会梗概集，2010年
3) 福島正隆：RCスラブの境界条件，建築技術，2010年10月号

Q.178 スラブの応力

大越俊男●東京工芸大学客員教授

周辺固定スラブが等分布荷重を受ける場合，$w_x = \dfrac{l_y^4}{l_x^4 + l_y^4} w$ とする理由は

周辺固定板の解法には，長い歴史の跡があり，Timoshenkoの『Theory of Plates and Shells』(McGraw-Hill，1959年) に記述されている。解析法は，坪井善勝の『連続体力学序説』(産業図書，1977年) 86頁，2.9 周辺固定板に記述されている。

等分布荷重を受ける周辺固定長方形板の応力は，四隅で跳ね上がろうとするものを，押さえつけて周辺固定とするもので，四辺の境界応力はかなり複雑で，設計に用いるためには，理想化したものにする必要がある。なお，集合住宅では，遮音性能から厚さが決まり，配筋が問題にならない場合が多い。

● 精密解と規準式

日本建築学会の『鉄筋コンクリート構造計算規準・同解説』(2010) 10条 長方形スラブ (98頁) に関しては，東洋一の『平板構造』(建築構造学体系11，彰国社，1967年) に，詳細に記述されている。

長方形スラブの短辺方向中央の単位幅の梁 (長さl_x) と長辺方向中央の単位幅の梁 (長さl_y) とに，等分布荷重wをw_xとw_yとに分け，各々に掛ける。このときの各々の中央の変形を等しいとすると，次式が得られる。

$$w_x = \frac{\lambda^4}{1+\lambda^4} w, \quad \lambda = \frac{l_y}{l_x}$$

規準式の短辺方向の両端部モーメントは，次式のようになる。

$$M_{x1} = -\frac{1}{12} w_x l_x^2$$

この中央部モーメントは，次式になるが，

$$M_{x2} = \frac{1}{24} w_x l_x^2$$

精密解と比較して，小さくなるので，4/3倍して次式にしている。

$$M_{x2} = \frac{1}{18} w_x l_x^2$$

一方，規準式の長辺方向の両端部モーメントは，次式のようになるが，

$$M_{y1} = -\frac{1}{12} w_y l_y^2 = \frac{1}{12} \frac{\lambda^2}{1+\lambda^4} w l_x^2$$

λのある分数は，正方形のときに最大で0.5になり，安全を見越して最大の0.5とし，次式のようにしている。

$$M_{y1} = -\frac{1}{24} w_x^2$$

この中央部モーメントは，同様にして次式にしている。

$$M_{y2} = \frac{1}{36} w l_x^2$$

参考に，図1に示すように，精密解と規準式の曲げ応力が，比較されている。

● 床スラブの設計

なお，床スラブの設計は，許容応力度設計法によらず，性能設計法により，長期クリープたわみやひび割れ幅で，その厚さや配筋が決められているで，注意すること。また，現在の配筋は，もち網形式が主流で，端部と中央や，上端筋と下端筋の区別がなく，端部の上端筋だけで決められている。もち網筋は，施工時の配筋の乱れ，配筋のミスや監理のミスを防ぐためであろうか。

（おおこし　としお）

【参考文献】
1) 日本建築学会：鉄筋コンクリート構造計算規準・同解説，p.99，2010年

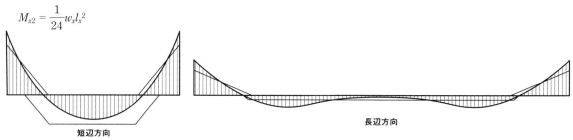

図1 曲げモーメントの精算値と規準値[1]。太線（ハッチしたもの）は精密解，細線は規定によるもの

Q.179 あと施工アンカーの使用規定

松崎育弘●東京理科大学名誉教授

「あと施工アンカーボルト」の使用規定 $8d$ や $5d$ はなぜか。せん断耐力の式は埋込み長さによらないが，それより短く使ってはいけないのか

◉ せん断力（Q）によるプライアウト破壊

1）コンクリート躯体に定着するアンカーボルトには，コンクリートを打設する前に埋め込む「先付アンカーボルト」と，硬化した後に埋め込む「あと施工アンカーボルト」に大別される。

2）欧米では早くから，コンクリートに埋め込まれたアンカーボルトについての実験的研究が行われており，各種の破壊モードを明らかにしている。

3）欧米での研究基軸は，「先付アンカーボルト」の「頭付きアンカーボルト」であり，一連の実験はボルト径 d に対するコンクリート面から頭部支圧面までの埋込み深さ h_{ef} の比を，おおよそ5〜10倍の範囲で行っている。

コンクリート躯体に埋め込まれたこのボルトに引張力 T を作用させたとき，頭部の支圧面で力を受けて定着力を発揮し，コンクリートのコーン状破壊に至ることを示している。ボルトは丸鋼であるので，コンクリート面との付着力は関係していない。

このボルトにせん断力 Q を作用させると，①ボルト側面に接するコンクリートの支圧圧縮破壊，②埋め込まれた頭部からの突き上げ力によるコンクリートのコーン状破壊（これを「プライアウト（pryout：ほじくり出し）破壊」と呼ぶ）を挙げている。特に，②の破壊モードを避けるために，h_{ef}/d を4〜6倍以上とすることを求めている。（注：プライアウト破壊の図は，日本建築学会『各種合成構造設計指針・同解説（2010年版）』第4編233頁参照）。

4）欧米での「あと施工アンカーボルト」は，「金属拡張アンカー」の研究が先行し，その設計規準を受け継ぐ手法で，「接着系アンカー」を開発している。アンカー径と有効埋込み深さとの関係は，「頭付きアンカーボルト」で得た範囲を踏襲している。

◉ 日本の諸規準から

1）1977年に初版された『耐震改修設計指針 付解説』（日本特殊建築安全センター）で，「彫り込みアンカー」（「金属拡張アンカー」の一種）について，わが国最初の「あと施工アンカー」としての設計規準を示している。このアンカーの埋込み長さは，原則としてアンカー外径の5倍かつかぶり厚さ以上としている。

2）1985年には，日本建築学会より『各種合成構造設計指針・同解説』の「第4編 各種アンカーボルト設計指針・同解説」に，「あと施工アンカー」として，「彫り込みアンカー」を「メカニカルアンカー」と称して，設計式を本文に示している。この規準では，既存コンクリートへの埋込み長さはメカニカルアンカーボルト定着部径の4倍以上としている。「接着系アンカー」については，その他のアンカーボルトの一つとして，本文には「樹脂アンカー」と用語のみ記載され，解説に，コンクリートのコーン状破壊モードで決まる各種実験結果を示している。

3）『既存鉄筋コンクリート造建築物の耐震診断基準・改修設計指針・同解説』は，1990年に日本建築防災協会より改訂版が出され，「3.8 あと施工アンカーの設計・施工方法」において，「金属系アンカー」と「接着系アンカー」の設計式を示している。せん断力を受けたときの引抜けによる破壊モードを避けたいこと，設計せん断耐力を発揮する際のせん断ずれ量を10mm程度に留めたいことより，金属系アンカーでは $5d$ 以上，接着系アンカーでは $7d$ 以上の埋込み長さを求めていた。この指針は2001年に，「3.9 あと施工アンカーの設計」として一部改訂し，「3.9.1 総則（3）あと施工アンカーの材料と形状・寸法」の解説で，へりあき距離がせん断耐力に影響することを懸念して，埋込み深さを，金属系アンカーで $5d_a$ 以上，接着系アンカーで $8d_a$ 以上とすることを求めている。

4）2010年には，日本建築学会より，『各種合成構造設計指針・同解説』の改定版が出版され，「第4編」で，「接着系アンカーボルトの設計」について，本文と解説を載せている。ここでは，引張力に対する設計の場合，強度算定用埋込み長さ l_{ce} を有効埋込み長さ l_e から $2d_a$ 減じた長さとして，アンカーボルトの降伏耐力と付着力により耐力を算定する方法を示し，l_e を $7d_a$ 以上としている。せん断力に対する設計の場合，「プライアウト破壊」を避けるため，l_e を $6d_a$ 以上としている。

（まつざき　やすひろ）

Q.180 円形孔の補強

大越俊男●東京工芸大学客員教授

径の3倍以上離れた円形孔の補強は，単独で行ってよいとする根拠は

材料力学における孔のまわりの応力集中は，古典的な問題であった。Saint-Venant（1797〜1886）の原理は，「物体の一部分に作用している荷重を，その荷重と等価な異なった分布荷重で置き換えても，荷重の作用域から十分離れたところでは，この二つの荷重系の効果

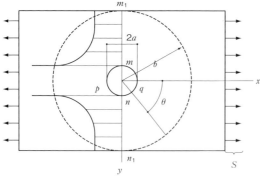

図1　引張方向に直角方向の軸上の引張応力

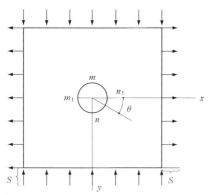

図3　せん断場を45°回転した時の応力場

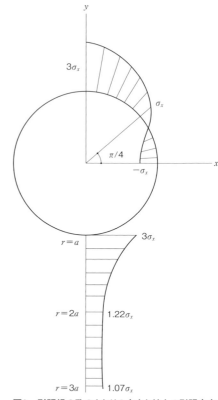

図2　引張場の孔のまわりの応力と軸上の引張応力

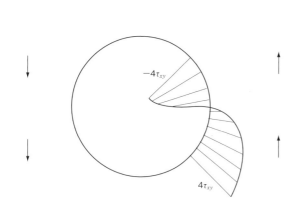

図4　小円孔のある板のせん断の応力分布と光弾性等色線（明視野）

の差は無視できる」というもので，工学的な判断によるものである。

● 引張場の孔のまわりの応力

円形孔のある一様に引張を受けた板の応力は，1898年にG. Kirschによって解かれ，Timoshenkoの『Theory of Elasticity』(1951, McGraw-Hill) 78頁「32 板の応力集中に関する円形孔の影響」に，記述されている（図1）。

松井源吾の『建築構造学体系6 材料力学』（彰国社，1967年）に，半径aの孔のまわりの引張応力と引張方向に直角な軸上の引張応力が示されている（図2）。軸上の引張応力は，孔のまわりで3倍になるが，中心から1.5倍離れると1.07倍になる。したがって，孔による応力集中は，孔から直径ぐらい離れると，小さくなることがわかる。なお，45°の孔のまわりの引張応力は1倍である。

曲げ応力や引張応力の場では，円形孔によって遮られた応力に相当する引張補強筋で補強すればよいので，孔の間隔を考慮する必要がない。

● せん断場の孔のまわりの応力

一様なせん断応力場は，一様な引張応力場に，その直角方向に一様な圧縮応力場を加え，45°回転させた場である（図3）。

せん断場における孔のまわりの応力は，45°方向と135°方向で，せん断応力の4倍の引張力と圧縮力が生じるが，軸上では0になる。松井の文献には，せん断応力場の円形孔のまわりの引張力と光弾性の写真が示されている（図4）。

したがって，梁の中央部分は純せん断場と考え，孔の間隔を直径の3倍離しておけば，孔相互による応力の乱れは考慮しなくても，単独の孔としての応力集中に対処すればよいとしている。

（おおこし　としお）

Q.181 RC梁貫通補強

勅使川原正臣●名古屋大学大学院教授

> RCの梁貫通補強におけるサイズ（梁せいの1/3以下）や，梁端部からの距離（梁せい以上離す）などの数値について教えて

鉄筋コンクリート梁に貫通孔を設けると，断面欠損の影響により貫通孔周辺に応力が集中し，梁の構造性能が低下するおそれがある（図1）。貫通孔の設置は極力避けるべきであるが，設備配管など，やむを得ず梁貫通孔が必要となる場合がある。この場合には，貫通孔の位置に配慮し，貫通孔の周辺を補強する必要がある。

近年の鉄筋コンクリート造建築物は，建物の崩壊メカニズムを梁降伏型とする例が多く見られる。梁が曲げ降伏するときに，梁の端部から梁せいだけ離れた範囲は曲げヒンジ領域となることが知られており（図2），梁降伏型の構造物の場合，変形性能を確保するためには曲げヒンジ領域の健全性や一体性を確保する必要がある。曲げヒンジ領域に貫通孔が存在すると，曲げヒンジ領域が断面欠損となるため，曲げ降伏後の変形性能が著しく低下することが懸念される。そこで，貫通孔を

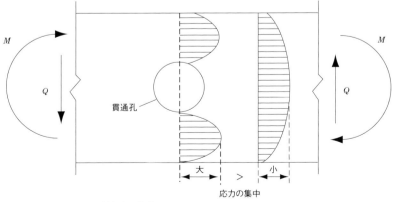

図1　貫通孔周辺のせん断応力の集中

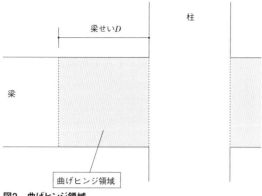

図2　曲げヒンジ領域

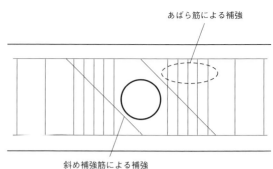

図3　貫通孔周辺の補強方法

梁端部から梁せい以上離すことが重要である。

　貫通孔周辺のせん断応力の集中に対する補強方法としては，あばら筋や斜め補強筋により貫通孔周辺のコンクリートを拘束し，見かけのシアスパン比が短くすることで強度を確保する補強が行われる（**図3**）。

　しかし，補強によるせん断耐力の向上には限界がある。ここでは，通常のせん断設計で用いられる荒川min式を用いて，せん断補強の上限を検討してみる。荒川min式は次式で示される。

$$Q_{su} = \left\{ \frac{0.052 p_t^{0.23}(F_c+18)}{M/Qd+0.12} + 0.85\sqrt{p_w \sigma_{wy}} + 0.1\sigma_0 \right\} bj \quad (1)$$

　ここで，p_t：引張鉄筋比，F_c：コンクリート強度，M/Qd：シアスパン比，p_w：補強筋比，σ_{wy}：補強筋の降伏強度，σ_0：軸応力度，b：部材幅，j：応力中心距離である。

　式（1）の｛｝内がせん断応力度を表しており，シアスパン比が短くなることによる補強効果は｛｝内の第1項に表れる。

　一般的な梁を想定し（$P_t=0.4\%$，$P_w=0.2\%$，$F_c=18\mathrm{N/mm^2}$，$M/Qd=3.0$，$\sigma_y=295\mathrm{N/mm^2}$），シアスパン比$M/Qd$が3.0のとき（補強前）と1.0のとき（補強後の貫通孔周辺）の終局せん断応力度を計算すると，それぞれ次のようになる。

- $M/Qd=3.0$のとき
$$\tau_{3.0} = Q_{su}/bj = 1.15$$
- $M/Qd=1.0$のとき
$$\tau_{1.0} = Q_{su}/bj = 2.00$$

　よって，この場合のせん断補強による耐力向上効果は2倍以下である。梁に梁せいの1/3程度の貫通孔を開けると，断面積は2/3倍となるため，危険断面に生じるせん断応力度は1.5倍となる。貫通孔をさらに大きいものとすると，補強により耐力を確保することができなくなり，梁全体の構造性能が低下する。よって，貫通孔の大きさを梁せいの1/3以下と規定することは妥当であると判断できる。また，貫通孔周辺の曲げ強度が不足し，曲げ降伏が先行することも考えられる。

　鉄筋コンクリート造の場合，通常，梁せいはスパンの1/10程度となる。スパンが6mの場合には梁せいは60cm程度となる。配管などで梁に必要な貫通孔の大きさは最大で$\phi200$程度で，梁せいの約1/3程度で足りるというのも現実的な一つの理由であろう。

（てしがわら　まさおみ）

Q.182　PC規準のコンクリート強度

鈴木計夫●大阪大学名誉教授

PC規準において，コンクリート強度の規定がプレストレス導入直後の最大圧縮応力度の1.7倍以上という数値の根拠は

　プレストレスの技術は，西欧において生まれ，発展してきた。わが国のこの技術は，これら外国の技術を参考にし，これに耐震性への配慮を加味して独自に発展してきたといえる。

本項の規定は，直接この耐震性に関係するものではないが，このような"先進"ヨーロッパの技術，規定などを参考に定められたといってよい。

プレストレスの導入は，通常コンクリートの設計基準強度発生以前の強度増進期に行われる。このことを前提として，導入時の部材の安全性を考慮する必要がある。

この導入時に考慮すべき事項としては，
①導入により部材断面に生じる曲げ圧縮応力度（ただし，導入後の荷重はこの応力を減少させる）
②ポストテンション材のPC鋼材定着部の集中応力
③プレテンション部材の端部の付着定着部の応力
などであるが，これらに関係するコンクリート材料の特性としては，1）コンクリート強度は上昇域にあること，2）若材齢ほどクリープ変形は大となること，などがある。

1.7という値は，上記①の事項に関係しているが，これに関する西欧系の規定値は学会規準本文の表に示すとおりである。その一部を表1に示す。学会規準の1.7は，同表の数値を参考にして決められたものではあるが，同表の安全率1.7は，実質上この数値よりも安全率は低い。その理由は次のようなものである。

同表にも示されているように，この表の強度は10cm立方体の強度に基づいている。日米の強度は$\phi 10 \times 20$cmのシリンダー強度であり，両者の関係は，

$$立方体強度 \fallingdotseq 1.25 シリンダー強度 \tag{1}$$

といわれ，同一コンクリートに対し高い値に表示される。したがって図1,2にも示したように，立方体強度による安全率1.7は，シリンダー強度では，

$$1.7/1.25 = 1.36 \tag{2}$$

という低い安全率になるのである。

さらに，この安全率に関係する要因として，1）導入時のプレストレス力の管理は±5%の範囲になるように行われること，2）導入時のコンクリートの強度は採取供試体の平均値であり，図1にも示すように強度のばらつきがあり，さらに3）部材断面内の強度のばらつきもある。このように考えると式(2)の1.36という数値は，実質上十分な安全率とはいえない。しかし安全率を過大にすると，導入工事を遅らせることにもなる。

さらに，ドイツでは強度の違い，英国では断面の垂直応力分布の違い，によってこの安全率を変えているが，日本ではこれら諸外国の数値よりも1.25倍の安全率が確保されること，また前記①のように導入後の荷重は圧縮応力を減少させること，などを考慮して，ケース分けを行わず，一律1.7とした。

なお学会規準では，導入時強度の最低値を定めているが，これは前記②，③項も考慮しているものである。定着部の集中応力に関しては，それぞれの定着工法において，その安全性が確かめられている。

なお，ここでいうコンクリートの強度は，水中20℃の標準養生のものではなく，現場のその部分，したがって現場水中あるいは現場湿砂養生のものである。

（すずき　かずお）

表1　導入時安全率（日本建築学会規準より抜粋）

区分	安全率	許容圧縮応力度	強度 (kg/cm²)
ドイツ	1.7	140	B250
	1.9	170	B350
	2.1	190	B450
	2.3	210	B550
イギリス	2.0	0.5B（三角形分布）	
	2.5	0.4B（長方形分布）	
アメリカ	1.67	0.6(F_c)	
土木学会	1.7	0.45F_c	
日本建築学会	1.7		

B：10cm立方体強度
F_c：シリンダー強度

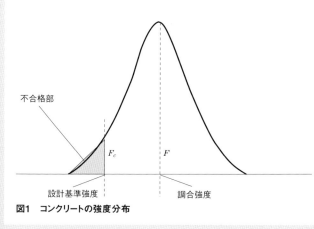

図1　コンクリートの強度分布

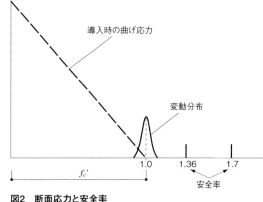

図2　断面応力と安全率

Q.183 梁主筋の定着起点

鈴木計夫●大阪大学名誉教授

梁主筋の定着で，定着起点の取り方が中間階と最上階で違う理由，および中間階等のフック付きの場合，折り曲げ後の曲げ角度によって余長の長さが異なる理由は

この質問に関連する規基準等の図を，**図1**に示す。

⦿ 付着，定着の基本事項

ここに示す付着，定着の基本を理解すれば，この質問や他の関連事項もわかるはずである。

図2では，(a) が τ-s（付着応力度-すべり）の関係

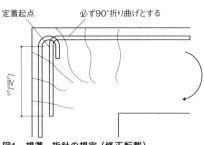
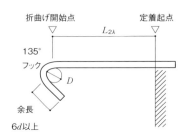

図1 規準，指針の規定（修正転載）

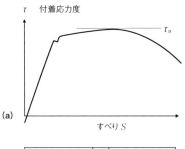
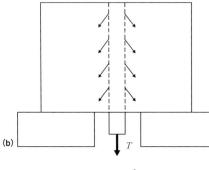
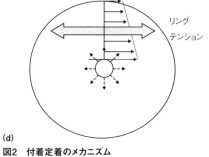
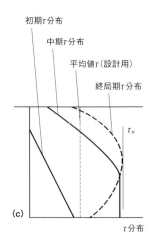

図2 付着定着のメカニズム

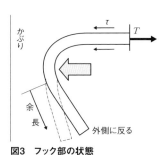

図3 フック部の状態

を示しており，(b)は定着テスト用コンクリートブロックに鉄筋を埋め込んだ引張付着試験の状態を示す。鉄筋のリブからコンクリートに力が伝わるが，その力は矢印のように少し外側を向き，この垂直成分が付着応力度τとなる。(c)は鉄筋の引張力Tの大きさに応じたτ分布を示したもので，Tが大きくなると引張端のτは塑性域に入り減少する。

鉄筋定着の設計では，このような分布を念頭において平均$τ_{av}$の大きさで定着長さを算定する。

本項に関係する最も重要な図が(d)である。(b)のように，鉄筋リブから外向きの力がコンクリートに作用するが，外周コンクリートにはこれによって引張応力"リングテンション"が発生する。このテンションは外側に行くに従って減少するが，この内側の引張応力がその引張強度を超せば，ひび割れが発生し，外周コンクリートが薄ければ割れて鉄筋は抜け出すことになる。いわゆるスリップ破壊もこの理由による。このようにみると，定着には外周コンクリート（かぶり厚）が重要であり，また鉄筋径が大になるほど外周長さが短くなってτが大になるので不利になることもわかる。

◉**最上階の梁上端主筋の定着は水平部分を除く理由**

前述したように，鉄筋の安全な定着にはそのまわりのコンクリート（かぶり厚）が重要であるが，最上階の梁上端主筋は一応のかぶり厚が取れるのに，なぜこのようになるのか。それは梁主筋の地震時応力は正負繰返しと，高い降伏点応力を前提にし，またその鉄筋径も太目，などを考慮しているからである。中間階の梁は柱軸力，曲げ圧縮などによって定着の条件はよくなる。すなわち[τ+摩擦力]の有利な状態となる。なお，小梁，スラブなどの上端筋は，かぶり厚がより小でも水平部分は定着長さに算定される。それは，繰返し応力はほとんどなく，作用応力も長期許容応力，と低いからである。

◉**フック部の折り曲げ角度，余長の大きさの違い**

これは，基本事項から簡単に理解できる。図3は，フック部分に作用する力を示している。この部分にはコンクリートからの付着力による拘束もあるが，図示の偏心反力（グレーの矢印）によって，鉄筋は点線のように曲げ戻される。この曲げ角度が大きいほど，"かぶり厚"大となり，コンクリートによる拘束効果が期待できるからである。すなわち，この偏心反力に対して同図余長部が垂直に近いほど，この部分は外側に反り，力の水平成分が大きくなって，かぶり部を剥離させる作用が大となる。これに対し角度を大きくすれば，この余長部からの応力は垂直成分が大となり，逆に水平成分が減ることになるのである。

また余長を大きくすると，上記水平成分は多少とも減ると同時に，余長先端部からの拘束効果が大となって定着の安全性は高まる。

（すずき　かずお）

Q.184 梁端部の機械式継手

林　靜雄 ◉東京工業大学名誉教授

梁端部で使用可能な機械式継手がないのはなぜか

◉**はじめに**

「梁端部で使用可能な機械式継手がない」は間違いである。梁端部に機械式継手を設けることの可否は，計算方法のルートによって異なる。ルート3による場合，部材種別を落として設計すれば，材端域の主筋に機械式継手を用いることができる。一般に，継手の評定は工法について行われるものと誤解されているが，継手の評定は，力学的な性能は当然ながら，施工時の自主管理システムについても行われるので，会社の認定となっている。柱に限定して部材種別を落とさずに機械式継手を使用できる評定を受けた会社もあり，継手性能を踏まえて，梁端に継手を設けた場合の構造設計と施工管理のあり方を示して『梁端の降伏ヒンジ領域に機械式継手を有する鉄筋コンクリート造梁の設計施工指針』の評定を取得した会社もある。

◉**鉄筋継手とは**

鉄筋の継手は，建築基準法第73条で重ね継手に限定され，その他の継手工法については，告示「平12建告第1463号：鉄筋継手の構造方法を定める件」で，継手位置（引張力の最も小さい部分）とその構造方法が規定されている。しかし，ただし書きで「実験に

よって耐力，靱性及び付着に関する性能が継手を行う鉄筋と同等以上であることが確認された場合」においては，構造方法によらないことができることになっている。告示には継手の位置については触れられてはいないが，『2007年版　建築物の構造関係技術基準解説書』(以下，基準解説書) で，「構造部材における引張力の最も小さい部分以外に継手を設ける場合も同様である」と解説され，機械式継手を部材端部に設ける道が開かれている。

継手の性能が，「継手を行う鉄筋と同等以上であることが確認された場合」に該当するかどうかについての評定は，「基準解説書」に基づいて，日本建築センターなどで任意評定として行われている。評定での審査は，実験に基づく継手単体の性能評定は当然ながら，実際の施工においてもこの実験で得られた性能を維持できるかどうかについても行われ，申請会社の品質管理体制，自主管理方法，技量資格者の認定システム，技量資格者の継続教育，不具合時の責任等が審査にあたっての重要項目となっている。

⦿ 継手の使用基準

「基準解説書」では，機械式継手の継手性能としてSA級，A級，B級，C級の4段階に定義しているが，強度，剛性，靱性などに関してほぼ母材並みのSA級継手と，強度と剛性に関しては母材並みであるが，その他に関しては母材よりもやや劣るA級継手が用いられ，B級以下はほとんど使用されていない。また「基準解説書」では鉄筋継手使用基準を定めて，継手の性能と継手の集中度，構造計算の方法や使用部材と使用箇所に応じた，使用の可否と構造設計上の配慮を求めている。梁の材端域において主筋全数をA級継手を用いて接合することは，構造計算方法がルート1，2-1，2-2である場合には可能であるが，ルート2-3の方法による場合には認められていない。ルート3の方法による場合には，継手の性能と集中度および使用位置に応じて，部材種別を定めている。例えば，降伏ヒンジが形成される梁端部において主筋の全数をA級継手によって接合する場合，部材種別をFC部材として設計することを求めている。

SA級の継手を用いれば，耐震設計上降伏ヒンジが形成される部材端部において主筋の全数を接合しても，部材種別をFA部材のまま設計することができるが，評定において，継手を設けても部材性能が継手を設けない場合と同等であることを，実験で確認することを求めている。あらゆる場合について，部材実験で確認することは難しいので，現在，実験の範囲内という「条件付のSA級継手」にとどまっており，本来の意味のSA級継手の認定を受けた会社はない。

⦿ おわりに

継手を設けた鉄筋の性能が母材と同等でも，部材種別を落とす必要があるのは，実験室で性能を発揮できたとしても，現場では人的なミスをまったくなくすことはできないからと考えられる。また，機械式継手では，継手を有する鉄筋の靱性として，A級継手でも降伏ひずみの10倍かつ2%しか保証していない。この値は，母材と比較してかなり小さな値である。降伏ヒンジで主筋が破断に近い状態になると，部材にはせん断破壊と同等の変形性能しか期待できないため，FC部材という評価になっていると考えている。

機械式継手の場合，継手性能の良否は工程の良否にかかっているが，継手の評定は申請会社の自主管理システムに関するもので，発注者の受け取り検査に関する仕様書について審査するものではない。現在，機械式継手は受け取り検査の方法があいまいな状態であるため，工事監(管)理者は継手の重要性を認識して，自ら，十分な工程管理を行わなければならない。

（はやし　しずお）

Q.185 あと施工アンカーの長期許容応力度

細川洋治⦿細川建築構造研究室

> あと施工アンカーの長期許容応力度が建築基準法に規定されていないのはなぜか。

「あと施工アンカー」に，短期許容応力度が規定された経緯から説明を行う。

2005年11月に発覚した耐震偽装事件に対する，違反建物を耐震補強して是正を行うことになったが，既存の建物と補強部材を接合するためには「あと施工ア

○国土交通省告示第三百十四号

建築基準法施行令（昭和二十五年政令第三百三十八号）第九十四条及び第九十九条の規定に基づき、平成十三年国土交通省告示第千二十四号の一部を次のように改正する。

平成十八年二月二十八日
国土交通大臣　北側　一雄

第一に次の二号を加える。

十四　あと施工アンカー（既存の鉄筋コンクリート造等の部材を補強するための部材とこれを補強するために用いるものをいう。第二第十三号において同じ。）の接合部の引張り及びせん断の許容応力度は、その品質に応じてそれぞれ国土交通大臣が指定した数値とする。

十五　既存の鉄筋コンクリート造等の柱、はり等を補強するために用いる炭素繊維、アラミド繊維その他これらに類する材料の引張りの許容応力度は、その品質に応じてそれぞれ国土交通大臣が指定した数値とする。

第二に次の二号を加える。

十三　あと施工アンカーの接合部の引張り及びせん断の材料強度は、その品質に応じてそれぞれ国土交通大臣が指定した数値とする。

十四　既存の鉄筋コンクリート造等の柱、はり等を補強するために用いる炭素繊維、アラミド繊維その他これらに類する材料の引張りの材料強度は、その品質に応じてそれぞれ国土交通大臣が指定した数値とする。

ンカー」が必要になり，補強方法の検討が行われた。しかし，この時点では「あと施工アンカー」は建築基準法の枠内にはなく，平成13年国交省告示第1024号の改正により，あと施工アンカーの許容応力度と材料強度が規定され，国土交通大臣が品質に応じて指定する数値を用いることが可能になり，法的な位置づけがなされることになった。

この告示に関連した技術的助言として「あと施工アンカー・連続繊維補強設計・施工指針」[1]が示され，有効埋込み長さは$12d_a$以上となっている。この技術的助言の中には本指針では，既存建築物に対する改修工事において，「あと施工アンカーを用いて架構内に現場打ち鉄筋コンクリート増設壁を設置する，あるいは枠付き鉄骨ブレースを設置する工法」を適用の対象とするとなっている。国土交通省では，あと施工アンカーなどの材料を本指針に定められた適用範囲内で使用することを条件に，当該材料の製造メーカーなどからの申請に応じて，当該材料に関する許容応力度および材料強度の指定を行うとしてあり，確認申請時に指定書の写しを提出することになっている。

あと施工アンカーは従来から設備機器の固定に用いられてきたが，既存建物の耐震補強への適用について，日本建築防災協会「既存建物の耐震改修設計指針」へ組み込まれたことによって，技術的水準が向上し一般に普及していたことで，接着系アンカーに対して短期許容応力度の数値指定が可能になったと考えられる。

長期許容応力度については，主要構造部への適用に対しては，長期クリープ，耐火・耐熱性，へりあきの影響，ひび割れに対する取り扱い，樹脂の違いによる付着特性などに関する技術的知見が不足しており，技術的助言が出されるには至らなかった。

建物改修・増改築などに対するあと施工アンカーの使用に対して，社会的要請が高く，国土交通省基準整備事業として平成20年度から平成22年度の3か年「あと施工アンカーの長期許容応力度の関する調査研究」[2]として，接着系アンカーの長期許容応力度を定めるための技術資料収集・構造設計に使用するための課題と設計上の留意点をまとめた。この中では「あと施工アンカーを，鉄筋コンクリート部材の接合部への材料として，一般化するには今後解決しなければならない課題が多く，適用範囲を限定して設計を行うことが必要である。」と示されている。

平成20～22年度の建築基準整備促進事業によって材料の長期的な性状に関する技術的知見が収集され，現在，残された課題について構造安全性の検討が行われている。材料の品質確保も含めた知見が揃い次第，技術的助言に長期許容応力度や床の増設など長期に対する設計に関する内容が追加されることが考えられる。

（ほそかわ　ようじ）

【参考文献】
1) 既存建築物に対する改修工事を対象とした「あと施工アンカー・連続繊維補強設計・施工指針」，ビルディングレター，pp.1-45，2006年6月
2) 平成22年度建築基準整備促進事業最終報告書：アシス㈱，平成23年3月

Q.186 鉄骨造ルートの判定

緑川光正●北海道大学大学院教授

鉄骨造ルートの判定における高さや階数，面積などの数値について

鉄骨造ルートの判定における高さ，階数，面積などの数値には，ここで述べるように明確な技術的根拠はなく，建築基準の歴史的な経緯によって定められたようである。また，これに関して耐震安全性に対する特別な配慮があったわけではない。

鉄骨造建築物の構造計算フロー[1]は，高さによって計算ルートが分かれる。すなわち，ルート1：高さ≦13mかつ軒高≦9m，ルート2：高さ≦31m，ルート3：31m＜高さ≦60mとされている。この高さ制限を歴史的にたどってみると，表1から表3のような数値の変遷がある。

建築物の高さ制限は，建築基準としては表1のように市街地建築物法施行令（1920年）で初めて定められたが，当時の記録によると，その目的は大きく次の三つ[2]であったようである。すなわち，①衛生（採光と通風の確保，人口の過密防止），②保安（都市災害の防止，高い建築物は災害危険性が高く避難が困難になるという認識），③交通（高層になると人の出入りが増えるので高さは道路幅と連携させる）であり，耐震安全性が目的とはされていない。表1の65尺と100尺の高さ制限は，それぞれ20mと31mの高さ制限となって建築基準法令に現在も引き継がれており，鉄骨造ルート2とルート3を区分する高さ31mとなっている。

市街地建築物法令の制定当初の高さ制限には耐震安全性の要素があまりなかったが，1923年関東地震の被害を受けて，表2のように高さ制限が強化された。この結果，石造とれんが造はほとんど禁止に近いものとされたことは周知のことである。表2によると，木造が高さ42尺，軒高30尺と制限されており，この数値が鉄骨造ルート1とルート2を区分する高さ13m，軒高9mの制限として引き継がれていることがわかる。すなわち，鉄骨造の高さ制限は，1924年に改定された市街地建築物法令における木造の数値をそのまま取り入れていると解釈できる。

ルート1-1の階数≦3，スパン≦6m，延べ面積≦500m²の規定は，高さ13m，軒高9m，かつ小規模という条件に見合うように定められたと推測されるが，階数≦3の規定については，わが国初の本格的鉄骨造建築物が1894年の3階建秀英舎印刷工場といわれており，建築基準法制定当時には，鉄骨造3階建は長年経験を積んできている建築物と見なされたのではないかと想像される。

ルート1-2は，剛性率を計算する必要がない建築物

表1 市街地建築物法施行令の高さ制限（建設地域によるもの・構造種別によるもの）（1920年公布）[2]

- 建設地域による高さ制限（衛生）
    - 住居地域内　　高さ65尺（約19.7m）以下
    - 住居地域外　　高さ100尺（約30.3m）以下
- 構造種別による高さ制限（保安）
    - れんが造・石造建築物　　　　　　　高さ65尺（約19.7m）以下，軒高50尺（約15.2m）以下
    - 木造建築物　　　　　　　　　　　　高さ50尺（約15.2m）以下，軒高38尺（約11.5m）以下，階数3以下
    - 木骨れんが造・木骨石造建築物　　　高さ36尺（約10.9m）以下，軒高26尺（約7.9m）以下

表2 関東大震災後の建築物の高さ制限の強化（1924年改定）[2]

構造種別	制定時（大正9（1920）年）	改定時（大正13（1924）年）
木造	高さ50尺（約15.2m）以下 軒高38尺（約11.5m）以下	高さ42尺（約12.7m）以下 軒高30尺（約9.1m）以下
木骨煉瓦造	高さ36尺（約10.9m）以下	高さ25尺（約7.6m）以下
木骨石造	軒高26尺（約7.9m）以下	軒高15尺（約4.5m）以下
煉瓦造	高さ65尺（約19.7m）以下	高さ42尺（約12.7m）以下
石造	軒高50尺（約15.2m）以下	軒高30尺（約9.1m）以下

表3 建築法草案第九章「構造設備」（1946年）の主な内容[2]

1)〜3)（省略）
4) 高さ13m，軒高?m（注，誤記のためか軒高値は記載されていない）又は地上階数2を超える建築物の外壁，床，主要な柱は，煉瓦造，無筋コンクリート造，木造等とすることはできない。（地方長官が許可した場合はこの限りでない）
5) 高さ8m又は軒高5mを超える建築物の外壁は，木骨煉瓦造，木骨石造等とすることはできない。
6) 高さ20m，軒高15m又は地上階数4を超える建築物の壁，床，屋根，天井，小屋，柱，階段は，耐火構造とする。（これらを不燃材料でつくり，地方長官が認めた場合はこの限りでない。）
7)〜10)（省略）

を対象としていることから、本来は1階建が対象になる。しかし、ここで想定している建築物は、小さな倉庫、工場、店舗などで、2階建であっても屋根は軽量であることが想定されるため、階数≦2を適用対象とし、その代わりに、屋根を駐車場などに利用する店舗などを除外するために、「屋根を自動車の駐車その他これに類する積載荷重の大きな用途に供する建築物」を適用除外としている。

なお、従来のルート1が、ルート1-1とルート1-2に分けられたのは、2007年の建築基準法改定時に、小さな倉庫や工場が構造計算適合性判定にまわることを避けるために、手続き上の都合から取られた措置であり、この区分にも技術的根拠があるわけではない。

（みどりかわ　みつまさ）

【参考文献】
1) 国土交通省住宅局建築指導課ほか監修：2007年版建築物の構造関係技術基準解説書、2007年8月
2) 大橋雄二：日本建築構造基準変遷史、日本建築センター、1993年12月

Q.187 鉄骨ラーメン構造における $D_S = 0.25$

向井昭義●独立行政法人建築研究所

鉄骨ラーメン構造で、$D_S = 0.25$では地震時の変形が大きく、構造体や二次部材に損傷が発生するのではないか

構造ランクA、B、Cのラーメン構造は、部材自体の変形能力を確保するための柱材、梁材の幅厚比制限のほかに、柱材および梁材の仕口部および継手部が早期に破壊しないため、それらが十分な耐力を有すること（いわゆる保有耐力接合であること）、また梁材の横座屈が早期に生じないように梁材が十分に横補剛されることが求められている。よって、構造物の変形能力はおおむね柱材または梁材の局部座屈で決定されることが想定される。また、幅厚比は、ランクAが最も小さな値で制限されているので、ランクA、B、Cの中ではランクAが最も大きな塑性変形に達してから局部座屈（これは一種の損傷といえる）が生じることになる。

参考文献1)によれば、$D_S = 0.25$に相当する構造ランクA、B、Cの骨組に必要とされる累積塑性変形倍率（正方向と負方向の和の1/2）を、それぞれ3、2、1としている。これは繰返しによる塑性変形を累積している値なので、いわゆる骨組の塑性率（最大応答変形に相当）を求めるためには別途換算式が必要になるが、想定されている変形の一つの目安になる。

また、弾塑性応答に関しては、参考文献2)の303頁に示されるように、耐力と変形の積であるエネルギーが一定と評価する方法がある（図1）。

これは、完全弾塑性復元力特性をもつ一質点系構造物が地震動を受けた場合、力－変形曲線の囲む面積が同じになるという考え方である。これによれば、図1のOAのような力－変形関係をもつ建築物とOCDのような力－変形関係をもつ建築物の耐震性が、△OABと□OCDEの面積が等しければ同じであると評価される。

これらによれば、耐力が小さい場合は、同じ弾性剛性であれば耐力が大きい場合に比べて、応答変形が大きくなる。一方、骨組の断面は、許容応力度計算や層間変形角の規定も満たす必要があるため、必ずしも保有水平耐力計算でその断面が決定されているわけではない。つまり、実際に保有している水平耐力のレベルは、$D_S = 0.25$に相当する値以上に大きい場合がある。参考文献3)の26頁図2.5に、低層鉄骨造建築物について調査した保有水平耐力時ベースシア係数と、一次設計時ベースシア係数との比の分布が示されている（図2）。これらの設計時のD_S（あるいは必要保有水平耐力時のベースシア係数）は示されていないが、実際に保有している水平耐力レベルが比較的大きな場合が

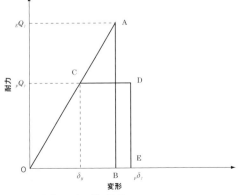

図1　地震時のエネルギー吸収

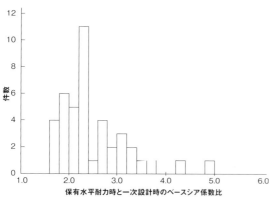

図2 21棟の低層鉄骨造建築物について調査した保有水平耐力時ベースシア係数と一次設計時ベースシア係数との比の分布

多いことが推測される。

これらのことから，$D_S=0.25$ で設計したからといって，直ちに大地震時の変形が大きくなるとは限らない。ただし，$D_S=0.25$ の骨組には，幅厚比が小さくコンパクトな部材断面が用いられることになり，層間変形角の規定をぎりぎり満たすような場合も想定される。このような場合は，大地震時の変形も相対的に大きくなると推測されるので，注意が必要である。なお，保有水平耐力算定時の変形と応答変形は直接対応しているものではない。

（むかい　あきよし）

【参考文献】
1) 広沢雅也・山内博之：新しい耐震設計法に基づく建築物の構造設計の実際，季刊カラム，No.82，新日本製鐵，1981年10月
2) 2007年版建築物の構造関係技術基準解説書第2版，全国官報販売協同組合 2008年5月
3) 阪神・淡路大震災における建築物の被害状況調査を踏まえた建築物耐震基準・設計の解説，日本建築センター，1995年10月

Q.188　ブレース構造の D_S 値の上限

田中淳夫●宇都宮大学名誉教授

ブレース構造の D_S 値の上限が0.5であるのはなぜか。ブレースの設計は原則弾性設計ではないのか

ブレース構造といっても，筋かい材の細長比によってその構造特性は大きく変わってくる。断面の大きな鋼管やH形鋼を用いた筋かい材を使用した場合は，一般に細長比が小さく，その挙動もラーメン架構と大差ないものとなる。そのため，ブレース構造に関しては，筋かい材の種類を有効細長比によってBA，BB，BC材に区分しているが，ここでは設問の趣旨を考えて，ターンバックルブレースや山形鋼などを使用した一般的な純引張筋かい架構について説明する。

このような架構の筋かい材は，通常400N級鋼であるため，BB材（$\lambda \geq 1,980/\sqrt{F}=129$）と区分されるが，その構造特性は，接合部が保有耐力接合されている限り，設計上は完全弾塑性的な挙動を示すと考えられる（図1）。これは，弾性限からひずみ硬化点までのひずみが弾性限ひずみの10倍以上あり，通常の設計では二次設計時でもこの程度までのひずみを考慮しておけば，特に問題はないと考えられるからである。このように設計上は筋かい材は，弾性限耐力である $T_y=A\cdot\sigma_y$ （A：筋かい材の軸部断面積，σ_y：鋼材の降伏強度（設計上は基準強度 F を用いる））まで弾性挙動を示し，この強度に達するとこの強度を保ったまま塑性変形のみが進行することになると考えてよい。したがって，この T_y は筋かい材の降伏耐力であると同時に，設計上の最大引張耐力である全塑性引張耐力にも相当する。つまり，設計上は純引張筋かい架構では，降伏耐力と保有水平耐力は一致しており，弾性限に達した後は，耐力の上昇は期待できないものと考えている。このような状況を考慮して，構造設計では，筋かい架構の耐力的な余裕度を確保するという構造安全性の観点から純引張筋かい架構について，$C_0=0.2$ に対応する設計用水平荷重に筋かい架構の水平力負担割合 β による割増係数である1.5を乗じた水平荷重に対して，一次設計をすることになっている。なお，保有水平耐力の算定では材料強度として $1.1F$ を採用できるので，ブレース材の全塑性引張耐力 T_p として実質的には $1.1T_y$ を用いており，保有水平耐力は短期許容耐力の1.1倍となる。

弾性限を超えた後も耐力の上昇が期待できないという意味で，筋かい架構は基本的に弾性設計となるが，大地震時には筋かい材が塑性化するので，場合によっては二次設計も必要である。その場合には D_S 値を用い

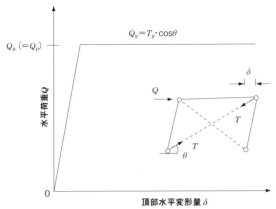

図1 引張筋かい架構の力学挙動

て，保有水平耐力の検討を行うことになる。その際の保有水平耐力は上記の値とする。D_S値は，架構が終局状態に達するまでに吸収できるエネルギー量によって決まる。このエネルギー量は，架構が水平荷重を受けたときの復元力特性に相当するヒステリシス曲線が包絡する面積で評価される。純引張筋かい架構は，大きな水平荷重が正負繰返し作用すると完全なスリップ型の復元力特性を示すので，紡錘型を示すラーメン架構の復元力特性に比べてエネルギー吸収能力がかなり小さいものとなる。このため，D_S値はラーメン架構よりも大きな値を採ることになる。

一方，上述したように一次設計での実質的なせん断力係数が0.3となっているので，D_S値はこれ以上の値とすることとなり，最小値を0.35としている。D_S値は，筋かい材の周辺の柱および梁の部材群としての種類（A，B，C，D）によっても変化する。D_S値の算出規定（昭55建告第1792号）では，周辺の柱および梁の部材群としての種類がAである場合はD_S値を0.35とし，周辺の柱および梁の部材群としての種類がDである場合には0.5としている。この点は，数値解析によっても確認されている[1]。

ラーメン架構では，柱および梁の部材群としての種類は，それらの材の塑性変形能力を確保するため，AまたはBを採用することが一般的であるが，純引張筋かい架構では筋かい材の周辺の柱および梁が塑性化することは考慮していないので，これらの部材群としての種類はDとなることもあり，このような場合にD_S値は0.5となる。

（たなか　あつお）

【参考文献】
1) 加藤勉：鉄骨構造の耐震設計，p.79，丸善，1983年

Q.189 露出柱脚，アンカーボルトの伸び能力

田中淳夫●宇都宮大学名誉教授

> 露出柱脚を使用した場合，ルート2でアンカーボルトの伸び能力がない場合，地震力による応力をγ倍するのはなぜか。また，ルート3のときにD_S値を0.05割り増すのはなぜか

この質問に対しては，露出柱脚設計の基本的な考え方から述べていく方が柱脚設計全体の理解ができるので，その方針で記述する。

露出柱脚に関する建築基準法令による要求事項は，以下のとおりである。

①一次設計において，露出柱脚の回転剛性を考慮した骨組応力の計算を行って，骨組全体および柱脚部の許容応力度の検討と各階の層間変形角の検討を行う。

②終局荷重時においても，アンカーボルトを破断させない。

なお，露出柱脚の設計では，a) アンカーボルトの定着を確保し，基礎コンクリートのコーン状破壊を防止すること，b) ベースプレートの面外変形を防止すること，c) ベースプレート下面におけるRC基礎との密着を図ることが基本であり，これらの条件を守ることが必要である。

この前提条件を満たした場合，露出柱脚の設計で考慮すべき要因は以下のとおりである。

①骨組の設計をルート2とするか，ルート3とするか。

②アンカーボルトに塑性変形能力を期待するか，しないか。

③柱脚部を保有耐力接合とするか，非保有耐力接合とするか。

なお，保有耐力接合とする場合の設計条件は以下のとおりである。

- 柱脚のM_u＞柱の$M_{pc}×α$
（αは，通常1.3とする）

・柱脚のQ_u＞一次設計の地震力で柱脚に発生するせん断力のγ倍

上記の三つの要件を考えたとき，柱脚の設計方針は，使用するアンカーボルトの選択によって決まる。すなわち，塑性変形能力のないアンカーボルト（SS400材またはSR235などに切削加工でねじを切ったもの）を選択した場合は，骨組の構造安全性を確保するには，必然的に柱脚は保有耐力接合としなければならない。そのとき，骨組の設計は，ルート2でもルート3でもよい。この場合，柱脚を保有耐力接合としているために終局荷重時にアンカーボルトが破断することはないので，アンカーボルトの破断の検討は不要である。また，柱脚の復元力特性は紡錘型となるので，ルート3による場合でも後述するD_Sの割増しは必要ない。

一方，塑性変形能力のあるアンカーボルト（JIS B 1220-2015 構造用両ねじアンカーボルトセット。この規格は，日本鋼構造協会規格JSSⅡ-13-2004（ABR400，ABR490），JSSⅡ-14-2004（ABM400，ABM490）を基にボルト名称，構造特性をそのまま引き継いだものである）を選択した場合は，ルート3による設計を基本とし，柱脚は保有耐力接合とはしないことを原則とする。この場合，参考文献1）にもあるように柱脚の全塑性曲げ耐力は，一般的に柱材の全塑性曲げ耐力の0.4ないし0.5倍程度とすれば骨組の構造安全性は確保できる。ただし，この場合は骨組の1階のD_Sは，通常の値に0.05を加えた値としなければならない。その理由は，アンカーボルトの降伏が先行する柱脚ヒンジ型の柱脚部の復元力特性はスリップ型となり，紡錘型の復元力特性をもつ柱脚に比べて柱脚部でのエネルギー吸収量が格段に小さいからである。この点は，参考文献2）の参考資料（付録1-2.6柱脚の設計の考え方）にも示されている。なお，この場合，使用しているアンカーボルトの力学性能からみて，終局荷重時のアンカーボルトの引張耐力についての検討は不要であるが，せん断力に対しては破断しないことを検討する必要がある。その際，アンカーボルトが直接せん断力を負担する場合には，アンカーボルトの設計においてアンカーボルトに作用している引張力とせん断力の組合せ応力に対する検討が必要となる。

塑性変形能力のあるアンカーボルトを使用してルート2で設計しても構わないが，その場合には，終局荷重時のアンカーボルト破断の検討を行わなければならない。その際の簡略的な検討法として，一次設計時に得られた地震力による応力をγ（通常2とする）倍した応力に対してアンカーボルトの破断を検討することとしている。このγの値は，一般的な構造物における終局荷重時の地震による応力が，大体一次設計時の値の2倍程度であることから決められたものである。（たなか あつお）

【参考文献】
1）日本鋼構造協会：建築構造用アンカーボルトを用いた露出柱脚設計施工指針・同解説，2009年10月
2）建築物の構造関係技術基準解説書編集委員会：2007年版建築物の構造関係技術基準解説書，2015年改定検討中

Q.190 根巻形式柱脚の根巻高さ，埋込形式柱脚の埋込み深さ

原田幸博●千葉大学教授

鉄骨造の根巻形式柱脚の根巻部分の高さが柱幅の2.5倍以上，埋込形式柱脚の埋込み部分の深さが柱幅の2倍以上であるのはなぜか

鉄骨造建物の柱脚を完全な固定柱脚として設計するためには，鉄骨柱の下部を，鉄筋コンクリートで根巻する根巻形式柱脚とするか，鉄筋コンクリートの基礎や基礎梁の中に埋め込んだ埋込形式柱脚とするのが望ましい。ただし，根巻形式柱脚で鉄筋コンクリートの根巻高さが不足していたり，根巻コンクリートのかぶり厚さが十分でなかったり，フープ筋で十分に補強されていない場合，埋込形式柱脚で埋込み深さや埋込部周辺のコンクリートの厚さが不足している場合には，固定柱脚としての回転剛性や耐力を十分に確保できない。根巻形式柱脚における根巻部分の高さならびに埋込形式柱脚における埋込部分の深さに関する仕様規定は，固定柱脚として必要な構造性能を確保するためのものである。

根巻形式柱脚に曲げモーメントとせん断力が作用するとき，根巻コンクリートは頂部で鉄骨柱から力を受け，根巻コンクリート部のせん断力は柱のせん断力の$l/_rl$倍（l：柱反曲点高さ，$_rl$：ベースプレート下面から根巻鉄筋コンクリートの最上部帯筋までの距離）となる（**図1**）。

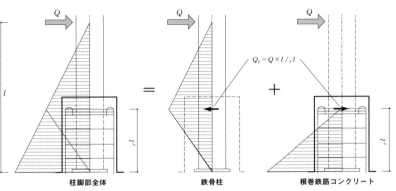
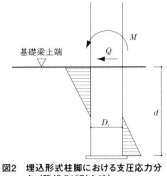

図1 根巻形式柱脚の曲げモーメント分布

図2 埋込形式柱脚における支圧応力分布（降伏曲げ耐力時）

つまり，根巻コンクリート部のせん断力は，根巻部分高さに反比例して大きくなる傾向にある。したがって，根巻高さが低い場合には，根巻コンクリート部のせん断破壊を防止することが困難となる。実際，根巻高さが低い場合には，根巻部のコンクリートに柱フランジ面に沿って付着ひび割れが生じやすく，根巻高さが柱幅の2倍程度では，剛性の確保にやや難点があるとの報告がある[1]。以上により，根巻形式柱脚の剛性と耐力を十分確保するために，根巻高さは柱幅の2.5倍以上とすることが定められている。

十分な埋込み深さと基礎コンクリートのかぶり厚さを有する埋込形式柱脚では，柱脚に作用する曲げモーメントとせん断力は，主に埋込部コンクリートの支圧力によって伝達される（図2）。よって，埋込形式柱脚の曲げ耐力を十分に確保するためには，埋込み深さdを十分に確保することが必要である。埋込形式柱脚の既往の実験結果について，埋込み深さと最大耐力の関係を調べた結果[1]によると，埋込み深さdと柱幅D_cの比がH形断面柱の場合には2以上の範囲で，角形鋼管および円形鋼管柱の場合には2〜3以上の範囲で，最大耐力がおおむね柱の全塑性耐力を上回る。これらの実験結果に基づいて，埋込み深さdは柱幅D_cの2倍以上とすることが定められている。

◉ **仕様規定の適用を除外する場合**

根巻形式柱脚における根巻部分の高さならびに埋込形式柱脚における埋込部分の深さに関する仕様規定は，前述のような既往の実験結果に基づく規定であり，構造計算によって適用を除外する場合には十分な検討が必要である[2]。例えば，埋込み深さの浅い柱脚（埋込深さが柱幅の1倍程度）について，柱と基礎コンクリートの支圧耐荷機構（図2）だけでなく，ベースプレートおよびアンカーボルトによる応力伝達も期待して剛性と耐力を確保する形式の柱脚も考えられ，実験によりその有効性が確認されている[1]。このような柱脚の設計においては，埋込形式柱脚としての検討に加え，ベースプレートやアンカーボルトについて，露出形式柱脚の場合と同様の検討も必要であろう。　　　（はらだ　ゆきひろ）

【参考文献】
1) 日本建築学会：鋼構造接合部設計指針，2005年
2) 特集 耐震工学から学ぶ鉄骨柱脚の設計・施工，建築技術，2005年9月号

Q.191 アンカーボルトの埋込み長さ，ベースプレートの厚み

角屋治克●岡部㈱ 常勤顧問

> 建設省告示1456号にある柱脚部を基礎に緊結する際，アンカーボルトの埋込み長さ，ベースプレートの厚みの算出根拠は

「告示平12建告第1456号」による「アンカーボルトの埋め込み長さ」と「ベースプレートの厚さ」に関する記載は，次のようになっている。

- アンカーボルトの基礎に対する定着長さがアンカーボルトの径の20倍以上であり，かつ，その先端をかぎ状に折り曲げるか，または定着金物を取り付けたものであること。
- ただし，アンカーボルトの付着を考慮して，アンカーボルトの抜け出しおよびコンクリートの破壊が生じないことが確かめられた場合は，この限りでない。

・鉄骨柱のベースプレートの厚さをアンカーボルトの径の1.3倍以上としたものであることと記載されている。

「アンカーボルトの長さ」に関しては，アンカーボルトが抜け出ない埋込み深さと，基礎コンクリート（柱型）のコーン状破壊に対する検討が必要となる。日本建築学会『鋼構造接合部設計指針』には，「アンカーボルトの定着長さとして$20d$（dはアンカーボルトの径）程度を有する場合，弾性範囲での繰り返し荷重に対してアンカーボルトは安定した挙動を示す」とあり，かつ「コーン状破壊を防ぐために定着金物からの基礎コンクリート上面への投影面積を十分確保する必要がある（『各種合成構造設計指針・同解説（第4編）』）と記載されている。

また，『鋼構造接合部設計指針』の露出柱脚設計例によれば，アンカーボルトを定着したコンクリート躯体のコーン状破壊面の有効水平投影面積を確保するためにも，アンカーボルトの定着長さは$20d$程度は必要となるだろう（図1）。

「ベースプレートの厚さ」に関する検討には，ベースプレートの曲げ圧縮側と曲げ引張側の応力検討が必要となる。ベースプレートの厚さをアンカーボルトの径の1.3倍以上とする根拠は，ベースプレート曲げ引張側が不利として，図2に示す応力検討で，アンカーボルトの降伏応力度$_a\sigma_y$とベースプレートの降伏応力度$_b\sigma_y$がほぼ同等の鋼材とすれば（例えば，両方ともSN400材として）次式で求められる。

$$_bM_y = {_b\sigma_y}\{(2a)\cdot t^2/6\} \quad (1)$$
$$_bM = P_y\cdot a = {_a\sigma_y}\{0.75\cdot(d/2)^2\cdot\pi\}\cdot a \quad (2)$$
$$_bM \leq {_bM_y} \quad (3)$$

式(1)～(3)より

$$t \geq \frac{3}{4}\sqrt{\pi({_a\sigma_y}/{_b\sigma_y})}\cdot d$$

$_a\sigma_y/_b\sigma_y = 1$のとき

$$t \geq 1.3d$$

$_bM_y$：引張側ベースプレートの降伏曲げモーメント

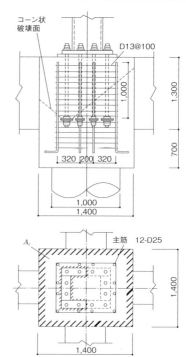

図1　基礎コンクリートの有効投影面積[3]

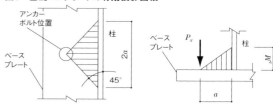

図2　ベースプレートの応力検討

$_bM$：引張側ベースプレートに作用する曲げモーメント
P_y：アンカーボルト降伏時の引張力
$_a\sigma_y$：アンカーボルトの引張降伏応力度
$_b\sigma_y$：ベースプレートの引張降伏応力度

（かどや　はるよし）

【参考文献】
1) 日本建築学会：鋼管構造設計施工指針・同解説，1990年
2) 日本建築学会：各種合成構造設計指針・同解説（第4編　各種アンカーボルト設計指針・同解説），1985年
3) 日本建築学会：鋼構造接合部設計指針，2001年

Q.192 露出柱脚の回転剛性

角屋治克●岡部㈱ 常勤顧問

鉄骨露出柱脚で，アンカーボルトを十分に埋め込んだら回転剛性が落ちるか。また，L_bについて上限があるのか

柱脚部の回転剛性の算定方法は，『鋼管構造設計施工指針・同解説』[1]に示されている下記の式(1)が参考になる。この式の適用にあたっては，日本建築学会『鋼構造設計規準』には，「ベースプレートの面積とア

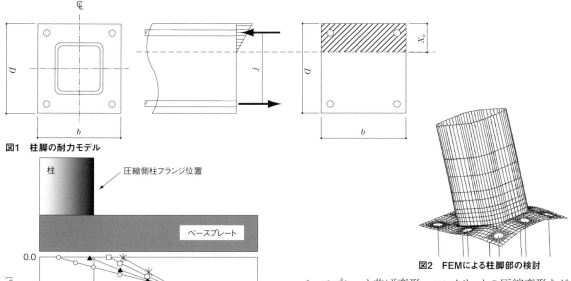

図1 柱脚の耐力モデル

図2 FEMによる柱脚部の検討

図3 FEMによりアンカーボルトの長さを変化させた場合のコンクリートの圧縮状態の変化（アンカーボルトの長さdが長くなると圧縮面積が狭くなり、圧縮ひずみが増大する）

ンカーボルトの断面積は、ベースプレートの形状を断面積とし、引張側アンカーボルトを鉄筋とする鉄筋コンクリート柱とみなしてよい」となっていることから、「ベースプレートの十分な曲げ剛性の確保や、ベースプレート下面と基礎上面の密着確保、アンカーボルトの弛緩防止などに注意する必要がある」とある。

この算定式と同時に検討するのは、柱脚部材の断面算定（アンカーボルト、ベースプレート）とコンクリートの圧縮耐力の検討になる。

$$K_\theta = \frac{E \cdot n_t \cdot A_b (d_t + d_c)^2}{2L_b} \quad (1)$$

E：アンカーボルトのヤング係数
n_t：引張側アンカーボルトの本数
A_b：アンカーボルトの軸断面積
d_t：柱断面図心より引張側アンカーボルト断面群の図心までの距離
d_c：柱断面図心より圧縮側の柱フランジ外縁までの距離
L_b：アンカーボルトの長さ

柱脚の耐力図は図1に示すように、柱脚各部の断面は、中立軸（X_n）を算出して、軸方向の力の釣合いおよびモーメントの釣合いから導かれる。

柱脚部の回転剛性値は、アンカーボルトの伸び量、ベースプレート曲げ変形、コンクリートの圧縮変形などの弾性変形量から求められるものである。式（1）は実験から導かれたもので、アンカーボルトの伸び変形量が他の部材の変形と比較して卓越していることから、アンカーボルトの伸び変形量だけで導き出されたものと考えられる。この式からすれば、当然L_bが長くなればK_θも小さい値となる。また、L_bが長くなると、ベースプレートと裏面のコンクリートとの回転角（θ）が大きくなる現象と同時に、コンクリートの圧縮面積が小さくなり、コンクリートの圧縮破壊が起こりやすくなることが考えられる。

このことは、柱脚の耐力式の仮定条件（「ベースプレートの形状を断面積とし、引張側アンカーボルトを鉄筋とする鉄筋コンクリート柱とみなしてよい」ことや、ベースプレートの密着など）が成り立たないことが考えられる。

ここで、柱脚部のL_bの長さを変化させてFEM解析を行った（図2、3）。この結果、L_bを長くすると、ベースプレートの立上がりと下面の圧縮面積が低減し、早期のコンクリートの圧縮破壊が想定される。

以上のことから、L_bの上限を明確にするのは難しいが、柱脚部の回転剛性値（K_θ）は、安定した値であることが最も重要であり、実験などで確認されていた。おおむね$20d$（d：アンカーボルトの長さ）を採用されてはいかがだろうか。

（かどや　はるよし）

【参考文献】
1）日本建築学会：鋼管構造設計施工指針・同解説，1990年
2）日本建築学会：鋼構造設計規準，1970年
3）日本建築学会：鉄筋コンクリート構造計算規準・同解説

Q.193 鋼構造設計規準での許容曲げ応力度

青木博文●横浜国立大学名誉教授

> 鋼構造設計規準の2005年版の新しい許容曲げ応力度の考え方は，2002年版とは違うのか。また，2007年版の法改正で取り入れられなかった理由は

まず，日本建築学会『鋼構造設計規準』の2005年版で取り入れられた新しい許容曲げ応力度（曲げ材の座屈の許容応力度）の考え方を説明しよう。その基本となるものは，

①弾性横座屈曲げモーメントM_e（損傷限界荷重）に対して安全率をとる。

$$M_e = C_b \sqrt{\frac{\pi^4 EI_y \cdot EI_W}{{}_kl_b{}^4} + \frac{\pi^2 EI_y \cdot GJ}{l_b{}^2}}$$

：弾性横座屈モーメント　　　　　（新5.16）

②安全率は，許容圧縮応力度（圧縮材の座屈の許容応力度）と同じ形式で定める。

$$v = \frac{3}{2} + \frac{2}{3}\left(\frac{\lambda_b}{{}_e\lambda_b}\right)^2 ：安全率（短期はこれの1.5倍）$$

③曲げ材の（一般化横座屈）細長比λ_bは，弾性横座屈モーメントM_eで無次元化して定義する。

$$\lambda_b = \sqrt{\frac{M_y}{M_e}} ：横座屈細長比 \quad （新5.10）$$

補剛区間内で曲げモーメントが直線的に変化する場合は，

$${}_e\lambda_b = \frac{1}{\sqrt{0.6}} = 1.29 ：弾性限界横座屈細長比（新5.11）$$

$${}_p\lambda_b = 0.6 + 0.3\left(\frac{M_2}{M_1}\right) ：塑性限界横座屈細長比（新5.12）$$

$$C_b = 1.75 + 1.05\left(\frac{M_2}{M_1}\right) + 0.3\left(\frac{M_2}{M_1}\right)^2 \leq 2.3 ：補正係数$$

（新5.13）

これは，旧規準に比べてH形断面部材以外にも適用しやすくなっている。すなわち，許容曲げ応力度は次のようになる。

- $\lambda_b \leq {}_p\lambda_b$ のとき

$$f_b = \frac{F}{v} \quad （新5.7）$$

- ${}_p\lambda_b < \lambda_b \leq {}_e\lambda_b$ のとき

$$f_b = \left\{1.0 - 0.4\frac{\lambda_b - {}_p\lambda_b}{{}_e\lambda_b - {}_p\lambda_b}\right\}\left(\frac{F}{v}\right) \quad （新5.8）$$

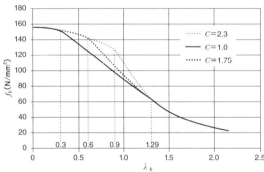

図1　許容曲げ応力度（新規準）

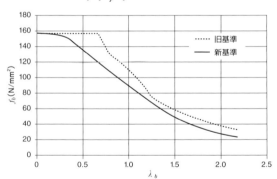

図2　許容曲げ応力度（新旧比較，$C=1.0$）

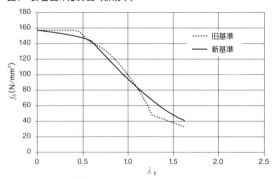

図3　許容曲げ応力度（新旧比較，$C=1.75$）

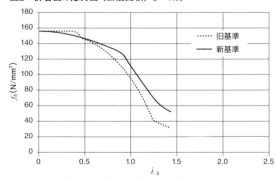

図4　許容曲げ応力度（新旧比較，$C=2.3$）

・$_e\lambda_b < \lambda_b$ のとき

$$f_b = \frac{1}{\lambda_b^2}\left[\frac{F}{2.17}\right] \quad \text{(新5.9)}$$

以上の新規準式に対して、旧規準2002年版では、上記式（新5.16）で与えられる弾性横座屈曲げモーメントM_eが、拘束ねじり抵抗（材長が短いときに卓越する）によるものとサンブナンのねじり抵抗（材長が長くなると卓越する）によるものの和で表わされることから、

$$f_b = \frac{1}{\nu} \cdot \frac{M_e}{Z_x} = \frac{C}{\nu}\sqrt{(f_{bw})^2 + (f_{bs})^2}$$

と表わし、これにH形断面部材の場合の断面性能を代入すると次のようになる。

$$f_{bw} = \left\{1 - 0.4\frac{(l_b/i)^2}{C\Lambda^2}\right\} \cdot f_t \quad \text{(旧5.7)}$$

$$f_{bs} = \frac{89{,}000}{\left(\dfrac{l_b \cdot h}{A_f}\right)} \quad \text{(旧5.8)}$$

上式の二つを比べて、大きい方（ただし、許容引張応力度を超えない）の数値を許容曲げ応力度として採用する。ここで、補正係数Cの取り扱い、安全率を一定値である1.5を採用しているなどの点が、新規準と異なるところである。

さて、以上に述べた許容曲げ応力度の決定方法であるが、新旧両者の違いを一般的に体感するのは難しい。そこで、H-600×200×11×17（SN400B）を例にとり、l_b（圧縮フランジの支点間距離）を1mから16mまで変化させ、具体的に許容曲げモーメントを計算してみた。その結果を、図1～4に示す。ここで、図1は新規準の許容曲げ応力度である。図2～4は、新旧の許容曲げ応力度を比較したものである。材長に沿って単曲率の場合には旧規準の方が大きく（図2、$C=1.0$）、複曲率の場合にはその逆に新規準の方が大きい許容曲げ応力度を与えている。

最後に、日本建築学会の鋼構造設計規準で改訂されたことが基準法に反映されなかった経緯については正式な説明はない。確かに、新旧両計算式で差異は生じているが、この程度の範囲では、基準法を直ちに改正する緊急性がないと判断されたものと思われる。また、新旧で許容応力度が逆転する領域が生じ、既存不適格などとなることを回避したものと推測する。新規準式の形式は日本建築学会の限界状態設計指針でもすでに採用されており、また、AISCなど、国際的にも改訂される趨勢にある。ステンレス鋼の許容応力度体系が基準法においても、限界状態設計指針に準拠した形式で採用されたことから、炭素鋼においてもステンレス鋼と同じ形式に改訂されることが期待される。

（あおき　ひろふみ）

【参考文献】
1) 日本建築学会：（新）鋼構造設計規準-許容応力度設計法-、2005年
2) 日本建築学会：（旧）鋼構造設計規準（SI単位版）、2002年
3) 日本建築学会：鋼構造限界状態設計指針・同解説、1998年
4) 日本建築センター：構造設計のプロ入門（鉄骨造建築編）、2009年

Q.194 鋼材の許容せん断応力度

青木博文●横浜国立大学名誉教授

鋼材の許容せん断応力度の数値における$\sqrt{3}$とはなにか

鋼材、特にSN400やSN490のような軟鋼は明瞭な降伏現象を示し、これを境として弾性域と塑性域の異なった挙動を示す材料である。単軸引張試験を行って降伏点が観測されたときは、荷重方向と45°傾いた方向（面）に黒皮がはがれ、すべり線が観測されることがある。塑性変形はこのときに生じ、結晶間のずれ（すべり）が生じて元に戻らない永久変形となる。このようなことから、降伏現象は、最大せん断応力度が材料に固有なある一定値に達したとき起こるとの仮説が立てられた。これをトレスカ（Tresca）の降伏条件という。

物体の内部のある点における応力度状態は、この点を原点とした任意の直角座標軸x、y、zを定めると、これらの座標軸に垂直な面の垂直応力度σ_{xx}、σ_{yy}、σ_{zz}とせん断応力度τ_{xy}、τ_{yz}、τ_{zx}の六つの応力度成分のセットで表現される。これはまた、直角座標軸x、y、zを適当に回転させると、せん断応力度がすべてゼロとなる方向を見つけることができる。そのときの座標軸を主軸といい、対応する垂直応力度σ_{11}、σ_{22}、σ_{33}を主応力度という。最大せん断応力度は主軸と45°傾いた方向

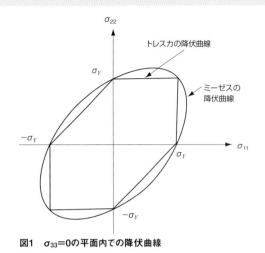

図1 $\sigma_{33}=0$の平面内での降伏曲線

に生じ，次のように表わされる。

$$\tau_{max1} = \frac{1}{2}|\sigma_{11} - \sigma_{22}|$$

$$\tau_{max2} = \frac{1}{2}|\sigma_{22} - \sigma_{33}|$$

$$\tau_{max3} = \frac{1}{2}|\sigma_{33} - \sigma_{11}|$$

したがって，トレスカの降伏条件は，次のようになる。
Max $\{\tau_{max1}, \tau_{max2}, \tau_{max3}\} \leq \tau_{cr}$

τ_{cr}：降伏せん断応力度

これを単軸引張試験の降伏（$\sigma_{11}=\sigma_Y$, $\sigma_{22}=0$, $\sigma_{33}=0$）に対応させる。これをトレスカの降伏条件に代入すると，次のようになる。ここで，σ_Yは単軸引張試験の降伏強さ（降伏応力度）である。

$$\tau_{cr} = \frac{1}{2}\sigma_Y$$

ところで，三主応力度にそれぞれ同じ応力度pを加えた応力度を新しく主応力度の組としても，トレスカの降伏条件は変わらない。このpは，水中に物体を入れた場合の水圧があらゆる方向で同じであることと類似しているので，静水圧と呼んでいる。塑性変形がすべり変形で生じると考えれば，あらゆる方向に等しい応力度を加えてもすべりようがないことから，静水圧が降伏条件と無関係であることが直感的に理解できる。

ところで，$\sigma_{11}<\sigma_{22}<\sigma_{33}$なる特別の状態を考えると，中間主応力度$\sigma_{22}$の大きさはトレスカの降伏条件には無関係となる。ところが，多くの実験から中間主応力度が降伏条件に関与することがわかってきた。そこで，降伏条件が静水圧に無関係であるが，中間主応力度の影響も考慮できる新しい条件をミーゼス（von Mises）が提案した。それは次式で与えられる。

$$\frac{1}{2}\{(\sigma_{11}-\sigma_{22})^2 + (\sigma_{22}-\sigma_{33})^2 + (\sigma_{33}-\sigma_{11})^2\} \leq (\sigma_Y)^2$$

これは，せん断応力度成分の長さを表していると考えてもよいし，G（せん断弾性係数）で割ると，せん断ひずみエネルギーを表しているともいえる。このことから，ミーゼスの降伏条件はせん断ひずみエネルギー説とも呼ばれる。

ここで，平面応力度状態（$\sigma_{33}=0$）を考えると，上式は次のようになる。

$$\{(\sigma_{11})^2 - \sigma_{11}\cdot\sigma_{22} + (\sigma_{22})^2\} \leq (\sigma_Y)^2$$

これを，任意の座標軸x, y (z軸を板厚方向にとって，$\sigma_{zz}=0$) に変換すると，

$$\{(\sigma_{xx})^2 - \sigma_{xx}\cdot\sigma_{yy} + (\sigma_{yy})^2 + 3(\tau_{xy})^2\} \leq (\sigma_Y)^2$$

ここで，$\sigma_{xx}=\sigma_{yy}=0$，かつ，せん断応力度$\tau_{xy}$だけが作用しているときの降伏せん断応力度$\tau_{cr}$は，

$$\tau_{cr} = \tau_{xy} = \frac{1}{\sqrt{3}}\sigma_Y$$

となる。

長期許容せん断応力度f_sは，ミーゼスの降伏条件に従って定められている。安全率を1.5とし，

$$f_s = \frac{F}{1.5\sqrt{3}}$$

となる。　　　　　　　　　（あおき　ひろふみ）

【参考文献】
1）日本鋼構造協会編：わかりやすい鉄骨の構造設計，技法堂出版，2009年9月

Q.195 JIS規格鋼材の耐力

青木博文●横浜国立大学名誉教授

JIS規格鋼材の耐力を1.1倍してよいのはなぜか

鋼材の基準強度が建築基準法に出てくるのは，鋼材と溶接継目の許容応力度を決める施行令第90条と令

第92条，および材料強度を決める令第96条と令第98条で，F値として示されている。

この他，D_SおよびF_{es}を算出する方法を定める告示（昭55建告第1792号）で柱および梁の種別を区分する幅厚比または径厚比の計算において，また，告示（平13国交第1024号）では，特殊な許容応力度および材料強度を算定する場合にF値が必要になる。ここで，F値の具体的な数値は告示（平12建告第2464号）で与えられており，溶接継目に対するF値は，アンダーマッチングが許容されないことから結果的に母材と同じ値が与えられている。

なお，告示に出てくる鋼材は，建築基準法第37条第1に従って大臣が指定したJIS適合品または，同第2に従って大臣の認定を受けた鋼材でなければならないので，それ以外の鋼材はF値が与えられず，建築材料として使用できないことになる。

許容応力度は，一次設計の長期ならびに短期の荷重に対して応力検定を行うためのものであり，損傷限界状態に対応するものである。これに対して，材料強度は二次設計の保有耐力を計算するときに使うもので，終局限界状態に対応するものである。ここで，炭素鋼の構造用鋼材のうち告示で指定されたJIS適合品であれば，材料強度の基準強度として，指定された値の1.1倍以下の数値が取れることになっている。ステンレス鋼が1.1倍できない理由（十分なデータの蓄積がないと判断されたのか）は不明であるが，損傷限界状態を求めるための許容応力度の基準値には1.1倍できないことは記憶しておく必要がある。

さて，材料強度の基準値は保有耐力を計算するときに用いると述べたが，その代表的なものとして，骨組の崩壊荷重を求めるときには塑性関節の強度（全塑性モーメントの値）と回転能力が必要データとなる。

鉄骨造ラーメン骨組の塑性関節は，柱端，梁端，接合パネルのどこかに形成される可能性があるが，例えば，梁端を考えたとき，全塑性モーメントの値は塑性断面係数に降伏強さ（降伏点または耐力）を掛けたものとなる。

ここで，降伏強さの実勢値は，鋼材の種類，板厚にもよるが，概略次のようになる。

$\sigma_y = \alpha \cdot \sigma_{y0}$
 $\alpha = 1.15 \sim 1.25$
 σ_{y0}：降伏強さの規格下限値

また，局部座屈などが生じなければひずみ硬化のため，さらに上昇する傾向にある。

ところで，塑性関節は点ではなく，材軸方向に塑性化領域が拡大していかないと回転能力が得られない。これには降伏比と鋼材の延性（一様伸び）が関係し，かつ，脆性破壊が生じないことが前提である。鉄骨造ラーメン骨組の崩壊メカニズムを考えるとき，十分な回転能力（延性）があれば，順次塑性関節を形成して応力の再配分をしながら最大荷重（保有耐力）に達することになる。このとき，降伏強さ，引張強さの上下限，降伏比の上限，一様伸びの下限などが規定されたJIS鋼材に対して，基準強度に1.1倍してよいこととしている。

このように，材料強度の基準強度は，許容応力度の基準強度と違って，指定建築材料のJIS鋼材に対して1.1倍（以下）の割増しができることになっている。

1994年に建築構造用圧延鋼材（SN材）が制定され，これを対象に基準強度が指定されたが，近年，より強度の高い高張力鋼が開発され，新たに材料の基準強度が指定されるよう，申請がなされている。これに対して，最近，以下のような暫定的な取り扱い案が示された。

それによると，鋼材を以下の三種類に区分する。

① 靭性材
 降伏比の上限：80%以下，一様伸び5%以上
 F値：降伏強さの下限値あるいは引張強さの下限値の70%のどちらか小さい方の値以下
 F値の割増し：1.1以下
 SN材など

② 中間材
 降伏比の上限：90%以下，一様伸び5%以上
 F値：降伏強さの下限値あるいは引張強さの下限値の75%のどちらか小さい方の値以下
 F値の割増し：1.1以下
 部材・接合部の性能確認，施工条件の検討
 SA440，BCP，BCR材など

③ 弾性材
 降伏比の上限が定められている。一様伸び3%以上
 F値：時刻歴応答解析（大臣認定ルート）で個別審査
 部材・接合部の性能確認，施工条件の検討

〈あおき　ひろふみ〉

Q.196 鋼板の許容曲げ応力度

田中淳夫●宇都宮大学名誉教授

鋼構造設計規準で規定されている「ベアリングプレートなど面外に曲げを受ける板の許容曲げ応力度」$F/1.3$の根拠は

露出柱脚のベースプレートや高力ボルト引張接合部における接合板など、断面のせいより幅の方が広い長方形断面をもつ鋼板が断面の弱軸まわりに曲げを受ける場合の設計では、従来その部分の曲げ応力度を検討する場合、日本建築学会の諸規準に倣い、長期許容応力度として$F/1.3$が慣用的に長い間使用されてきている。

この点は、昭和45年の建設省告示1308号においても明記されていた。しかし、平成12年の建築基準法改正に伴って公示された現在有効な告示（平13国交告第1024号）では、この点の規定がなくなっており、現時点ではこの点が法的にはどこにも記述されていないという理由で、確認申請時などに公的に使用できなくなっている状況にあり、鉄骨造建築物の新築、既存建築物の既存不適格問題などに関し、実務上非常に大きな問題となっている。そこで、建築研究開発コンソーシアムでは、この問題に関し理論的ならびに実験的な検討を行って報告書をまとめており、2015年に改定検討中の『建築物の構造関係技術基準解説書』では法的に問題とならない対応がとられている。

ここでは上記報告書に基づいて、上記の許容曲げ応力度の根拠を示し、その妥当性について述べる。

まず、理論的根拠を述べる。鋼材の応力度－ひずみ度関係は、作用応力度が降伏ひずみε_yに達した時点以降、ひずみの増大につれて降伏すべり領域を経てひずみ硬化を示す。曲げを受ける鋼部材では、部材断面の最外縁のひずみが材料の降伏点に達した以降も、曲げの増大につれて塑性域が断面内部へ進行し、さらにひずみ硬化により断面の曲げ耐力は増大する。なお、実務設計ではひずみ硬化を無視して、断面の全塑性曲げ耐力M_pを設計上の最大曲げ耐力と規定している。M_pの降伏耐力M_yに対する比fは、断面の形状のみによって決まり、このfを形状係数と呼ぶ。通常用いられる構造材の形状係数fは、H形断面で1.15～1.2程度であるのに対し、矩形断面では1.5である。すなわち、矩形断面は、形鋼類に比べ降伏後の余力（全塑性曲げ耐力の降伏曲げ耐力に対する比）が大きい。

このことを考慮して現在、矩形断面材が断面の弱軸まわりの曲げを受ける場合については、短期の許容曲げ耐力M_y'として、M_yより大きめの値$M_y' = M_y \times (1.5/1.3) = M_p/1.3$が設定されている。このことは、短期許容応力度を材料強度の基準強度Fとした場合、$F \cdot (1.5/1.3)$を短期許容応力度として設定していることになる。すなわち、ベアリングプレート、ベースプレートなどの扁平な矩形断面の曲げに対する長期許容応力度を$f_{b1} = F/1.3$としているわけである。

次に、実験的根拠の一部（参考文献）を示す。ここでは、SN490C材の板厚が28mmで幅100mmの鋼板を500mmスパンで単純支持し、中央部に50mmの間隔をあけて2点曲げを作用させた場合の中央部に作用させた曲げと、その部分に生じた回転量に関する実験結果を図1に示す。この図には、鋼板の降伏曲げモーメントを鋼材の降伏応力度実測値σ_yに基づいて計算した値$_cM_y$ ($= Z \cdot \sigma_y$, Z：鋼板の断面係数)と、その値を1.5/1.3倍した値$_cM_y'$が横線で示されている。この実験結果より、$_cM_y'$に相当する荷重においても、鋼板はほぼ弾性状態にあることが明らかである。このような実験結果は多数存在する。

この他、日本建築センターなどによる評定を取得した露出柱脚工法で使用されている製品のベースプレートに関しても、60mm程度のかなり厚いベースプレートを用いた実大実験と、それらに基づいた解析の結果でも、鋼板の長期許容曲げ応力度として$F/1.3$を用いて

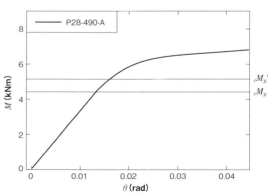

図1　鋼板の曲げ実験結果の例

も，構造上問題のないことが確認されている。

以上に述べたように，断面のせいより幅の方が広い長方形断面で，断面の弱軸まわりに曲げを受ける鋼板の長期許容曲げ応力度として$F/1.3$を用いることについては，理論的にも実験的にも構造安全性の観点から何ら問題はないことが明らかである。

(たなか　あつお)

【参考文献】
1) 増田浩志：鋼板の降伏曲げ耐力に関する基礎研究，日本鉄鋼連盟2009年度公募研究成果便概集

Q.197 鉄骨造角形鋼管柱の柱梁耐力比

中込忠男●信州大学名誉教授

鉄骨造角形鋼管柱を用いた際の柱梁耐力比1.5倍や1.3倍の根拠は

鋼構造物において耐震安全性を確保するためには，構造物のエネルギー吸収能力が高いことが重要である。エネルギー吸収能力を高めるためには，柱崩壊形ではなく梁崩壊形，あるいはパネル崩壊形であることが必要となる。

柱崩壊形を防ぐためには，梁やパネルに対して柱の降伏を先行させないようにすることが重要である。また，鋼材の種別や柱梁溶接部の構造によって地震力の伝わり方，応力集中する箇所，破壊の様子が異なっているため，それぞれに応じて柱の応力割増係数を設定する必要がある。地震力による柱部材の応力に，この応力割増係数を乗じて割り増し，その許容応力度での設計を行うことで柱崩壊形を回避することができる。

しかし，梁と柱の耐力比が，具体的にどれほどあれば十分であるかは設計体系上，明らかにはされていない。次に示す五つの留意点から，十分に安全性を確保するためには，1.5以上の応力割増係数が必要と推測される。

①地震時水平動は，平面骨組の座標直交方向だけでなく，任意の方向に作用する。どのような方向の地震力に対しても，梁崩壊形を確保するためには，柱と梁の受けもつ力の割合の差が，最も大きい場合の45°方向からの地震力についての対応も考えなければならない。図1のように，45°方向から地震力を受けた場合，柱が受ける力Fに対する梁が受ける力は$F/\sqrt{2}$となり，受けもつ力の割合が1.4：1程度になる。それによって，柱に比べて梁の負担が少なくなり，相対的に梁が強くなる。柱は，この梁が塑性化するまでに弾性状態であることを確保することが必要とされる。

②角形鋼管柱では，斜め方向の入力に対しては，断面性能がやや低くなる。計算値を記載すると角形鋼管柱では，図2の0°方向，90°方向の断面係数に対して，45°方向の塑性断面係数が式(1)に示すように3～6%減少する。

$$\frac{Z_{p45}}{Z_{p0}} \fallingdotseq 0.94 \sim 0.97 \quad (1)$$

Z_{p0}：0°，90°方向の塑性断面係数
Z_{p45}：45°方向の塑性断面係数

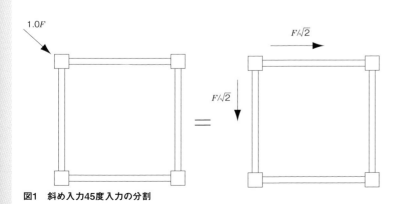

図1　斜め入力45度入力の分割

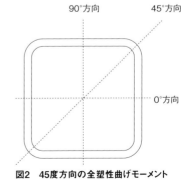

図2　45度方向の全塑性曲げモーメント

表1　各鋼材のミルシート値の一例

鋼種	σ_Y (N/mm²)	σ_u (N/mm²)	降伏比 (%)	$_vE_0$ (J)
BCP325	402	536	75	293
BCR295	375	478	78	277
STKR490	441	556	79	—

表3　ルート2の計算に用いる応力割増係数

$\beta \leq \dfrac{5}{7}$ の場合	$1+0.7\beta$
$\beta > \dfrac{5}{7}$ の場合	1.5

この表において，β は，令第88条第1項に規定する地震力により建築物の各階に生ずる水平力に対する当該階の筋かいが負担する水平力の比を表すものとする

『2008年度版冷間成形角形鋼管設計・施工マニュアル』より転載

表2　ルート1の計算に用いる応力割増係数

鋼材の種別	柱および梁の接合部の構造方法	
	(い) 内ダイアフラム形式（ダイアフラムを落とし込む形式としたものを除く）	(ろ) (い) 欄に掲げる形式以外の形式
(一) 日本工業規格 G3466（一般構造用角形鋼管）−2006に適合する角形鋼管	1.3	1.4
(二) (一) に掲げる角形鋼管以外の角形鋼管のうち，ロール成形その他断面のすべてを冷間成形により加工したもの	1.2	1.3
(三) (一) に掲げる角形鋼管以外の角形鋼管のうち，プレス成形その他断面の一部を冷間成形により加工したもの	1.1	1.2

『2008年度版冷間成形角形鋼管設計・施工マニュアル』より転載

③通常の解析では，梁は鉄骨のみ考えて行われているが，実際には鉄骨梁はスタッドジベルなどにより床スラブと一体化し，いわゆる合成梁となっていることが多い。このような場合には床スラブによる拘束があり，鉄骨梁のみの場合よりも耐力が上昇するため，塑性化しにくくなる。

④柱に対して梁が先行して降伏するよう設計した場合でも，鋼材の降伏点にはばらつきがあり，柱が先行して降伏する可能性が出てくる。そのため，鋼材の降伏点のばらつきを考慮して，ある程度余裕をもって設計することが必要である。

⑤破壊の特徴

a. 内ダイアフラム形式で接合する場合は，通しダイアフラム形式，外ダイアフラム形式で接合する場合と異なり，仕口部において柱自体は一体物で，切断・溶接はなされていない。そのため，塑性ヒンジが発生する可能性のある柱の接合部近傍角部外表面に溶接接合がなく，柱の破断の可能性が低いと考えられる。

b. BCRがロール成形であるため平板部においても塑性加工されていること，STKRの材料がBCP・BCRほど吟味されていないことを考慮すると，降伏比はBCP＜BCR＜STKRの順で高くなり，BCP＞BCR＞STKRの順で靭性が悪くなる。また，それぞれの鋼材の具体的なミルシート値の例を，表1に示す。表1において，それぞれの鋼種を降伏比について比較すると，BCP325＜BCR295＜STKR490の順で高くなっていることがわかる。これは，BCP325，BCR295それぞれに降伏比の上限値として80%，90%の値が規定されており，降伏比の上限値の規定がないSTKR490よりも低い値となっているからである。次に，表1において，BCP325とBCR295をシャルピー衝撃試験における0℃の吸収エネルギー $_vE_0$ において比較すると，BCP325に比べてBCR295が低い値であることがわかる。これは，BCR295が試験を行う平板部において，製造時に塑性加工を受けているためであると考えられる。STKR490は，BCP325，BCR295のように靭性の下限値が設けられていないため，ミルシートには0℃吸収エネルギーの値が記載されていない。

上記の留意点をすべて併せて考えると，応力割増係数は1.5よりも高い値となる。しかしながら，すべての要因が同時に起こる可能性は低いため，適度に数値を低く設定している。

それゆえ，告示第1164号，告示1226号に記載されている応力割増係数は，表2，3のように設定されている。内ダイアフラム形式では1.1〜1.3，それ以外の形式では1.2〜1.4となっており，内ダイアフラム形式の方が低い値となっている。

（なかごみ　ただお）

【参考文献】
1) 建築研究所監修：2008年版冷間成形角形鋼管設計・施工マニュアル
2) 国土交通省告示1164号，告示1226号

Q.198 鋼材の短期許容曲げ応力度

田中淳夫●宇都宮大学名誉教授

> 鉄骨構造において，面外に曲げを受ける鋼板やピンなどの短期許容曲げ応力度，短期許容支圧応力度などが鋼材の基準強度F値より大きくなっているのはなぜか

鉄骨構造物の基本的な構造部材である柱や梁，筋かい材などには，引張力のほかに圧縮力，曲げ，せん断力など各種の応力が作用するので，設計規準ではこれらの作用応力に対応するかたちで，各種の許容応力度fが定められている。以下の記述ではfの値は，基本的に長期許容応力度を示すこととする。なお，鉄骨構造では短期許容応力度は，常に長期許容応力度に安全率1.5を乗じて決めることとなっている。

鋼材の許容応力度fは，鋼材の基準強度であるF値に基づいて決められている。このF値は，鋼材の引張降伏応力度に相当するJISの規格値（JISでは「耐力」という用語を使っている）の最小値として規定された値と同じ値である。例えばSN400でいえば，耐力のJIS規格最小値である235N/mm^{2}がF値である。これは鋼材では引張力を受ける場合に，その材料特性が十分に発揮されるためである。なお，F値が上述したように決められているため，鋼材の実際の降伏応力度に対してかなりの余裕度があるのが実情である。したがって，二次設計では材料強度として$1.1F$を採ることが認められている。

一方，構造部材が圧縮力や曲げを受けると，作用する応力条件によって曲げ座屈，局部座屈や横座屈などの不安定現象が生じるので，それらの状況を考慮して許容引張応力度f_tのほかに許容曲げ応力度f_b，許容圧縮応力度f_cなどの値が決められている。f_tは，鋼材の基準強度F値を安全率1.5で除したものとなっている。f_b，f_cは，部材の細長比，部材への作用応力の状態を考慮して定められているが，いずれもf_t以下の値となっている。すなわち，f_b，f_cは$F/1.5$以下となる。しかし，以上の許容応力度は，柱や梁，筋かい材などの一般的な構造部材に適用するもので，設計上，部材を構成する主要な板要素の断面内では均等な応力分布となっているとの仮定に基づいている。なお，局部座屈については，許容応力度ではなく部材を構成する板要素の幅厚比を規定することで設計上の対応をしている。

しかし，鉄骨構造物の設計では，このような構造部材全体を対象とした作用応力のほかに板要素の一部が大きく曲げられたり，その一部に局部的に作用する応力を考慮すべき状況が生じる。露出柱脚のベースプレートなど面外に曲げを受ける鋼板では，板要素の断面内で引張応力と圧縮応力が生じるので，応力勾配が存在し，形状係数（塑性断面係数／断面係数）も1.5となり，梁材における値1.15〜1.20よりかなり大きい値となるため，均等な応力を受ける場合より大きな許容応力度が採用できる。曲げを受けるピンやボルト孔に挿入されたボルトと直接接触するボルト孔周辺の鋼板部分などでは，局部的に大きな曲げ応力や支圧応力が生じることになるが，ピン支持材やボルト孔周辺の拘束効果などによりそこに生じる変形は限られたものであり，このような場合も大きな許容応力度を採用できる。

そのような特殊な応力状態に対応する許容応力度が以下のようなもので，すべて日本建築学会『鋼構造設計規準』に規定されている。

- 面外に曲げを受ける板の許容曲げ応力度
  $f_{b1} = F/1.3$
- 曲げを受けるピンの許容曲げ応力度
  $f_{b2} = F/1.1$
- ピンおよび荷重点スチフナの接触部などの許容支圧応力度
  $f_{p1} = F/1.1$
- すべり支承またはローラー支承部の許容支圧応力度
  $f_{p2} = 1.9F$
- ボルト継手の板の許容支圧応力度
  $f_l = 1.25F$

これらの特殊な許容応力度は，上に述べた理由からいずれもを$F/1.5$を超えている。超えている程度は，作用する応力と部材の使用状況に対応して決まっているもので，場合によってはかなり大きな値となっている。

なお，現在の建築基準法令では上記の各種の許容支圧応力度は，国土交通省の告示（平13国交告第1024号 特殊な許容応力度及び特殊な材料強度を定める件）において上記と同じ値が規定されているが，許容曲げ応力度については規定されていない。このため，

現在一部の特定行政庁では，この許容応力度が認められない場合もあるが，これらの許容応力度は長期間慣用的に使用されてきたものであり，これらの数値には実験的な裏付けもあって力学的にも問題はないので，このような扱いは妥当なものとはいえない。そのため，現在，法的にも適切な対応が採られるよう検討が進められている状況である。

（たなか　あつお）

Q.199 鋼構造材としての炭素鋼とステンレス鋼

青木博文●横浜国立大学名誉教授

> 建築基準法では，鋼構造の材料として一般的な炭素鋼だけでなくステンレス鋼を使用できるように定められ，炭素鋼とは異なる許容応力度や部材種別の判定式が規定されている。これらの数字の違いの意味と，ステンレス鋼と炭素鋼の違いについて

ステンレス鋼は，薄板を中心に仕上材などの建材として使用され，その適用範囲を広げてきた。やがて，構造材の要望も出てきたので，1984年，ステンレス協会で建築基準法38条大臣認定取得を目標とした研究が始まった。ここでは，材料として要求される性能の明確化，高力ボルトの開発，構造設計規範の確立，施工の具体化など多くのテーマで成果を得て，1989年，「ステンレス鋼設計・施工基準（案）」が完成した。1988年から5か年計画で始まった建設省総プロ「建設事業への新素材・新材料利用の開発」にも参画し，その成果を基に上述「基準（案）」を改正・補足し，「ステンレス建築構造設計・施工基準・同解説」として成案となった。このようにして，1994年，社団法人ステンレス構造建築協会の設立許可と併せて，法38条大臣認定を得ることになり，ようやくステンレス鋼が建築の構造材として使用できるようになった。その後，2000年の建築基準法改正において，ステンレス鋼は炭素鋼と同列で政令・告示に規定された。

ステンレス鋼は，錆びにくい鋼としてCrやNiを多量に添加した合金鋼で，マルテンサイト系（13% Cr：SUS410など），フェライト系（18% Cr：SUS430など），オーステナイト系（18% Cr-8% Ni：SUS304など）に分類される。このうち，オーステナイト系ステンレス鋼に属するSUS304，SUS316は非磁性で，炭素鋼に比べて熱膨張率は大きいが，熱伝導率は小さく，縦弾性係数も若干小さめである。また，素材引張試験の応力度–ひずみ度関係において明瞭な降伏棚を示さないので，降伏強さはオフセット耐力で決めている。高張力鋼に属する炭素鋼の多くは，0.2%オフセット耐力をもって降伏強さとしているが，SUS304の場合には，0.2%オフセットでは残留ひずみが大きいので，その半分の0.1%として定めることになった。これが，JIS G 4321のSUS304A，SUS316A，SUS304N2Aである。

さて，基準法施行令において，炭素鋼とステンレス鋼で規定の表現形式ならびに安全率などの具体的な数値において異なっているものがある。それらを列挙すると，次のようになる。

①構造特性係数D_Sを決めるための柱および梁の種別を区分する式が，炭素鋼では，

$$K\sqrt{\frac{235}{F}}$$

　　K：部材の種別，断面形状，部位などによって定まる定数

であるが，ステンレス鋼では，フランジとウェブの幅厚比の相関を考慮して，

$$\frac{(b/t_f)^2}{(k_f)^2}+\frac{(d'/t_w)^2}{(k_w)^2}$$

　　k_f, k_w：断面形状，部位などによって定まる定数

の表示となっている。これは，ステンレス鋼であるからこの表現となったというのではなく，炭素鋼でもこのような相関式とすべきであるが，法令には入らなかっただけのことである。実は，鉄骨造に関する技術資料には，SNのB材のように，降伏強さの上下限，降伏比の上限が規定されているJIS規格材に限ってではあるが，相関式を適用してもよいとの助言があることは知られている。この他，特殊な許容応力度を定める件として，

②圧縮材の座屈の許容応力度（許容圧縮応力度）の定め方の違い

③曲げ材の座屈の許容応力度（許容曲げ応力度）の定

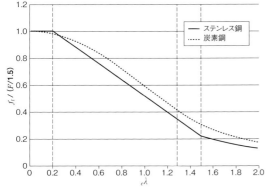

図1 許容圧縮応力度の比較

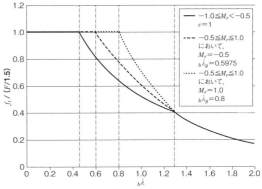

図2 曲げ材の座屈の許容応力度

め方の違いがある。これは，1980年代に入って，日本建築学会では設計規範を許容応力度体系から限界状態設計法へと転換を始めたことと関係する。すなわち，限界状態設計法は，損傷限界状態（一次設計の短期時を想定）と終局限界状態（保有耐力時を想定）での部材耐力に安全率を考慮して許容応力度を決める手順をとる。その考え方をステンレス鋼に適用して設計式を構築し，その形式がそのまま告示に導入されたのである。

弾性座屈耐力（$_eN_{cr}$または$_eM_{cr}$）を降伏耐力で，無次元化した細長比（一般化有効細長比）を採用している。

$$_c\lambda = \sqrt{\frac{N_y}{_eN_{cr}}} : 圧縮材$$

$$_b\lambda = \sqrt{\frac{M_y}{_eM_{cr}}} : 曲げ材$$

②について，炭素鋼とステンレス鋼を比較する。まず，炭素鋼の許容応力度は，

- $0 \leq {_c\lambda} \leq 1.29$ のとき

$$f_c = \frac{1-0.24_c\lambda^2}{1+0.267_c\lambda^2} \cdot \left(\frac{F}{1.5}\right) : 非弾性座屈領域$$

- $1.29 < {_c\lambda}$ のとき

$$f_c = \frac{1}{1.444_c\lambda^2} \cdot \left(\frac{F}{1.5}\right) : 弾性座屈領域$$

これに対して，ステンレス鋼では，次のようになる。

- $0 \leq {_c\lambda} \leq 0.2$ のとき

$$f_c = \frac{F}{1.5} : 降伏応力度で頭打ちの領域$$

- $0.2 < {_c\lambda} \leq 1.5$ のとき

$$f_c = (1.12 - 0.6_c\lambda)\frac{F}{1.5} : 非弾性座屈領域$$

- $1.5 < {_c\lambda}$ のとき

$$f_c = \frac{1}{2_c\lambda^2} \cdot \left(\frac{F}{1.5}\right) : 弾性座屈領域$$

上式より，炭素鋼とステンレス鋼の許容圧縮応力度を比較したものが，**図1**である。これによると，ステンレス鋼の方が全体的に安全率を大きく取っていることがわかる。

曲げ材の座屈の許容応力度（許容曲げ応力度）についても，無次元化細長比との関係で，**図2**のように表現している。炭素鋼の許容曲げ応力度との比較は，Q.193を参照されたい。

（あおき　ひろふみ）

Q.200　鋼材の許容支圧応力度

千田　光●新日鐵住金㈱ 建材開発技術部

日本建築学会の鋼構造設計規準において，許容支圧応力度が部位に応じて$F/1.1$（5.19式），$1.9F$（5.21式）および$1.25F$（5.23式）で規定されているが，その根拠はなにか

『鋼構造設計規準』[1]には，3種類の許容支圧応力度が以下のように規定されている。

ピンおよび荷重点スチフナの接触部，その他仕上面一般に対しては，

$$f_{p1} = F/1.1 \qquad (5.19)$$

$$\sigma_p = P/A_p \tag{5.20}$$

すべり支承またはローラー支承に対しては，

$$f_{p2} = 1.9F \tag{5.21}$$

$$\sigma_p = 0.42\sqrt{PE/br} \tag{5.22}$$

ボルト継手の板に対しては，

$$f_l = 1.25F \tag{5.23}$$

これらは，すべて長期の許容応力度であり，短期はその1.5倍とされている。また，支圧応力度は，(5.22式)を除き，接触部の断面積またはピンおよびボルト軸径に板厚を乗じた面積について算定する。

● ボルト継手の板

板がボルトの軸から圧力を受ける場合，穴の周辺は多軸応力状態となり，降伏点が上昇する。また，局部的に降伏を起こしても，周囲の弾性部分から拘束を受けて降伏流れを起こしにくくなる。このため，リベットやボルト穴の許容支圧応力度は，歴史的にも許容圧縮力度よりも大きな値が採られてきた。

加藤ら[2]は，支圧応力度が$1.2F$に達すると板がgeneral yieldし，降伏比が0.7の鋼材については，$2.0F$で板の支圧耐力に達することを実験および有限要素法解析により確認している。ただし，板のひずみが20%を超えたときを支圧耐力としている。したがって，ボルト継手の(5.23式)は，長期荷重に対してgeneral yield pointをわずかに超えることを許容しているが，短期荷重に対する許容支圧応力度$1.875F$は支圧耐力を超えないことを保証しているといえる。なお，これはボルトの配置が最小縁端距離を満足することが前提であり，継手の設計に際しては，支圧の検討の他に端あき部分の検討も必要である。

● ピンおよび荷重点スチフナの接触部

ピンについても支圧の耐力機構はボルト継手と同様と考えられるが，(5.19式)は(5.23式)よりも12%小さく設定されている。これは，ピンは構造物全体を支える重要な部位に単独で使われることを考慮した措置と思われる。SS400の場合，『道路橋示方書』[3]では，鋼板と鋼板との間の支圧応力度は$210 N/mm^2$と規定されており，『鋼構造設計規準』の$214 N/mm^2$とほぼ等しい。なお，現在の鋼構造設計規準の前身である『鋼構造計算規準・同解説』[4]では，ボルト継手とローラー支承の許容支圧応力度は現在と同じだが，ピンに関しては$F/3$とされており，さらに大きな安全率を見込んでいた。

● すべり支承およびローラー支承

電磁気学で有名な物理学者ヘルツは，弾性体の接触理論にも関心をもち，1881年にヘルツの接触応力と呼ばれる理論式を導いた。そのうち，円柱面と平面の接触応力度の式が(5.22式)である。ここで，Eはヤング率，bは支承の幅，rは支承の曲率半径である。

一方，許容支圧応力度の(5.21式)についての根拠は明らかではない。同様の規定のある『道路橋示方書』[3]によれば，ヘルツの公式で算出した応力に対する許容支圧応力度は，SS400の場合に$600 N/mm^2$と定められている。これは，ブリネル硬さがヘルツ接触部の降伏支圧応力度に相当するとし，その約半分の値を許容支圧応力度としたものと解説されている。『鋼構造設計規準』では，SS400の場合は$f_{p2} = 447 N/mm^2$であり，道路橋示方書より若干安全側の値となっている。

(せんだ　ひかる)

【引用文献】
1) 日本建築学会：鋼構造設計規準―許容応力度設計法，2005年
2) 加藤勉，青木博文：側圧強度に関する研究，日本建築学会論文報告集，第164号，1969年10月
3) 日本道路協会：道路橋示方書・同解説 1-2共通編・鋼橋編，2012年
4) 日本建築学会：鋼構造計算規準・同解説，1959年改

Q.201　鋼材の基準強度

青木博文●横浜国立大学名誉教授

鋼材の板厚が厚くなると，許容応力度が低減されるのはなぜか

● 鋼板は板厚が大きくなると強度・靱性を出しにくい

鋼材の性質は，化学成分，脱硫・脱ガス，圧延条件などによって左右される。ここで，厚板の熱間圧延工程を考えてみると，厚い板ほどスラブからの圧下率が小さく，最終圧延温度も高めになる。したがって，冷却時間も長めとなり，結晶粒を粗大化させ，強度・靱性などを低下させる原因となる。これを改善するため，

表1 降伏さ，引張強さの規格最小値とF値の比較

項目	特性値 (N/mm²)					σ_u (引張強さ)
	σ_y (降伏さ)					
板厚 (mm)	～6	6～12	12～16	16～40	40～100	～100
SS400	245～		235～		215～	400～510
SM400	245～		235～		215～	
SN400B	－	235～	235～355		215～335	
400N級F値	235				215	－
SM490	325～		315～		295～	490～610
SN490B	－	325～	325～445		295～415	
490N級F値	325				295	

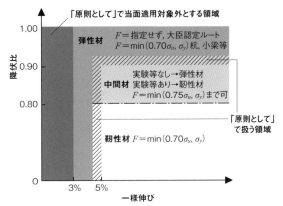

図1 構造用鋼材の区分案

添加成分を加えた合金鋼，焼入れ焼戻しを施した調質鋼などが考え出されてきたが，最近は，水冷（空冷もある）によって圧延温度をコントロールする熱加工制御圧延（TMCP）鋼が，大臣認定材として板厚が40mmを超えてもF値を変えず使用されている。表1は，JISで定められた建築で多く使われる構造用鋼材の板厚別の降伏強さ（降伏点または耐力）の規定値を基準強度F値と比較したものである。

⦿ 高強度鋼は降伏比が上昇し，一様伸びは低下する

基準強度のF値は，材料特性と設計法によって決定されるべきものであるが，いわゆる鉄骨造における鋼材のF値は次式で与えられる。

$$F = \min(\sigma_y, 0.7\sigma_u) \tag{1}$$

ここで，σ_yは降伏強さの規格最小値，σ_uは引張強さの規格最小値である。この考え方は，日本建築学会『鋼構造設計規準（1970年版）』の解説に初めて出てくる。

その後，600N/mm²級高性能鋼（SA440），800～1,000N/mm²級超高強度鋼など新しい鋼材が開発されるに至り，鋼材を降伏強さ，引張強さに加えて，降伏比，一様伸びの特性値を考慮して，図1のような靭性材，中間材，弾性材に区分する「暫定的取扱い案」が出されている。

⦿ σ_yとF値の逆転

$16 < t \leq 40$mmのSM490でF値がσ_yを超えて与えられている（表1）問題は，$F/\sigma_y = 325/315 = 1.03$でわずかの差ではあるが，明らかに一次設計の基本的な考え方（弾性設計）と整合が取れていない。SM材のJISまたは該当する告示を改正するなどして，この逆転した不整合を解消してほしいものである。

SN材（JIS G 3016）が制定されたときに，建築構造用の鋼材はSN材だけとし，SS材，SM材はともに建築構造用から外された。日本建築学会『鋼構造設計規準（許容応力度設計法，2005）』でもこれに従って，鋼材を建築構造用（SN材），一般構造用（SS材など），溶接構造用（SM材）に区分している。したがって，SM材に代えて，SN材を使用すれば，このような不整合は生じない。しかし，あえて$16 < t \leq 40$mmのSM490を建築構造用として採用するときは，応力を3%ほど低めに抑えておくのがよい。ただし，これは法令上の強制ではなく，設計者の判断による。

（あおき ひろふみ）

Q.202 鉄骨造の柱・梁の幅厚比

青木博文●横浜国立大学名誉教授

鉄骨造における柱・梁の幅厚比の規定にはどのような数値があるか

鉄骨構造の骨組部材に用いられるH形鋼や鋼管は，フランジやウェブなどの薄い板要素で構成されている。これに面内の力が加わったとき，部材の断面形状が部分的に著しく乱れて，本来部材がもっている耐荷能力が極端に低下してしまうことがある。これを局部座屈と

(a) 山形断面

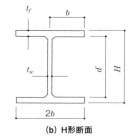
(b) H形断面

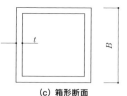
(c) 箱形断面

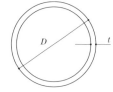
(d) 円形中空断面

図1 板要素の幅と厚さ

表1 柱および梁の種別と幅厚比

部材	柱				梁		柱および梁の種別
断面形状	H形鋼		角形鋼管	円形鋼管	H形鋼		
部位	フランジ	ウェブ	—	—	フランジ	ウェブ	
幅厚比または径厚比	$9.5\sqrt{235/F}$	$43\sqrt{235/F}$	$33\sqrt{235/F}$	$50(235/F)$	$9\sqrt{235/F}$	$60\sqrt{235/F}$	FA
	$12\sqrt{235/F}$	$45\sqrt{235/F}$	$37\sqrt{235/F}$	$70(235/F)$	$11\sqrt{235/F}$	$65\sqrt{235/F}$	FB
	$15.5\sqrt{235/F}$	$48\sqrt{235/F}$	$48\sqrt{235/F}$	$100(235/F)$	$15.5\sqrt{235/F}$	$71\sqrt{235/F}$	FC
	FA、FBおよびFCのいずれにも該当しない場合						FD

【注】この表において、Fは平成12年告示第2464号第1に規定する基準強度(単位:N㎜²)を表す

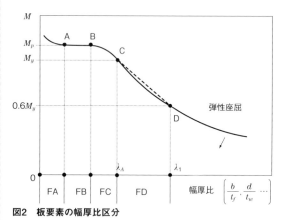

図2 板要素の幅厚比区分

表2 幅厚比のランクとD_S値の対応(剛接架構)

幅厚比区分	D_S	幅厚比区分	D_S
FA	0.25	FC	0.35
FB	0.30	FD	0.40

いい、板要素の幅厚比によって部材の変形能力が推定される。ここで、幅厚比λは、**図1**を参照して計算する。

告示昭55建告第1792号(改正告示平19国交省告示596号)では、柱および梁の種別を幅厚比に応じて、**表1**のようにFA、FB、FC、FDの4ランクに区分し、保有水平耐力計算におけるD_S値と**表2**のように関連づけている。ここで、FCランクの幅厚比は、部材が降伏するまで局部座屈しないための幅厚比制限(日本建築学会『鋼構造設計規準2005』8章板要素の幅厚比)の値を引用している。幅厚比が小さいほど部材の塑性変形能力が高いので、D_Sは小さい値とすることができる。

梁材の板要素が局部座屈するときの曲げモーメントMの大きさを降伏モーメントM_y、全塑性モーメントM_pとの関係で表したものが**図2**である。これによると幅厚比λを段々小さくしていくと、FCクラス(C点～B点)ではM_yからM_pまで変化し、ようやくM_pに達する状態であるから、幅厚比の制限であるC点(λ_A)より小さい細長比を有する部材で構成された骨組は弾性設計はできるが、塑性変形は期待できない。幅厚比λがB点より小さい細長比を有する部材であれば、局部座屈限界耐力はM_p以上になるので、塑性解析ができることになる。この領域をA点で二つに区分し、FBクラス(B点～A点)の幅厚比をもった部材は、塑性変形倍率(累積塑性変形倍率)ηが2程度の塑性変形能力を有していると考えられている。さらに、FAクラス(A点より左側)の幅厚比をもった部材はひずみ硬化によってM_pより大きな耐荷能力を有することから、塑性変形倍率ηが4程度の塑性変形能力を有しているとみなされている。したがって、耐震設計ではこのような塑性変形能力を有する断面形の梁を使うことが推奨されている。

柱材においても、梁材と同様に板要素で構成されているので、幅厚比の大きさによる分類として、FCクラスでは降伏限界状態まで局部座屈しないと考えてよい。FBクラスで累積塑性変形倍率η=2、FAクラスでη=4を期待してよい。なお、FDクラスは降伏限界状態に達する前に局部座屈が生じ、これが終局限界状態となる。

(あおき ひろふみ)

【参考文献】
1) 青木博文ほか:構造設計のプロ入門(鉄骨造建築編)、日本建築センター、2009年

Q.203 鉄骨造の幅厚比制限

緑川光正●北海道大学大学院教授

鉄骨の幅厚比制限の根拠は?

薄い鋼板が圧縮力・せん断力などの面内外力を受けるとき、外力がある値以上になると面外への曲げ変形が生じる座屈現象を起こす。これがH形・箱形断面を構成するフランジ・ウェブなどの板要素が面外に曲がる局部座屈で、構造設計上重要な問題である。部材がその耐力に達する前に早期に局部座屈を生じると、部材の耐力を十分発揮できなくなるため、設計ではこの局部座屈を生じないように板要素の幅厚比に制限値が定められている。

幅厚比の制限値は、主に各種断面の短柱圧縮試験に基づいて定められている。『鋼構造座屈設計指針』[1]には、幅厚比の制限値が詳しく解説されており、その概要を紹介する。

『鋼構造設計規準』[2]では、板要素がおおむね降伏するまで局部座屈しないように幅厚比が制限されている。板の座屈応力度σ_kと幅厚比$\lambda=b/t$（b：板幅、t：板厚）の関係は、図1の$O_1P_1B_1CD$または$O_2P_2B_2CD$となり、P_1またはP_2より大きい幅厚比は弾性域、小さい範囲は非弾性域である。多くの実験によると、座屈応力度σ_kが降伏応力度σ_yに近づく幅厚比が比較的小さい範囲では、残留応力、初期不正などの影響で実験値は弾性座屈曲線を下回る。このため、図1の$\sigma_k=0.6F$（F：許容応力度の基準値）の点で非弾性域に入るとし、板がピン支持の場合のP_1で弾性座屈曲線に接線を引き、$\sigma_k=F$との交点の幅厚比λ_Aを制限値としている。H形・箱形断面のフランジ・ウェブは、板要素に分解した一枚の平板として扱い、その境界条件と応力状態に応じて幅厚比の制限値が定められる。例えば、図2のように、H形断面のフランジは一様圧縮を受ける三辺単純支持・一辺自由の、箱形断面のフランジ・ウェブやH形断面のウェブは一様圧縮を受ける周辺単純支持の長方形板としている。曲げとせん断を受ける部材のウェブについても、同様な考えで求められている。

現行耐震基準の二次設計では、柱・梁に塑性ヒンジが形成されること、つまり大地震動時に部材が塑性化して全塑性モーメントに達した後、その値を低下させることなく変形し、最終的に崩壊機構が形成されることを基本としている。

『鋼構造塑性設計指針』[3]では、塑性化領域の変形能力が損なわれないように幅厚比が制限されている。そのため、『鋼構造設計規準』[2]よりも制限が厳しくなっており、H形断面のフランジでは大きな塑性変形能力が要求されるので、ひずみ硬化開始点に達するまで板要素が耐力低下せずに変形するように、箱形断面のフランジでは座屈ひずみが降伏ひずみの4倍程度となるように制限値を定めている。

『保有耐力と変形性能』[4]、『鋼構造限界状態設計指針』[5]、『構造関係技術基準解説書』[6]でも、板要素の幅厚比に応じた変形能力に対して構造区分が規定されている。なお、H形断面ではフランジとウェブの変形が相

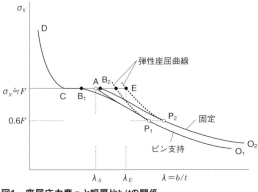

図1　座屈応力度σ_kと幅厚比b/tの関係
（参考文献2に加筆）

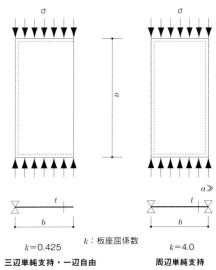

三辺単純支持・一辺自由　　周辺単純支持
$k=0.425$　　　　　　　　　$k=4.0$
k：板座屈係数

図2　圧縮力を受ける長方形板[3]

互に影響を与えるため，必要とされる変形能力に応じて幅厚比制限を相関式のかたちで与える場合もある[5),6)]。

『構造関係技術基準解説書』[6)]では，柱や梁の必要塑性変形能力に応じて構造種別FA〜FDを規定し，塑性変形能力が特に高い場合をFA，高い場合をFB，期待できないが降伏耐力は確保される場合をFCとして幅厚比の制限値が規定されている。FCは『鋼構造設計規準』[2)]に相当し，FAは『鋼構造塑性設計指針』[3)]

に近い制限値となっている。　（みどりかわ　みつまさ）

【参考文献】
1) 日本建築学会：鋼構造座屈設計指針，2009年11月
2) 日本建築学会：鋼構造設計規準−許容応力度設計法，2005年9月
3) 日本建築学会：鋼構造塑性設計指針，2010年2月
4) 日本建築学会：建築耐震設計における保有耐力と変形性能（1990），1990年10月
5) 日本建築学会：鋼構造限界状態設計指針・同解説，2010年2月
6) 国土交通省住宅局建築指導課ほか監修：2007年版建築物の構造関係技術基準解説書，2007年8月

Q.204　鋼材の圧縮材の有効細長比

青木博文●横浜国立大学名誉教授

鋼材の圧縮材の有効細長比は，柱では200以下，柱以外では250以下なのはなぜか

「鋼材の圧縮材の有効細長比は，柱では200以下，柱以外では250以下とする」という規定は，建築基準法施行令第三章第五節第六十五条（圧縮材の有効細長比）に出てきており，「構造耐力上主要な部分である鋼材の圧縮材（圧縮力を負担する部材をいう）の有効細長比は，柱にあっては二百以下，柱以外のものにあっては二百五十以下としなければならない」と決められている。周知のとおり，建築基準法施行令で規定された項目は仕様規定と呼ばれ，構造計算をしなくてもよい規模の構造物であっても，いつも順守しなければならない構造規定である。本来，圧縮材の有効細長比はいくつであってもよいが，この規定を外れる圧縮材を設計する場合は，限界耐力計算または時刻歴応答解析などの保有水平耐力計算よりも上位の構造計算ルートにより，安全性を確認しなければならない。

この条項がいつ規定されたかを調べると，建築基準法施行令（昭和25年11月16日政令第三百三十八号）の発布当初からこの規定が設けられ，それ以降条文が変わっていないことを確認できる。

一方，日本建築学会の『鋼構造設計規準−許容応力度設計法−』（2005改訂版）[1)]を見ると，「11章11.2 圧縮材の最大細長比」の項で，「圧縮材の細長比は，250以下とする。ただし，柱材では200以下とする」と同様の規定がある。これに対応する解説では，「耐力上はどんな細長比の大きな材を使用しても差し支えないわけであるが，λがあまり大きくなると，建方そのほかに

支障をきたしたり，たわみが大きくなったりするので制限を加えた」としており，その注で，DIN4114（250），AISC（主部材240，筋かい・二次部材300），BS（固定荷重を受ける材180，風力を受ける材250）を紹介している。日本建築学会『鋼構造計算規準』の初版である『鋼構造計算規準・同解説 附 構造計算例（昭和25年12月15日発行）』の21條2に「細長比λは，下式により算定し，その値を250以下とする」とある。その解説では，「……，λがあまり大きくなると建方又は運搬等に際して故障を生じやすいので其の最大限を250とした」（DIN4114，DIN1050）とあるが，柱材の200以下という制限は示されていない。昭和41年4月15日第4版第12刷の『鋼構造計算規準・同解説』を見ると，本文は変わっていないが，その解説に「……，なお，実際はブレースなどの2次的な部材を除き，主要な圧縮材はなるべく150以下程度に収めたい」と書かれている。これから見ても，柱材のλが200以下とする制限は確固たる理論的背景から導き出されたものではないことは明らかである。

それでは，有効細長比λが250（200）の圧縮材はどんなものか，SS400を例にとって実感してみよう。

許容圧縮応力度（長期）f_c は，$\Lambda < \lambda$，すなわち，限界細長比（SS400では$\Lambda = 120$）より大きなλの圧縮材は弾性領域の曲げ座屈（オイラーの座屈荷重）に安全率2.17を考慮し，

$$f_c = \frac{0.277}{\left(\frac{\lambda}{\Lambda}\right)^2}\sigma_y = \frac{\sigma_y}{\frac{65}{18}\left(\frac{\lambda}{\Lambda}\right)^2}$$

で与えられる。したがって，それぞれの細長比に対し

て，

$$f_c = \frac{\sigma_y}{3.61} : \lambda = \Lambda = 120（限界細長比）$$

$$f_c = \frac{\sigma_y}{10.03} : \lambda = 200（柱材）$$

$$f_c = \frac{\sigma_y}{15.67} : \lambda = 250（圧縮材）$$

となる。設計では，σ_yを許容応力度の基準強度$F=235$N/mm^{2}に置き換えればよい。

参考のためにたわみを計算する。話を簡単にするために，両端ピンで長さ250cmの中心圧縮材を横に倒し，スパン250cmの単純梁とし，軸方向力を加えずに単に自重だけでどのぐらいたわむかを計算してみる。鋼材の密度を7.87t/m^{3}とし，材の断面形を矩形とする。

$$\lambda = \frac{l_k}{i} = 250：細長比$$

$$i = \sqrt{\frac{I}{A}}：断面2次半径$$

から，弱軸方向の板厚tは，$\sqrt{12}$cmとなる。したがって，

$$\delta = \frac{5wl^4}{384EI} = 0.186\text{cm}$$

となり，自重で材の中央は約2mmたわむことになる。建方のときなどにこれが影響するかどうかは場合によるが，圧縮材のλが250以下という制限は慣例によるものと解釈するのが妥当であろう。　（あおき　ひろふみ）

【参考文献】
1) 日本建築学会：鋼構造設計規準，2005年

Q.205 曲げモーメント分布の効果に関する式

津田惠吾●北九州市立大学教授

曲げ応力度算出の際の曲げモーメント分布の効果に関する式の根拠は

$$C = 1.75 + 1.05\left(\frac{M_2}{M_1}\right) + 0.3\left(\frac{M_2}{M_1}\right)^2 \leq 2.3$$

建築鋼構造の梁には，H形鋼が使用される。H形鋼は開断面であり，角形鋼管や円形鋼管のような閉断面と異なり，ねじり剛性が非常に小さく，強軸まわりに曲げモーメントを受けた場合に横座屈する可能性があり，横座屈に関する検討が必要である。

横座屈するときの曲げモーメントは横座屈モーメントと呼ばれるが，解析的に算定できるのは，等曲げモーメントが作用する線形弾性梁のみである。その場合の両端で曲げおよびねじれに関して単純支持の場合，横座屈モーメントは式（1）で与えられる。

$$M_e = \sqrt{\frac{\pi^4 EI_Y \cdot EI_w}{l_b^4} + \frac{\pi^2 EI_Y \cdot GJ}{l_b^2}} \quad (1)$$

ここに，E：ヤング係数，I_Y：弱軸まわりの断面二次モーメント，I_w：曲げねじり定数，G：せん断弾性係数，J：サンブナンのねじり定数，l_b：圧縮フランジの支点間距離，である。

図1に示すように荷重条件が等曲げでない場合は，フランジの軸力が変化することになり，フランジが一定軸力を受ける場合（等曲げを受ける場合）に比べて，横座屈モーメントは大きくなる。等曲げを受ける場合に比べて，横座屈モーメントが大きくなる比率を参考文献1)ではCと表記し，「許容曲げ応力度の補正係数」と呼んでいる（ここでは，C係数と呼ぶことにする）。すなわち，図1の荷重条件の梁の弾性横座屈モーメントM_eは式（1）の右辺にC係数を乗じたもので算定できる。

このC係数はその正解値を式では表現できず，エネルギー法などの近似解法を用いて算定されたものが提案されている。

C係数はM_2/M_1の値，梁の支持条件，GJl_b^2/EI_wの

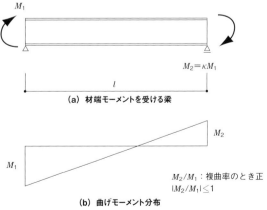

(a) 材端モーメントを受ける梁

(b) 曲げモーメント分布

M_2/M_1：複曲率のとき正
$|M_2/M_1| \leq 1$

図1　曲げモーメントが直線で変化する梁

表1 提案されているC係数κ (=M_2/M_1)

No.	著者	C	発表年
1	Salvadori	$1.75+1.05\kappa+0.3\kappa^2 \leq 2.3$	1956
2	Massonnet	$1/\sqrt{0.27(1+\kappa^2)-0.46\kappa}$	1956
3	Massonnet	$1/\sqrt{0.3(1+\kappa^2)-0.4\kappa}$	1956
4	Austin	$1/(0.6-0.4\kappa) \leq 2.5$	1961
5	Djalaly	$1/\sqrt{0.28\kappa^2-0.4\kappa+0.32}$	—
6	中村武	$1/\sqrt{0.283-0.434\kappa+0.283\kappa^2}$	1978

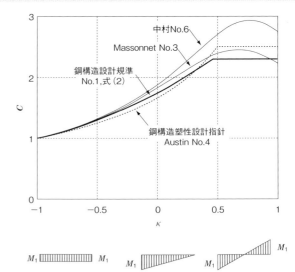

図2 C係数とκ (=M_2/M_1)の関係

値に関係するが，$-1<M_2/M_1<0$で実際的な範囲である$GJl_b^2/EI_w<40$であれば，支持条件，GJl_b^2/EI_wの値には影響されないこと，また$0<M_2/M_1$であってもそれらの影響はそれほど大きくないことがわかっており[2]，提案されているC係数はM_2/M_1のみの関数となっている。

提案されている式を表1に示す[3],[4]。いろいろな提案式があるのは，数値解析結果を近似したものや，Rayleigh-Ritz法やGalerkin法において仮定する座屈モードが違うことによる。図2に，表1に示すNo.1，3，4，6の曲げモーメント比κ (=M_2/M_1)とC係数の関係を示す。$0<M_2/M_1$で多少差があるものの，各種提案式は全体としてよく一致している。

『鋼構造設計規準』[1]では，式(2)が採用されている。この式は，参考文献2)による解析結果を近似したものである。

$$C = 1.75 + 1.05\left(\frac{M_2}{M_1}\right) + 0.3\left(\frac{M_2}{M_1}\right)^2 \leq 2.3 \quad (2)$$

参考文献1)では，Cは曲げ材の細長比λ_b (=$\sqrt{M_y/M_e}$，M_yは降伏モーメント)の算定に対し用いられる。なお，補剛区間内で曲げモーメントが最大となる場合は，$C=1$とすることになっている。

参考文献5)に境界条件や荷重条件(モーメント分布の影響，横荷重位置の影響，断面の非対称性の影響)を考慮できる式が示されているので参照されたい。

(つだ　けいご)

【参考文献】
1) 日本建築学会：鋼構造設計規準，2005年
2) Salvadori, M.G.：Lateral Buckling of Eccentrically Loaded I-Columns，ASCE，Transactions，1956
3) 福本唀士：構造物の座屈・安定解析，1982年
4) 中村武，若林實：H形断面はりの弾性横座屈モーメントの修正係数Cに対する近似解−設計式，日本建築学会大会学術講演梗概集，1978年
5) 日本建築学会：鋼構造座屈設計指針，2009年

Q.206 座屈長さ

津田惠吾●北九州市立大学教授

材の左右で異なった大きさの圧縮力を受けるときの座屈長さの根拠は

$$l_k = l\left(0.75 + 0.25\frac{N_2}{N_1}\right)$$

鋼構造の圧縮材の設計においては，細長比の算定が必要であり，座屈長さ，あるいは座屈長さ係数γの評価が重要である。座屈長さl_kは，その材の座屈荷重と等しい座屈荷重を有する両端単純支持材の長さとして定義され，これと実際の部材長lとの比$\gamma=l_k/l$を座屈長さ係数という[1],[2]。座屈長さ係数は，境界条件のみが異なる一定断面・一様圧縮の単一圧縮材に関しては，理論的に明快であり，非弾性の範囲を含めて妥当であると考えられるが，実際の設計では断面が変化する部材や軸力が変化する部材についても，一定断面・一様圧縮力を受ける材との対比から座屈長さ係数が評価されている。

すなわち，「変軸力圧縮材の座屈長さとは，変軸力

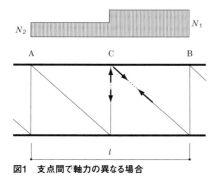

図1 支点間で軸力の異なる場合

材と同一座屈荷重を有する基準軸力の一様圧縮材に換算したときの長さである。なお，通常，変軸力圧縮材の基準軸力としては最大軸力を用いている」[2]。

設計において，変軸力材となるのはトラスの部材である。図1はA点，B点が面外に移動を拘束され，C点でウェブ材が接合されたトラスを示している。ウェブ材より作用する軸力により，CB部分の軸力N_1はAC部分の軸力N_2より大きくなる。このように，支点間が軸力の異なる2区間に分かれているAB材の構面外座屈に関する座屈荷重は（参考文献1）で「一般にトラス弦材の構面外の座屈長さは横方向の移動に対して補剛された支点間距離として良い」とした）支点間距離lを座屈長さにとると，座屈荷重を過小評価し不経済となる。

『鋼構造設計規準』[1]は，軸力が変化することによる座屈荷重への影響を，式（1）によるl_kを用いN_1を受ける圧縮材として設計できるとしている。

$$l_k = l\left(0.75 + 0.25\frac{N_2}{N_1}\right) \geq 0.5l \quad (1)$$

式（1）は，DIN18800[3]によるものである。なお，AC部分が引張力あるいは圧縮力を受ける場合として，それぞれ式（2）[4]，式（3）[5]がある。

$$\gamma = 0.73 + 0.23\frac{N_2}{N_1} \quad (2)$$

$$\gamma = \sqrt{\left(1 + \frac{N_2}{N_1}\right)/2} \quad (3)$$

図1に示す圧縮弦材の座屈荷重は非弾性域を含めて，座屈たわみ角法を用いれば精解値が算定できる。任意のN_2/N_1の値に対しては閉解は求まらないが，$N_2/N_1=-1$，1のとき，座屈長さ係数はそれぞれ$\gamma=0.5$，1となる。式（1）はこの間を直線で結んだものと，解釈できる。

図2に，座屈長さ係数とN_2/N_1の関係を示す。図より，式（1）による座屈長さ係数は精解値を安全側に，またよい精度で近似できている。

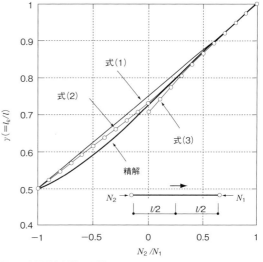

図2 座屈長さ係数の係数

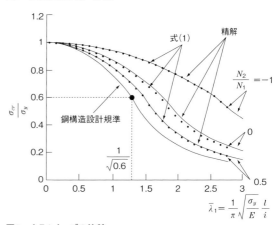

図3 カラムカーブの比較

図3には，鋼構造設計規準が想定している座屈荷重となる応力－ひずみ関係を用いて，座屈たわみ角法を用いたカラムカーブと式（1）を用いて算定したカラムカーブの比較を示す[6]。横軸は基準化細長比，縦軸は座屈応力度を降伏強さで無次元化したものである。非弾性域で座屈する場合でも，式（1）を用いて座屈荷重を算定すれば，精解値とよく対応する。

以上より，簡便な式（1）を用いることにより，軸力変化のあるトラスの構面外座屈長さを適切に評価できるといえる。　　　　　　　　　　　　　　（つだ　けいご）

【参考文献】
1) 日本建築学会：鋼構造設計規準，2005年
2) 日本建築学会：鋼構造座屈設計指針，2010年
3) DIN18800 Teil 2：Stahlbau Stabilitatsfall, 1988
4) Bleich, F.：Buckling Strength of Metal Structures, McGraw-Hill, 1952
5) 長柱研究委員会：弾性安定要覧，コロナ社，1960年
6) 津田恵吾，城戸將江：座屈長さの概念を用いた座屈耐力評価の非弾性座屈での妥当性，日本建築学会研究報告 九州支部，2011年

Q.207 横補剛材の必要剛性・耐力

小野徹郎 ● 椙山女学園大学教授，名古屋工業大学名誉教授

鉄骨大梁の曲げ座屈に対する横補剛材の検討用補剛力を，大梁軸耐力の2%とするのはなぜか

鋼構造骨組の設計では，骨組，部材の耐力と変形能力の確保が重要である。そのためには部材の座屈現象をいかに制御するかが必要で，その中でも梁部材の座屈補剛は，耐震設計上，骨組構造設計が梁降伏型を指向する場合は重要な課題である。

梁の座屈補剛では，補剛材の間隔と補剛材の設計用補剛力と補剛材剛性をいかにするかが問題となる。ここでは，補剛材自体の設計で問題となる必要補剛力と補剛材剛性について述べる。補剛に関する研究は，圧縮材の補剛に関するZukの研究に端を発している。梁の横座屈補剛は基本的に圧縮フランジの座屈変形を抑える役割がある。曲げ材の補剛材に必要な剛性と耐力は，梁の横座屈を圧縮フランジの横方向への曲げ座屈と見なすと，圧縮材の補剛と同等に扱うことができる。補剛材の設計に関する研究は圧縮材に対する研究を基本としたものと，直接梁部材を扱った解析，実験研究があり，それらの結果に基づいて規基準類がつくられている。

補剛材設計の規定設定のクライテリアとしては，耐力確保と変形能力確保がある。弾性設計法を基本とする日本建築学会『鋼構造設計規準－許容応力度設計法－』では座屈耐力の向上を前提としており，『鋼構造塑性設計指針』，『鋼構造限界状態設計指針』では，全塑性モーメントM_pに達したあとの塑性変形能力を確保することを前提としている。したがって，それぞれで設定されている規準値は異なっている。

『鋼構造設計規準』では，補剛することによって座屈モードを変えて曲げ材の耐力を上昇させる目的で規定されており，補剛力の値も部材の座屈耐力の向上が基本となっている。具体的には圧縮材に対する解析結果を基に，『鋼構造設計規準』では以下の値が規定されている。

・必要補剛材剛性

$$K \geq 4.0 \frac{M_c}{l_b h}$$

・必要補剛力

$$F \geq 0.02 \frac{M_c}{h}$$

この規定では必要補剛材剛性，必要補剛力を算定する基本値としてのM_cが$(f_b \times Z)$で表される曲げ材の許容曲げモーメントで，それを断面せいhで除したフランジ存在軸力の2%となっている。すなわち，基本は部材座屈耐力の向上を図る規定であることを示している。

『鋼構造塑性設計指針』では，基本的に耐力のみならず，全塑性モーメントに到達したあとの塑性変形能力の確保にその基本をおいている。具体的規定は解析，実験結果に基づいて規定されている。

・必要補剛材剛性

$$k \geq 5.0 \frac{C}{l_b}$$

・必要補剛力

$$F = 0.02C$$

『鋼構造設計規準』と大きな違いは，規定の基本値がM_cからCに変わっていることである。この規定で，Cは次式で表される。

$$C = \frac{\sigma_y A}{2}$$

すなわち，基本値として曲げ材が全塑性モーメントM_pに達したときの応力状態に対応するフランジ存在軸力になっている点が，許容応力度設計を基本としている『鋼構造設計規準』と大きく異なっている。

『鋼構造限界状態設計指針』では，変形能力に応じて設定されている構造ランクに対応して，必要補剛材剛性，補剛力が設定されている。

大きい変形能力を要求されるL-1，L-2ランクに対しては『鋼構造塑性設計指針』と同じ考え方で，補剛力は大きめに設定されている。構造ランクL-3に対してはL-1，L-2と係数は同じであるが全塑性モーメントではなく，『鋼構造設計規準』と同じで横座屈限界耐力M_cを基本としている。

補剛材設計では母屋，つなぎ梁などの横座屈補剛材と梁との接合位置，あるいは取付詳細によって考慮すべき設計上の力などが異なるので，注意が必要である。また，変形能力確保の補剛では，主梁が塑性変形に伴って面外に変形が進むことが考えられ，引張側

補剛の場合，補剛材に曲げモーメントが加わることがあり，補剛材設計で曲げモーメントに対する検討も必要になってくる。これらの基本となったこれまでの研究と考え方は，日本建築学会の基準，指針類に詳細に記載されているので参考にするとよい。　　（おの　てつろう）

【参考文献】
1) 日本建築学会：鋼構造設計規準−許容応力度設計法，2003年
2) 日本建築学会：鋼構造塑性設計指針，2005年
3) 日本建築学会：鋼構造限界状態設計指針，2001年
4) W.Zuk：Lateral Bracing Forces on Beams and Columns, Proceeding ASCE, EM, vol.82, NoEM3, 1956

Q.208 横補剛における均等間隔の条件式

小野徹郎●椙山女学園大学教授，名古屋工業大学名誉教授

鉄骨造の横補剛において，均等間隔の条件式の根拠は

鋼構造物の設計において，部材の座屈問題は大きな命題の一つである。耐震設計上は部材の耐力だけではなく，塑性変形能力の確保が重要となる。そのためには，部材の座屈を防止するとともに，塑性化したあとの変形能力をいかに確保するかが重要となる。

一般に骨組の塑性変形能力を確保するには，梁降伏型の崩壊機構が選択される。結果的に，梁部材に構造ランクに応じた変形能力が要求される。梁部材に生じる座屈現象は，板要素の局部座屈と横座屈であるが，局部座屈に関しては板要素の幅厚比制限を耐力，変形能力に対応して与えることで対応している。横座屈現象に対しては，座屈補剛材を配して横座屈を防止することで対応している。

現行の規基準類の，この横座屈補剛に関する規定は，国土交通省告示，日本建築学会『鋼構造設計規準』，『鋼構造塑性設計指針』，『鋼構造限界状態設計指針』などで与えられている。

座屈補剛に関する規定は，基本的に耐力確保の規定と塑性変形能力確保の規定に分けられる。具体的には，補剛材の間隔と補剛材の設計に用いる補剛材剛性，補剛力とで提示される。

設問は，塑性変形能力確保の補剛材の間隔に関する規定であるが，これに関しては国土交通省告示の規定と，日本建築学会『鋼構造塑性設計指針』の規定がある。いずれも塑性変形能力確保のための補剛間隔の値である。

告示の規定は，地震時の曲げ応力分布が逆対称モーメントとなることを前提に与えられている。

- SS41級の梁の場合

$\lambda_y \leq 170 + 20n$

- SM50級の梁の場合

$\lambda_y \leq 130 + 20n$

一般的に梁の横座屈耐力は，当然，部材の細長比が小さくなるにつれて全塑性モーメントM_pに近づき，ひずみ硬化の影響もあって等曲げモーメント状態では，補剛十分であれば全塑性モーメント状態で回転変形を続け，一端曲げモーメント状態では全塑性モーメントを超える場合もある。告示の規定値は両端単純支持の梁が逆対称モーメントを受けたとき，全塑性モーメンに達する細長比（$\lambda_y=125$）を基本として，実構造物の柱からの材端拘束効果（$K=0.75$）なども考慮すると，告示の基本値である規定$\lambda_y=170$（SS400相当）にほぼ対応している。告示案ではこの細長比$\lambda_y=170$を基本として，部材長さに応じて補剛材箇所数を増やし，補剛材を均等に補剛材を配置することとしている。

日本建築学会の『鋼構造塑性設計指針』では，骨組の崩壊機構が形成されるまでにヒンジ点で十分に梁部材の塑性変形能力が確保できるように，これまで行われたさまざまな条件下の梁の実験結果から補剛間隔が定められている。

- SS41級の梁の場合

$0.5 \leq M/M_p \leq 1.0$

$l_b h/A_f \leq 250$ かつ $l_b/i_y \leq 65$

$-1.0 \leq M/M_p \leq 0.5$

$l_b h/A_f \leq 375$ かつ $l_b/i_y \leq 95$

この規定では，梁の変形能力が断面形状にも依存することを考慮して，梁の断面形状に関する物理量も含む。この規定は基本的には，ヒンジ点近傍にこの間隔で補剛材を配置することとしている。

この二つの規定は，両者とも適切に適用されれば，塑性変形能力として3〜4程度の変形能力は確保できる

こことなっている。しかし告示案の均等補剛は、補剛箇所数が多くなると弾性域に対しても補剛することになり、その部分の補剛材は無駄になる。また無補剛（$n=0$）の場合の最小の細長比$\lambda_y = 170$は、これまでの実験結果から考察すると十分な変形能力が確保できず、塑性化後の変形能力確保の観点では、幾分不十分である。

一方、日本建築学会『鋼構造塑性設計指針』の規定は、ヒンジ点まわりの補剛としては適切であるが、梁が長くなったとき、補剛箇所の外側の細長比が大きくなり、その部分で横座屈が生じる可能性がある。したがって、本規定で無補剛部分の横座屈耐力の検討をそこに生じているモーメントに対して行う必要があり、その座屈が塑性ヒンジ発生以前、あるいは塑性変形時発生後早期に生じないように補剛する必要があることは当然である。

いずれにしても、それぞれの適用範囲に関してそれぞれの規定の考え方に立ち返って正しく適用する必要がある。また将来的には、この二つの規定は統一される必要があろう。　　　　　　（おの　てつろう）

【参考文献】
1) 日本建築学会：鋼構造設計規準－許容応力度設計法、2003年
2) 日本建築学会：鋼構造塑性設計指針、2005年
3) 日本建築学会：鋼構造限界状態設計指針、2001年

Q.209　H形梁の曲げモーメント分布

坂田弘安●東京工業大学教授

曲げ応力度算出時の曲げモーメント分布の効果に関する係数Cの上限が2.3であるのはなぜか

鋼構造H形断面部材が曲げを受けると、横座屈が生じる場合がある。ねじれと横座屈は、断面弱軸方向の曲げが連成した挙動である。したがって、横座屈が生じるときの耐力を算定する際には、梁両端の境界条件と梁に作用するモーメント勾配の影響を考慮する必要がある。端部の境界条件としてねじれに対する境界条件と弱軸まわりに対する境界条件の2種類がある。これらの影響は、等モーメントを受ける場合の座屈耐力に対して、当該モーメント分布を受ける場合の座屈耐力の比で表すのが一般的であり、これがモーメント補正係数Cである。日本建築学会の『鋼構造設計規準』[1)]

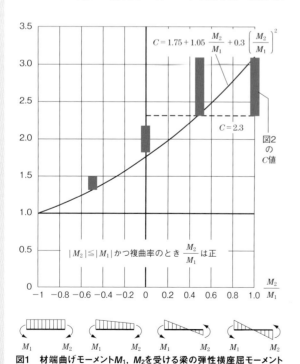

図1　材端曲げモーメントM_1, M_2を受ける梁の弾性横座屈モーメントの補正係数C

M_2/M_1	モーメント分布	支持条件	C
-1.0		単純支持 固　定	1.0 1.0
-0.5		単純支持 固　定	1.3 1.3〜1.5
0		単純支持 固　定	1.8〜1.9 1.8〜2.2
0.5		単純支持 固　定	2.3〜2.7 2.3〜3.1
1.0		単純支持 固　定	2.6〜2.8 2.3〜3.1

図2　種々の荷重に対する補正係数C（文献4）より一部抜粋）

などでは，材端曲げモーメントM_1，M_2の直線分布の曲げを受ける梁の弾性横座屈モーメントの補正係数Cは，以下の式で与えられている。

$$C = 1.75 + 1.05\frac{M_2}{M_1} + 0.3\left[\frac{M_2}{M_1}\right]^2 \leq 2.3 \quad (1)$$

ただし，$|M_2| \leq |M_1|$かつ複曲率のとき$\frac{M_2}{M_1}$は正

式（1）は，Salvadori[2]が両端単純支持，両端固定支持の2種の境界条件について，断面のねじり剛性，曲げねじり剛性をさまざまに変化させて，解析的に求めた曲線を参考にしたであろうといわれている[3]。図1は，補正係数Cとモーメント分布の関係を表したものであり，図2は，種々の荷重に対する補正係数Cを示したものである。図1中，4か所にグレーの棒状のものが描いてあるが，これは図2の最右列に示してあるCを示している。式（1）の実線は，これらのグレーの棒の下限値以下としたいところであるが，$M_2/M_1 = 0.5$付近から式（1）の実線はグレーの棒と重なり始める。そこで安全側の評価としてグレーの棒の下限値となるように上限を2.3としており，これが質問に対する回答となる。

式（1）の解析条件は先にも示したように，両端単純支持，両端固定支持の2種だけであり，両端の境界条件が同じ場合である。最近の研究では，両端の境界条件が異なる場合，$M_2/M_1 = 0.5$付近からCは大きく低下する傾向にあるため，モーメント勾配が大きな逆対称曲げを受ける範囲では，過大評価となり危険側にあるということが指摘されている[3]。（さかた　ひろやす）

【参考文献】
1) 日本建築学会：鋼構造座設計規準−許容応力度設計法−，2005年9月
2) M. G. Salvadori：Lateral Buckling of Eccentrically Loaded I-columns, Tran, ASCE, Vol.121, pp.1163-1179, 1956
3) 五十嵐規矩夫ほか：H形断面梁の横座屈耐力に与える端部境界条件およびモーメント勾配の影響係数，日本建築学会構造系論文集，No.670，pp.2173-2181，2011年12月
4) 日本建築学会：鋼構造座屈設計指針，2010年4月

Q.210 梁の短期曲げ許容耐力と横座屈細長比

坂田弘安●東京工業大学教授

梁の短期曲げ許容耐力M_cと横座屈細長比λ_bとの関係において，弾性限界細長比$_e\lambda_b (=1/\sqrt{0.6})$，塑性限界細長比$_p\lambda_b = 0.6 + 0.3\kappa$（$\kappa = M_2/M_1$）となる根拠は

曲げ材に元たわみや残留応力などの初期不整がない場合，終局限界設計でいうならば，弾性横座屈モーメントM_E（図1中B−C）と全塑性モーメントM_p（図1中A−B）の小さい方が横座屈限界耐力となる。しかしながら，実際には部材に初期不整が存在するため，図1中の①−②のように弾塑性領域に入り，座屈耐力の低下が起きてB点を通らずに横座屈限界耐力となる。解析や実験によると①−②は直線ではなく，上に凸のかたちになるが，日本建築学会の『鋼構造座屈設計指針』[1]などでは，安全側のものとして直線の近似式で与えられている。すなわち，横座屈限界耐力は，無次元化された一般化横座屈細長比λ_bが塑性限界細長比$_p\lambda_b$より小さい場合はM_pに等しくなり，弾性限界細長比$_e\lambda_b$より大きい場合には弾性横座屈モーメントM_Eに等しくなる。$_p\lambda_b$と$_e\lambda_b$の間にあるときは，初期不整の影響で別の近似式で表されるということになる。

図1の縦軸は横座屈耐力Mであり，横軸はM_pとM_yのそれぞれの一般化横座屈細長比λ_bである。曲げ材の曲げ許容耐力式は，横座屈限界耐力式を許容応力度のかたちに変換させたもので表されている[1]。この際に，弾性範囲を原則とする許容応力度設計法に対応させて，全塑性モーメントM_pを降伏モーメントM_yに置き換えている。

参考文献1）には，材端モーメントを受ける梁の弾塑性領域における，横座屈モーメントの解析例[2]が示されており，そこに実験値もプロットされている[3]（図2）。これは圧延H形鋼の残留応力パターンを想定し，フラ

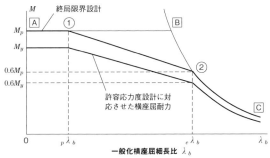

図1　横座屈限界耐力式との関係[1]

ンジ端応力度を降伏応力度の30%として求めたものである。つまり，初期不整の一種を考慮した解析例である。等モーメント分布（図2中$M_2/M_1=-1.0$と□）では，横座屈モーメントの顕著な低下が見られ，全塑性モーメントM_pのほぼ60%辺りから弾塑性領域に入ることがわかる。このため安全側として図2の下限値を用いて，$_e\lambda_b=1/\sqrt{0.6}$としている。この弾性限界位置$_e\lambda_b$からの座屈耐力の低下勾配は，モーメント勾配が大きくなるほど小さくなり，全塑性モーメントM_pに達する塑性限界細長比$_p\lambda_b$は大きくなる。図2には近似式(4.2.11)も示しており，これは解析結果に対しては過剰な安全率を示しているが，実験値とはよく対応している。

以上のことから，図3に示すように，弾性限界細長比を$_e\lambda_b=1/\sqrt{0.6}$とし，塑性限界細長比を$_p\lambda_b=0.6+0.3(M_2/M_1)$としている。 （さかた　ひろやす）

【参考文献】
1) 日本建築学会：鋼構造座屈設計指針，2010年4月
2) D. A. Nethercot and N. S. Trahair：Inelastic Lateral Buckling of Determinate Beams, Journal of Structural Division, ASCE, pp.701-717, 1976.4
3) R. Narayanan：Beams and Beam Columns–Stability and Strength, Applied Science Publishers, 1983

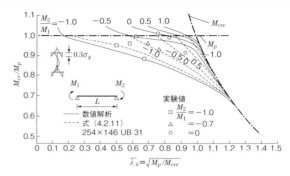

$$\frac{M_{cr}}{M_p}=0.70+\frac{0.30(1-0.7\bar{\lambda}_b^2)}{0.61-0.30\left(\frac{M_2}{M_1}\right)+0.07\left(\frac{M_2}{M_1}\right)^2} \quad (4.2.11)$$

図2　非弾性座屈耐力[1]〜[3]

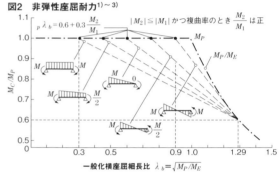

図3　曲げモーメント分布と横座屈限界耐力

Q.211 梁材やクレーン走行梁のたわみ制限

常木康弘●㈱日建設計 エンジニアリング部門

梁材やクレーン走行梁のたわみ制限（スパンの1/300以下や1/500以下）の根拠は。また，たわみ許容値L/300（L：スパン）はなぜか

梁のたわみ量については，いくつかの設計規準および指針で記述がある。例えば，参考文献1)あるいは参考文献2)においては，通常の梁では支持スパンの1/300以下に抑えておけばよいとされている。

梁のたわみ量に制限を設ける理由として，以下のことが挙げられている。
①非構造材や仕上材の損傷防止
②不快感を感じる床の傾斜や天井のたるみの防止
③精密測定器のような特殊機械装置などによる特別仕様
④梁の振動による不安感や不快感の防止

しかし，両参考文献とも，たわみに対する制限値の必要性は認めているものの，単一の尺度で一律に制限を示すことには懐疑的で，1/300という数値には定かな根拠がなく，経験値として示されているという位置づけとなっている。

また，参考文献3)においては，スパンの1/300以下の制限のみならず，たわみの絶対量として10mmという制限値を設けていた。しかし，参考文献1)および参考文献2)ではその制限が削除されている。

筆者も，設計に際してこの制限値を金科玉条に守ることはなく，その都度，居住性や仕上材とのクリアランス，屋根勾配などを考慮しながら検討を行ってきた。したがって，筆者も1/300という数字自体に明確な根拠はないと考えるが，筆者なりに意味合いを考えてみる。

等分布荷重の単純梁のたわみ量と固有振動数の関係は式（1）で表される。一般に，人間は鉛直方向の振動の場合2〜4Hz程度が最も敏感とされているので，固有振動数を4Hz以上とするためには，たわみ量は

2cm以下に抑える必要がある。

$$\eta = \frac{5.62}{\sqrt{\delta}} \quad (1)$$

η：梁の固有振動数
δ：梁中央のたわみ量（cm）

梁の固有振動数を4Hz以上とするための条件は，下記のとおりである。

$$\delta \leq \left(\frac{5.62}{4}\right)^2$$

$\delta \leq 2$cm

一般的な事務所ビルの小梁のスパンはおよそ6m程度であったため，1/300の制限を満足していれば，振動数の制限も自動的に満足できていたものと考えられる。スパンが長くなる場合には，このたわみ制限を満足していても振動障害が起きることが予想されるので，別途振動障害に対する検討が必要であるが，絶対量として10mmという制限値を設けると，式(1)から梁の固有振動数は5.6Hzに抑えられ，ほとんどの場合，問題ないとなることが多いと考えられる。

さらに，一般建物の陸屋根の屋根勾配は1/100とされることが多い。たわみ制限を1/300とすることで，単純梁の端部の回転角がおおむね1/100radとなり，屋根勾配が負勾配になることがない。屋根勾配が負勾配となると，使用勝手上問題が生じるが，梁のたわみ1/300以下とすることでこのような問題も生じない。

また，参考文献1)や参考文献2)ではたわみの絶対量の制限は設けられていないが，仕上材との取合い，あるいは，方立など仕上材の鉛直支持材に生じる二次応力を考えると，支持材取付け後の荷重増による梁のたわみ量の制限など，絶対値の制限も必要と考える。

一方，クレーン走行梁のたわみの制限は，クレーンの使用条件や性能によって変わって然るべきものである。参考文献3)では，車輪のスリップや，自走，その他のクレーン作業に支障をきたす可能性があるため，手動のクレーンに対して1/500，電動で1/1,000程度の制限としていたが，参考文献1)では走行速度によって区分して制限値を規定している。

- 走行速度60m/min以下での軽微なもの：
 1/500〜1/800
- 走行速度90m/min以下での一般クレーン：
 1/800〜1/1,000
- 走行速度90m/min以上または製鉄・製鋼用クレーンなど：
 1/800〜1/1,200

クレーン走行梁については，仕上材との取合いなどの問題はないので，クレーンの使用性からの要求値のみを考慮して決定すればよい。

（つねき　やすひろ）

【参考文献】
1) 日本建築学会：鋼構造設計規準　2009年版
2) 日本建築学会：鋼構造限界状態設計指針・同解説　2002年版
3) 日本建築学会：鋼構造設計規準　昭和48年版

Q.212　山形鋼突出脚

橋本篤秀●千葉工業大学名誉教授・常任理事

山形鋼突出脚1/2無効とするのはなぜか

一般に引張材として山形鋼や溝形鋼の形鋼を用いる場合には，図1のように端部接合部においてボルト列線と材断面の重心線とが一致せず，しばしば偏心引張材となる場合がある。

特に，単一の山形鋼を用いるときに著しくなる。形鋼がガセットプレートの片側のみに用いられる場合は，ガセットプレートの重心と山形鋼の重心（G_1）線の間では，図2に示すように二方向偏心となるので，山形鋼の二つの主軸（u軸，v軸）のまわりに生じる偏心モーメントM_u，M_vによる付加応力を考慮して，下に示す式(3)によって断面を検定すべきであるが，実務においてこの計算をするのは繁雑であるから，接合部の許容耐力を算定する場合の実用式として，図3に示すように突出脚の1/2を無視した有効断面で略算することとしている。しかし，図4のように二個の形鋼をガセットプレートの両側に背中合わせに用いた場合は，左右の形鋼全体の重心の一方は固定しているボルト群の重心（G_B）と一致し，もう一方の偏心の影響はあまり大きくないので突出脚の1/2を無効とせず全断面有効として計算する。

偏心の影響を精算する場合は，図2を参照して断面

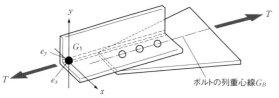

図1　山形鋼とガセットプレートの接合

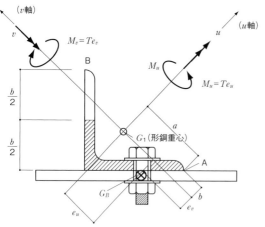

図2　偏心引張材

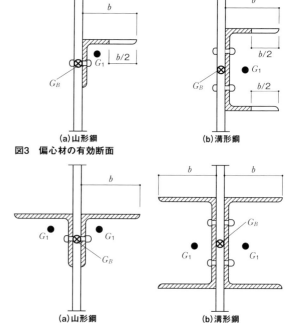

図3　偏心材の有効断面

図4　2丁合わせ形鋼

表1　h_nの値

筋かい材の断面	筋かいを接合している高力ボルトの本数n*				
	1	2	3	4	5
山形鋼	h_1-t_1	$0.7h_1$	$0.5h_1$	$0.33h_1$	$0.25h_1$
溝形鋼	h_1-t_1	$0.7h_1$	$0.5h_1$	$0.25h_1$	$0.20h_1$

(注)　h_1は筋かい材の突出脚の高さ（cm）
　　　溝形鋼のt_1はウェブ部分の厚さ（cm）
＊応力の方向に2列以上配置される場合はその方向に関する接合箇所数とする

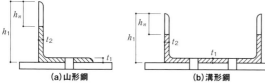

図5　突出脚の無効部分の長さ

の二つの主軸，u軸（強軸），v軸（弱軸）のまわりに生じるそれぞれの偏心モーメントM_u，M_vによる付加応力を，以下のように検定することになる。

軸力と曲げモーメントが作用するときの，断面端部B点の応力度と許容応力度との関係は式 (1) である。これを，図2を参照しつつ順次展開すると，式(1)から式(2) を経て，式 (3) となる。

$$\sigma_t = \frac{T}{A_e} + \frac{M_u}{Z_u} + \frac{M_v}{Z_v} \leq f_t \quad (1)$$

よって，$\sigma_t = \dfrac{T}{A_e}\left(1 + \dfrac{A_e e_u}{\dfrac{I_u}{a}} + \dfrac{A_e e_v}{\dfrac{I_v}{b}}\right) \leq f_t \quad (2)$

ここで，断面二次半径$i=\sqrt{I/A}$であるから，ここで断面積を有効断面積に置き換えると，

$$i_u{}^2 = \frac{I_u}{A_e}, \quad i_v{}^2 = \frac{I_v}{A_e}$$

これを式 (2) に代入すると次式となる。

$$\sigma_t = \frac{T}{A_e}\left(1 + \frac{e_u}{i_u{}^2}a + \frac{e_v}{i_v{}^2}b\right) \leq f_t \quad (3)$$

ここで

A_e：有効断面積
a, b：主軸u, vから応力を求めるまでの距離
e_u, e_v：主軸u, vに対する偏心距離（接合部の重心線と主軸との距離）
i_u, i_v：主軸u, vに関する断面二次半径
f_t：許容引張応力度（N/mm²）
Z_u, Z_v：主軸u, vに対する断面係数

$$Z_u = \frac{I_u}{a}, \quad Z_v = \frac{I_v}{b}$$

なお，同じ偏心接合の場合でも耐震設計時の引張保有耐力算定の場合には，山形鋼および溝形鋼の突出脚の断面控除の方法は，上述の許容耐力算定方法とは異なり，固定するボルト本数に応じて変動する式 (4) で計算することに（日本建築学会『鋼構造接合部設計指針』）としていることに注意しなければならない。

$$_tA_e = A_g - A_d - A_t \quad (4)$$

A_g：筋かい材の断面積
A_d：ボルト孔による欠損面積
A_t：突出脚の無効断面積
　　山形鋼の場合　$A_t = h_n t_2$

溝形鋼の場合 $A_t = 2h_n t_2$ t_2：突出脚の板厚
h_n：表1による突出脚無効長さ（図5）

（はしもと　あつひで）

Q.213 冷間成形角形鋼管柱の応力割増係数

田中淳夫●宇都宮大学名誉教授

冷間成形角形鋼管柱の応力割増係数がダイアフラムの形式と材種で決まる根拠は

2007年の建築基準法改正において，冷間成形角形鋼管を柱に用いた鉄骨造ラーメン構造（以下，コラム-H構造）に関して告示が制定された。これらの告示の内容は，コラム-H構造の耐震安全性を確保することを主な目的としたものであり，具体的にはweek-beam構造をベースとした全体崩壊形の構造物を設計することを基本としている。

現在使われている冷間成形角形鋼管は，その製造方法によって大きく2種類に分けられ，さらに素材の鋼種によって2種類に分けられる。製造方法は，鋼板を丸めてその端部を溶接して円形の鋼管とした後で，その周辺からロールで圧力を加えて角形鋼管とするロール方式と，鋼板を長方形に切断してからそれを折り曲げて，［　］型または角形の断面にしてその端部を溶接でつないで角形鋼管とするプレス方式がある。鋼板の素材としては，SS400またはSM490を用いる場合と，SN400またはSN490を用いる場合がある。SS400またはSM490を用いてロール方式で製作された角形鋼管は，JIS G3466に規定する規格品（STKR材）である。SN400を用いてロール方式で製造された角形鋼管はBCR295材であり，SN400またはSN490を用いてプレス成形された角形鋼管がBCP235またはBCP325材である。STKR材以外は，法37条による大臣認定材である。これらの角形鋼管はいずれも製造時に大きな塑性加工を受けているため，一般の鋼板やH形鋼に比べて塑性変形能力が低下している。このため，コラム-H構造では，week-beam構造とすることで構造体全体としての塑性変形能力を確保することが必要となる。

そのための設計法としては，ルート2による設計では，柱梁接合部において$\Sigma M_{pc} \geqq 1.5 \Sigma M_{pb}$を満たすことを規定している。ここで$\Sigma M_{pc}$は，その接合部における上下の柱端の全塑性曲げモーメントの和を示しており，ΣM_{pb}は左右の梁端の全塑性曲げモーメントの和を示している。構造物のすべての柱梁接合部において，この条件式を満たすことでweek-beam構造を実現しようとした規定である。

しかし，ルート1-1および1-2による設計では，柱梁接合部における上記の条件式を確認することは要求されていないので，構造規定として柱に生じる地震による応力を割り増して設計することでweek-beam構造を実現する手法を採用している。この応力割増しについては，国土交通省の告示（平19国交告第593号）に規定されており，その内容を表1に示す。なおこの表では，告示そのままではなく，一般的な構造材としての表示としている。この表に示されているように上記の割増係数は，柱の鋼材の種別と柱梁接合部の形式の両方の組合せの違いによって決定されている。

柱材としては，製造方法と使用する素材に起因してBCP材，BCR材，STKR材の順で塑性変形能力が低下している。また，柱梁接合部におけるダイアフラムの取付形式としては，貫通ダイアフラム形式と内ダイアフラム形式がある。内ダイアフラム形式は，通常，柱材を梁せいの中心部で切断してダイアフラムを柱材の内部に取り付ける方式が一般的であるが，この表に示された内ダイアフラムは，構造性能に優れていると判断されるダイアフラムが角形鋼管の製造工場であらかじめ柱材に取り付けられている形式のみを対象としていて，一般的な内ダイアフラムは対象としていないので，注意が必要である。

以上に述べた理由から，ルート1-1および1-2による設計では，耐震設計における柱の地震力による応力の割増係数が表1に示したように規定されたわけである。

（たなか　あつお）

表1　地震による柱応力の割増係数

柱材	柱梁接合部のダイアフラム取付形式	
	(1) 特殊な内ダイアフラム	(1) 以外の形式
STKR	1.3	1.4
BCR	1.2	1.3
BCP	1.1	1.2

Q.214 構造用アンカーボルトの降伏比

田中淳夫●宇都宮大学名誉教授

建築構造用アンカーボルト（JIS B1220-2015）の素材の降伏比がABRで80％，ABMで75％となっているのはなぜか

これらのアンカーボルト（以下，A.B.）は，ボルト自体に大きな塑性変形能力がある点が特徴である。そのための基本条件は，軸部が十分塑性変形を生じるまでねじ部で破断が生じないことである。これを数式で表現すると，以下のようになる。

$$A_e \cdot \sigma_u \geqq A_b \cdot \sigma_y \qquad (1)$$

ここで，A_e：A.B.のねじ部有効断面積，A_b：A.B.の軸部断面積，σ_y：A.B.材の降伏応力度，σ_u：A.B.材の引張強さである。この式を変換すると，以下のようになる。

$$A_e / A_b \geqq \sigma_y / \sigma_u \qquad (2)$$

この場合，σ_y/σ_uがボルト材の降伏比である。すなわち，ボルト材の降伏比がボルトねじ部の有効断面積の軸部断面積に対する比より小さければ，上記の式（1）を満たすこととなる。

一方，ボルトのねじ加工についてみると，一般的にはボルトの軸部を切削してねじを加工する切削加工と，軸部をねじ加工するねじ転造機に差し入れて加工する転造加工がある。切削加工の場合には，ねじ部が切削されて断面が減小するため，ねじ断面積は通常軸断面積の約75％（実際はねじ径により72〜78％）となる。一方，転造加工の場合には，ねじ部を切削するわけではないので，ねじ部に生じる断面変化によってねじが形成されるため，ねじ部ではねじ山の部分が元の軸部の径より盛り上がり，ねじの谷の部分が軸部の径より小さくなる。この場合，ボルト材の軸部に特別な加工を施さない限り，ねじ部の有効断面積は軸部断面積の95％程度となり，また，ねじ部の径は軸部の径の1.08〜1.10倍となる。このため，通常のボルトでねじ部を転造加工する場合には，加工後のねじ部の外径（呼び径という）を公称寸法とするために，ねじ加工部をあらかじめねじ下寸法とする絞り加工を施すことになる。例えばM20の呼び径を有するボルトを転造で加工する場合は，軸部径を18.20mmにしておかなければならない。このような絞り加工を施すと，その部分は大きな塑性変形を受けることになり，ひずみ硬化が生じることになる。以上が，一般的なボルトの基本的な形状寸法と，ねじ部有効断面積と軸部断面積の比率である。

ここで，建築構造用アンカーボルトの降伏比について見てみる。これらのA.B.の材質は，SN400およびSN490である。SN材は，降伏比を80％以下とする規定があり，実際の製品における降伏比を見るとSN400で65〜70％程度であり，SN490では70％程度である。

ねじ部を転造加工しているABRアンカーボルトは，ボルト軸部の降伏比を確保するために，軸部には上述の絞り加工を施さないことを条件としているので，あらかじめねじ下径となるように精密圧延した棒鋼をそのまま用いており，まったく問題なく式（2），したがって式（1）を満足できることが明らかである。このため，ABRアンカーボルトの降伏比はSN材の規定値である80％となっている。

一方，ねじ部を切削加工するABMアンカーボルトは，降伏比をSN材の規定値のまま80％とすると，必ずしも式（1）が満足できない場合も想定される。そこで，このA.B.では原材料である棒鋼の降伏比を75％以下とすることとし，さらに上記の構造特性を確保することを考慮して，ねじ部を一般的な並目ねじではなく，ねじ部の有効断面積が軸部断面積の85％以上となる細目ねじを採用している。このようなねじ部周辺の状況を示したものを，**写❶**に示す。

（たなか　あつお）

SS400 切削ねじ（並目ねじ）　　ABR 転造ねじ（並目ねじ）　　ABM 切削ねじ（細目ねじ）

❶各種アンカーボルトのねじ部と軸部の形状の違い

Q.215 伸び能力のあるアンカーボルト

田中淳夫●宇都宮大学名誉教授

鉄骨造建築物の露出柱脚に採用する「伸び能力のあるアンカーボルト」は、降伏比のみの規定で、ひずみに関する規定はないのか

鉄骨造建築物の露出柱脚の設計においては、伸び能力のあるアンカーボルトを使った場合には伸び能力の規定のないアンカーボルトを使った場合に比べて、露出柱脚の設計は自由度が大きくなる（「2007年版建築物の構造関係技術基準解説書（2015年に改定版が出版される）、参考資料 付録1-2.6、柱脚の設計の考え方」に示された付図1.2.25露出柱脚を使った建築物の設計ルート別の設計フロー参照）。

すなわち、ルート1-2およびルート2による設計では、伸び能力のあるアンカーボルトを使った場合には、柱脚部を通常の保有耐力接合とするか、地震による設計応力をγ倍にした場合に対して柱脚の終局耐力に問題が生じないことを確認することになる（上記付図における②、③、④の項目）。しかし、伸び能力の規定のないアンカーボルトを使った場合には、地震力により柱脚に生じる応力をγ（ルート2による場合は$\gamma=2$、ルート1-2による場合は$\gamma=1.67$）倍して、コンクリートおよびアンカーボルトに生じる応力がそれぞれのF値以下であることを確認しなければならない。

さらに、ルート3による場合は、保有耐力接合とする設計のほか、1階のD_sを0.05割り増すことで骨組の保有水平耐力が必要水平耐力を満たすことが確認できれば、柱脚を保有耐力接合としなくても柱脚の設計が可能となる。特に、このような設計では、柱脚部の最大曲げ耐力を柱材の全塑性曲げ耐力よりかなり小さくしても、構造上安全な露出柱脚が得られることとなる。このような設計法は、日本鋼構造協会が刊行している『建築構造用アンカーボルトを用いた露出柱脚設計施工指針・同解説』に示されており、柱脚を保有耐力接合とする場合に比べてより経済的で、大地震後の補修も容易な柱脚の設計が可能となる。

ここで、「伸び能力のあるアンカーボルト」とは、アンカーボルトが引張力を受けて最終的に破断するまでにアンカーボルト全体が大きな塑性変形ができるボルトであることを意味している。アンカーボルトは、ねじ部と軸部から構成されており、露出柱脚では通常20d（d：ボルトの呼び径）以上の定着長さが必要とされている。コンクリートに定着されている状態のねじ部の長さは、軸部の長さの20%程度である。したがって、アンカーボルトが大きな引張力を受けて塑性変形するとき、ボルトの降伏比とねじ部の形状によってねじ部のみしか塑性変形しない場合と、ねじ部は大きな塑性変形をせずに軸部を主体としてボルト全体で塑性変形する場合がある。この状況の違いによって、アンカーボルト全体の塑性変形量は大幅に変わってくる。すなわち、「伸び能力のあるアンカーボルト」とは、軸部を主体として塑性変形できるアンカーボルトということができる。

これを数式で表すと、$A_e \cdot \sigma_u \geqq A_b \cdot \sigma_y$（$A_e$：ねじ部の有効断面積、$A_b$：軸部の断面積、$\sigma_y$：ボルト材の降伏応力度、$\sigma_u$：ボルト材の引張強さ）であることが、伸び能力があるアンカーボルトの条件となる。つまり、上式は、ねじ部が破断する前に軸部が十分な塑性変形をする条件を示していることになる。さらに、この式を変換すると、$A_e/A_b \geqq \sigma_y/\sigma_u$となる。$\sigma_y/\sigma_u$がボルト材の降伏比である。ボルト材の降伏比がねじ部の有効断面積を軸部の断面積で除した値A_e/A_bより小さければ、伸び能力のあるアンカーボルトとなるわけである。すなわち、アンカーボルトのどの部分に塑性変形が生じるかという点が、ボルト全体の伸び能力に関係するわけで、この場合、鋼材の塑性ひずみの量は直接問題とはならないことが理解できよう。

なお、「伸び能力のあるアンカーボルト」として、現在「JIS B1220-2015 構造用両ねじアンカーボルトセット」がある。JIS B1220の規格では、アンカーボルトの素材としてねじ部の有効断面積が軸部断面積の約95%となるように精密圧延した棒鋼（SNR材：降伏比0.80以下）を用いてねじ部を転造加工したABRアンカーボルトと、アンカーボルトの素材として降伏比を0.75以下としたSNR材を用いてねじを細目ねじとする切削加工を施したABMアンカーボルトがある。これらのアンカーボルトは、使用する鋼材の降伏比とその製造方法ならびにねじ部の加工方法の組合せを考慮した結果、いずれも上記の条件を十分満足するものとなっている。

（たなか あつお）

Q.216 鉄骨の横座屈補剛

竹内 徹 ● 東京工業大学教授

> 鉄骨の横座屈補剛の算定で，「圧縮力の2/100以上の集中応力を加えても安全ならばよい」の2/100はどこから決められているのか

上記の問いに対する解説は，日本建築学会『鋼構造座屈設計指針』[1]に詳しいが，基本的な考え方について以下に概説する。図1に示すように，等分布曲げを受ける梁の横座屈は，梁のねじり剛性を無視すれば圧縮側フランジの横方向の曲げ座屈として捉えられる。

圧縮材の曲げ座屈に対する補剛力を，図2に示すような単純な剛棒モデルを用いて考える[2]。初期不整 $a=0$ のとき，この系の座屈荷重をポテンシャルエネルギー停留原理により求めると，以下のようになる。

内部ひずみエネルギー　$U_e = \frac{1}{2}K\delta^2$　(1)

外部仕事　$T = 2 \cdot \frac{\delta^2}{2l_1}N$　(2)

$\frac{\partial (U_e - T)}{\partial \delta} = 0$ より，$N_{cr} = \frac{Kl_1}{2}$　(3)

この耐力が個材の圧縮軸力 N_c を超えていれば，座屈補剛が有効に働いていることとなる。したがって，最小限の補剛ばね剛性は $2N_c/l_1$ となり，補剛剛性がこの何倍あるかを k で表す。

$$k = \frac{l_1}{2N_c}K \quad (4)$$

次に，図2において初期たわみ a がある状態から δ だけたわんだ状態を考える。ばねの反力を F とすると，

$$F = \frac{2(a+\delta)N_c}{l_1} = K\delta \quad (5)$$

であるから，式(4)，式(5)より δ を消去すると次式を得る。

$$\frac{F}{N_c} = \frac{4k}{k-1} \cdot \frac{a}{2l_1}, \quad \text{ただし} N_c < \frac{Kl}{2} \quad (6)$$

初期たわみ $a/2l_1$ が，JASS6[3]の梁の曲がり管理許容値 1/1,000 およびその倍の 1/500 の場合の式(6)の条件を，図3に示す。

補剛剛性が $2k$ 程度確保されていれば，初期たわみ $a/2l_1 = 1/500$ でも，補剛力 F は圧縮力 N_c の2%程度以下に留まる。図3中の点Aが $k=2$ ($K=4N_c/l_1$)，$F=0.02N_c$ の条件であり，圧縮材の横補剛力が圧縮力の2/100程度で設計できていればよいという考え方には，

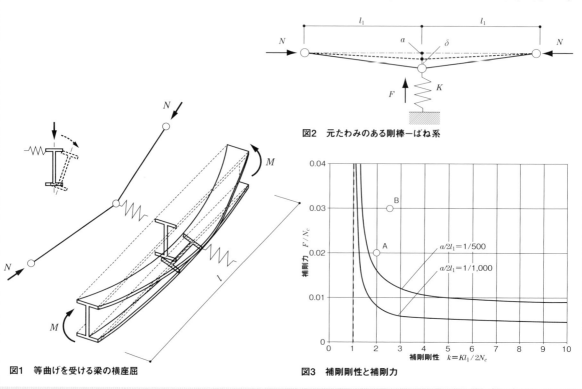

図2　元たわみのある剛棒－ばね系

図1　等曲げを受ける梁の横座屈

図3　補剛剛性と補剛力

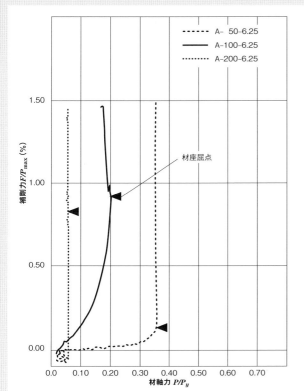

図4 曲げ圧縮材実験の補剛材軸力例[3]

上記のような背景がある。したがって，この条件はあくまでも所定の補剛材剛性が確保されており，初期たわみが一定値以下にあるという条件の下で成り立つ。図4は，平鋼柱の圧縮曲げ実験[4]における横補剛材の補剛力−軸力関係をプロットしたものであるが，この例では▼印の部材座屈荷重時点での補剛力は材軸力P_{max}のおよそ1.0%以下に留まっている。ただし，材が座屈後も耐力を維持し変形していくにつれ，補剛力も増加していくことに注意が必要となる。

話を梁に戻す。梁の横座屈が単純な圧縮側フランジの曲げ座屈と異なる点は，梁においては，
① 引張側のフランジと梁のねじれ剛性が圧縮フランジの座屈補剛として寄与する。
② 均等曲げでない場合，例えば地震荷重下で逆対称モーメントになっている場合などは，均等曲げに比べて座屈耐力が向上する。

などの点が挙げられる。しかし，H形断面では①の効果が小さいこと，②の曲げモーメント分布は荷重により変化することから安全側をとり，横座屈補剛に関しても補剛力「2/100」が圧縮材に準用して流用されている。ただし，梁端部が十分に塑性化するまでの補剛性能を確保したい場合には，日本建築学会『鋼構造限界状態設計指針・同解説』[5]に示すように，以下の条件を満足する必要がある。

$$\text{圧縮材} \quad K = \frac{4}{l_1}N_c, \quad F = 0.03N_c \qquad (7)$$

$$\text{曲げ材} \quad K = \frac{5}{l_1}\frac{M_p}{h}, \quad F = 0.03\frac{M_p}{h} \qquad (8)$$

ただし，M_pは梁の全塑性モーメント，hは梁せいである。式(8)を軸力に換算し図3にプロットするとB点となり，弾性条件Aより，より厳しい条件となっている。

（たけうち とおる）

【参考文献】
1) 日本建築学会：鋼構造座屈設計指針，2009年
2) 井上一朗，吹田啓一郎：建築鋼構造−その理論と設計−，鹿島出版会，2007年
3) 日本建築学会：建築工事標準仕様書JASS6鉄骨工事，2004年
4) 金箱温春，竹内徹，小河利行，小形信太郎：偏心補剛された平鋼圧縮柱の座屈性状，鋼構造論文集，Vol.11，No.45，pp.147-154，2005年3月
5) 日本建築学会：鋼構造限界状態設計指針・同解説，2010年

Q.217 鋼材の疲労破壊

竹内 徹●東京工業大学教授

繰返し応力で扱う，繰返し回数（1万回）や，基準疲労強さで用いられている数値（垂直126，せん断18）について

◉高サイクル疲労破壊

繰返し応力を受ける鋼材は，許容応力度内でも破壊に至ることがある。これを疲労破壊といい，1985年の日航旅客機の墜落や1991年の美浜原発の蒸気管破損，1994年のソウル市聖水大橋の落下など，多くの構造物の破壊の原因となっている。建築物ではクレーンガーダーや鉄塔など，機械振動や風応答により定常的な繰返し荷重を受ける構造物における検討が必要である。疲労破壊を生じる全応力振幅$\Delta\sigma$と繰返し回数N_fとの間には，多くの実験結果より図1に示すような$\Delta\sigma =$

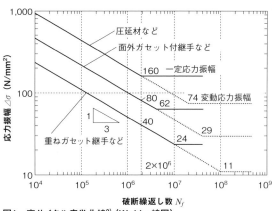

図1 高サイクル疲労曲線[2]（Wohler線図）

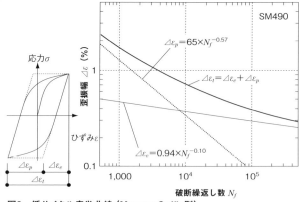

図2 低サイクル疲労曲線（Manson-Coffin則）

CN_f^mの関係があることがわかっており，これを疲労曲線と呼ぶ[1]。定応力振幅下ではN_fが10^7〜10^8回に達すると$\Delta\sigma$が低下しない領域があり，これを疲労限または応力範囲の打ち切り限界と呼んでいる。せん断応力範囲に関しても同様に，$\Delta\tau = CN_f^m$の関係が成り立つ。日本建築学会『鋼構造設計規準2005年版』[2]では，応力振幅に対し$m=-1/3$，せん断応力範囲に対し$m=-1/5$とし，繰返し数が2×10^6に達する応力範囲を基準疲労強さ$\Delta\sigma_F$，$\Delta\tau_F$と定義し，下式を許容疲労強さとしている。

$$\Delta\sigma_a = \frac{126}{\sqrt[3]{N_f}}\Delta\sigma_F \qquad (1)$$

$$\Delta\tau_a = \frac{18}{\sqrt[5]{N_f}}\Delta\tau_F \qquad (2)$$

各式右辺分子の定数は，$N_f=2\times10^6$としたときに許容疲労強さ$\Delta\sigma_a$=基準疲労強さ$\Delta\sigma_F$となるように決められたものである。つまり，$126\fallingdotseq\sqrt[3]{2\times10^6}$，$18\fallingdotseq\sqrt[5]{2\times10^6}$による。疲労性能は切り欠きなどによる応力集中や溶接部の影響を受けるため，基準疲労強さは継手形式・形状ごとに設定されている。

● 低サイクル疲労破壊

繰返し回数が1×10^4程度以下の領域は最大応力が降伏応力を超えるようになるため，応力振幅−繰返し回数の関係では疲労破壊のクライテリアを表現できない。この領域では全ひずみ振幅$\Delta\varepsilon$−繰返し回数N_fの関係を用い，図2に示すような疲労曲線が使用される。図2左の履歴ループ内の弾性ひずみ範囲を$\Delta\varepsilon_e$，塑性ひずみ範囲を$\Delta\varepsilon_p$，全ひずみ範囲を$\Delta\varepsilon_t=\Delta\varepsilon_e+\Delta\varepsilon_p$とすると下式の関係があることが知られている（Manson-Coffin則[3]）。

$$\Delta\varepsilon_e = C_1 N f^{m_1} \qquad (3)$$

$$\Delta\varepsilon_p = C_2 N f^{m_2} \qquad (4)$$

破断繰返し回数が1×10^3程度以下の領域では式(4)の塑性ひずみの影響が支配的となる。m_2の値は-0.5〜-0.7程度の値を取ることが多い。低サイクル疲労クライテリアは，鋼材ダンパーの破断時期の予測やエネルギー吸収能力の評価に多く用いられる。

● ランダム振幅に対する評価

地震応答など振幅が変化する繰返し疲労破壊の判定には，任意の応力（ひずみ）振幅の繰返し回数n_iおよびその応力（ひずみ）振幅に対する疲労曲線より求めた破断回数N_iを用いて各振幅の損傷度$D=n_i/N_i$を評価し，その累積値が1に達したときに破断するとする線形累積損傷則（Miner則[4]）がよく用いられる。

$$D = \sum_{i=1}^{K} \frac{n_i}{N_i} = 1 \qquad (5)$$

本手法は高サイクル疲労，低サイクル疲労の双方に利用可能であるが，疲労損傷に線形則を適用するという簡略化を行っているので，実際の破断回数と比較するとかなりの誤差（一般的に0.5〜2.0倍）を有する点に注意が必要である。このクライテリアは$m=-0.5$のとき，応力（ひずみ）振幅のRMS値，$m=-1.0$のとき，平均応力（ひずみ）振幅に対する破断回数と一致し，mが-0.5を下回る塑性範囲の低サイクル疲労では，平均ひずみ振幅と疲労曲線より破断回数を求めてもおおむね適切な値が得られる[5]。

（たけうち　とおる）

【参考文献】
1) 日本鋼構造協会：鋼構造物の疲労設計指針・同解説，技報堂，1993年
2) 日本建築学会：鋼構造設計規準−許容応力度設計法−，2005年
3) Manson, S. S.：Thermal stress and low cycle fatigue, McGraw-Hill, New York, 1966
4) Miner, M. A.：Cumulative damage in fatigue, J. Appl. Mech., 12, 159-164, 1945
5) Cumulative Deformation Capacity of Buckling Restrained Braces Taking Local Buckling of Core Plates into account, WCEE(Lisbon), 2012.9

Q.218 シャルピー値

中込忠男●信州大学名誉教授

鉄骨の鋼材におけるシャルピー値とはなにか

鋼材のシャルピー値は，0℃の吸収エネルギーの最低値を要求しているものである。建築用鋼材SN400B，CとSN490B，Cでは，27Jが基準値として定められている。

なお，シャルピー衝撃試験機を用い，試験片を40mm隔たっている二つの支持台で支え，かつ切欠き部を支持台間の中央に置いて切欠き部の背面をハンマによって1回だけ衝撃を与えて試験片を破断させるシャルピー衝撃試験を行い，吸収エネルギー，衝撃値，破面率，遷移温度などを測定する。試験片はJISに規定されており，長さ55mm，高さと幅が10mmの正方形断面で，VノッチまたはUノッチが付けられているものとされている。それらは，VノッチおよびUノッチ試験片と呼び，例としてVノッチ試験片の形状および寸法と許容差を，図1に示す。

吸収エネルギーとは衝撃試験において，試験片を破断するのに要したエネルギーのことをいう。シャルピー衝撃試験のエネルギーは，式（1）を用いる。

$$E = WR(\cos\alpha - \cos\beta) \quad (1)$$

E：吸収エネルギー
W：ハンマの質量
R：ハンマの回転軸中心から重心までの距離
α：ハンマの持上げ角度
β：ハンマの振上がり角度

シャルピー衝撃値は，シャルピー吸収エネルギーを切欠き部の原断面積で除した値のことをいう。

脆性破面率とは，試験片の破面の全面積に対する脆性破面の面積の百分率。なお，脆性破面とは，繊維状にせん断破壊し，にぶく輝きのない破面をいう。

遷移曲線とは，図2に示すように遷移温度付近の試験温度と吸収エネルギーや破面率などとの関係を表す曲線のことをいう。試験片の破面の外観の変化に対応する遷移温度で，特定の延性破面率となる温度または脆性破面率となる温度 T_{rs} を破面遷移温度という。通常は，図2に示す延性破面率50%となる温度 T_{rs50} を求める。

また，エネルギー遷移温度とは，延性破面率100%となる最低温度に対応する吸収エネルギーと，脆性破面率100%となる最高温度に対する吸収エネルギーとの，平均吸収エネルギーに相当する温度 T_{rE} である（図2）。簡便な方法として，延性破壊率100%となる最低温度における吸収エネルギーの1/2の値に相当する温度として求めることが多い。

SN（建築構造用圧延鋼材）が制定された1994年に，アメリカのノースリッジの地震では，建築鉄骨の柱梁溶接接合部に多くの脆性破壊が見られた。また，日本においても多くの実大実験を通して，建築鉄骨において脆性破壊のおそれがあることが危惧されていた。もう少し大きな吸収エネルギーを必要としていることが建築鉄骨の研究者からは主張されていたが，圧力容器やパイプラインなど他の分野の鋼材の要求値との関連もあり，結局0℃の吸収エネルギーは27Jが規格化された。

第二次世界大戦時中に，アメリカの全溶接船に数多く脆性破壊が起こった。その原因を究明したところ，シ

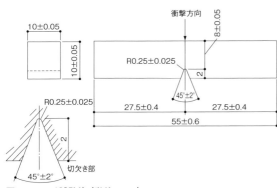

図1　Vノッチ試験片（単位：mm）

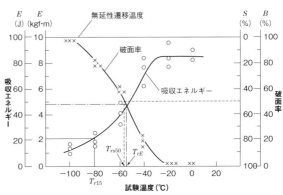

図2　破面遷移温度およびエネルギー遷移温度

ャルピー衝撃試験の吸収エネルギーの大小によって，脆性破壊するか否かが決定されることがほぼ明らかになった。その値に基づいて，この27Jは決められたものである。ただし，近年の研究により脆性破壊を防止するためには，もう少し大きな吸収エネルギーが必要とされていることも明らかにされている。（なかごみ　ただお）

Q.219　鉄骨のJIS規格サイズ

小野寺紀昭●新日鐵住金㈱ 和歌山製鐵所堺地区

鉄骨のJIS規格のサイズが決定した経緯について

H形鋼は，表1に示すシリーズがJIS G 3192（熱間圧延形鋼の形状，寸法，質量およびその許容差）に，標準寸法として登録されている。一般にH形鋼は，広幅，細幅，中幅と呼ばれる系列がある。広幅系列はウェブ高とフランジ幅の寸法が等しい系列であり，細幅系列はウェブ高に比べフランジ幅が細い系列である。中幅系列はその中間であり，H150×75からH900×300まで，12シリーズある。

H形鋼の寸法が決定された経緯について説明する。H形鋼は1951年に，八幡製鐵株式会社においてWide Flange Sectionの検討がなされた。その後，1959年6月に同社八幡製鐵所三大形工場で，わが国最初のH形鋼が製造された。さらに，日本建築学会において，詳細寸法が検討され，1964年7月にJISとして成案化され70サイズが登録された。このとき，広幅系列やI形鋼が先に存在しており，中幅系列はこれらの寸法をベースに検討されたものと考えられる。

中幅系列の標準ウェブ高は，H900×300，H800×300，H700×300の3シリーズを除き，表2に示すとお

表1　JIS G 3192に登録されているシリーズ

	フランジ幅											
ウェブ高	50	60	75	90	100	125	150	175	200	250	300	350	400
100	△				□								
125		△			□								
150			△		○		○						
175				△			□						
200					△		○		□				
250						△	○		□				
300							△		○		□		
350								△	○		□		
400									△		○		□
450									△		○		
500									△		○		
600									△		○		
700											○		
800											○		
900											○		

□：広幅系列　　○：中幅系列　　△：細幅系列

表5　外法一定H形鋼シリーズ

	フランジ幅				
ウェブ高	200	250	300	350	400
400	○	○	○		
450					
500					
550					
600					
650					
700			○	○	○
750					
800					
850					
900					
950					
1,000					

表2　中幅系列のウェブ高と内法

シリーズ	ウェブ高	フランジ厚	内法
H150×100	148	9	130
H200×150	194	9	176
H250×175	244	11	222
H300×200	294	12	270
H350×250	340	14	312
H400×300	390	16	358
H450×300	446	18	410
H500×300	488	18	452
H600×300	588	20	548
H700×300	700	24	652
H800×300	800	26	748
H900×300	900	28	844

表3　広幅系列のウェブ高と内法

シリーズ	ウェブ高	フランジ厚	内法
H150×150	150	10	130
H200×200	200	12	176
H250×250	250	14	222
H300×300	300	15	270
H350×350	350	19	312
H400×400	400	21	358

表4　I形鋼のウェブ高と内法

I形鋼	ウェブ高	フランジ厚	簡易内法	詳細内法
I 450×175	450	20	410	407
I 500×190	500	23	454	451
I 600×190	600	25	550	547

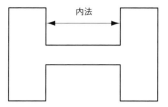
図1 H形鋼の内法

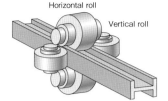
図2 ユニバーサル圧延法

図3 I形鋼の断面形状

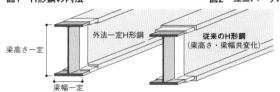
図4 外法一定H形鋼と従来のH形鋼

り，端数である。この理由として，H形鋼の内法が関係していると考えられる。内法とは図1に示すように，H形鋼のフランジ内側の寸法である。

まず，ウェブ高400mmまでの中幅系列については，表2，表3に示すとおり中幅系列と広幅系列の内法寸法が完全に一致している。一般にH形鋼を製造する方法としては，ユニバーサル圧延法が採用される。ユニバーサル圧延法とは図2に示すように，上下左右4つのロールでH形鋼を製造する方法で，竪ロールと水平ロールの間隔を調整することでフランジ厚の異なるH形鋼を自在に製造できる特徴がある。中幅系列の内法を，広幅系列と同じにすることで，水平ロールを共用できるようにしたと考えられる。

次に，ウェブ高450から600mmの中幅系列に関しては，H形鋼に形状が近いI形鋼と内法寸法を比較してみる。I形鋼は図3に示すように，フランジ内側が傾いた形状の形鋼であり，フランジ厚は幅方向に変化している。表4において簡易内法は，I形鋼のフランジ内側の傾きを考慮せずに計算し，詳細内法は，フランジ内側の傾きを考慮して計算したものである。表2と表4の内法を比較すると，ほぼ近い値となっており，この範囲の中幅系列の寸法はI形鋼を参考に定められたと考えられる。

なお，ウェブ高700，800，900mmの中幅系列は，対応する広幅系列，I形鋼がなく，初めから整寸で独自に設計されたものと考えられる。

一方，現在は，外法一定H形鋼（図4）が高炉メーカーから製造されている。外法一定H形鋼は，平成元年に商品化されたものであり，以下の特徴がある。

- ウェブ高，フランジ幅がともに50mmピッチの整寸である（表5）。
- 同一シリーズ内では，フランジ厚が異なる寸法でも，ウェブ高は一定である。
- サイズ数が500以上と，JISに比べて非常に豊富にある。
- ウェブ高が950，1,000mmなど，JISにない大型シリーズも広くカバーしている。
- 形状，寸法精度は，建築工事標準仕様書「JASS 6」の鉄骨精度検査基準に準拠している。

このような特徴のある外法一定H形鋼は，2014年にJIS規格に標準寸法として登録され，さらに使いやすくなっている。

（おのでら　のりあき）

Q.220 高力ボルト摩擦接合部のすべり係数

田中淳夫●宇都宮大学名誉教授

> 高力ボルト摩擦接合における設計用のすべり係数（0.45）について。また，すべり係数を満足させるための摩擦面の条件，条件の違いなどについて

高力ボルト摩擦接合部のすべり耐力は，高力ボルトの導入張力（初張力ともいう）と接合面のすべり係数の積で表される。設計に用いる高力ボルトの初張力は，設計ボルト張力（N_0）といわれるもので，F10Tクラスのボルトでは，$N_0 = 0.75_bA_e \cdot {}_bF_y$（${}_bA_e$：ボルトの有効断面積，${}_bF_y$：ボルト材の耐力の規格最小値）と決められている。これに対して接合面（摩擦面）のすべり係数は，摩擦面の表面状態によってさまざまな値となる。表1は，さまざまな表面状態をもつ高力ボルト摩擦接合部のすべり係数の実験値を示したものである。この表から，接

表1 さまざまな表面状態のすべり係数

表面処理の状態	すべり係数
塗装面	0.15〜0.25
黒皮のまま	0.20〜0.35
グラインダー掛けのまま	0.20〜0.35
ブラスト処理	0.40〜0.70
赤錆面	0.45〜0.75

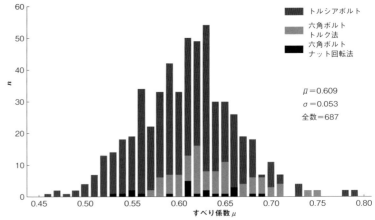

図1 赤錆面をもつ高力ボルト接合部に関するすべり試験結果

合面の表面状態によるすべり係数の違いと、それぞれの値がかなりばらついていることが理解できよう。したがって、建築基準法や日本建築学会の『鋼構造設計規準』では、接合部の表面処理を赤錆面ないしはショットブラスト面（表面粗度50μmRz以上）とすることを規定しており、その場合の設計上のすべり係数が0.45とされている。

では、この0.45という設計上のすべり係数がどのように決められたかについて説明する。設計で用いるすべり係数は、高力ボルト接合についての日本建築学会の初めての規準である『高力ボルト摩擦接合設計施工規準・同解説』（1965年刊行）では、基本的に0.35とし、すべり試験を行うことによって確認し、かつ工事場において確実に施工管理がなされる場合には最大0.46まで採用できるとされていた。その後、この規準は1972年に『高力ボルト接合設計施工指針』に改訂されたが、その間に多くに実験が行われ、それらの結果からこの時点で設計用のすべり係数は0.45に統一されている。

図1は、1975年頃日本建築学会の接合小委員会が、多くの高力ボルトメーカーの試験所で実施された赤錆面をもつ高力ボルト接合部に関するすべり試験の結果を収集してまとめたものである。このデータには、ボルトの種類として、JIS規格の六角ボルトとトルシア形高力ボルトがあり、ボルトの締付方法もトルク法とナット回転法を含んだもので、試験体数も687とかなりの数となっていて、赤錆面をもつ高力ボルト摩擦接合部全体のすべり係数の実情を示しているものと考えられる。このデータによれば、すべり係数の平均値は0.609、標準偏差は0.053となっており、全体的に大きくばらついている。平均値から標準偏差の3倍の値を引いた値は、ちょうど0.45となる。また、0.45というすべり係数は、全データの下限値でもある。したがって、0.45を設計用のすべり係数とすることは、かなり安全側の処置と考えられる。しかし、実際の工事現場では接合面の状況はさまざまであり、ある程度の安全性を考慮すると0.45は、妥当な値であると考えられる。

一方、ブラスト処理面については、表面粗度を50μmRz（S）以上とすれば、設計用のすべり係数として0.45を採ってよいとされている。多くの実験で、この点は確認されているが、図1に示したような多数の実験データがまとめられているわけではない。表面粗度は、大きい方がすべり係数が大きくなると考えられるので、70μmRz以上とすることが望ましい。

（たなか　あつお）

Q.221 鋼材規格のマイナス規定

木原碩美●㈱ブレイブ、元㈱日建設計

鋼材規格にマイナス規定があるが、計算上は公称断面性能でなぜよいのか

鋼材のJIS規格における寸法などのマイナス規定であるが、一般構造用圧延鋼材SS（G 3101）や溶接構造用圧延鋼材SM（G 3106）および鉄筋コンクリート用棒

表1 熱間圧延形鋼の寸法の許容差（JIS G 3192）

H形鋼区分（mm）			許容差（mm）
厚さ	フランジ	16未満	±1.0
		16以上25未満	±1.5
		25以上40未満	±1.7
		40以上	±2.0
	ウェブ	16未満	±0.7
		16以上25未満	±1.0
		25以上40未満	±1.5
		40以上	±2.0

表2 鉄筋コンクリート用棒鋼（JIS G 3112）

異形棒鋼の寸法	1本の質量の許容差
呼び名D10未満	+規定しない，-8%
D10以上D16未満	±6%
D16以上D29未満	±5%
D29以上	±4%

表3 建築構造用圧延鋼材SN板厚の許容差（JIS G 3136）（単位：mm）

鋼板 厚さ	幅					
	1,600未満	1,600以上 2,000未満	2,000以上 2,500未満	2,500以上 3,150未満	3,150以上 4,000未満	4,000以上 5,000未満
6.0以上6.3未満	+0.70	+0.90	+0.90	+1.20	+1.20	—
6.3以上10.0未満	+0.80	+1.00	+1.00	+1.30	+1.30	+1.50
10.0以上16.0未満	+0.80	+1.00	+1.00	+1.30	+1.30	+1.70
16.0以上25.0未満	+1.00	+1.20	+1.20	+1.60	+1.60	+1.90
25.0以上40.0未満	+1.10	+1.30	+1.30	+1.70	+1.70	+2.10
40.0以上63.0未満	+1.30	+1.60	+1.60	+1.90	+1.90	+2.30
63.0以上100.0未満	+1.50	+1.90	+1.90	+2.30	+2.30	+2.70
100.0以上	+2.30	+2.70	+2.70	+3.10	+3.10	+3.50

＊マイナス側の許容差は0.3mmとする

鋼SD（G 3112）などの規格はすべて，ご指摘のように寸法の許容差としてマイナスとプラスの値が同一となっていて，マイナスの許容差が認められている（**表1，2**）。これらの鋼材の用途は，規格の適用範囲として，橋，船舶，車両，その他の構造物，および鉄筋コンクリート構造用異形棒鋼が挙げられている。

これら広い用途に鋼材が適用される場合の設計法は，いわゆる「許容応力度設計法」が用いられていることが多く，強度確保が主題となっている。それで，規格の規定が降伏点および引張強度の最低値を規定しておけば，製造される鋼材は余裕をもって最低値を上回るものとなり，寸法許容差は若干のマイナス値を認めても，ほとんどの鋼材が強度のうえで規格値を満たすものになるとの実態の見通しがあって，マイナス寸法を許容した，と考えられる。特に，需要者側として実施する頻度が高かった異形棒鋼の引張試験は，「降伏点および引張強さを求める場合の断面積は公称断面積による」と規定されていることも，強度確保が主題であることが伺える。

構造物の設計で，強度を確保するという観点からいえば，寸法のマイナス誤差があっても公称断面積を用いる設計でよいであろう。

しかし，構造物の強度確保が唯一の設計目的であれば，鋼材の製造は降伏点は高いが，寸法（特に厚さ）は許容される小さいものへと，安易に流れがちであった。一方，建築構造の設計も1981年耐震基準改正後，高度化が進み，許容応力度設計法から保有水平耐力設計法が採用されるものが増え，大地震時に構造物に発生する損傷箇所を制御して全体崩壊系のメカニズムを形成し，究極の耐震性を追求する設計が行われる時代を迎えていた。その世界では規格値に対し，むやみに大きな降伏点の鋼材は損傷箇所制御にとって障害であり，降伏させる部位の高い降伏比の鋼材は変形性能確保のうえで障害があるとの問題点が明確になっていた。このような状況を迎えた1990年代初頭に，通常の溶接施工で鋼板が開裂する事例が各地の加工工場で発生し社会問題化したことを契機に，JISのSS規格やSM規格を建築用鋼材としての観点から見直すことになった。工業技術院が編成した委員会に筆者も参加し，審議した結果，新規格「建築構造用圧延鋼材SN（G 3136）」が1994年に制定された。

この新鋼材は，降伏点や引張強さの上限，降伏比の上限，溶接性，厚さ方向特性，などが新たに規定されたが，鋼材の局部座屈を制御する指標となる幅厚比の確保のうえで障害となる，従来の大きな板厚のマイナス許容差も，厚さにかかわらず小さな値-0.3mmまでと統一した規定となった（**表3**）。

したがって，現在ではSN材を使っている限り，板厚は公称の板厚を上回るものとなっていると考えられる。

（きはら　ひろみ）

Q.222 ボルト接合の長期支圧許容応力度

岡田久志●愛知工業大学教授

ボルト接合の長期支圧許容応力度が基準強度の1.25倍なのはなぜか

ボルト接合（リベット接合も同じ破壊機構）の破壊形式は、①ボルトのせん断破壊と、図1のように②端あき部の破壊、③縁あき部の破断の3形式がある。支圧応力度は、②端あき部の破壊形式に対するもので、便宜的にボルトの軸からの応力をボルトの軸径と軸から側圧を受ける板厚の積で与えられる面積で除した値で定義される。支圧許容応力度は、平13国交告示1024号第1「特殊な許容応力度」において、長期許容応力度を$1.25F$（Fは基準強度）、短期をその1.5倍すなわち$1.875F$と規定している。

日本建築学会『鋼構造計算規準・同解説』（昭和41年）までは、SS41材の長期許容応力度を引張$16kg/mm^2$、側圧縮$30kg/mm^2$（長期側圧縮許容応力度／長期許容引張応力度＝1.875）とし、他の鋼種の側圧縮については引張許容応力度比を乗じて与えられていた。昭和30年の改定版では、側圧縮許容応力度の値について「実験によって単純な引張降伏点よりも高い応力に耐えることが知られ、それより許容応力度が定められている」[1]と解説されているが、それ以上の詳細は不明である。昭和42年『鋼構造設計基準（案）』から側圧縮応力度と接触応力度の名称を一つにまとめて支圧応力度と呼ぶことになり、またF値が導入されて、長期許容支圧応力度が$f_l=1.25F(=1.875f_t)$で与えられるようになった。

高力ボルト摩擦接合が普及した1960年後半頃には、高力ボルトの支圧接合に関する研究が行われ、このとき改めてボルト接合の支圧許容応力度についても検討された。

図2は、FEM解析によって支圧を受けるボルト孔周辺の降伏の進行状況を解析した一例[1]である（λは、短期許容荷重に対する荷重係数）。支圧を受けるボルト孔側周辺では、低い荷重時から降伏が局部的に発生するもその周囲部の拘束により多軸応力状態となることがわかる。その結果、降伏点が上昇し、降伏流れも起こりにくくなるので、局部的な降伏が生じても塑性域が断面を貫通しなければ、ボルト接合部の剛性が急激に低下することはない。また、実験ならびにFEM解析の結果を基に端あき破断に対する短期許容支圧応力度の強度安全率と変形能力について検討した結果[3]を、表1に示す。これらは端あき距離（e_1）/ボルト軸径（D）の比e_1/Dに影響されるけれども、$e_1/D=2.5$以上であれば鋼材の短期許容引張応力度の引張強さに対する強度安全率に比べて許容支圧応力度の強度安全率の方が高く、また剛性、変形能力にも問題なく、長期および短期許容支圧応力度の規定が合理的であることがわかる。

このように、長期および短期許容支圧応力度の規定は、実験およびFEM解析結果に基づいて定められた規定であり、最小縁端距離の規定を満足していれば単

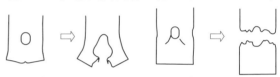

図1　破断形式

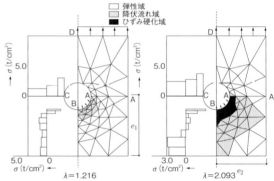

図2　FEM解析[2]（$e_1/D=2.5$, $e_2/D=1.80$）

表1　許容支圧応力度の検討[3]（抜粋）

項目	条件	SS41	SM58
強度安全率（短期）	$e_1/D=2.0$	1.82〜2.31	1.50〜1.90
	$e_1/D=2.5$	2.28〜2.89	1.88〜2.38
	引張材	1.71〜2.16	1.42〜1.78
変形能力	$e_1/D=2.0$	50	25
	$e_1/D=2.5$	80	40
変形量(mm)（短期）	$e_1/D=2.0$	0.25	0.14
	$e_1/D=2.5$	0.20	0.14
塑性域断面貫通時のλ	$e_1/D=2.0$	1.00	1.20
	$e_1/D=2.5$	1.20	1.50

強度安全率：短期許容支圧応力度の破断耐力に対する比
変形能力：最大耐力時の変形／短期許容支圧応力度時の変形
変形量：ファスナー孔の変形量
条件：$e_1/D=e_2/D$（e_2：縁あき距離, D：ボルト径）

純引張と同等以上の安全率が確保される。なお，最小縁端距離と同時に最小ピッチpの規定$p/D≧2.5$も満足している必要がある。　　　　　　（おかだ　ひさゆき）

【参考文献】
1) F. Bleich：鐵骨構造，コロナ社，1953年
2) 加藤勉，青木博文：側圧強度に関する研究，日本建築学会論文報告集，第164号，1969年10月
3) 藤本盛久，平野道勝，佐藤亘宏：鋼材の支圧強さおよび許容支圧応力度に関する研究（その1），日本建築学会論文報告集，第155号，1969年10月，同（その3），第218号，1974年4月

Q.223 高力ボルト接合部の孔径，ピッチ

●宇都宮大学名誉教授

高力ボルト接合部におけるボルト孔径のクリアランスを2mm以下（ねじの呼びM27以上は3mm以下）とする理由や，ボルトピッチが呼び径の2.5倍，最小縁端距離などの数値について

まず，高力ボルト接合部における孔径のクリアランス（以下，クリアランスという）についてであるが，ねじの呼びM27（軸部径27mm）以上のボルトは，建築構造物ではほとんど使うことがないので，M24以下のボルトについて述べる。

クリアランスは，本来ボルト接合の施工の際にボルトを問題なくボルト孔に挿入できることを想定して設けられている。この観点からすればクリアランスは，小さいよりも大きい方が施工しやすいことになるが，一方であまり大きくすると構造体の建方精度に悪影響が生じることも考慮しなければならない。

また，構造性能の面から考えると，ボルト孔径は，構造材の断面欠損となるものであり，クリアランスはできるだけ小さくすることが望ましい。しかし，あまり小さいと接合部の施工が困難となる。

さらに建築の鉄骨構造物では，接合部設計において保有耐力接合とすることが一般的である。この考え方の基本は，接合している材が十分塑性化するまで接合部では破断させないというものである。建築の構造物で多く使われている梁材のフランジ幅は，200mmのものが多い。曲げを受ける梁の引張側のフランジ材を，単純な引張材と考えてみる。200mm幅の引張材の接合に使うボルトは，M20かM22である。安全側を考えて，M22が使われている場合を考える。この場合，クリアランスを2mmとすると，ボルト孔径は24mmとなる。この場合のボルト孔による断面欠損率は24%であり，有効断面積の全断面積に対する比は76%となる。このとき，フランジの鋼材の降伏比が0.76以上であるとフランジ材が塑性化する前にボルト孔で破断が生じることとなり，このような接合部は，保有耐力接合とはならない。ここで，鋼材の降伏比について考えてみると，梁材がSS400材の場合は，材料としての降伏比に規定がないため，0.76以上のケースは十分想定されるので，使用しない方がよい。一方，梁材がSN400材である場合は，材料としての降伏比が0.80以下という規定があるため，実際0.76を超える降伏比をもつ材はきわめて稀であり，かつ，梁材ではウェブの働きもあるので，実用上問題はないと考えてよい。

いずれにしても，上述したように通常の設計においてクリアランスによる断面欠損が，保有耐力接合にとって厳しい条件になっていることが理解できよう。

以上に述べた構造面の要求性能を考え，実際の鉄骨の製作精度を考えると，2mmというクリアランスは，きわめて妥当なものであるといえる。

次にボルトピッチであるが，接合部が引張力を受けた場合，すべりが生じた後の破断状況を考えると，この値があまり小さいと，接合された材が十分塑性化する前に応力方向のボルト孔の間で破断が生じ，有効断面積が確保されていても保有耐力接合とならなくなる。また，ボルトピッチがあまり大きすぎるとボルト接合部全体の長さが長くなり，不経済となる。一方，ボルトを締め付けることを考えると，ナットを回すソケットにある厚さがあるため，必然的にある距離のボルトピッチが必要となる。このように，ボルトピッチについても，構造面と施工面から$2.5d$（d：ボルトの軸径）程度の値が妥当であるといえる。

最小縁端距離は，構造面から決まっていると考えてよい。同じ幅で同じボルト孔径をもつボルト接合部では，縁あき寸法が小さいほど縁あき部分からの破断が

生じやすく，縁あき寸法はある程度大きい方が破断耐力が大きくなる。接合部の破断耐力に影響がなくなる程度の縁あき寸法として最小縁端距離が規定されている。

また，接合部の応力方向の縁端距離として端あき寸法がある。この値も構造的な面から規定されている。端あき寸法をeとしたとき，応力方向のボルト本数をn，接合材の板厚をtとしたときの応力方向のボルト列一列当たりの引張最大耐力は，$P_{u1} = n \cdot e \cdot t \cdot \sigma_u$（$\sigma_u$：接合材の引張強さ）で示される。この値が接合部の有効断面積A_eに基づいて算定される引張最大耐力$P_{u2} = A_e \cdot \sigma_u$より小さい場合は，端あき方向の破断である端抜け破断が生じる。端抜け破断は，望ましい破断形式ではないので，端あき寸法の確保が必要となる。応力方向に配置されたボルトの数が3以上となると端あき寸法として最小縁端距離を取っておけば，端抜け破断は生じないが，この数が2以下の場合は，最小縁端距離ではなく，2.5d以上の端あき寸法を採ることが必要である。

（たなか　あつお）

Q.224 高力ボルトの遅れ破壊

橋本篤秀●千葉工業大学名誉教授・常任理事

高力ボルトのF8T，F10T，F11Tの遅れ破壊発生の有無関係

結論を先にいえば，JIS B1186（摩擦接合用高力六角ボルト・六角ナット・平座金のセット）規格品として現在流通しているF8T，F10T，F11Tのボルトでは，経験的事実として使用環境が通常であれば，F8T，F10Tは遅れ破壊の発生事例はなく，今後も破壊することはないと考えて差し支えない。ただし，呼び径をM40，M50，M60などと拡大すると，後述する理由により破壊発生の可能性が生じる。

一方，F11Tは，ボルトが普及し始めた昭和50年頃，施工後数年あるいは20年以上経過後，遅れ破壊が報告された。F11Tのすべてが破壊するというものではなく，引張強さが規格値の上限寄りのものでは破壊が発生しやすくなる。これはF11Tに対するJIS B1186の引張強さの規格値が1,100～1,300N/mm²となっており，定説となっている遅れ破壊発生の引張強さ1,250N/mm²を超えていることも一因と考えられる。この事実から，現在はF11Tの高力ボルトは生産されていない。

そもそも遅れ破壊とは，高強度ボルトで締め付けたボルトが数か月から十数年後に破断する現象である。筆者が行った遅れ破壊の促進実験[1]では，ボルトの破断部位は**写❶**(a)～(e)に示すように，首下R部，円筒部，不完全ねじ部，ねじ部，ナット嵌合部といろいろな部位で発生し，一般にいわれるひずみ集中部には限らない。さらに破断形状は，**写❷**に示すようにスパイラル状の亀裂も発生する。これらの破壊形状については

まったく説明できない現状にある。遅れ破壊は一定時間経過後，瞬時に爆発的に引きちぎれるものではなく，比較的短時間に小さな亀裂が進展するにつれボルト張力も減少し静かに切断しているようである。遅れ破壊の原因は諸説ある中で，近年は水素脆性と目されているが，真因は世界的にも産業分野を問わず未解明であり，遅れ破壊性能判別試験法も確立されていない。

水素脆性説の概要は，大気中からボルト内に侵入あるいは内部トラップされる拡散性水素イオン量が当該ボルトの材質の固有値とみなしている水素吸蔵限界を超えると破断するとするものであるが，ボルト遅れ破壊部位との関連などは説明できていない。

経験的には焼き入れ，焼き戻しの熱処理で高強度化する炭素鋼では引張強さが高いほど発生しやすく，最大強度1,250N/mm²以上のものでは発生の可能性があるというのが通説となっている。近時，汎用される高力ボルト材料のボロン鋼，クロム，モリブデン合金鋼などでは，引張強さは主として材料の化学成分と焼き入れ，焼き戻しの温度制御に負うもので，温度差が大きいほど硬く高強度なものとなる。参考文献1）では，炭素当量と焼き戻し温度の関係による遅れ破壊の有無の判別式を**図1**のように提唱している。

通常の熱処理工程では，太径（40mm以上）になるほど表層部と中心部で入熱・冷却状況が不均等となり，内部材質の完全均等化は技術的に至難な状況にある。例えば，F10Tボルトで断面の平均強度を1,000～1,200N/mm²にするものでも，太径になるにつれて中心部は800～900N/mm²と規格値以下となる一方，遅

(a) 首下R部

(b) 円筒部

(c) 不完全ねじ部

(d) ねじ部

(e) ナット掛かり部

❶遅れ破壊部位

❷スパイラル状亀裂

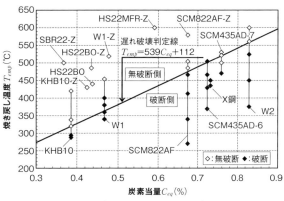
図1 遅れ破壊判別式（炭素当量と焼き戻し温度）

れ破壊の起点となる表層部では危険な強度域1,250N/mm²を超える傾向になる。このため，F10Tでも太径では遅れ破壊を生じないとはいい切れないのである。これはF8T，F11Tでも同じ傾向にあるので，F11Tでは外表面部分では1,300N/mm²を超える一段と危険な側になることになる。一方，F8Tのものでは，太径でも表層部も遅れ破壊をしない強度レベルに留まるものが製造できるのである。現在主流のF10Tでも，メーカーは規格の引張強さの下限寄りのものを生産している。

（はしもと　あつひで）

【参考文献】
1) 橋本篤秀，今井博和，川合幸三：超高強度ボルトの遅れ破壊に関する実験的研究；（その1）日本建築学会構造系論文集，No. 504，1998年2月；（その2）No. 513，1998年11月；（その3）No. 527，2000年1月

Q.225 スタッドボルトの必要ピッチ

内田直樹●元神戸大学教授

スタッドボルトの必要ピッチが径の7.5倍以上なのはなぜか

合成梁構造の設計・施工に関する指針は，1975年に日本建築学会から『合成ばり構造設計施工指針』[1)]として初めて発刊され，シアコネクターとしては頭付きスタッドに限定して設計法がまとめられている。その後，1985年に新たに制定した他の三つの合成構造の指針と併せて刊行された『各種合成構造設計指針・同解説』の第1編『合成ばり構造設計指針』として増補改定されている。

現行の『各種合成構造設計指針・同解説』[2)]は，2010年に改定されたものであるが，本質問の対象となっている合成梁構造の頭付きスタッドのピッチ（梁の材軸方向の間隔）に関する構造細則は，初版で規定された内容のまま現在に至っている。

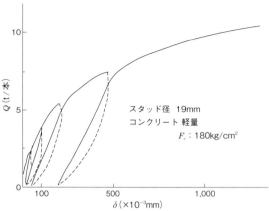

図1 押抜き試験での荷重－ずれ量の関係

● 頭付きスタッドの構造特性

　頭付きスタッドのシアコネクターとしてのせん断耐力や変形性状については、いわゆる押抜き試験体による多数の実験によって求められている。**図1**は、押抜き試験結果の一例として、荷重とずれ量の関係を示したものである[1]。

　頭付きスタッドの剛性は比較的早期に低下し、その後も耐力を保持しながら十分な塑性変形能力を発揮することがわかる。したがって、梁のせん断力が大きくなっていくと、各頭付きスタッドの分担せん断力は平均化される。このような頭付きスタッドの特性を踏まえて、『合成ばり構造設計指針』では、合成梁の終局状態を想定して頭付きスタッドの終局せん断耐力を基準にして、スタッドコネクターの設計を行うこととしている。

　押抜き試験による破壊性状は、必ずしも頭付きスタッドのせん断破壊ではなく、頭付きスタッド周囲のコンクリートの支圧破壊、あるいは頭付きスタッドの引張曲げせん断破壊の性状が見られ、理論的に十分明らかにされていない。また、押抜き試験によるシアコネクターの耐力は、梁の実験によるそれよりも小さく評価されているといわれている報告もあり、これに代わる簡単な評価法もないため、日本建築学会の指針でも、通常の等厚な鉄筋コンクリートスラブのせん断耐力は押抜き試験から得られたせん断耐力をそのまま採用している。

　わが国における押抜き試験による実験結果は、参考文献1)の表6.1に、コンクリート強度とピッチやゲージをパラメータにして一覧されているので参照されたい。

● 頭付きスタッドの最小ピッチ

　構造細則についても、これらの国内の実験とアメリカで行われた多数の実験の報告をもとに、頭付きスタッドが十分な塑性変形能力と所要のせん断耐力を発揮すること、および溶接施工の問題を考慮して最小ピッチやその他の適用範囲を規定したものである。頭付きスタッドのピッチについては、系統的な実験がほとんどみられないが、ピッチがある程度小さくなると、頭付きスタッドを連ねる線上の割裂を生じて1本当たりの耐力は小さくなる。軸径19mmの頭付きスタッドで、ピッチが150mm以上（軸径の約7.8倍）となっている実験では、日本建築学会で規定するせん断耐力がほぼ得られている。また、ピッチを小さくした実験では、耐力が低下した報告もみられる。これらの実験結果を踏まえて、日本建築学会の指針では、頭付きスタッドのピッチを軸径の7.5倍以上と若干安全側に規定している。

　このほか、頭付きスタッドについては、耐力と施工の問題を考慮して、ピッチのみならずゲージなどに関しても構造規定が設けられている。すなわち、ゲージ（梁の材軸と直角方向の間隔）は軸径の5倍以上、鉄骨梁フランジ縁と頭付きスタッドの軸心との距離は40mm以上、床スラブの縁辺から頭付きスタッドの軸心までの距離は100mm以上、頭付きスタッドのコンクリートかぶり厚さはあらゆる方向について30mm以上とされている。

　なお、押抜き試験の方法については必ずしも標準化されていないが、参考文献2)の図6.1に、JSSCの試験方法（案）が紹介されている。　　　　（うちだ　なおき）

【参考文献】
1) 日本建築学会：合成ばり構造設計施工指針・同解説、1975年11月
2) 日本建築学会：各種合成構造設計指針・同解説、2010年11月

Q.226　ボルト締付け長さ

橋本篤秀●千葉工業大学名誉教授・常任理事

ボルトの締付け長さの制限の根拠は

　この設問は、日本建築学会『鋼構造設計規準（2002版）』の15章の15・2にある「締付け長さの長いリベッ

トおよびボルト」に関するものと推察される。

この締付け厚さを呼び径（d）の5倍（以下，$5d$と表示）以下とする規定の沿革を，日本建築学会の規準書および法令などで概観すると，**表1**のようになる。

このことから，締付け厚さを$5d$以下とする規定のルーツは，昭和16（1941）年に日本建築学会の機関紙『建築雑誌1941年12月号』に「鐵骨構造計算規準案」として公表した後に，昭和25年10月に初版制定された『鋼構造計算規準・同解説』のリベットの規定によるものと考えられる。

表1にある建築基準法施行令政令338（昭和25年），政令344（昭和34年）や昭和28年のJASS6によると，ボルトはリベット打ち作業ができない場所で，リベットの代用として利用するものとして扱われていたのである。

また，大きな変遷を見ると，昭和16年～34年までは『鋼構造計算規準・同解説』であり，リベット締付け厚さは穴径の5倍以下という規定であり，ボルトに対する規定はない。

さらにここでは，締付け厚さが「5倍を超すときは適当にリベット耐力を低減すること」という非規制的な表現がされたものの，耐力低減計算式すなわち後の本数割増し的規定はない。これは「設計規準」ではなく「計算規準」であるから，対象の接合部の耐力を計算するという趣旨に沿うものと解釈できる。

一方，昭和41，42年の準備を経て，昭和45（1970）年に制定され，昭和48年（2版），2002年（3版，SI単位表示）に改訂された『鋼構造設計規準』になり，従来の「14条リベット，15条ボルト接合」は15章で「リベット，ボルトおよび高力ボルト」に集約され，締付け厚さの規定がリベットとボルト共通に軸径（穴径ではない）の5倍以下とされた。同時に，5倍を超えたときのリベットまたはボルトの割増す数量の算定式が規定されたのである。従前の穴径を軸径に変更したのは，ボルトのためと思われる。

そこで，リベットの最大締付け厚さはなぜ$5d$以下となったのかを考えてみる。

リベット接合は現場で900～1,000℃に焼いたSV41材の丸鋼を，軸径より1.0～2.0mm大きい穴に貫通させ突出する両端を丸頭状に成形する。その後，冷却による収縮応力で，積層した板を締め付ける機構のものである。

したがって，リベット穴にきっちり充填することが重要であるため，締結厚さに対する挿入する丸鋼の長さについては，計算式が厳格に規定されている。

当時のリベットの規格（JIS B1214-1966）にある製品規格寸法は軸径範囲φ10～40，軸径に対する穴径と締付け厚さは次のようになっていた。

- $10 \leq d \leq 18$：+1.0mm，　$l = 1.0 \sim 5.0d$
- $19 \leq d \leq 28$：+1.5mm，　$l = 1.2 \sim 5.5d$
- $30 \leq d \leq 40$：+2.0mm，　$l = 1.4 \sim 5.0d$

この頃の締付け厚さに関する研究としては，岩城康雄ほか「板厚の大きい現場継手に関する実験」（土木学会誌Vol50，No8，1965年）と題する報告書で，積層厚@25×6～@25×8の試験体を用いて，グリップがリベット径の6倍を超えると充填不良となることと，積層数が多くなると二次応力が発生する，と記述されている。

この研究が，どのように取り扱われたかは定かではないが，リベットの締付け厚さは当時の使用実況も考慮して，JISの規格寸法に合わせた$5d$にしたと思われる。

一方，ボルトのJIS B1180にある製品規格では，呼び径範囲は3～80mmで，穴径はリベットと同じであった。首下長さは呼び径で若干異なるが，1.5～8.5dである。

なお，参考までに高力ボルトはJIS B1186の製品規格はM12～M30で，長さは約2.5～7.2dの範囲にある。穴径は，当初はリベットと同じであったが，近時+2.0（$d<27$），+3.0（$d\geq27$）となった。しかし，高力ボルトには締付け厚さ規定はない。この根拠としては摩擦接合，引張接合とも高力ボルトの強い締付力により，被接合鋼材間にずれや離間などが生じない，完全に一体化した状態で使用する接合法のためである。

一方，ボルトは当初リベットの代用品扱いであったことなどを総合すると，リベットの規定をボルトも踏襲したと推察される。しかし，ボルト首下長さは製品規格上では$5d$を超えるものもあるが，ボルト締付け厚さを$5d$と規定したことは，首下長さ＝締付け厚さ＋ナット丈＋座金厚＋余長となることや接合部の剛性確保を考慮して，直径も締付け力も類似のリベットの経験を活用したと考えられる。

構造的に考えると，ボルトやリベットでも接合部の剛性や耐力を確保する重要性に変わりはない。これを阻害する要因としては，積層枚数と板厚が考えられる。したがって，長さ制限とともにボルト接合を適用できる建物に規模制限があることは，接合部のスケールの実況を考慮すると妥当なものであるといえる。

（はしもと　あつひで）

表1 規定の沿革

規準・法令等名称	年月	条文	備考欄
鉄骨構造計算規準案 (建築雑誌12月号)	昭和16年	(各種構造計算規準としてRC,W,Sを一括公表(昭和22年))	
鋼構造設計規準 同解説	昭和25年初版 昭和28,30年小改訂	14条　鋲接合に対する注意 1. 材端に近て応力の方向に並ぶ接手鋲1列の鋲数は、著しく多過ぎないようにする必要がある。止むを得ない場合は全鋲力に対する鋲力の不均等分を考慮して鋲の総厚さを低減する。 2. 布を考慮して鋲の締付ける板の総厚さが鋲孔径の5倍以下とする。やむを得ず鋲径の5倍を超過する場合には、適当な鋲耐力を低減する。 3. 前項の外、鋲接合に関しては附表3(形鋼のピッチゲージ)によるのを標準とする。 15条　ボルト接合 1. 構造主要の接手特に振動又は衝撃を受ける接手では、ボルトを使用することは出来ない。一般にボルトを使用する場合は、半止上がりボルトを使用すること。但し止むを得ない接手には、ボルトのナットを他緩しないことが必要であり必要に応じて二重ナットを使用するか乃至はボルト径より0.5mm以上大きくすること。 尚ボルト半止上がりボルト孔はボルト径より0.5mm以上大きくすること。 2. (略)	・ボルト長さで5d以下の規定なし ・リベット長さで5d以下規定(dは穴径) ・数量割増し規定 ・耐力低減し規定 ・穴径+0.5規定、ボルトゆるみ止規定 ・接合部長さを規定 ・ピッチゲージ縁端距離規定 ・昭和25年と同文 当用漢字使用
	昭和34年2版(1959)		
鋼構造設計規準 (昭和41年建築雑誌公表) 規準案全国講習)	昭和45年初版(1970) 昭和48年2版(1973) 平成14年3版(2002) SI単位化	15章　リベット、ボルトおよび高力ボルト 15.1 穴のすき方 リベット穴の径はJIS B 1214による。ボルト穴の径はボルトの公称軸径に0.2mmを加えたものとする。 14.10.(3)のボルト穴の公称軸径に0.5mmを加えたものとする。 15.2 締め付け長さのボルトおよびリベット リベットまたはボルトで締め付ける板の総厚さ、径の5倍以下とする。やむを得ず径の5倍をこえる場合、そのこえた長さ5mmごとにリベットまたはボルトの数を4%増さなければならない。超過分が6mm未満の場合数は増す必要はない。6mm以上の場合は最小1本増しとする。高力ボルトの場合は、本項の制限をうけない。 15.3 最小ピッチ 15.4 最小縁端距離 15.5 応力方向の縁端距離 15.6 最大縁端距離	・リベットとボルト併記 ・ボルトリベット共締付け厚5d以下規定(dは軸径に変更) ・S16の耐力低減、かつボルト数割増し規定4%/6mm ・HTB追記、割増し規定適用除外 ・ボルト使用範囲規定(軒高9m、スパン13m) ・ボルト穴径d+0.5(S16に同じ)、d+0.2は適用規定緩和
建築工事標準仕様書JASS6 鉄骨工事	昭和28年(1953) 昭和42年(1967)	4節　リベット工作その他 6.4.1 リベット穴 a. リベット穴の直径はリベットの直径より幾分大にし、その程度は下記を標準とする。 リベットの直径　16mm以下：+1.0mm、16mm以上：+1.5mm、32mm以下：+1.5mm、32mm以上：+2.0mm b. リベット穴はドリル用とするか、またはサブパンチしてリーマ掛けとするかでリーマ掛けとすることができる。 c. 締め付け長さのボルトとリベット d. リベット穴周囲の余計きは取らぬ 6.4.2 組立(略) 6.4.3 リベット打(略) 6.4.4 ボルトの使用 リベット継でを組立せた場合リベット打の困難な箇所についてはボルト締めとすることができる。ただしこの場合は強さの 6.4.5 ボルト ボルト穴径はボルト径より0.5mm以上大きくてあってはならない。ただし柱脚締付用アンカーボルトにおいては特に設計図に指定するものの外はその余計きを5.0mmとする。 6.4.6 戻り止め(略) 6.4.7 既設穴の利用(略) 6.4.8 剪断ボルト(略)	・リベット、ボルト締付け厚規定なし ・ボルトの独立章 ・ボルトはリベットの代用扱い ・6節と高力ボルトに締付け長さに加えた長さを規定 ・穴径の規定 ・穴径同じ、リベットに同じ
	昭和57年(1982) 昭和63年(1988)	6節　リベット接合 6.1 リベット a. リベットの品質 リベットの品質はJIS B 1214(熱間成形リベット)のSV41(JIS G 3104)の規格品とする。 b. リベットの長さ リベットの長さは、径および組立てる材片の厚さによって決定する。 6.2 接合部の組立ておよびリベット締め(略) 6.3 締付け後の検査(略)	・リベットの長さ5dではない規定新設 ・ボルトと高力ボルトの代用規定新設 ・ボルト適用建物規模詳細規定

			参考	
平成3年(1991)	7節 ボルト接合 7.1 ボルト 　a. ボルト・ナット・座金 　　ボルト・ナット・座金の品質は、特記による。特記のない場合は、ボルトはJIS B 1180（六角ボルト）の4T、ナットはJIS B 1181（六角ナット）の4T、座金はJIS B 1256（平座金）の平座金とする。 　b. ボルト長さ 　　ボルト長さは、JIS B 1180の付表に示されている呼び長さにより、締付け長さに応じて締付け終了後、ナットの外に2山程度ねじ山が出るように選定する。 7.2 接合部の組立ておよびボルト締め 7.3 締付け後の検査（略）			・「」ボルト接合」抹消 ・リベット・ボルト長さ規定同上 ・ボルト強度4Tのみ
平成5年(1993)	7節 ボルト接合 7.1 ボルト 　a. ボルト・ナット・座金 　　(1) ボルト・ナット・座金 　　　ナット、ボルトの品質は、特記による。特記のない場合は、ボルトはJIS B 1180（六角ボルト）の4T、ナットはJIS B 1181（六角ナット）の4T、座金はJIS B 1256（平座金）の平座金とする。なお、仕上げ程度は中以下とする。 　b. ボルト長さ 　　ボルト長さは、JIS B 1180の付表に示されている呼び長さにより、締付け長さに応じて締付け終了後、ナットの外に3山以上ねじ山が出るように選定する（表7.3参照）。 7.2 接合部の組立ての検査（略） 7.3 締付け後の検査（略）			・ボルト接合は、建築基準法により、一般には軒高9m以下で、スパンが13m以下の構造物で、かつ延べ面積が3000m²以下の場合にしか使用できないと規定されている。このため、ボルト接合は比較的軽微な構造物に限られる。
平成14年(2002) 平成19年(2007)	接合部の組立ての検査（略） 締付け後の検査（略） 同上SI単位表示			表7 締付け長さに加える長さ（単位:mm） | ボルト呼び径 | M12 | M16 | M20 | M22 | M24 | |---|---|---|---|---|---| | 一重ナットの場合 | 20以上 | 26以上 | 30以上 | 35以上 | 37以上 | | 二重ナットの場合 | 27以上 | 36以上 | 42以上 | 48以上 | 51以上 | ・SI単位表示 ・ボルトに関する規定同上 ただし、ボルト強度4.6,4.8,5.6,5.8,6.8に増加
建築基準法施行令 政令338 昭和25年11月16日	（接合） 第67条　構造耐力上主要な部分である鋼材を接合するには、接合しようとする部分である継手又は仕口にあつては、添板リベット打又は溶接を使用して接合しなければならない。（但し、左（下）の各号の一に該当する場合においては、ボルトを使用することができる。 一　建築物の構造部分に使用する鋼材の合計が十トン以下で、且つ、ボルトがゆるまないようにコンクリートで埋め込み、又はナットの部分を溶接し、若しくはナットを二重に使用するその他の方法により、ボルトがゆるむおそれがない場合 二　（略） 2　（略） 3　リベット打又は溶接作業が著しく困難な部分を接合する場合 （リベット及びボルト） 第68条　リベット・ボルト孔の径は、ボルトの径より0.5ミリメートル以上大きくしてはならない。			ボルトはリベット、溶接の代用品
同上 政令344 昭和34年12月4日	（接合） 第67条　構造耐力上主要な部分である鋼材を接合するには、リベット打、リベット打又は溶接によらなければならない。ただし、次の各号の一に該当する場合においては、ボルトを使用して接合することができる。 一　軒の高さが9メートル以下で、かつ、張り間が13メートル以下の建築物の構造耐力上主要な部分について、ボルトがゆるまないようにコンクリートで埋め込み、又はナットの部分を溶接し、若しくはナットを二重に使用するその他の方法により、ボルトがゆるむおそれがない場合 二　（略） 2　（略） 3　リベット打又は溶接作業が著しく困難な部分を接合する場合 （リベット及びボルト） 第68条　昭和25年に同じ（略）			・第67条の1追加 ・ボルトの使用建物規模規定
同上 政令333 昭和45年12月2日	（接合） 第67条　（略）昭和34年に同じ（略） （リベット及びボルト） 第68条　リベット、リベット孔に充分埋まるように打たなければならない。 2　リベットの径は、リベット孔の径より1ミリメートル以上大きくしてはならない。ただし、ボルトの径が20ミリメートル以下で、かつ、構造耐力上支障がない場合においては、ボルト孔の径は、ボルト孔の径より1.5ミリメートルまで大きくすることができる。			・第68条ボルト穴径拡大 ・リベットはボルトの代用の条文削除

Q.227 接合用ファスナーのせん断強度

田中淳夫●宇都宮大学名誉教授

> 鋼構造物に使われる接合用ファスナーのせん断強度における値で，ボルトでは $(1/\sqrt{3})F$ に対し，リベット鋼では $(3/4)F$ とあるが，それぞれの係数の根拠は

現在，高力ボルトでないボルトは，4T（引張強さ400N級でボルトの強度区分として4.6，4.8），5T（500N級でボルトの強度区分として5.6，5.8）および6T（600N級で6.8）が使われている。これらのボルトは，建築基準法令（本稿に関連する事項は建築基準法施行令第90条（鋼材等の許容応力度）ならびに関連告示（平12建告第1451号および平12建告第2464号）であるが，以下ではこれらをまとめて基準法令と略記する）においても日本建築学会の鋼構造設計規準-許容応力度法-（以下，学会規準）でもその使用が認められているが，それらの許容せん断応力度は，同じF値に対して表1に示すように多少異なっている。

本来，鋼材自体の短期許容せん断応力度は，一般的に鋼材の基準強度Fに対して$(1/\sqrt{3})F$となっている。この場合の$1/\sqrt{3}$という係数は，鋼材がミーゼス（von Mises）の降伏条件に従う場合に決定される値である。学会規準では，どの強度レベルのボルトに対してもこの値を用いているが，その扱いは力学的にみて妥当である。しかし，基準法令ではこの値と大きく異なった値を採用しており，4Tクラスのボルトでは $(3/4)F$ となっている。この値は，1959年に改定された日本建築学会の鋼構造計算規準・同解説の「6条 許容応力度」においてSS41（現在のSS400に相当）およびSM41（SM400）を用いたボルトの長期許容せん断応力度として1.2tf/cm² (≒120N/mm²)が規定されており，この値をそのまま採用したものと考えられる。この値が短期許容せん断応力度では $(3/4)F$ である。この値を採用しているのは，高温による材料の硬化（強度の上昇）が生じているリベット材（SV34およびSV41）に対して規定されている値と同じ値としたためである。高温の影響を受けていないボルトでリベットと同じ許容せん断応力度を与えた理由は，この規準が使われていた時代は，接合用ファスナーとしてリベットとボルトが併用されており，設計上当初リベットを用いていたものをその後，同径のボルトに変更する状況が生じた際にも設計変更なしに対応できることを考慮したものではないかと推察される。

なお，基準法令では5Tクラスのボルトで4Tクラスのボルトとまったく同じ値の許容せん断応力度が規定されているが，その理由はまったくわからない。なお，6T級のボルトに関して短期許容せん断応力度として $(1/\sqrt{3})F$ が使われているのは，この強度レベルのボルトがかつては使われていなかったためである。このように，基準法令におけるボルトの許容せん断応力度の規定に関しては，統一的な理論上の背景はない。

ただし，学会規準の値を使う限り，基準法令の値より小さいため，法的な問題はない。

以下に，ボルトやリベットより遙かに使用頻度の高い高力ボルトについても記述しておく（施行令第92条および告示平12建告第2466号）。高力ボルト（F10T）の許容せん断応力度（長期）は150N/mm²となっている。この値は，上記の4T〜6Tのボルトと比べると強度レベルの違いからみて明らかに小さい。これは，高力ボルトは規定の導入張力（500N/mm²）を与えて，接合面に規定の表面処理を施して，すべり係数0.45を確保することが使用条件であり，その結果得られるすべり耐力を公称軸断面で除して応力度表示しているためであり，高力ボルト自体のせん断耐力とは無関係となっているからであり，この点は注意すべき点である。

（たなか あつお）

表1 ボルトのF値と長期許容応力度（N/mm²）

ボルトの強度区分	F値	鋼構造設計規準		告示	
		引張f_t	せん断f_s	引張f_t	せん断f_s
4.6, 4.8	240	160	160/√3	160	120
5.6, 5.8	300	200	200/√3	200	120
6.8	420	280	280/√3	280	280/√3

注1 短期許容応力度は，表示の値の1.5倍とする
注2 告示は，平12建告第1451号である

Q.228 ボルトの孔径

田中淳夫●宇都宮大学名誉教授

> ボルト孔の規定で，通常ボルト軸径＋2mmやベースプレートで＋5mmなど，ボルト径，ボルトの種類，鋼材の種類などによる孔サイズの根拠は

現在，鋼構造建築物で使われるボルト孔に関する規定は，大きく分けて3種類になると考えられる。すなわち，最も一般的な高力ボルトの孔径，次いで露出柱脚におけるベースプレートのアンカーボルトの孔径，そして最後に使用量は少ないもののボルト（4T，5Tおよび6Tの強度レベルのものが使用できるが，建築基準法施行令第67条（接合）の規定により使用できる建築物に規模制限がある）の孔径である。

高力ボルトおよびボルトの孔径の規定は，建築基準法施行令第68条（高力ボルト，ボルトおよびリベット）で法的に規定されており，それらの値は，高力ボルトについては，M24まではボルト軸径＋2mm，M27以上はボルト軸径＋3mmである。またボルトの孔径は，原則としてボルト孔径＋1mmである。ここで「原則として」と書いたのは，この規定の中に「ただし，ボルトの径が20mm以上であり，かつ，構造耐力上支障がない場合においては，ボルト孔の径をボルトの径より1.5mmまで大きくすることができる」という但し書きがあるからである。

なお，日本建築学会の鋼構造設計規準では，高力ボルトに関しては，建築基準法施行令と同様であるが，ボルトに関してはより厳しい規定となっており，ボルトの孔径についてボルトの公称軸径に0.5mm以下の値を加えたものとするとなっている。ただし，ボルトの孔径をボルトの公称径＋0.2mm以下とする場合は，適用する建築物に規模制限を設けなくてよいとする規定（法的には大臣認定が必要となる）となっているが，鉄骨部材の製作精度と建方精度の実情から明らかなように，この但し書きを実際の建築物に適用した例はほとんどない。これらの規定は，一般にボルト接合では，接合部に荷重が作用するとすべりが生じ，繰返し荷重時の接合部の復元力特性がスリップ型となり，建物の構造特性が低下することを考慮しているためである。

露出柱脚のベースプレートのアンカーボルトの孔径に関しては，建築基準法施行令，学会規準ともボルトの軸径＋5mm以内としている。

なお，以上すべての規定は，構造体に使用する鋼材の種類に関係はなく，どの鋼種にも適用できる。

これらの規定の根拠であるが，高力ボルトについては，高力ボルトが開発され，実用化された当初（1964年に高力ボルトのJIS規格が初めて制定されている）は，まだリベットが一般的に使われていた時期であり，リベットは，赤熱した状態でリベット孔に装填され，圧縮空気を使用したリベッターで多数の打撃を加えてリベット孔に充填された状況で使用されていた。リベットはこのような状況で使用されていたため，リベットをリベット孔に装填する際に必要なクリアランスを確保し，かつ締付け後，リベット孔を完全にリベットで充填する必要性から，リベット径にかかわらず，リベット径＋1.5mmとすることが当時のリベットのJIS規格で規定されていた。その後，高力ボルトが普及するにつれ，当初設計でリベットを用いていたものを高力ボルトに設計変更する例が多くなり，孔径の変更を避けるために，高力ボルトの孔径もリベットと同じとして，ボルト径＋1.5mmと規定された。その後，高力ボルト摩擦接合では，ボルト径が多少大きくなってもすべり耐力に影響がないとの判断から，1993年に現在の規定に変更されている。

アンカーボルトの孔径に関しては，露出柱脚が現場施工のコンクリート基礎と工場製作による鉄骨部材との接合部であり，鉄骨部材の精度とコンクリート工事の施工精度を考慮して，かなり大きめのクリアランスをもつ孔とすることによりこのような施工誤差を吸収する必要性があることと，露出柱脚が構造的には躯体の自重によるすべり耐力でせん断外力を伝えるのが一般的であることから，現場施工の容易さと構造特性を考慮して，通常のボルトより大きな孔径を採用したものである。

しかし，柱脚に鉛直ブレースが取り付くような場合には，規定どおりの孔径でも，大地震時に柱脚部に大きな水平変形が生じる可能性がある。このような状況が想定される場合には，ベースプレートの下にシアキーとなる鋼板を溶接しておくか，鉄骨建方終了後にアンカーボルトの座金の下にボルト孔のクリアランスが1mm以内となる鋼板をベースプレートに溶接するなどの対応が必要である。

（たなか あつお）

Q.229 パス間温度

中込忠男●信州大学名誉教授

鉄骨溶接におけるパス間温度とはなにか

溶接金属の機械的性質は，同じ溶接材料を用いても溶接施工条件により大きく異なる。特に，入熱・パス間温度は溶接金属の強度・靭性に大きい影響を与える。そのため2000年の建築基準法の改正に伴って新しくなった鉄骨製作工場の工場認定制度の性能評価基準に規定され，現在では表1に示す管理基準値により溶接施工することになっている。これは，日本建築学会『鉄骨工事技術指針・工場製作編』にも同様に記述されている。

入熱は式（1）のように与えられる。

$$HI = \frac{60 \times E \times I}{V} \qquad (1)$$

HI：入熱（J/cm）
E：アーク電圧（V）
I：溶接電流（A）
V：溶接速度（cm/min）

パス間温度とは多パス溶接において，次のパスの始められる前のパスの最低温度のことをいう。

図1に，溶接を行った際の熱履歴一例（入熱25kJ/cm，パス間温度250℃）を示す。同図から3パスまでは連続溶接を行い，4パスからは250℃まで一度温度を下げてから溶接を開始しているのがわかる。また，T1～T4は図2の温度測定位置を示しており，パス間温度は主にT2の点で管理するのが一般的である。

なおパスとは，溶接継手に沿って行う1回の溶接操作のことで，パスの結果できたものがビードである。図3に，標準積層図の一例を示す。

入熱・パス間温度の変化に伴い，溶接金属の降伏点や引張強さは図4，シャルピー衝撃試験の遷移曲線は図5のようになる。なお，溶材は溶接ワイヤYGW11を用いている。

図4から入熱の増加，パス間温度の上昇によって溶接金属の降伏点，引張強さは低下する傾向がみられる。また，図5からパス間温度を250℃に管理した試験体における溶接金属の0℃吸収エネルギーは入熱に限らず約100J以上の値であるが，入熱25kJ/cm以上で連続溶接を行った試験体では50J以下の値となっていることがわかる。

表1　溶接材料と入熱量・パス間温度

鋼材の種類	溶接材料	入熱（kJ/cm）	パス間温度（℃）
400N/mm²級鋼	JIS Z 3312	40以下	350以下
	YGW-11,15		
	YGW-18,19		
	JIS Z 3315		
	YGA-50W,50P		
490N/mm²級鋼	JIS Z 3312	40以下	350以下
	YGW-11,15	30以下	250以下
	YGW-18,19	40以下	350以下
	JIS Z 3315	40以下	350以下
	YGA-50W,50P		
400N/mm²級鋼 STKR・BCR・BCP	YGW-11,15	30以下	250以下
	YGW-18,19	40以下	350以下
490N/mm²級鋼 STKR・BCP	YGW-18,19	30以下	250以下

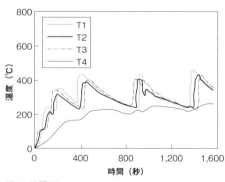

図1　熱履歴（入熱25kJ/cm，パス間温度250℃）

図2　パス間温度の管理点

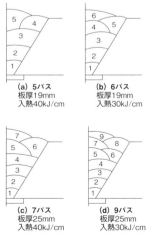

(a) 5パス　板厚19mm　入熱40kJ/cm
(b) 6パス　板厚19mm　入熱30kJ/cm
(c) 7パス　板厚25mm　入熱40kJ/cm
(d) 9パス　板厚25mm　入熱30kJ/cm

図3　標準積層図の一例

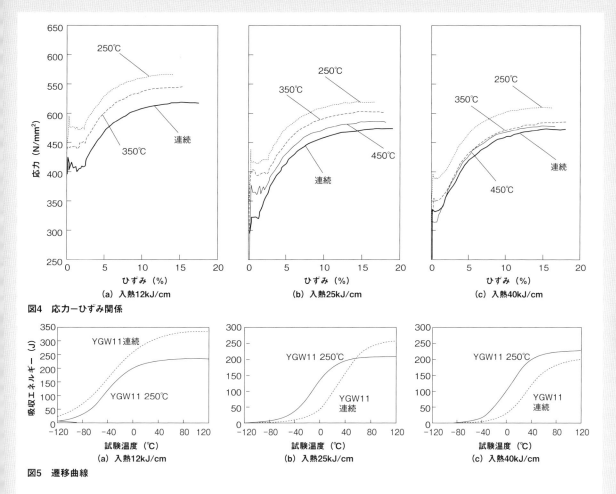

図4 応力－ひずみ関係

図5 遷移曲線

　これらのことからも，溶接する際の入熱・パス間温度が，鉄骨の強度や靱性に与える影響は大きい。
　なお，強度や靱性は溶接条件だけではなく溶材の化学成分の影響も受けるので，製品のばらつきなども考慮して，入熱・パス間温度はやや低めのところで規定されている。
（なかごみ　ただお）

Q.230 溶接部における外部欠陥

青木博文●横浜国立大学名誉教授

鉄骨の溶接部において，ずれ，食い違い，アンダーカットなどの外部欠陥に関する規定値があるが，その意味はなにか

　溶接部の強度・靱性などの品質を保証する規定は，令第67条鉄骨造接合部の継手または仕口の構造方法に関する告示平12建告第1464号に与えられている。その要点は，
①溶接部には，割れ，内部欠陥などの構造耐力上支障のある欠陥があってはならないこと
②溶接部にずれ，食い違い，アンダーカットなどの外部欠陥がないこと
③母材強度を確保できる溶接材料を使用し，適合する溶接条件で施工すること
である。①の項目では，超音波探傷検査のような非破壊検査により，割れ・ブローホール・融合不良・スラグ巻き込みなどの内部欠陥の有無を調べ，有害な欠陥は補修して健全にしなければならないことを規定している。②の項目では，応力の伝達で支障が出る，ずれ，食い違いなどの形状的なものと，ビード不整・アンダー

カット・オーバーラップ・ピットなど，溶接欠陥に属するものがあり，これらを外観検査により品質管理を行わなければならない。その中で，ずれ，食い違い，アンダーカットは，溶接部の継手強度に直接影響を与えるので全数検査とし，限界許容値を超える場合には補修を行わなければならない。最後の③の項目では，母材強度に適合した溶接材料を選択し，なおかつ，強度・靱性が確保されるように溶接条件（予熱温度・積層順序・入熱・パス間温度）を適正に管理する必要があることを示している。

したがって，溶接部の品質保証をするために鉄骨製作工場には，上記①～③の条件を担保する社内工作基準と社内検査基準が整備されていなければならない。

本溶接に入る前の仮組の組立精度は，最終受入検査となる製品検査での寸法精度や溶接外観検査の成績を左右する重要な伏線となる。特に，告示にもある「仕口部のずれ」や「突合せ継手の食い違い」は，仮組の段階で許容範囲に納めておかないと，本溶接を終わった後では取り返しがつかないことになる。したがって，仮組における組立精度の管理が必要になる。

日本建築学会の鉄骨精度測定指針によれば，「仕口部のずれ」や「突合せ継手の食違い」の管理値は，合否判定の基準となる限界許容差の約2/3を管理許容差と定め，これを目安に管理することにしている（**表1, 2**）。

ここで，もし限界許容差内にほぼ100％の製品が入っているとすれば，限界許容差の約2/3の範囲には正規分布を仮定すると，ほぼ95％の製品が入るはずである。このようにして決めたものが管理許容差である。限界許容差を外れるものは不合格品としてつくり直すのは当然として，管理許容差を超えるが限界許容差内に入っている合格欠陥品が製品全体の5％以上となった場合にはその工程自体を見直し，改善を行わなければならない。なお，告示平12建告第1464号で規定された鉄骨造の継手または仕口のずれ，食い違いの制限値は，上記の日本建築学会の『鉄骨精度測定指針』を参照して決められたものであるので，その限界許容差とまったく同じ数値となっている。

（あおき　ひろふみ）

【参考文献】
1) 日本建築学会：鉄骨精度測定指針，2007年

表1　仕口のずれ[1]

図	管理許容差	限界許容差	測定器具
（ダイアフラム・柱フランジ・梁フランジの図）	$t_1 \geq t_2$ 　$e \leq 2 \cdot t_1/15$ かつ $e \leq 3$mm $t_1 < t_2$ 　$e \leq t_1/6$ かつ $e \leq 4$mm	$t_1 \geq t_2$ 　$e \leq t_1/5$ かつ $e \leq 4$mm $t_1 < t_2$ 　$e \leq t_1/4$ かつ $e \leq 5$mm	コンベックス ルーペ すきまゲージ 測定治具
測定方法			

箱形断面柱などの閉鎖断面については，ダイアフラム位置が表面から確認できるよう，前もってけがく必要がある。

表2　突合せ継手の食い違い[1]

図	管理許容差	限界許容差	測定器具
	$t \leq 15$mm　$e \leq 1$mm $t > 15$mm 　$e \leq t/15$ かつ $e \leq 2$mm	$t \leq 15$mm　$e \leq 1.5$mm $t > 15$mm 　$e \leq t/10$ かつ $e \leq 3$mm	金属製角度直尺 金属製直尺 すきまゲージ 溶接用ゲージ
測定方法			

Q.231 鉄骨溶接検査のAOQL第6水準,サンプル数

中込忠男●信州大学名誉教授

鉄骨溶接検査AOQL第6水準4.0％の根拠,ならびにサンプルの大きさ20の根拠は

質問にある「鉄骨溶接検査AOQL第6水準4.0％の根拠,ならびにサンプルの大きさ20」とは,公共建築工事標準仕様書(以下,公共建築)において定められている規定だと思われる。

関連が深い日本建築学会建築工事標準仕様書JASS 6鉄骨工事(以下,JASS6)と公共建築を念頭において答えていくこととする。

◉ AOQL第6水準4.0％について

鉄骨溶接検査については,JASS6を参考に規定されているため,まずはJASS6について説明をする。

JASS6で規定している溶接部の受入検査では,ロットの数を300以下,サンプル数を30としている。また,ロットの合否の判定は,次のように行う。ロットの合否の判定は2段抜取検査とし,1回目の抜取検査のときに不合格個数が,1個以下のときはロットを合格とし,4個以上のときはロットを不合格とする。ただし,サンプル中の不合格数が1個を超え4個未満のときは,同じロットからさらに30個のサンプルを抜き取り,検査する。総計60個のサンプルについての不合格個数の合計が,4個以下のときはロットを合格とし,5個以上のときはロットを不合格とする。

この基準ができる前のわが国では,溶接技術水準が必ずしも満足するものではなく,製品の不良率が相当大きかったようである。この基準を定めた当時は,この不良率を下げることを目的に,AOQLを設定したと考えられる。この不良率を完全になくすことは,技術的に非常に難しく不経済であることや,鋼構造物の不静定次数が高いため溶接欠陥が多少入っていたとしても建築物の倒壊につながる可能性が少ないことも勘案して,建築鉄骨のAOQLを4％とした。

上記の理由でJASS6の基準は決まり,それを参考にしながら公共建築の基準を定めている。公共建築の溶接部の受入検査では,ロットの数を220,サンプル数を20としている。また,ロットの合否の判定は,次のように行う。ロットの合否の判定は2段抜取検査とし,1回目の抜取検査のときに不合格個数が,0個のときはロットを合格とし,3個以上のときはロットを不合格とする。ただし,サンプル中の不合格数が1個を超え3個未満のときは,同じロットからさらに20個のサンプルを抜き取り,検査する。総計40個のサンプルについての不合格個数の合計が,3個以下のときはロットを合格とし,4個以上のときはロットを不合格とする。

◉ サンプル数について

鉄骨溶接検査のサンプル数は,経済性とロットの合格率の信頼性を考慮して,およそロット数の10％程度としている。公共建築のサンプル数の20は,ロット数が220のときに10％採取した場合のサンプル数22の値を丸めたものであり,サンプル数22とした場合,JASS6のサンプル数である30の場合に比べて,多少信頼性が下がるものである。

図1のグラフでは,溶接検査を公共建築とJASS6の条件それぞれで行った場合のロットの合格率を,式(1)を用いて算出し,OC曲線を描いている。

$$g(p) = \sum_{x=0}^{r} \frac{\binom{Np}{x}\binom{Nq}{n-x}}{\binom{N}{n}} \quad (1)$$

N:ロット数
p:不良品の割合
q:不良品ではない確立
n:サンプル数
r:許容される不良品の数

公共建築のAOQLである不良率4％でロットの合格する確率を比較すると,公共建築での「ロット数が220,サンプル数が20」の条件で算出したロットの合格率が約94.7％,公共建築での「ロット数が220,サンプル数が22」の条件で算出したロットの合格率が約92.7％と,JASS6での「ロット数が300,サンプル数が30」の条件で算出したロットの合格率は約93.2％となっており,それほど大きな差はない。これより公共建築のサンプル数の数値の省略とJASS6との条件の差によるロットの合格率の差は少なく,その信頼性は大きく変わらないだろう。

また,式(1)において,ロット数Nがサンプル数nに対して大きい場合に,簡略してNを無限として近似することで,式(2)のように表すことができる。

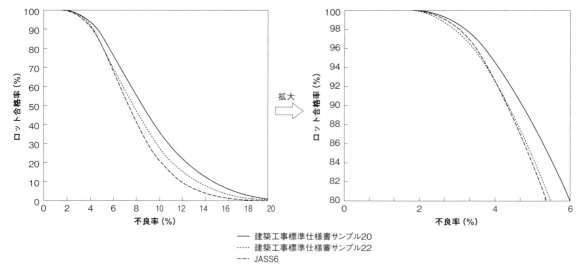

図1　式（1）で算出したロット合格率のOC曲線

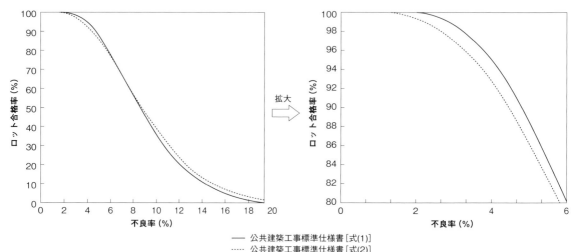

図2　式（1），式（2）で算出したロット合格率を用いたOC曲線

$$g(p) \cong \sum_{x=0}^{r} \binom{n}{x} p^x q^{n-x} \quad (2)$$

p：不良品の確率
q：不良品ではない確率
n：サンプル数
r：許容される不良品の数

　図2は，公共建築のロット数220，サンプル数20の条件で，式（1）と式（2）のそれぞれで算出したロットの合格率を用いてOC曲線を描いている。

　図2において，公共建築の条件における式（1）と式（2）のグラフを比べると，不良率1～2%，7～9%，20%においてはおおよそ近い値となっているが，不良率3～6%，10～19%においては1.5%以上の差がある。一例として，不良率4%で比較すると，式（1）を用いた場合のロットの合格率は約94.7%であるのに対して，式（1）を用いた場合のロットの合格率は約92.5%と，約2.2%の差が出ていることがわかる。これらのことから，全体的に式（1）と式（2）では実用上大きな差はないため，簡便にロットの合格率を算出する場合は式（2）を用いて大差ないが，細かくロットの合格率を見る場合には式（1）を用いて算出する必要があろう。

（なかごみ　ただお）

【参考文献】
1) Alfredo H-S.Ang, Wilson H.Tang著，亀田弘行，伊藤学訳：土木・建築のための確率統計の基礎，丸善，1992年
2) 鉄骨工事技術指針・工場製作編
3) 建築工事標準仕様JASS6鉄骨工事
4) 公共建築工事標準仕様書（建築工事編）

Q.232 隅肉溶接の有効長さ

中込忠男●信州大学名誉教授

隅肉溶接の有効長さ（サイズの10倍以上，かつ40mm以上，など）の根拠は

建築で施工される隅肉溶接には大別すると，前面隅肉溶接と側面隅肉溶接，斜方隅肉溶接の三種類が存在する。どちらの方法でも問題となるのは，「溶接始終端部」と，「溶接部の冷却速度」である。日本建築学会『鉄骨工技術指針・工場製作編』[1]に，隅肉溶接における有効長さの基準値ついて説明がある。

有効長さは，図1に示すように，実際の溶接長さLから両端の隅肉サイズ$2s$を控除して求める。そのため設計者は，計算から求められた有効長さに両端の隅肉サイズ$2s$を足した溶接長さLを設計図書に記載する必要がある。鉄骨加工業者は，設計図書に示された溶接長さLを施工しなければならない。有効長さとして，実際の溶接長さLから両端の隅肉サイズ$2s$を控除する理由は，溶接の始終端に発生する不完全（溶接欠陥）部分やクレータ部分の大きさを考慮したためである。

側面隅肉溶接のせん断応力分布は，図2に示すように，溶接線方向に一様ではなく，中央部は平均せん断応力より小さく，両端部が大きくなっている。この応力の大きい箇所に，溶接欠陥の発生しやすい始終端部を置くのは望ましいことではない。そこで，側面隅肉溶接は回し溶接を行い，溶接始終端部を前面に配置することがよいとされている。この場合，材片の隅角部はアークを切ることなく連続して隅肉溶接を行う必要がある。この際，隅角部の回し溶接の長さは，一般に隅肉のサイズの2倍かつ15mm以上とする。図3に，回し溶接を行った場合の有効長さについて示す。また，繰返し荷重を受ける側面隅肉溶接には，断続溶接を避け，回し溶接も全周とするなど，始終端の応力集中と欠陥が重ならないようにすることが望ましい。なお，リブプレートなどがフランジ幅と同幅の場合には，回し溶接ができないので，角落ちを避けて端部から5～10mmの範囲を

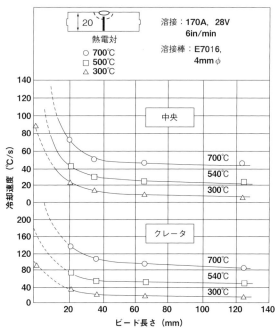

図4　ビードの中央部とクレータの冷却速度に及ぼすビード長さの影響

図1　隅肉溶接の有効長さ

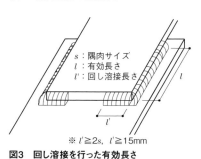

※ $l' \geq 2s$，$l' \geq 15mm$

図3　回し溶接を行った有効長さ

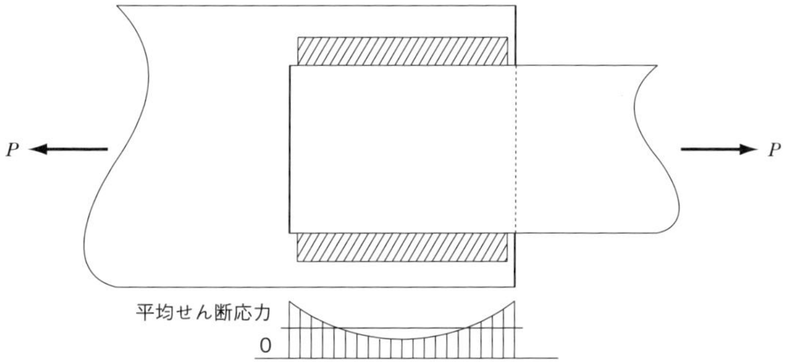

図2　側面隅肉溶接のせん断応力分布

始終端とした方がよい。

　隅肉溶接の有効長さの最小値を，隅肉サイズの10倍以上でかつ40mm以上とした理由は，隅肉溶接の長さが短く，母材の熱容量に比較して与える熱量が少ないと，溶接部が急冷されて割れを生じやすく，応力の伝達が円滑に行われにくくなることもあるためである。
　図4は，ビードオンプレートにおけるビード長さと冷却速度の関係の一例を示したものであるが，このように，ビード長さが35mmより短くなると冷却速度が急激に大きくなることがわかる。また，クレータ部の冷却速度が中央部の約2倍となっていることから，溶接始端部でバックステップ，溶接終端部でクレータ処理を行うことは，溶接欠陥の防止のみならず冷却速度の低下の観点からも望ましい。

（なかごみ　ただお）

【参考文献】
1) 日本建築学会：鉄骨工事技術指針・工場製作編，2007年2月

Q.233　スカラップの半径

中込忠男●信州大学名誉教授

従来型スカラップの半径35mmはどのように決まったのか（改良型スカラップについても）

●従来のスカラップ形状

　柱梁の梁フランジを完全溶込み溶接するには，ウェブにスカラップを設けないで溶接することは困難である。K開先で裏はつりをして溶接する場合には，スカラップはスニップカットのような形状にして，大きさはそれほど大きくない時代があったと聞いている。裏当て金を使用することが多用されるようになってからは，裏当て金の幅25mmに組立て溶接の寸法を考慮して$r=35$mmにすることが多くなった。梁せいが小さい場合には，25mmぎりぎりにすることがよいとされていたこともあった。

●ノンスカラップ・改良スカラップの形状

　筆者らは，阪神・淡路大震災以前から，スカラップを起点として脆性破壊することを実大実験によって確認し危惧していたところである。そこでノンスカラップ工法について，どのようにしたらよいか検討を開始した。一方，故泉満氏らは三次元的な裏当て金を開発し，スカラップを取らなくても良好な梁フランジ溶接ができる手法を提案した。筆者らは，種々の実大破壊実験を行って裏当て金をウェブの両側から当てるノンスカラップ工法を開発し，溶接施工方法の良否を検討した。それに基

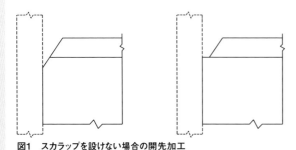

図1　スカラップを設けない場合の開先加工 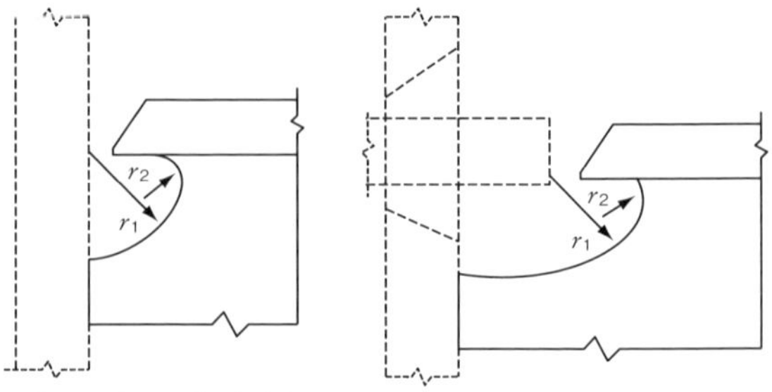
図2　スカラップの開先加工

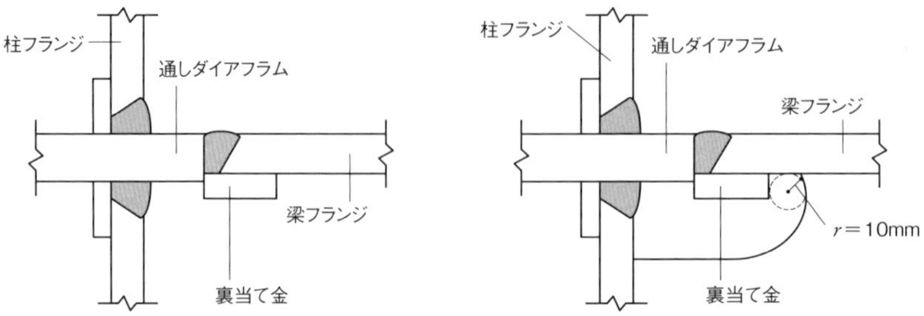

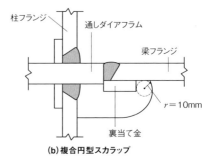

図3　ノンカラップ・スカラップ工法の例
(a) ノンスカラップ　　(b) 複合円型スカラップ

づいて，阪神・淡路大震災前からノンスカラップ工法の手法についていくつかの提案を行った。ノンスカラップが激震時の塑性変形能力を向上させる有力な方法であるとして，日本建築学会『建築工事標準仕様書JASS6 鉄骨工事（1996年度版）』に規定した。

同書には，ノンスカラップ工法だけでなく，従来のスカラップ形状と組立て溶接方法を修正した改良スカラップ工法も併せて記述した。当時（1996年）の例として，図1にノンスカラップ形状を，図2にスカラップ形状を示した。スカラップを設ける場合，スカラップの円弧の曲線はフランジに滑らかに接するように加工する（r_1は35mm程度とし，r_2は10mm以上とする）。それはノンスカラップ工法に全面的に移行すると，鉄工所が混乱を来すことが考えられたので，JASS6に記述したような改良型スカラップも認めることにした。これは，スカラップがフランジに直角に当たらないようにある角度をもたせることと，スカラップの近くに裏当て金の組立て溶接をしないようにすることが主たる狙いである。改良スカラップを採用することによって，ノンスカラップ工法ほどではないが変形能力の向上が期待できる。

日本建築学会『鉄骨工事技術指針・工場製作編最新版（2007年）』には，図3のようにノンスカラップ工法とスカラップ工法の一例が示してある。

阪神・淡路大震災から20年経ち，新潟や東日本などいくつかの大きな地震によってその安全性が確認されつつある。ノンスカラップ工法にも習熟してきたと考えられるので，変形能力がより高いノンスカラップ工法に全面的に移行することが期待される。

基本的には，スカラップが存在することは改良スカラップといえども大きな欠陥が存在することとなり，応力分布が乱れ，応力集中が発生することになる。

（なかごみ　ただお）

Q.234 最小縁端距離と規定数値

田中淳夫●宇都宮大学名誉教授

最小縁端距離の切断方法による違いと，規定数値の根拠は

縁端距離には，応力方向の端あき（はしあき）寸法と，応力と直角方向の縁あき（へりあき）寸法がある。

端あき寸法は，接合部に配置されるボルト本数が少ない場合に接合部の耐力に影響を及ぼすが，通常の設計では応力方向のボルト本数は3本以上となり，この場合，規定のピッチ寸法と縁端距離を採用していれば耐力上の問題はなくなる。応力方向のボルト本数が2本の場合は，端あき寸法として$2.5d$（d：ボルト径）以上の値を採ることとなっているので，この場合も通常問題はない。なお，応力方向の破断（端あき破断）については最大耐力が$P_u = n \cdot e \cdot t \cdot \sigma_u$（$n$：ボルト本数，$e$：端あき寸法，$t$：板厚，$\sigma_u$：鋼材の引張強さ）で評価できる。したがって，ここでは設計上問題となることの多い縁端距離として，縁あき寸法について説明する。

鋼板にあけるボルト孔の最小縁端距離は，日本建築学会『鋼構造設計規準』には表1に示すように規定されており，縁端の種類が①せん断縁，手動ガス切断縁と，②圧延縁，自動ガス切断縁，のこ引き縁，機械仕上縁と，大きく2種類に大別される。

なお，これらの値は，建設省告示第1464号（鉄骨造の継手又は仕口の構造方法を定める件）にも同様に規定されており，この告示ではボルト径が30mmを超える場合についても，それぞれ①の場合$9d/5$，②の場合$4d/3$（d：ボルト径）が追記されており，法的にも適用されている。この追記については，露出柱脚のベー

表1 最小縁端距離（mm）

径(mm)	縁端の種類		径(mm)	縁端の種類	
	せん断縁 手動ガス切断縁	圧延縁・自動ガス切断縁・ のこ引き縁・機械仕上縁		せん断縁 手動ガス切断縁	圧延縁・自動ガス切断縁・ のこ引き縁・機械仕上縁
10	18	16	22	38	28
12	22	18	24	44	32
16	28	22	28	50	38
20	34	26	30	54	40

スプレートを考慮したものである。

梁が曲げを受けてフランジに大きな引張力が作用した場合，最終的にはボルト孔を通る最小断面で破断が生じるのが一般的である。ただし，その際，ボルト孔がフランジ材の縁端（小口）に近い（端あき寸法が小さい）場合は，その距離が小さいほど母材の有効断面積に基づいて計算された最大耐力より低い荷重で破断が生じるので，そのような破断を避けるために設けられているのが最小縁端距離の規定であり，この規定を守っていれば，通常は最小断面で生じる母材破断で接合部の最大耐力が決定される。なお，小口からの破断は，フランジ材の小口の加工状況に影響され，小口にノッチが存在すればそこに応力集中が生じるため，さらに低い荷重時に破断が生じることになる。

この規定は，1970年に『鋼構造設計規準』が制定された際に設けられたものであるが，当時は鋼板の切断を手動ガス切断機で行う場合もあり，そのような時には切断面に2mmを超すようなかなり大きなノッチが生じる場合もあった。現在の日本建築学会『建築工事標準仕様書JASS6 鉄骨工事』では，ガス切断は原則として自動ガス切断機を使用することにしており，その際のガス切断面の粗さとノッチ深さは，それぞれ$100\mu mRz$以下，1mm以下と規定されている。このような理由で，ガス切断の種類によって最小縁端距離の規定に差が生じているわけである。また，鋼板をせん断切断する場合にも，切断面にノッチが生じる可能性がある。このため，せん断切断する場合もより大きな最小縁端距離を規定している。圧延縁，のこ引き縁，機械仕上縁にはノッチが生じないので，小さい縁端距離を採用できる。

現在では，ほとんどの鋼板の縁端加工が上記②の方法で行われており，通常は規定値の小さい方の値を採用して問題はないと考えられるが，せん断切断については注意が必要である。つまり，『建築工事標準仕様書JASS6 鉄骨工事』では，せん断切断する場合の板厚を13mm以下と定めており，実際に接合部の添え板が薄い場合には切断加工にせん断切断が使用されている状況がある。したがって，梁の継手などで添え板が薄い場合には，梁材が圧延材や溶接組立材であっても添え板の縁端加工の状況によっては，②ではなく①の最小縁端距離を採用するなどの配慮が必要となるので，フランジ厚が小さい材を使用する場合には注意しなければならない。

（たなか　あつお）

Q.235　鉄骨の継手

護　雅典●㈱竹中工務店 東京本店技術部

鉄骨の継手はなぜ10mm逃がしているのか。5mmではだめなのか

この質問は，図1に示す高力ボルト継手の隙間「10」に関する内容と想定する。

⦿なぜ隙間が必要か？

図2は，1スパンのラーメン架構の一部を示す。工場で柱，大梁を製作し，その後，工事現場で柱を設置し，その間に大梁を架設するが，このとき，柱，大梁とも製作誤差なく設計図どおりに製作され，設計図の位置に柱が建てられたとしても，2本の柱の間に大梁をここでいう隙間0で設置するのは至難の業（多分，不可能）である。したがって，施工時の作業性や風などの自然条件を考えると若干の隙間が必要となる。

⦿その大きさは？

日本建築学会は，1982年に『鉄骨精度測定指針第1版』[1] を発行したが，このときの梁の長さ，仕口部の長さの標準許容差（現在の鉄骨精度検査基準[2] の管理許容差に相当，製作の目標とする許容差）は±3mmである。また，現在の基準の限界許容差に相当する基準許容差も定義されていたが，梁の長さ，仕口部の長さについて値は設定されていなかった。

現在の鉄骨精度検査基準では梁の長さ，仕口部の長さとも，管理許容差（製作の目標値）は±3mm　限界許容差（個々の製品の最終合否判定値）は±5mm，である。したがって，大梁が全長で+5mm（片側では+2.5mm），仕口部が+5mmだとしても個々の柱，梁は合格である。

このような柱，大梁を建てる際の隙間の大きさについて考えてみる。アンカーボルトの設置精度や柱の曲がりなどの製作・施工精度も継手の隙間の大きさに影響するが，それらが設計図どおりと仮定する。限界許容差

で製品ができた場合，継手の隙間を10mmと設定した場合は，10−5−2.5＝2.5mmとなり，計算上は隙間が残る。5mmと設定した場合は，計算上でも隙間がなくなってしまう。管理許容差で製品ができたとしても，隙間を5mmと設定した場合では5−3−1.5＝0.5mmとなり計算上では隙間があるが，なきに等しい値である。これらから，「10」という大きさは施工上，意味がある。

かつてJASS6執筆にかかわった関係者の一人は，「昔は5mmだったが施工時に梁が競ってしまい納まらないので10mmにするようになった。数字のきりもいいので10mmにしたのではないか」とおっしゃっていた。

ちなみに，梁の長さ，仕口部の長さの限界許容差に数値が設定されたのは，JASS6第5版（1991年発行）からである。

なお，この「隙間」は過去もまた現在でも鉄骨精度測定基準[1), 2)]に検査項目として規定されていない。

◉ 継手の原理から

高力ボルト継手は，継手部材を締め付け，部材間に生じる摩擦力によって応力を伝達する接合法である[3)]。図3に示すように，力Pは母材から添接板を経て反対側の母材に伝達されるため，母材間の隙間は力の伝達に影響しない。参考文献3) 中の設計例では5，10mmといった隙間になっているが，設計には使用されていない。

◉ 過去の技術資料では

参考文献4) をまとめる際，高力ボルト接合を担当した高力ボルト接合資料集成班は，1966年以後を中心に国内外の高力ボルト接合関係の発表論文，報告類を入手できる限り収集，整理している[4)]。この中で，試験体の隙間を2，5，6，10mmなどといった数値を採用した各種実験が報告されている。

しかし，少なくとも抄録されている実験結果のまとめでは，これら隙間の数値を使用していないので，継手耐力などの実験結果に影響を与える因子ではないと考えられる。

◉ 公表されている標準図などの表現では

本来は設計者が設定する数値であるが，接合部の標準化を図るために作成・公開された図書がある[5)〜7)]。これらはいずれも10mmとしている。参考文献5) では継手の大きさを決めるためのプログラムを作成し，そこでは5mmも対応可能としているが，原則は10mmである。参考文献6)，7) は発行年度や文献中の（注）から，参考文献5) が元になっていると考えられる。

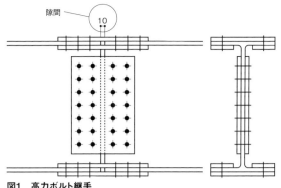

図1　高力ボルト継手

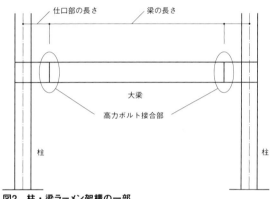

図2　柱・梁ラーメン架構の一部

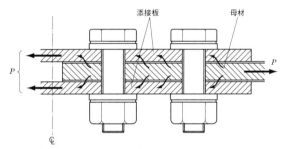

図3　高力ボルト摩擦接合の原理

◉ まとめ

以上のように，現在では10mmが実質的な標準と考えられる。5mmがだめということではないが，鉄骨建築物の設計から施工の全体を考えたとき，よほどの理由がない限り（理由は思いつかないが）10mmとするのがよいと考える。

隙間の大きさを考える際，製作・施工精度に仮定を設けた。しかし，実工事ではその仮定どおりになるとは限らない。特に，工事現場施工のスタートであるアンカーボルトの設置は，建物全体の精度に一番影響を与えるといっても過言ではない。アンカーボルトがコンクリート打設時に移動するなど，施工精度に影響を与える要因が数多くあるので，設計図の内容を実現させるため

の綿密な施工計画策定と，その確実な履行が求められるのはいうまでもない。

（もり　まさのり）

【参考文献】
1) 日本建築学会：鉄骨精度測定指針，1982年
2) 日本建築学会：建築工事標準仕様書鉄骨工事JASS 6　付則6.鉄骨精度検査基準，2007年
3) 日本建築学会：高力ボルト接合設計施工ガイドブック，2003年
4) 日本鋼構造協会接合小委員会編：鋼構造接合資料集成―リベット接合・高力ボルト接合―，技報堂出版，1977年
5) 日本鋼構造協会ほか，建設省住宅局建築指導課監修：SCSS-H97鉄骨構造標準接合部H形鋼編，1996年
6) 建設大臣官房官庁営繕部監修：建築鉄骨設計基準及び同解説　平成10年版，公共建築協会，1999年
7) 東京都建築士事務所協会：鉄骨構造標準図(2)(3)剛接合部継手リスト(5)柱継手リスト，2010年

Q.236　鋼材の曲げ半径，加熱温度

中込忠男●信州大学名誉教授

鋼材の加工部の品質を確かめなければならない条件として，告示2464号で鋼材の曲げ半径が厚さの10倍未満，加熱温度を500度超としている根拠は。JASS6と異なる理由はなにか

JASS6および告示における曲げ加工による曲げ半径に関する記述が，どのように異なるかを次に示す。

告示の場合は，

平成12年12月26日建設省告示2464号

「鋼材等及び溶接部の許容応力度並びに材料強度を定める件」

鋼材等を加工する場合には，加工後の当該鋼材等の機械的性質，化学成分その他の品質が加工前の当該鋼材の機械的性質，化学成分その他の品質と同等以上であることを確かめなければならない。ただし，次のイからハまでのいずれかに該当する場合はこの限りではない。

イ　切断，溶接，局部的な加熱，鉄筋の曲げ加工その他構造耐力上支障がない加工を行うとき
ロ　摂氏500度以下の加熱を行うとき
ハ　鋼材等（鋳鉄及び鉄筋を除く。以下はハにおいて同じ。）の曲げ加工（厚さが6mm以上の鋼材等の曲げ加工にあっては，外曲げ半径が当該鋼材等の厚さ10倍以上となるものに限る。）を行うとき。

とある。

JASS6の場合は，

4.12 曲げ加工

（1）曲げ加工は，常温加工または加熱加工とする。加熱加工の場合は，赤熱状態（850℃～900℃）で行い青熱脆性域（200℃～400℃）で行ってはならない。

（2）常温加工での曲げ半径は，特記による。特記がない場合は表1による。

とある。

⦿曲げ半径について

告示2464号では，外側曲げ半径をRとすると制限である$R=10t$（tは板厚）は，内側曲げ半径rとして表すと$r=9t$と表される。曲げ加工の際に発生する鋼板表面外側の予ひずみを，工学ひずみとして単純に略算して算出してみると，式(1)のように表される。この場合は予ひずみが5.3%程度となる。

$$\varepsilon = \frac{\frac{t}{2}}{\frac{t}{2}+r} \tag{1}$$

JASS6の応力方向が曲げ曲面に沿った方向である場合には，内曲げ半径の制限である$r=8t$とすることで予ひずみが5.9%程度となり，JASS6の方がやや大きい値をとっていることがわかる。

加工に使用する鋼材を，通常よく用いられている400N/mm²級鋼または490N/mm²級鋼を対象とすると，その一様伸びは平均的に20%程度期待することができる。予ひずみをこの一様伸びから差し引くことで残留延性を推測すると，次のようになる。告示での制限である外曲げ半径$R=10t$，JASS6での制限である内曲げ半径$r=8t$の残留延性は，両者ともおよそ15%程度であるが，告示の制限の方がJASS6よりもやや大きめの残留延性を期待している。

また，JASS6では，応力方向が曲げ局面に沿った方向である箇所について$r=8t$，応力方向が上記の直角

表1　常温曲げ加工による内側曲げ半径

部位		内側曲げ半径	備考
柱材や梁およびブレース端など塑性変形能力が要求される部位	ハンチなど応力方向が曲げ曲面に沿った方向である場所	$8t$以上	r：内側曲げ半径 t：被加工材の板厚
	応力方向が上記の直角方向の場合	$4t$以上	
上記以外		$2t$以上	

『建築工事標準仕様書 JASS6 鉄骨工事』より転載

方向の場合$r=4t$，塑性変形が要求されない部位においては$r=2t$と，部材を使用する箇所によって，内側曲げ半径の制限の値を設定している。

内側曲げ半径rが制限である$r=4t$で曲げ加工した場合は，鋼板表面外側に生じた予ひずみが11.1%程度になり，延性として残っている予ひずみは9%程度ということになる。内側曲げ半径$r=4t$が適応されるのは，応力方向が曲げ局面に対して直角である場合なので，見かけ上の残留延性が7～8%程度でもよいと考え，決定されたものと思われる。この7～8%程度の残留延性は鋼板表面外側に生じる予ひずみで，応力方向が曲げ局面に対して直角である場合は，予ひずみの少ない鋼板の板圧の中央部も負担するため，鋼板の断面全体で考えたときの残留延性は約この倍の15%程度期待できる。

内側曲げ半径rが制限である$r=2t$で曲げ加工した場合は，鋼板表面外側に生じた予ひずみが20%程度になり，残留延性はほとんど残らない。内側曲げ半径$r=2t$が適応されるのは，塑性変形を要求されない部位であるため，予ひずみが一様伸びとほぼ同じ値になるよう想定している。

この場合の残留延性も，$r=4t$のときと同様に鋼板の断面全体で考えたときに，予ひずみの少ない板厚中央部も応力を負担するため，残留延性がまったく残っていないということではない。

また，式（1）で算出した工学ひずみεを真ひずみε_tとして算出すると，式（2）となる。

$$\varepsilon_t = ln\,(1+\varepsilon) \tag{2}$$

告示2464号の規定である外曲げ半径$R=10t$のときの真ひずみとして算出した予ひずみは5.1%程度となり，これに対してJASS6の規定である応力方向が曲げ局面に沿った方向である箇所について$r=8t$のときの真ひずみとして算出した予ひずみは5.7%程度となり，応力方向が直角方向の場合$r=4t$のときの真ひずみとして算出した予ひずみは10.5%程度となる。また，塑性変形が要求されない部位$r=2t$のときの真ひずみとして算出した予ひずみは18.2%程度となる。

鋼板表面外側に生じた予ひずみを真ひずみとして算出すると，工学ひずみに比べて小さい値となるが，圧縮側である鋼板表面内側の予ひずみを算出する場合には，真ひずみの値は工学ひずみより大きい値となる。

◉加熱温度について

JASS6では，850～900℃の範囲での赤熱状態までの加熱が必要とされている。鋼は，200～400℃の範囲では青熱脆性と呼ばれる常温時よりも硬かつ脆い状態になるため，この状態を避けなければならない。

一方，告示2464号では，加工する際の温度を500℃以下として規定している。TMCP鋼の中には，500℃付近まで温度勾配に制限を加えた制御圧延をすることで材料強度を確保しているものがあることや，通常のひずみ取りのための焼きなましは600～700℃で行うことを考慮し，このような鋼材に対して材質変化をさせないために，加熱温度を500℃以下としたと推測される。

また，実務では工学的判断から決定されることが多い。JASS6よりも法律の一部である告示を優先する必要があることはいうまでもない。

（なかごみ　ただお）

【参考文献】
1) 日本建築学会：鉄骨工事技術指針・工場製作編
2) 日本建築学会：建築工事標準仕様書JASS6　鉄骨工事

Q.237 SRC柱部材のコンクリート許容圧縮応力度

立花正彦●東京電機大学教授

SRC規準の鉄骨比に応じて決まるコンクリートのF_cに対する低減係数 $_cr_u=0.85-2.5_sp_c$ の0.85という数値の根拠は

SRC規準の鉄骨比に応じて決まるコンクリートのF_cに対する低減係数 $_cr_u=0.85-2.5_sp_c$ は，既往の実験結果より求めた実験式である。これは，1958年のSRC規準制定当時よりSRC（アングルを使用した非充腹断面内蔵）柱部材におけるコンクリートの許容圧縮応力度の評価である。

その当時の実験結果を，図1に示す。縦軸が最大強度の実験値とコンクリート強度をF_cとして求めた最大曲げ強度の理論値との比を，横軸は鋼材量を示す。この図より，鋼材量の増加とともに理論値がやや実験値を上回る傾向にある。この原因として，①鉄筋や鉄骨の存在によりコンクリートの充填度が低下すること，②設計式では鉄骨によるコンクリートの断面欠損を考慮に入れておらず，この部分をコンクリートと鉄骨を重複して計算しており，これを補正する必要があること，③コンクリートの圧縮ひずみ能力には限界があるため，現規準では累加強度式を採用しているため危険側の誤差をまねく領域があるので，この誤差を補正する必要があること，④また，中心圧縮に近い柱のようにコンクリートの圧壊で耐力が決定する場合は脆性破壊を生ずるので，このような場合に許容耐力を小さくなるように調整する必要があること，などと考え，これらを考慮してF_cに対する低減係数を決めている。

また，最近この点に着目したSRC柱（充腹形式の鉄骨内蔵）部材の実験的研究も行われており，この実験においても鋼材量が増えるに従い，最大曲げ強度は低下する傾向を示し，その結果を図2に示す。同図の横軸が鋼材量を，縦軸が図3に示すようなコンクリート部分を剛塑性モデルとして実験値より求めたコンクリートの低減係数である。一方向H形鉄骨の内蔵の場合はほぼ現規準に近い値が得られるが，十字形鉄骨を内蔵する場合は鋼材量が増えると現行よりさらに低減させる必要があり，鉄骨形状に応じた値を用いる方がよいと報告されている。

以上，SRC規準の鉄骨比に応じて決まるコンクリートのF_cに対する低減係数を採用された理由を示した。

コンクリート系部材の終局曲げモーメント時のコンクリートの剛塑性モデルを，図3のように考えるならば，第一項は，鋼材量が0%のときを表し，鉄筋コンクリート部材のコンクリートの圧縮強度になる。しかし，現在鉄筋コンクリート構造では，主筋量に応じてコンクリート圧縮強度を低減することを考慮しておらず，設計という観点から考えれば，SRC構造はRC構造に比べて不利な点として受け取られている。しかし，コンクリート充填鋼管（CFT）構造のように，コンクリートを円形鋼管が拘束することにより，コンクリート強度を割増しすることも考えられている。

今後，さらに内蔵鉄骨によるコンクリート拘束効果を明らかにし，より合理的なSRC柱部材の構造性能を適切に評価することが望まれる。

（たちばな　まさひこ）

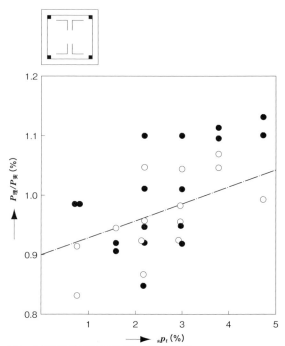

図1　実験値と計算値の比と鋼材量との関係[2]

【参考文献】
1) 浜田稔：鋼コンクリート応圧材に関する研究，建築雑誌，Vol. 43，No521，pp.11-68，1929年5月
2) 坪井善勝，若林実：鉄骨鉄筋コンクリートに関する実験的研究（その1）偏心荷重をうける柱の実験，日本建築学会論文集，No. 48, pp.40-49，1954年3月
3) 若林実，高田周三，斎藤光：鉄骨鉄筋コンクリート構造，建築学大系19，彰国社，1967年10月
4) 南宏一，中野喜晴：SRC柱部材のコンクリート圧縮設計規準強度の低減係数に関する一考察（その1，その2），日本建築学会大会学術講演梗概集（中国），pp.1159-1162，2008年9月

図2 コンクリートの低減係数[4]

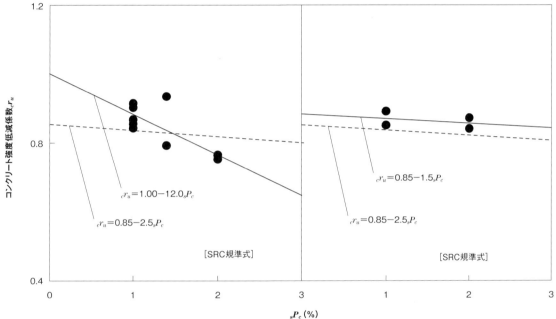

図3 終局曲げ耐力時のコンクリートの剛塑性モデル

Q.238 梁内鉄骨の曲げ強度

立花正彦●東京電機大学教授

> SRC造基準では，梁内鉄骨の曲げ強度の40%以上を柱内鉄骨で負担しなければならないことになっている。20数年前の50%より若干下がったが，この数字の根拠は。また，柱SRC・梁Sの場合にも同様か

1958年のSRC規準制定当時を解説[1]では，「はりから柱への応力の伝達形式は鉄骨接合部の形式によって異なり，各種の設計（当時の鉄骨形式はアングルとリベットを用いた非充腹形式[3]〜[6]）が行われてきた。しかし，接合部の応力状態は非常に複雑なものであり，諸形式は，それぞれ長所と短所をもっているため，ここでは接合形式については規定しないで設計者の判断によるものとした。ただ，鉄骨のみで完結した架構を構成し，コンクリート中に埋め込まれていることにより，終局時に鉄骨の粘る強さを期待することができるという鉄筋コンクリートの構造的特徴を生かすためには，はりの鉄骨からくる応力は柱の鉄骨へ，はりの鉄筋コンクリートの応力は柱の鉄筋コンクリートへ伝達することを原則としたい」としていた。

1975年11月の第2次改訂第3版[2]から鉄骨形式に充腹形式が考慮され，解説においては，「本規準では，柱はり接合部に接続する柱材端およびはり材端のおける鉄骨部分と，鉄筋コンクリート部分の曲げモーメント分担比は，任意に決定できる設計体系になっているが，はり部材が純鉄骨あるいは鉄骨コンクリートで，SRC柱部材における鉄骨部分の曲げモーメント分担比を実験変数とした実験結果[6]〜[8]によれば，柱部材の鉄骨部分の曲げモーメント分担比が50%以下になると，柱部材の曲げ耐力が発揮できないことが報告されている。この実験報告から，

$$0.4 \leq {}_{sC}M_A/{}_{sB}M_A \leq 2.5$$

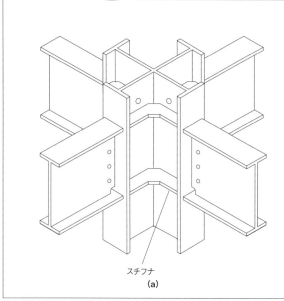
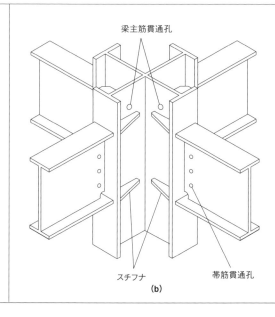

図1 充腹形状SRC構造における鉄骨部分の柱梁接合部の形式

$_{sC}M_A$：柱の鉄骨部分の許容曲げモーメント
$_{sB}M_A$：はりの鉄骨部分の許容曲げモーメント

を満足するように，柱部材とはり部材の鉄骨のバランスを決定されていれば，応力伝達において支障はきたさないと考え，両部材間の鉄骨部分の応力伝達に対する安全性の検討を省略できる。」としている。

さらに，1987年6月の第3次改訂第4版の改訂では，第2次改訂で解説に示されていた設計式を本文に示されたことであり，したがって，柱梁接合部において柱部材および梁部材の鉄骨のバランスがある範囲内にあれば，応力伝達に支障はきたさないとして考えてよいと本文で示された。その範囲であるが，第2次改定以後にも同様の実験的研究[9]がなされ，その成果より50%が40%としてよいとの報告があり，この値に決定された。

なお，このバランスは，梁が鉄筋コンクリート部材で，柱が鉄骨鉄筋コンクリート部材のような場合は適用できないかたちとなっており，このような接合部において別途制限値が設けられている。

これら値の決定は，梁S-柱SRC接合部部分骨組実験を参考に決定されているため，これら構造にも適用できるものと考える。

（たちばな　まさひこ）

【参考文献】
1) 日本建築学会：鉄骨鉄筋コンクリート構造計算規準同解説，1958年初版
2) 日本建築学会：鉄骨鉄筋コンクリート構造計算規準同解説，1975年第3版
3) 坪井，矢代：鉄筋コンクリート構造に関する研究（第15報），仕口実験，AIJ論文報告集，57号，1957年7月
4) 仲，高田，斉藤：鉄骨鉄筋コンクリート構造に関する研究，柱梁接合部の実験（その1，その2，その3，その4），AIJ研究報告，No. 24，No. 27，No. 35，No. 37
5) 坪井，若林：鉄骨鉄筋コンクリートに関する実験的研究（その3），AIJ論文報告集50号
6) 田中，西垣：鉄骨鉄筋コンクリート柱と鉄骨はりとの接合部に関する実験的研究，AIJ大会学術講演梗概集（九州），1972年10月
7) 武田，竹本，岡田：S+SRC構造の実験的研究（その1），（その2），AIJ大会学術講演梗概集（九州），1972年10月
8) 若林，中村，森野：鉄骨鉄筋コンクリート十字形骨組繰り返し加力実験，AIJ大会学術講演梗概集（東北），1973年10月
9) 西村，植岡，南，若林：はりS・柱SRCで構成されるト字形骨組の柱はり接合部の応力伝達，構造工学論文集，Vol. 32B，pp.135-146

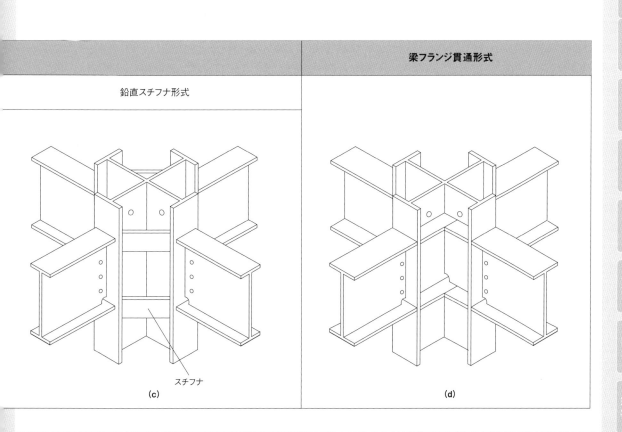

(c) 鉛直スチフナ形式　　(d) 梁フランジ貫通形式

Q.239 木造での許容応力度計算

槌本敬大●独立行政法人建築研究所

木造2階建の4号建築物と同様な仕様の建築物が，RC構造の地下構造の上につくられる場合，地下1階地上2階建の3層建物として許容応力度計算が必要なのはなぜか

◉法令上の位置づけなど

まず，建築基準法（以下，法）第6条において，第1号：特殊建築物（100m²超），第2号：木造3階建，または大規模木造建築物，第3号：木造以外の2階建，または200m²超，第4号：第1～3号以外の建築物，として区分されている。第4号に該当する建築物は，主として2階建までの木造建築物と考えられる。地下に鉄筋コンクリート構造を有する場合，地上部分が2階建であっても，すでに純粋な木造建築物とは見なせないため，いわゆる4号建築物には該当しない。すなわち，木造以外の2階建に該当し，法第6条第3号が適用される。

◉構造安全性の確認方法

法第6条第3号に該当する建築物のうち比較的小規模なもの（3階建以下の鉄骨造，高さが20m以下の鉄筋コンクリート造または鉄骨鉄筋コンクリート造の建築物，建築基準法施行令（以下，令）第36条の2に定める建築物以外）については，許容応力度計算（令第82条各号及び第82条の4に定めるところによる構造計算）が法第20条第3号で要求されている[1)]。3層建物として許容応力度計算が要求されているのではなく，木造以外の2階建としてルート1の構造計算が要求されているに過ぎない。

一方で，地下構造とする車庫などを基礎として仕様規定に従い，もしくは基礎のみの構造計算（平成12年建設省告示第1347号）を行って建築し，地上部の2階建の木造部分を4号建築物として仕様規定で建築する方法が従来は採られてきたようであるが，法令解釈上は前述のとおりで，現在は認められていない。

◉技術的背景

基礎は，建築物に作用する荷重および外力を安全に地盤に伝え，かつ，地盤の沈下または変形に対して構造耐力上安全なものとしなければならない（令第38条第1項）。木造建築物の基礎に対する通常の構造計算は，接地圧と底盤の検定，基礎梁の曲げとせん断の検定，アンカーボルトの引抜耐力とコーン破壊に対する安全性の確認などを行う[2)]ことで，多くの場合の安全性は確保される。これに対して，地下室とした場合は基礎と同様の構造安全性の確認のみならず，壁面の土圧，水圧その他の外力に対する安全確認や，層としての断面積の検定や層せん断力に対する安全性の確保が必要となる。

地上部分が50cm程度で地中部分を合わせても1mに達しない最下層の鉄筋コンクリート造部分は，多くの場合その層のせん断変形などは無視し得ると考えられるが，層として1mを超えたり，地上部分が50cmを超えたりする場合などは，3層の混構造と見なして適切な構造計算を行うべきである。

◉設計上の留意事項

鉄筋コンクリート造の地下構造の1/2以上が地上に位置する場合などは，1階を鉄筋コンクリート造，2～3階を木造として扱う。このような場合，平成19年国土交通省告示第593号第3号および第4号の適用を受け，1階基礎の断面積に応じて構造設計ルートが異なる。例えば，式（1）を満たし，設計用せん断力をQ_Dとしない場合は，ルート2以上の構造計算が必要となる。

$$\Sigma 2.5\alpha A_w + \Sigma 0.7\alpha A_c \geq ZWA_i \quad (1)$$

α：コンクリートの設計基準強度による割増係数。A_w：当該階の当該方向の耐力壁の水平断面積（mm²）。式（1）中の0.7は鉄骨鉄筋コンクリートの場合は1.0。A_c：当該階の当該方向の柱などの水平断面積（mm²）。Z：令第88条第1項に規定する数値。W：固定荷重と積載荷重の和（多雪区域は積雪荷重を追加。以下，常時荷重）(N)。A_i：令第88条第1項に規定する当該階のA_iの数値。

$$Q_D = \min\{Q_L + nQ_E, Q_0 + Q_Y\} \quad (2)$$

Q_L：常時荷重によるせん断力(N)。n：2.0（腰壁または垂れ壁が取り付く柱は，開口高さ比と2.0のうちいずれか大きい数値）以上の数値。Q_E：地震力によるせん断力(N)。Q_0：柱・梁の常時荷重によって生ずるせん断力(N)。Q_Y：柱・梁の両端に曲げ降伏が生じたときのせん断力(N)。

最下層の鉄筋コンクリート造を地下構造として扱える

場合においても，以上のような検討を行うことが望ましいと考えられる。　　　　　　　　（つちもと　たかひろ）

【参考文献】
1) 建築物の構造関係技術基準解説書編集委員会：2007年版建築物の構造関係技術基準解説書，pp.2-3，全国官報販売協同組合，2007年
2) 日本住宅・木材技術センター：木造軸組工法住宅の許容応力度設計（2008年版），pp.147-161，2008年

Q.240 木造・RC造併用でのA_i分布の算定

槌本敬大●独立行政法人建築研究所

木造とRC造との併用構造において，1階（RC造）重量を2～3階（木造）重量の2倍としてA_i分布を算定してよいとする根拠はなにか

◉基準の概要

混構造であるか否かにかかわらず，3階建の木造建築物はルート1（建築基準法施行令（以下，令）第82条各号および同条第4項に定めるところによる計算）の構造計算，いわゆる許容応力度計算が要求される。各層に入力される地震力C_iは，令第88条に基づいて次式から計算することになる。

$$C_i = Z \cdot R_t \cdot A_i \cdot C_0 \tag{1}$$

ここで，
Z：地震地域係数（昭和55年建設省告示（以下，建告）第1793号第1）
R_t：建築物の振動特性を表す数値（昭和55年建告第1793号第2）
A_i：建築物の高さ方向の地震力分布を表す数値（昭和55年建告第1793号第3）
C_0：標準せん断力係数

このうち，A_iは次式による。

$$A_i = 1 + \left(\frac{1}{\sqrt{\alpha_i}} - \alpha_i\right)\frac{2T}{1+3T} \tag{2}$$

ここで，
α_i：建築物のA_iを算出しようとする部分が支える固定荷重と積載荷重の和（多雪区域においては積雪荷重を加算）を，当該建築物の地上部分の固定荷重と積載荷重の和で除した数値
T：建築物の設計用一次固有周期（秒，昭和55年建告第1793号第2）

ここで，通常の木造3階建などで，各層の地震力算定用重量がほぼ均等であるとすると，$A_2 = 1.1$～1.2，$A_3 = 1.4$～1.5程度である。これに対して，1階をRC造として2～3階の木造部分の1層分の重量の5倍程度の重量があるとすると，$A_2 = 1.6$～1.7，$A_3 = 1.9$～2.0程度となる。

◉解析的検証

石山ら[1]により，1階をRC造，2～3階を木造とした場合（モデル1～3），および1階を鉄骨造，2～3階を木造とした場合（モデル4，5）のモーダルアナリシス（SRSS）の結果とA_iの計算方法が比較された（表1）。

モーダルアナリシスの層せん断力係数を1層で1.00となるように規準化した数値を0.8（例えば，限界耐力計算における1自由度系と多自由度系のベースシア調整係数の下限値で，低層かつ軽量の建物に適用する数値）で除した数値が，実際の地震時挙動に近いと考えられる。これに対して，実際の重量比に基づいて算出したA_iと1層部分の重量を2層部分の重量の2倍として計算した"修正A_i"を比較すると，RC造との混構造であるモデル1～3ではSRSSに修正A_iが近い値とな

表1　A_iの計算方法とモーダルアナリシス（SRSS）の比較

混構造モデル	計算値	3層	2層	1層
モデル1 （RC＋W）	A_i	1.85	1.47	1.00
	修正A_i*	1.68	1.32	1.00
	SRSS**	1.67	1.27	0.89
モデル2 （RC＋W）	A_i	1.80	1.43	1.00
	修正A_i*	1.68	1.32	1.00
	SRSS**	1.66	1.26	0.88
モデル3 （RC＋W）	A_i	1.88	1.46	1.00
	修正A_i*	1.72	1.33	1.00
	SRSS**	1.63	1.29	0.90
モデル4 （S＋W）	A_i	1.63	1.25	1.00
	修正A_i*	1.63	1.25	1.00
	SRSS**	1.75	1.45	1.07
モデル5 （S＋W）	A_i	1.76	1.34	1.00
	修正A_i*	1.75	1.34	1.00
	SRSS**	1.81	1.58	1.12

＊：1層部分の重量が2層部分の重量の2倍として計算
＊＊：モーダルアナリシス（SRSS）の層せん断力係数を1.25（＝1.0/0.8）倍した数値

り，SRSSを上回ることはない．すなわち，安全側の評価をしていることになる．一方，鉄骨造との混構造であるモデル4，5では，実際の重量比に基づいて算出したA_iと"修正A_i"はほぼ同じ値となる．これらの数値はモーダルアナリシス（SRSS）の結果と比べて小さな数値となり，必ずしも安全側の評価とはいえない．よって，1階RC造，2〜3階木造の混構造の場合のA_iは，1層の重量を2層の2倍として計算してよいこととなる．

なお，以上のことは構造関係基準解説書[2]にも記載されており，建築行政上も有効な構造計算の方法となっている．

（つちもと　たかひろ）

【参考文献】
1) 日本住宅・木材技術センター：「3階建て混構造建築物の構造設計指針（案）同解説」，pp.1-21，1988年3月
2) 建築物の構造関係技術基準解説書編集委員会編，国土交通省住宅局建築指導課，同国土技術政策総合研究所，建築研究所，日本建築行政会議監修：2007年版建築物の構造関係技術基準解説書，pp.395-396，2007年

Q.241 地震用必要壁量における地域性考慮

鈴木秀三●職業能力開発総合大学校名誉教授

> 建築基準法施行令46条4項の地震用必要壁量で，地域性が考慮されていないのはなぜか

壁率規定の変遷について概説して，設問に答える．

1891年の濃尾地震以降，地震災害が起こるたびに日本建築学会レベルでは木造建築物の耐震性強化が議論され，木造建築に筋かいを使用することの必要性が強調されてきたが，一般に普及するには至らなかった．1948（昭和23）年の福井地震を機に，1950（昭和25）年に制定された建築基準法において，地震力に対して床面積に応じて一定以上の壁を設けることが規定された．これが，令46条のいわゆる「壁率」の規定で，耐力壁の強さの指標である「倍率」を用いて，構造計算を行わずに木造建築物の耐震性を判断できる画期的な手法であった．当初の耐力壁の種類は，現行の令46条の付表に記されたものと変わらず，各種の筋かい，土塗り壁，木ずり壁の3種類であった．新しい形式の壁の倍率は，告示として追加されるかたち（大臣認定も含む）となっており，現行は昭和56年建設省告示第1100号である．

昭和25年当時の「壁率」の規定は，従前に比べて多量の壁を配置することを要求するものであり，最低基準として一般に受け入れられるためには，当時の状況に合うための工夫をしたことは，容易に想像できる．必要壁率は，その後の地震被害に対応して表1に示す2回の改正を経て，現在に至っている（昭和46年には風荷重に対する壁率も規定された）．この間，昭和36年2月には長岡地震が発生し，降雪期の豪雪地域における地震被害（積雪が約2m．2階が倒壊しても，1階が雪壁によって倒壊しなかった）が生じたが，改正はなされなかった（当時の構法では，有効な対処法がなかったことも一因と考えられる）．また，一度普及して大被害が生じていない数値を厳しくすることへの抵抗感，既存不適格建物の発生の問題も含めて，現状維持の判断がなされたように思われる．

1974（昭和49）年，枠組壁工法が導入されるのに際し，在来構法での問題をそれなりに是正した枠組壁工法用の「壁率」が規定された．さらに，建設省総合技術開発プロジェクト「小規模住宅の新施工法の開発」の成果を受けて，1977年多雪区域用の構造規定が追加され，表2の積雪2mまでの多雪区域用の壁率が規定された．1981年の新耐震設計法導入時には，多雪

表1　令第46条の地震力に対する壁率規定の変遷（単位：cm/m²）

建物の種類	制定・改正年	平屋建	2階建 2階	2階建 1階
重い屋根・壁の建物	1950年	12	12	16
	1959年	15	15	24
	1981年〜	15	21	33
軽い屋根・壁の建物	1950年	8	8	12
	1959年	12	12	21
	1981年〜	11	15	29

表2　枠組壁工法の多雪区域用の壁率（単位：cm/m²）

区域	建築物 平屋建	2階建 2階	2階建 1階
1m未満相当*	延長補完	延長補完	延長補完
垂直積雪量1m	25	33	43
1〜2m	直線補間	直線補間	直線補間
垂直積雪量2m	39	51	57

*雪下ろしの習慣・屋根勾配による荷重低減ができる場合がある

区域以外の在来構法用の壁率（表1）は枠組壁工法用と同じ数値となったが，多雪区域用の壁率は導入されなかった。

必要壁率の誘導根拠に関しては，構造計算的観点から，次の点についての問題が指摘されているが，壁率検定の簡便性を維持するために，建物条件を一律的に仮定したことも止むを得ないことのように思われる。

1．建物の重量の算定

床面積1m²当たりの重量に換算して算定するが，重量の積算が甘い傾向にある。
1) 屋根重量：①軒の出を含む屋根面積と床面積との比を一律1.3と仮定。②屋根・天井の重量を，一律，軽い屋根は600N/m²，重い屋根は900N/m²と仮定。
2) 壁の重量：1層分の壁の重量を床面積当たり換算した600N/m²（軽い壁仕上げの場合に相当）と仮定。

2．地震力の算定

1) 地域係数Zを考慮していない。
2) A_i分布係数では，固有周期Tと$α$を一律に設定。

3．必要壁量の算定

1) 総2階と仮定。
2) 水平力の1/3は耐力壁以外の部分が負担すると仮定。
3) 在来構法では，多雪区域用壁率が設定されていない。

4．その他

1) 風圧力に対する必要壁量の根拠である速度圧が，旧法の数値のままである。

品確法の等級評価や耐震診断法の一般診断は，普及している壁率検定手法に倣い，上記の荷重条件仮定を実状に即して評価しようとするもので，壁率検定手法が半世紀をかけて進化した形ともいえよう。将来的には，令82条の許容応力度等計算に基づいて，地域性などを詳細に考慮した評価が望ましいことも確かであろう。

（すずき　しゅうぞう）

Q.242　木造の壁量計算

石山祐二●北海道大学名誉教授

壁量計算で，重い屋根と軽い屋根はどの程度の荷重を想定しているか。見付面積に乗ずる値は風速何mに相当するか。見付面積は床高さから1.35m以上としているのはなぜか

木造の壁量規定は，新耐震以前の旧規定では地震力に対しても風圧力に対しても，一般の構造計算に用いる荷重より想定荷重が小さかった。このため，構造計算を行うと構造規定が緩和されるのではなく，逆に壁量が増えることになり，結果的に（構造計算をしなければならない場合を除く）構造計算を避ける状況であった。

新耐震導入時には，最低限このような状況を変えたいと考え，他の構造と同様の荷重を用い，その算定根拠を明確にした壁量規定を目指すことにした[1]。

すなわち，地震力の算定の際には（表1），建物の重量に積載荷重が考慮されていなかったので，積載荷重60kgf/m²を加え，また床面積1m²当たりの壁荷重30kg/m²は少なすぎたため2倍の60kgf/m²とした。震度は全階0.2であったので，1階の地震層せん断力係数を0.2とし，2，3階にはセットバックなどによる重量分布

を仮定し（図1）A_i分布を考慮した地震層せん断力係数を用いた。なお，重い屋根90kgf/m²，軽い屋根60kgf/m²の値は変更しなかった。

以上のような前提条件に基づいた壁量規定を求めたが，屋根重量を含め建物重量の算定は実際の値よりも低く，重量の大きな建物の場合には適切でない場合もあることは認識していた。しかし，旧規定に比べ壁量を極端に大きくはしたくないという思惑（非耐力部分の負担率増加もこのような背景があった）と，建築基準法は最低基準ということもあり，このような算定となった。

風圧力の計算には，速度圧$q=40\sqrt{h}=80$kgf/m²が用いられていたが，他の構造と同様に$q=60\sqrt{h}=120$kgf/m²を用いることとした。風圧を受ける見付面積

表1　地震に対する壁量の前提

項目		旧規定	新耐震
屋根重量	重い屋根	90kgf/m²	旧規定と同じ
	軽い屋根	60kgf/m²	
壁重量		30kgf/m²	60kgf/m²
積載荷重		0（無視）	60kgf/m²
地震力		震度（全階0.2）	層せん断力係数 （1階0.2）※
非耐力部分の負担率		1/5	1/3

※2～3階は重量分布を仮定したA_i分布を考慮した地震層せん断力係数による

については，耐力壁に加わる風圧力による層せん断力は階の見付面積の上半分と考えるべきなので，階高の1/2以上の見付面積と表現することも考えた。しかし，大屋根の場合も考慮し，また在来木造や枠組壁工法の一般的な階高が2.7m程度であるため，床面から1.35mという表現がわかりやすく適用に誤りがないと考え，このような表現にした（表2，図1）。近年は階高の大きな住宅が増えているが，この場合でも1.35mという規定は安全側となる。

風速は，地表面粗度区分Ⅲと仮定し，$E=E_r^2G_f$の式でガスト影響係数を$G_f=2.5$（地表面粗度区分Ⅲ，高さ10m以下）とし，風速の鉛直方向分布係数を$E_r=1.7(5/450)^{0.2}=0.69$（低層平屋を対象とし，地表面粗度区分Ⅲの高さ5m以下は5m）とすると，$q=80$kg/m^{2}と120kg/m^{2}の基準風速（10分間平均風速）は$V_0=33$m/sと41m/sと計算される。参考文献2）によると，$q=40\sqrt{h}$と$q=60\sqrt{h}$は$h=4$mの最大瞬間風速として約50m/sと約60m/sに相当すると解説しているが，これらの値は$h=15$mに対する値に相当し，$q=80$kgf/m^{2}と120kgf/m^{2}を最大瞬間風速にそのまま換算すると36m/sと45m/sに対応することになる。

地震力に対しても風圧力に対しても，通常の構造計算に用いる荷重によって計算した結果，壁量がかなり増えることになったこともあり，非構造部分の負担率を1/5から（実際の建物の最大限に近い）1/3に増加させることにした。ただし，当時の壁倍率1は130kgf/mであったが，その後に壁倍率1が200kgf/m（プレハブ工法では当初からこのように壁倍率が算定されていた）として見直されたため，壁量規定の値は変わらなくとも，現行規定では非構造部分の負担は考慮されていないことになっている。

（いしやま　ゆうじ）

【参考文献】
1）日本建築学会：建築耐震設計における保有耐力と変形性能，日本建築学会，1981年6月
2）日本建築学会：木構造設計規準・同解説，1973年4月

表2　風に対する壁量

項目	旧規定	新耐震
速度圧	$40\sqrt{h}=80$kgf/m^2	$60\sqrt{h}=120$kgf/m^2
見付面積	その階以上の全面積	床面から1.35m以上の面積

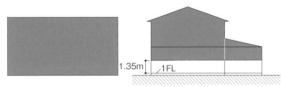
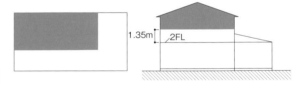

図1　木造の1階と2階の平面と見付面積

Q.243　木造の必要壁量

河合直人●工学院大学建築学部教授

耐震等級は外力の大きさの倍率（等級2で1.25倍，等級3で1.5倍）で決まるのに，木造の必要壁量が単純な倍率になっていないのはなぜか

建築基準法施行令第46条では，平屋および2階建の木造建築物の地震に対する必要壁量が表1のように定められており，一方，品確法の性能表示制度の評価方法基準においては，耐震等級2以上とするための2階建以下の木造建築物に対する必要壁量が与えられている。必要壁量からは，1.25倍，1.5倍の関係が単純に見出せない。これを理解するには，それぞれの根拠をたどる必要がある。

基準法の1986年改正における地震に対する必要壁量の数値は，次のように説明されていた。

平屋または総2階を想定し，各部の重量を表2のように仮定する。

そのうえで，床面積と屋根面積の比を1.3とし，2階建の2階の層せん断力分布係数$A_2\fallingdotseq1.4$，振動特性係数$R_t=1$，地域係数$Z=1$，標準せん断力係数$C_0=0.2$として地震力を算出する。その3分の2を耐力壁で負担すると仮定し，倍率1の壁1m当たりの基準耐力（当時の値）130kgf/mで除すことにより，表1の値が算出される。

なお，2000年の改正以降，倍率1の壁1m当たり基準耐力は1.96kN/m（＝200kgf/m）とされたが，外力の

表1　建築基準法施行令第46条の必要壁量（3階建は省略）

建築物	階の床面積に乗ずる数値（単位：cm/m²）		
	階数が1の建築物	階数が2の建築物の1階	階数が2の建築物の2階
第43条第1項の表の(1)または(3)に掲げる建築物	15	33	21
第43条第1項の表の(2)に掲げる建築物	11	29	15

＊この表における階数の算定については、地階の部分の階数は、算入しないものとする
【注】第43条第1項の表の(1)に掲げる建築物：土蔵造の建築物その他これに類する壁の重量が特に大きい建築物、第43条第1項の表の(2)に掲げる建築物：(1)に掲げる建築物以外の建築物で屋根を金属板、石板、木板その他これらに類する軽い材料で葺いたもの、第43条第1項の表の(3)に掲げる建築物：(1)および(2)に掲げる建築物以外の建築物

表4　品確法性能表示制度の評価方法基準の元となる必要壁量

建築物		一般地域	多雪区域		
			積雪1m	1m～2m	2m
平屋建	軽い屋根	$14Z$	$27Z$	直線的に補間した数値	$40Z$
	重い屋根	$20Z$	$33Z$		$46Z$
2階建の1階	軽い屋根	$36K_1Z$	$(36K_1+13)Z$		$(36K_1+26)Z$
	重い屋根	$46K_1Z$	$(46K_1+13)Z$		$(46K_1+26)Z$
2階建の2階	軽い屋根	$14K_2Z$	$27K_2Z$		$40K_2Z$
	重い屋根	$20K_2Z$	$33K_2Z$		$46K_2Z$

【注】$K_1=0.4+0.6R_f$　ただし、R_fは2階の床面積の1階の床面積に対する割合
　　　$K_2=1.3+0.07/R_f$　ただし、R_fは2階の床面積の1階の床面積に対する割合
　　　R_fが0.1未満の場合、$K_2=2.0$とする
Z：地震地域係数

表2　各部の重量

- 屋根（屋根面当たり）　軽い屋根　60kgf/m²
- 　　　　　　　　　　　重い屋根　90kgf/m²
- 床固定荷重（床面積当たり）　50kgf/m²
- 壁荷重（床面積当たり）　60kgf/m²
- 積載荷重　60kgf/m²

表3　固定荷重，積載荷重

- 屋根の質量G_1（単位床面積当たり）
  　重い屋根：瓦葺き（葺き土なし）　130kg
  　軽い屋根：繊維混入セメント瓦　95kg
- 外壁の質量G_2（単位床面積当たり）
  　重い屋根の場合：土塗り壁　120kg
  　軽い屋根の場合：ラスモルタル　75kg
- 内壁の質量G_3（単位床面積当たり）
  　石膏ボード　20kg
- 床の質量G_4（単位床面積当たり）　60kg
- 床積載の質量P_1（単位床面積当たり）　61kg

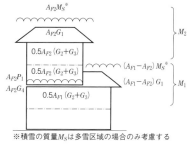

※積雪の質量M_Sは多雪区域の場合のみ考慮する
図1　各階の質量

すべてを耐力壁で負担すると仮定したので、2000年以降も必要壁量は変わっていない。

一方、品確法の必要壁量では、固定荷重を仕様に応じてやや詳細に想定し、部分2階も考えて1階と2階の床面積の比率が考慮されている。

固定荷重、積載荷重の想定は、**表3**のとおりである。

さらに多雪区域では、屋根水平投影面積と床面積の比を1.3、屋根勾配を20度と仮定して積雪荷重を考えている。

これらの数値を用い、1、2階の床面積の比率を考慮しながら各階の質量を**図1**のように求めて地震力を算出し、耐力壁の基準耐力1.96kNで除して必要壁量が得られる。それが**表4**で、この1.25倍、1.5倍が等級2、等級3の必要壁量である。

一見すると品確法の必要壁量が大きく感じられるが、品確法においては、内壁の石こうボード壁や開口上下の壁などを加算できるようになっている。これらを考慮すると、通常の設計であれば、品確法の等級2、等級3のベースとなっている表4は、基準法の必要壁量である表1とおおむね同程度と考えられる。実際に存在する耐力要素を詳細に拾う分だけ、品確法の方がより実際の性能に近い評価を行っているといってよかろう。

（かわい　なおひと）

Q.244　バランス計算での壁量充足率

鈴木秀三●職業能力開発総合大学校名誉教授

> 壁のバランス計算において、壁量充足率が1.0を超えると壁のバランスが無視できてしまう根拠はなにか

1995年の阪神・淡路大震災においては、既存建物の耐力壁不足・不適切な壁配置による偏心・接合部耐力の不足などに起因する木造建物の倒壊が多発した。これを機に、小規模木造建築物について、耐力壁配置と柱頭・柱脚部の接合方法に関する告示が制定された。

耐力壁配置については、平成12年建設省告示第1352号「木造建築物の軸組の設置の基準を定める件」いわゆる4分割法により、令46条のいう「耐力壁の釣合い良い配置」の具体的評価法が示された。これは、令46条の「壁率の規定」の検定手法を基本として、

耐力壁配置を簡便に評価する手法で，偏心率の計算によらなくても評価できる点で優れた手法で，昭和25年の壁率検定導入に次ぐ，画期的なものといっても過言ではないように思われる。ただし，通常の構造計算体系では，偏心率検討はルート2で要求されるものであり，構造計算が必要でない小規模住宅に関して偏心の検討を要求するうえでは，ルート2では偏心率0.15以下としているところを，4分割法または偏心率0.3以下を満足すればよいこととしている。これは，新規定導入に対する抵抗感に配慮した結果であるようにも思われる。なお，4分割法による評価と偏心率評価の関係については，建築技術2000年10月号「特集：木造住宅の構造設計－改正基準法と品確法」の「偏心とねじれ（宮澤健二氏執筆）」の中で，データに基づき，4分割法と偏心率との関係は90％程度の整合性があることが解説されている。

さて，設問の「側端部分の壁率充足率」が1を超える場合に壁率比の検討を省略できる根拠についてであるが，公表された資料はないようなので，モデルによるシミュレーション結果を交えて，壁率比の検定を省略することの妥当性を考察してみる。

まず，耐力壁形式建物の水平方向の変形について整理すれば，図1のように，並進変形とねじれ変形に分けて考えることができる。各方向の並進変形は各方向の耐力壁の総量に関係し，ねじれ変形は壁配置にかかわる偏心率・ねじり剛性に関係する。ねじり剛性は偏心率ほどに注目されていないが，ねじり補正係数a（並進変形に対する建物外縁の変形の比：aが大きいほど変形が大きい）算定式中にあり，ねじり剛性が大きいほど，ねじれによる変形量は小さいことになる。表1には，各モデルの各方向の総量は必要壁量を満たしているが，偏心率は異なるものとした正方形・長方形モデルについての計算結果が示してある。表1の正方形プランのねじれ補正係数aの値を見れば，「側端部分の壁率充足率が1」の場合(3)のaの値は小さく，(4)および壁率充足率が(5) 0.75の場合であっても偏心率が0.3以下であることがわかる。長方形プランの場合には，(8)と(9)の偏心率が大きいが，0.3以下に納まることがわかる。ねじり剛性は剛心からの距離の二乗で計算されることを考えれば，壁の半数以上が外周区画に配置された状態（＝側端部分の壁率充足率が1以上）では，ねじれによる変形は少ないことは当然のことかもしれない。なお，壁率充足率が(10) 0.75の場合では偏心率が0.39であるが，4分割法によれば壁率比が1.0なので可となる。以上の結果から，側端部分の壁率充足率が1を超える場合には，壁のバランスを無視するのではなく，充足率1以上の条件を満たせばバランスに大きな問題は生じにくく，壁率比の検討を省略しても問題はないとの判断があったように思われる。

（すずき　しゅうぞう）

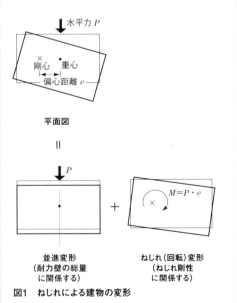

図1　ねじれによる建物の変形

表1　側端部分の壁量充足率と偏心率

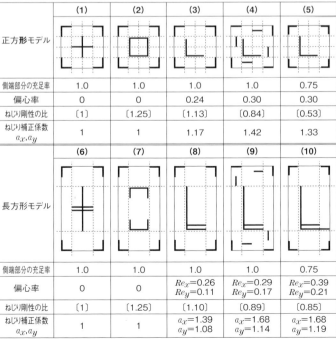

	(1)	(2)	(3)	(4)	(5)
正方形モデル					
側端部分の充足率	1.0	1.0	1.0	1.0	0.75
偏心率	0	0	0.24	0.30	0.30
ねじり剛性の比	[1]	[1.25]	[1.13]	[0.84]	[0.53]
ねじり補正係数 a_x, a_y	1	1	1.17	1.42	1.33

	(6)	(7)	(8)	(9)	(10)
長方形モデル					
側端部分の充足率	1.0	1.0	1.0	1.0	0.75
偏心率	0	0	$Re_x=0.26$ $Re_y=0.11$	$Re_x=0.29$ $Re_y=0.17$	$Re_x=0.39$ $Re_y=0.21$
ねじり剛性の比	[1]	[1.25]	[1.10]	[0.89]	[0.85]
ねじり補正係数 a_x, a_y	1	1	$a_x=1.39$ $a_y=1.08$	$a_x=1.68$ $a_y=1.14$	$a_x=1.68$ $a_y=1.19$

Q.245 木造の壁量計算

安村 基●静岡大学教授

品確法における地震に対する必要壁量を算定する算定式のK_1とK_2の計算式の根拠は

$K_1 = 0.4 + 0.6R_f$

$K_2 = 1.3 + 0.07/R_f$

R_f：2階床面積の1階床面積に対する割合

建築基準法施行令第46条に示された必要壁量は，2階建の1，2階の床面積が等しいと仮定して誘導されたものであるが，品確法では1階に対する2階の床面積の比を考慮した，より詳細なモデルが用いられているため，必要壁量算定に際してこれらの計算式が必要となる。品確法における必要壁量の誘導に用いられた建物各部の単位床面積当たりの重量は表1に示すとおりで，建築基準法と比べて，固定荷重が実情に即してやや大きめに算定されている。2階建の建物における1階および2階部分の必要壁量L_i (m/m²) は，壁倍率1倍当たりの耐力壁のせん断耐力を1,960N/mとすると，次式で表される。

$$L_i = \frac{Q_i}{1{,}960 \cdot A_f} = \frac{Z \cdot R_t \cdot A_i \cdot C_0 \cdot W_i}{1{,}960 \cdot A_f} \quad (1)$$

ここに，Q_i：i階に作用する地震力 (N)，Z：地域係数，R_t：振動特性係数（2階建木造では1.0とする），A_i：地震層せん断力係数の高さ方向の分布係数，C_0：標準層せん断力係数 (0.2)，W_i：当該階が支える建物の重量 (N)，A_f：当該階の床面積 (m²)。

2階建の1階および2階部分の地震力算定用重量W_1，W_2は次式で表される。

$$W_1 = (G_r + S + 0.5G_w) \cdot A_{f1} \cdot R_f + (G_f + P_f + 0.5G_w) \cdot A_{f1} \cdot R_f +$$
$$(G_r + S) \cdot (1 - R_f) A_{f1} + 0.5G_w \cdot A_{f1} \quad (2)$$

$$W_2 = (G_r + S + 0.5G_w) \cdot A_{f1} \cdot R_f \quad (3)$$

ここに，G_r：屋根の固定荷重（投影単位面積当たり），G_w：外壁，内壁の固定荷重（単位床面積当たり），G_f，P_f：床の固定・積載荷重（単位床面積当たり），A_{f1}：1階床面積，R_f：2階の1階に対する床面積の比，S：積雪荷重（投影単位面積当たり，軒の出による投影面積比を1.3，屋根勾配を20°と仮定）。

表1に示す値から，一般地について1階および2階部分の単位床面積当たりの重量を算出し，式 (1) より必要壁量をR_fの関数として求めると，図1のようになる。ただし，一般地を想定し，積雪荷重は含まない。また，$Z=1$とし，固有周期を求める際の建物高さは8mを想定している。K_1とK_2を用いて告示式により求めた値（等級2の値を1.25で除した必要壁量）は，$R_f \leq 0.1$の場合を除き計算値とほぼ一致している。一方，1階の地震力を総2階を想定した1階の地震力で除した値を計算しR_fの関数で表すと図2のようになり，これはK_1の値と一致する。また，2階建の2階のA_iの値をR_fの関数として求めると図3のとおりとなり，K_2の値と一致する。これより，K_2の値は2階部分のA_iを表していることがわかる。

（やすむら　もとい）

【参考文献】
河合直人：壁量と壁倍率，建築技術2000年10月号，pp.122-125

表1　地震力算定用重量（品確法）

屋根の重量G_r	重い屋根	瓦葺き（葺き土なし）	1,275N/m²
	軽い屋根	繊維混入セメント板	932N/m²
外壁の重量G_w	重い屋根の場合	土塗り壁	1,177N/m²
	軽い屋根の場合	ラスモルタル	736N/m²
内壁の重量G_w	床単位面積当たり	石こうボード	196N/m²
床の重量G_f	単位床面積当たり		588N/m²
床の積載荷重P_f	単位床面積当たり		600N/m²
積雪荷重S	軒の出1.3倍 屋根勾配20°	$d=100$cm	1,275N/m²
		$d=200$cm	2,550N/m²

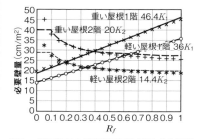

図1　必要壁量の詳細計算値と設計式の比較（等級2の値を1.25で除した値，一般地，$Z=1$の場合）

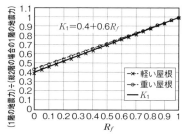

図2　1階の地震力と総2階を想定した1階の地震力の比の計算値とK_1の比較（一般地，$Z=1$の場合）

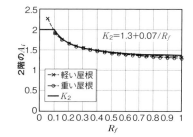

図3　2階建の2階部分のA_iの計算値とK_2の比較（一般地，$Z=1$の場合）

Q.246 木造の壁倍率

河合直人●工学院大学建築学部教授

壁倍率1の意味

◉壁倍率の定義

　木造の壁倍率とは，耐力壁の単位長さ（1m）当たりの許容せん断耐力（単位：kN）を，基準の耐力1.96（kN/m）で除した値である。

　建築基準法施行令第46条のいわゆる壁量規定において存在壁量は，各階各方向で耐力壁（基準では「壁を設け又は筋かいを入れた軸組」）の長さに，耐力壁の耐震性能に応じた倍率（壁倍率）を乗じて，その和を算出する。換言すれば，耐力壁の許容耐力の加算を行っていることになる。

　法令には，この倍率の算出方法は書かれていない。しかし，規定にない仕様の耐力壁について令第46条に基づいて大臣が認定を行う場合，その性能評価は指定性能評価機関が行うこととなり，その業務方法書に倍率の算出方法が定められている。

　業務方法書によると，耐力壁の静的水平加力試験（正負交番加力試験）を3体以上行い，各試験体について次の4指標を求め，それぞれについて母集団の平均値の推定値（50%下限値）を算出する。

①降伏耐力P_y（図1）
②終局耐力P_uに$0.2\sqrt{2\mu-1}$を乗じた値
　ただし，μは塑性率（図2）
③最大耐力P_{max}の2/3
④特定変形時の耐力（試験体の固定方法により1/150または1/120rad）

　これらの指標の意味は，①の降伏耐力は損傷限界，②は大地震動時の性能を許容耐力に換算したもの，③はきわめて稀な風荷重に対して最大耐力に対する安全率を考慮したもの，④は壁量の加算において初期剛性を考慮したもの，と考えられる。

　この4指標の50%下限値のうちの最小値を基準耐力とし，耐久性や施工性を考慮するための低減係数αを乗じて，短期許容せん断耐力とする。この許容せん断耐力を，壁長（単位：m）および基準の耐力1.96（kN/m）で除したものが耐力壁の倍率となる。

◉壁倍率の定義の変遷

　1950年の基準法制定時の倍率の定義は不明であるが，1953年には，変形角1/60での耐力を大貫筋かい耐力壁の130kgf/mで除した値として改正案が提案されている。1981年の新耐震基準の際には，①1/120rad変形時耐力，②最大耐力の2/3，③最大耐力時変形角の1/2における耐力の最小値に，試験体個体差（ばらつき）を考慮して3/4を乗じ，基準耐力130kgf/mで除した値とされていた。

　2000年の基準改正時には，柱脚の浮上がりを拘束して純粋なせん断性能を評価するよう試験法自体を見直し，さらに大地震動時の性能や，試験体個体差に対する評価方法を見直した結果，基準の耐力も1.96kNに変更して，現在の定義に至っている。

（かわい　なおひと）

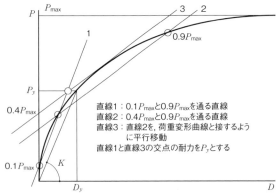

図1　降伏耐力P_yの算出方法

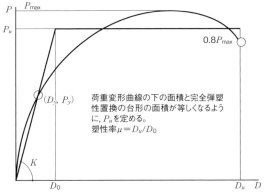

図2　終局耐力P_uの算出方法

Q.247 木造の壁倍率の上限

大橋好光●東京都市大学教授

> 壁量計算における壁倍率の上限が5.0なのはなぜか。また，許容応力度計算における上限が7.0相当なのはなぜか

まず，壁倍率の上限について，なぜ，壁倍率の上限は5なのか考えてみよう。答えは単純で「昔は，それ以上に強い壁がなかったから」だと思われる。

● 筋かいの倍率

表1は，壁倍率の変遷を示している。「3つ割り」は，「柱を3分割したもの」を意味する。「2つ割り」も同様である。表1で，最も強度の大きいのは，「柱同寸」でこれ以上の強度のものはなかった。表1によると最大は，昭和25年の「柱同寸たすき掛け」が8である。

一方，壁倍率を決定する指標の一つに「特定変形角における強度」があるが，昭和56年の改正時に，それまでの1/60radから1/120radに見直された。つまり，昭和34年までの数値は1/60rad時の強度で，1/120rad時でいえばおおむね1/2になる。例えば，上記の8は，現在でいえば，おおむね4に相当する。つまり，5倍を超える強い壁はなかったのである。また，住宅用に使われる一般的な筋かいは，長く「3つ割り」や「2つ割り」であったが，これらは，たすき掛けしても5.0を超えることはない。住宅用で5.0以上の倍率は必要なかったのである。

ちなみに，表には「柱同寸」の筋かいがあるが，柱と断面が同じであるから，これを入れるとフレーム内に土壁などは入らない。日本の伝統的な木造住宅は，壁は真壁で土壁か板壁だったから，柱同寸筋かいは，それらとは，物理的に相容れないものである。つまり，柱同寸の筋かいは，日本家屋に使われることは想定されていなかったのである。

● 木造校舎

では，この倍率5の筋かいを，何に使うかといえば，木造校舎である。木造の校舎は，戦前はもちろん，戦後も昭和30年代半ばまでは，たくさん建てられてきた。そして，そこには「柱同寸」の筋かいが使われている。倍率5の筋かいは，木造校舎のためにあったのである。

こうした木造校舎は，昭和40年頃には，ほぼ完璧に排除されることになる。それは，日本建築学会による「木造禁止決議」など，一連の木造排斥運動の結果であるが，ここでは，深くは触れないこととする。

ちなみに，近年の高倍率の耐力壁は，主に面材を用いたものであるが，日本で構造用合板などが普及するのは，昭和40年代の後半以降である。それらの壁倍率を定めた建設省告示1100号は，昭和56年に制定されている。

また，住宅用の耐力壁として，現在のような高い倍率のものを使うようになった最大の理由は，平成4年に都市部に木造3階建が建てられるようになったことである。3階建には，許容応力度計算が求められるが，同時に壁量も満足しなければならない。従来の壁倍率では壁だらけになってしまうため，高倍率の耐力壁が必要とされたのである。

● 上限の5

経緯は，以上のようであるが，なぜ，現在でも5が上限なのか。壁量設計の各数値の設定にかかわった石山祐二氏によると，「壁倍率を極端に大きくし，地震力を少ない耐力壁に集中させることは構造的に好ましいことではない。また，地震力をその耐力壁に伝達させる水平ダイアフラムとしての床に対する構造規定もなく，構造計算も行わない建物では，壁倍率の上限が必要と考えられる。さらに耐力壁から下階の柱に圧縮力また

表1 筋かいの壁倍率の変遷

種類	昭和25年	昭和34年	昭和56年
柱5つ割り	1	—	—
柱3つ割り	2	1.5	1.5
柱2つ割り	3	3	2
柱同寸	4	4.5	3
柱同寸たすき掛け	8	6	5
(上限規定)	なし	なし	あり，5

註）「昭和56年」に，断面寸法はセンチメートル表記に変更されている

は引張力として加わる軸力の大きさなども考慮すると，最大5程度が望ましい」。

◉ 許容応力度計算における上限7相当は

以上の解説を読めば，許容応力度計算においても上限が設けられている理由も理解できるであろう。

補足すれば，壁の耐力が大きくなった場合の，壁上部の横架材への曲げ応力，柱脚ほぞのせん断力，柱脚や下部横架材端部のめり込みなどが，どのように作用するか，現在の許容応力度計算でも，その検討は必ずしも十分ではない。破壊モードが，一般的な耐力壁に想定されるものと異なる可能性があるためである。ちなみに，例えば，45×90mmの筋かいをたすき掛けとし，さらに片面に構造用合板を張っても，6.5倍で7倍には達しない。現在の一般的な組合せでは，7倍相当で足りるはずである。

なお，許容応力度計算の解説図書には，「実験等により，周辺部材を含めた構造上の安全性が確認された場合」には，これを超えることができると記載されている。まったく禁止されているわけではない。

（おおはし　よしみつ）

Q.248 筋かい応力のβ割増し

鈴木秀三 ●職業能力開発総合大学校名誉教授

> ルート2における筋かい応力のβ割増しは，壁倍率から許容耐力を算定した耐力壁では不要ではないか

木造の筋かいには，「骨組形式としての筋かい」と「耐力壁形式の筋かい」があり，結論を先にいえば，質問のとおり，耐力壁形式の筋かいの場合にはβ割増しは不要と考えられる。

このような質問が出る背景には，木質構造の構法と構造形式との関係を整理して理解していない者が多数いる現実があるように思われる。

木造の構法には，軸組工法，枠組壁工法，集成材構造，木質プレハブ工法（木質パネル構法），丸太組構法などがある。一方，木造建築物の構造である木質構造の構造形式は，日本建築学会『木質構造設計規準』によれば，骨組形式と耐力壁形式の2種類に大別されている。

骨組形式は，線材置換した骨組が鉛直荷重あるいは水平力を受けた場合，骨組の力学に基づいた応力解析を行い，求められた設計応力度が部材の許容応力度を超えないことを確認することにより，構造安全性を確保することを基本としている。これに対し，耐力壁形式の場合には鉛直荷重・水平力に対する耐力壁の許容耐力を超えないことを基本としている。材料の許容応力度は，材料実験に基づき比例限度内で安全率を考慮して決定される。これに対して，耐力壁の許容耐力は，材料・構法・荷重条件に密接に関係するため，荷重による各部分の応力を力学的に捉えることが難しく，実験データに基づいて剛性・強度・靱性の観点から評価して決定される。

1995年版『木質構造設計規準・同解説』が，2002年に『木質構造設計規準・同解説−許容応力度・許容耐力設計法−』と改訂されたのは，材料の許容応力度のみならず，耐力壁・接合部については，許容耐力による弾性的設計を行うことを明確にするためであったとされている。

ここで，木質構造の構造形式と木造構法との関係を整理すれば，表1のようになる。この表によれば，構

表1　木質構造の構造形式と木造構法との関係

工法・構法	対鉛直荷重	対水平荷重
在来軸組工法	骨組形式	耐力壁形式
枠組壁工法	骨組形式	耐力壁形式
集成材構造	骨組形式	骨組形式，耐力壁形式
木質プレハブ工法（木質パネル構法）	耐力壁形式，骨組形式	耐力壁形式
丸太組構法	耐力壁形式，骨組形式	耐力壁形式

法的に異なる在来軸組工法と枠組壁工法とは，構造形式的には同じ工法に分類されるが，枠組壁工法導入時，水平力に対し在来軸組工法と同様の壁量検定手法を採用し，部材の設計では学会規準の部材設計式を用いたことはこの証左である。

在来軸組工法は，水平力に対して耐力壁形式として抵抗するが，これは名称を考えれば明らかである。「軸組」は令46条で使用されているが，軸組とは建築用語辞典によれば「横架材・柱・筋かいなどで構成される壁体の骨組」であり，壁のことを指している。すなわち，在来壁（軸組）工法で，筋かいの入った軸組とは，筋かいの入った壁＝耐力壁の意味であることは意外に知られておらず，軸組をラーメン構造のような骨組と誤解している者も多いようである。

耐力壁形式による構法の場合は，筋かい材の応力は特定できず，β割増しができないが，耐力壁形式の筋かい壁の許容耐力決定においては，終局時の変形性能は，壁倍率評価式の中でD_sとして考慮されているので問題はないことになる。「骨組形式としての筋かい」＝骨組形式を採用した集成材構造のような場合には，部材については許容応力度で，接合部についてはβ割増しをした応力に対して接合部の許容耐力で検定することが必要となる。なお，集成材構造による建物の場合には，一方向を骨組形式・他方向を耐力壁形式とすることが可能で，この場合には同じ「筋かい」という名称であっても構造形式によって扱いが異なることになるので，注意が必要である。

しかしながら，木質構造の骨組形式筋かいの場合には，端部接合部をβ割増しで検定しても，骨組の靱性が向上する保証はないことに注意が必要である。

β割増しは，本来，鉄骨造において筋かい（ブレース）端部の接合部を壊さずに筋かい材自身を降伏させ，鋼材の降伏後の塑性変形能力を利用して建物の靱性を確保する意図で規定されたものと考えられる。木質構造の骨組形式筋かいについてもβ割増しが規定されているが，木材の筋かい材自身には鋼材のような塑性変形能力がないので，骨組の靱性は，接合部の靱性に依存することになる。木質構造の特長として，採用できる接合部は多種多様であることが挙げられる。しかし，その接合部の許容耐力がどの因子で決まっているかは一概にいえないので，木材のめり込み材料強度が作用した場合に筋かい端部に割裂・せん断破壊が生じないことを確かめる必要がある。この場合であっても，β割増し検定では，筋かい接合部が脆性破壊しないことが確認できるだけで，骨組の靱性向上が保証されることではないことに留意が必要である。

（すずき　しゅうぞう）

Q.249 木造耐力壁の短期許容せん断耐力

宮澤健二●工学院大学名誉教授
鴛海四郎●公益財団法人日本住宅・木材技術センター 特別研究員

> 木造耐力壁の短期許容せん断耐力を求める際の低減係数αの値は，具体的にはどのように決めるのか

木造耐力壁の許容せん断耐力は，水平加力試験を行い，材料，耐力壁の構造仕様および実験のばらつきと安全率を考慮し基準許容耐力を求め，さらにその用途，耐久性，施工性やその他工学的判断に基づく適切な低減係数を乗じて求めることとしている。

現在の一般的手法

木造耐力壁の水平加力試験は，1950年頃から行われている。そして，試験方法と許容耐力の誘導方法は何度か改訂され，現在では，指定性能評価機関の業務方法書[1]で整理され下記のようになっている。

短期許容せん断耐力$P_a = P_0 \times \alpha$ (kN/m)

壁倍率＝$P_a / 1.96$

P_0：実験から求まる短期基準せん断耐力／壁長 (kN/m)

α：考えられる耐力低減の要因を評価する係数で，耐力壁の構成材料の耐久性，使用環境の影響，壁量計算の前提条件を満たさない場合の影響などを勘案して定める係数

$\alpha = \text{Min} (\alpha_1, \alpha_2, \alpha_3, \alpha_4)$

1) α_1：耐力壁の用途に伴う影響を評価する係数

耐力壁の用途区分に応じ，表1のようにコントロールと促進処理を行った供試体各10体で，次の強度試験を行い，低減係数a_1を算定評価する。
- 釘側面抵抗試験[4]，釘頭貫通試験[4]

2) a_2：耐力壁の耐久性の影響を評価する係数

耐力壁がどのような材料から構成されているかにより，その耐久劣化を評価し，耐力低減係数を設定する。

① 主に水分以外の因子が長期間にわたって耐力壁の耐力に及ぼす影響を評価する係数

プラスチック系は紫外線や温度，金属系は腐食，電食や湿度，そして木質系材料は接着耐久性などを考慮して低減係数を算定評価する。

② 強度指標を確認する試験方法の例
- 接合具の塩水噴霧試験等の劣化促進試験（JIS Z 2371：2000塩水噴霧試験方法）

3) a_3：耐力壁の施工性の影響を評価する係数

実際の施工現場での施工管理と，試験体の製作管理の差異が耐力に及ぼす影響を評価する係数。

評価する因子の例として，接合具留め付け位置のマーキングの有無，自動釘打ち機などの使用などがあり，これらを考慮して低減係数を算定評価する。

4) a_4：その他工学的判断により必要として定める係数

a_1〜a_3以外に，工学的判断を加える必要が生じた場合に設定する低減係数で，下記のような影響因子について算定評価する。

【評価する因子の例】
- 壁量計算の前提条件を満たさない場合の影響（雑壁の負担率*，建物重量，A_i分布）
  *：2000年から考え方が変わった
- 他の壁との変形性状の整合性の影響
- 木材の乾燥収縮による影響（格子壁，落とし込み板壁などの製材を用いた壁）
- 木材の密度の影響（木質系面材と軸組材）
- 木材の施工時の事故的水掛かりによる影響

◉ **実際の運用**

許容耐力の実際の運用は，壁倍率評価が主目的であるが，最近特殊な壁が多くなり，許容応力度設計などへの運用も多くなってきた。いずれにせよ，本来の工学的な問題（性能が正しく評価される）だけでなく，評価されたものが，社会的および法律的に認知・担保されなければならない。新しい仕様で，壁量計算に用いる場合は，壁倍率の大臣認定が必要である。その事前審査として，指定性能評価機関で，昭和56年建設省告示第1100号と同等以上の耐力を有する木造軸組耐力壁の性能評価が必要である。低減係数の設定はかなり詳細で複雑なため，指定性能評価機関では相互に意見交換を行い，統一性をとっている。しかし，低減係数は，設計，生産・施工現場に関係する。すなわち，このことを前提にして低減係数は決められていることを，設計，生産・施工サイドは，またその逆（倍率を取得する側が設計，生産・施工の実態を理解する必要性）も理解しなければならない。

◉ **歴史的経緯**

1) 耐力壁にかかわる知識・技術・理論の歴史

670年頃法隆寺和釘，1717年製釘機械発明，1867年弾性床梁理論，釘輸入，1878年35樹種曲げ試験，1894年三角形不変の定理，1898年洋釘生産，1907年合板発明，1916年筋かいの有効性，1919年3階建に筋かい，1941ボルト接合降伏理論，1944年木造建築物の強度計算，1950年建築基準法，壁量規定1/60，130kg/cm，1951年久田筋かい壁の研究，1969年JAS構造用合板，1971年構造用合板規準委員会，1973年JIS1414面内せん断試験方法，1974年建設省総プロ・小規模住宅，枠組壁工法告示，1978年Tuomiの理論，1977年建築センター「低層建築物の構造耐力の性能評定に関する内部規程」，1981年告示第1100号，構造用合板壁，壁倍率根拠1/60→1/120，1982年告示第56号（枠組壁工法），1990年枠組壁理論式導入，1998年軸組合板壁理論，2000年建築基準法改正（性能規定化），令第46条に基づく耐力壁性能評価業務方法書

2) 低減係数の歴史

- 1951年，久田俊彦の研究：筋かい，木ずり壁の繰返し加力試験を行い，1/60を許容耐力時変形とし，130kg/mを壁倍率1とし，保存係数（腐朽状態1.0〜0.6）や工法係数（金物の使用状態1.0〜0.6）を導入している（ただし，既存建築物の耐力評価）。
- 1974，1975年総合技術開発プロジェクト，小規模住宅の新施工法の開発（枠組壁工法の研究）：劣化促進処理条件が定められ，aを材料の性質と施工性を考慮して定める低減係数として，表2が示された。
- 1981年，建設省告示第1100号：建築基準法施行令第46条と同等以上の耐力を有する木造軸組耐力壁認定：aを材料の性質と施工性を考慮して定める低減係数

表1 耐力壁の用途区分，促進処理方法と低減係数算定方法

用途区分	壁材の用途例	壁面材水分状態の例	用途別促進処理方法	$α_1$の算定方法
用途I	外周壁の屋外側仕上材	屋外で直接風雨に曝される	乾湿繰り返し方法1 飽水→乾燥→飽水→乾燥→飽水	促進処理試験体の平均強度／コントロールの平均強度
用途II	外周壁の屋外側下地材	屋外側の使用であるが防水紙などの材料で被覆されている	乾湿繰り返し方法2 飽水→乾燥→飽水→乾燥→風通しのよい室内で2日間静置	同上
用途III（石こうボードなど）	外周壁の室内側下地材，内部壁の下地材	屋内，室内などで使われる	加湿法 温度40±2℃，相対湿度87±2.5％の条件下で96時間静置	同上
コントロール	気乾または恒量	木質系：温度20±2℃，湿度65±5％で恒量に達するまで静置 無機系：通風のよい室内で気乾状態に達するまで7日間静置		

表2 総プロで提案された低減係数αの数値（主なもの）

ボードの名称	ボードの厚さ（mm）	低減係数
構造用合板	7.5（5.0）	1.0
パーティクルボード	12.0	0.85
石こうボード	12.0	0.75

表4 指定性能評価機関等で検討された方法[2]

記号	係数の概要
a_1	施工現場での雨がかりなどの影響を評価する係数
a_2	耐力壁構成材料の耐久性・使用環境の影響を評価する係数
a_3	施工性の影響を評価する係数
a_4	許容耐力を加算する場合の調整係数

表3 技術規定で提案された低減係数α, βの概要

記号	係数の区分	記号	係数の概要
$α$	耐力壁単体として耐力低下を評価する係数	$α_1$	耐力壁構成材料の耐久性・使用環境の影響を評価する係数
		$α_2$	正負繰返し荷重の影響を評価する係数
		$α_3$	施工性の影響を評価する係数
$β$	建築物内に設置される状況を評価する係数	$β_1$	耐力壁脚部などの接合耐力による影響を評価する係数
		$β_2$	許容耐力を加算する場合の調整係数
		$β_3$	壁量計算による場合の調整係数

表5 近年の評価実績から[3]

低減係数	軸組壁工法	枠組壁工法	合計
0.7未満	0件	0件	0件
0.7以上0.8未満	6件	1件	7件
0.8以上0.9未満	15件	7件	22件
0.9以上1.0未満	23件	9件	32件
1.0	2件	0件	2件
低減係数の平均値	0.88	0.88	

- 1999年，日本建築センター「低層建築物の構造耐力性能評定に関する技術規程（木質系）(案)」低減係数は$α×β$として，下式が示された（表3）。
  $α=f(α_1, α_2, α_3), β=f(β_1, β_2, β_3)$
  しかし，現在あまり使われていない。
- 低減係数の経緯[2]：試験方法や耐力壁の考え方が変わってきたため，前出の表3から$α_2$（繰返し試験改善），$β_1$（仕口仕様明確化）と$β_3$（設計で対応する）を除き，四つの要因を残した（記号変更し表4）。そして，現行に移行した。
- 2001～2009年の評価実績[3]：性能評価での低減係数の事例を表5に示す。
- 2008年，参考文献5)は耐力壁の試験方法・評価方法と実験データを掲載している。
- 2009年，耐久劣化の研究[4]：事故的水濡れの耐久性（釘頭部引き抜き，釘側面抵抗）試験が示され，施工精度による低減係数0.95，事故的水濡れと耐久性を考慮した低減係数は0.89で，全体の低減係数は0.84と報告。

●まとめ

低減係数は，材料，耐力壁の構成，使用環境，施工精度，評価された許容耐力の使用方法（壁量計算，許容耐力設計）などに依存し，きわめて複雑な要因を含んでいる。このため，低減方法の主旨や内容を理解し，適切な運用が望まれる。低減係数評価は現場のことを，現場はその低減係数設定の根拠を相互に理解することが重要である。

（みやざわ　けんじ，おしうみ　しろう）

【引用文献】
1) 令第46条第4項表1（ハ）に基づく耐力壁性能評価業務方法書
2) 鴛海四郎：耐力壁を評価する(3)，住宅と木材，日本住宅・木材技術センター，2005年6月
3) 日本建築総合試験所：木造耐力壁の性能評価試験（評価方法と評価実績），GBRC, VOL.35 No.3, 2010年7月
4) 神谷文夫ほか：「スギ等国産合板による高強度耐力壁の開発」事業成果報告書，平成21年度林野庁補助事業 2×4住宅部材の開発事業，全国木材協同組合連合会，東京合板工業組合
5) 日本住宅・木材技術センター：木造軸組工法住宅の許容応力度設計（2008年版）

Q.250 木造設計の荷重継続時間と許容応力度の係数

河合直人 ● 工学院大学建築学部教授

> 木造の設計で用いる荷重継続時間（10分，3日，3か月，50年）の数値および対応する許容応力度の係数の数値について

木材の許容応力度は施行令第89条に規定があり，基準強度Fに対して，短期2/3，長期1.1/3を乗じ，長期の積雪については長期許容応力度にさらに1.3を乗じたもの，短期の積雪については短期許容応力度にさらに0.8を乗じたものとなっている。以前は短期が2/3，長期が1/3という二つだけであったが，2000年改正で基準全体の性能規定化を目指す中で，より合理的な考え方を取り入れ，現行のように改められた。

木材の材料強度についても，施行令第95条において，短期の積雪については基準強度Fに0.8を乗じることとなっている。

木材は粘弾性体であり，クリープ変形を生じる。つまり，荷重が一定でも時間に伴って変形が増大する。破壊荷重を考えると，通常の5分から10分程度で破壊する荷重Pに対して，それより小さな荷重でも，Pの5割程度以上であれば，変形が徐々に増大して，ついには破壊に至る。これがクリープ破壊である。

木材のクリープ破壊については，古くから研究があり，米国農務省林産物研究所（Forest Products Laboratory）におけるL.W.Woodによる研究が有名である。Woodは，無欠点小試験片を用いて，クリープ破壊の実験を多数行い，図1に示すように，横軸に破壊までの時間の対数，縦軸に応力比（＝加えた荷重による応力／通常の試験による破壊強度）をプロットして，その関係を近似曲線で表した。

図1の実線がその曲線で，研究者の名前をとってWoodのカーブ，あるいはFPLの所在地（ウィスコンシン州マジソン）を用いてMadison Curveと呼ばれている。ちなみに，実大材（LumberやTimber）ではなく無欠点小試験片としての木材（Wood）の実験結果なので，Woodのカーブと呼ぶのがふさわしいのだという人もいる。

式で表すと，次式のとおりである。

$$SL = \frac{108.4}{T^{0.04635}} + 18.3$$

ただし，

SL：応力比

T：荷重継続時間

このカーブは，横軸を対数で表すとほぼ直線に近いこと，また，その後の実大材の試験結果や近年の研究結果を見ると，曲線はむしろ上に凸になって長期に対しては危険側となる心配があることなどを考慮しつつ，これに近似する直線を当てはめたのが図1の破線である。10分に対して応力比1，250年に対して0.5を通る直線である。応力比0.5を取るのは，2000年改正以前の長期と短期の比が1：2であったことによるが，2000年改正では長期に対応する継続時間を50年としたため，長期の許容応力度はそれ以前より1割高くなることになった。

許容応力度の設定にあたって，想定する荷重継続時間として，短期は，通常の試験における破壊までの時間や風荷重を考えて10分，長期はおおむね建築物の耐用年数と考えられる50年，積雪の短期に対しては最大積雪量に近い雪が載っている時間として3日，積雪の長期に対しては多雪区域における積雪期間として3か月を考えている。

先ほどの直線近似に対して，荷重継続時間，10分，3日，3か月，50年に対応する応力比を取り，できるだけ丸い数字とすると，それぞれ1，0.8，0.715，0.55となる。0.715は細かい数字のように思われるだろうが，0.55の1.3倍を取ったものである。

以上が，木材のクリープ破壊を考慮した荷重継続時間の調整係数である。

木材の許容応力度は，基準強度Fに対して比例限を取り，あるいは安全率を考えて2/3を乗じ，さらに上

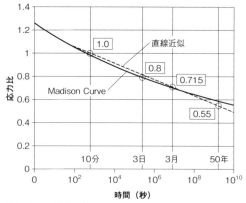

図1　Woodのカーブ

述の荷重継続時間の調整係数を乗じることにより，算出されることになる。

集成材やLVL（構造用単板積層材）についても，平成13年国土交通省告示第1024号で，同じ荷重継続時間の調整係数が用いられている。一方で，木片を接着成型したような木質材料などについては木材と異なることが考えられるため，法第37条の指定建築材料の認定に際して，実験などにより，その材料の荷重継続時間の調整係数を求めることになっている。

（かわい　なおひと）

Q.251　木材の長期許容応力度

安村　基●静岡大学教授

木材の長期許容応力度が$F/3$から$1.1F/3$となった理由は

わが国における木材の許容応力度は，かつては当該樹種における無欠点小試験体における強度の下限値に2/3（圧縮，曲げに対しては比例限度，引張，せん断については比例限度に安全率を加味した係数）を乗じ，これに節，丸みおよび繊維傾斜に基づく欠点係数（圧縮に対して0.65，引張に対して約0.4，曲げに対して約0.45）を乗じて短期許容応力度とし，これに1/2（クリープ限度に対応する強度比）を乗じて長期許容応力度が誘導されていた[1]。これに対して，北米をはじめとする諸外国では，stress grading（節径比や丸み，繊維傾斜などに応じて製材の等級を区分する強度等級区分）された実大材の強度試験を実施し，これに基づきそれぞれの等級の基準強度を統計的に定める方法がとられるようになった。わが国においても1980年代頃から実大材の強度試験が多数行われ，JAS製材の基準強度が整備されるようになった。建設省告示1452号に示されている「無等級材の基準強度」や『木質構造設計規準・同解説』[2]における「普通構造材の基準材料強度」は，前者の体系により求められた許容応力度に追随するものであり，その他のJAS製材の基準強度は後者の体系により求められたものである。わが国における木材の長期許容応力度は，平成12年の改正建築基準法の施行まで基準強度の1/3として誘導されていたが，これは安全係数2/3とクリープ限度1/2を実大材より求めた基準強度に乗じたものであった。

一方，北米や欧州においては，木質構造の設計に含水率，荷重継続，寸法効果などを考慮したよりきめ細かな設計体系が適用されてきた。特に米国では，荷重継続期間の影響についてWoodの研究[3]が参照され，荷重継続期間に対応する調整係数を，永久，normal（10年），2か月（雪），7日，風または地震，衝撃について定めていた。Woodの研究は無欠点小試験体の曲げに対するデータであり，節などの欠点のある実大材や含水率が標準状態と異なる場合には必ずしも適切でないとの議論もあるが，Woodの研究は広い期間のレンジをカバーするものであり，現在まで荷重継続期間の影響の推定に広く活用されてきた。

木材に継続して一定の荷重が作用する場合，初期応力がある程度小さい場合，クリープによるたわみの増分は時間の経過とともに減少し，ある時間経過後にたわみはほぼ一定値を示すが，初期応力がある程度大きいと，図1に示す[4]ように，ある時間の経過後たわみは急激に増加し，梁は破壊に至る。この応力の限度をクリープ限度と呼び，木材のクリープ限度は静的強度のおよそ50%程度であると考えられている。

Woodの研究を基に求めた強度比（作用応力と静的強度の比）と荷重継続時間（対数値）の関係（一般にMadison curveと呼ばれるASTM D245に採用されたカーブ）を図2に示す[4]。Madison Curveでは，実験時の載荷時間における強度比を100%とすると荷重継続時間50年に対応する強度比は60%となるが，現行の令89条および建設省告示1452号では，強度比と荷重

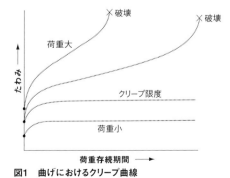

図1　曲げにおけるクリープ曲線

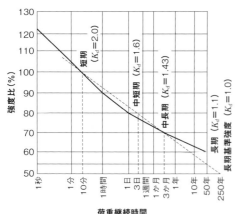

図2 荷重継続時間と強度比の関係

としている。令89条では，50年値，3か月値，3日値，試験基準値に前述の安全係数2/3を乗じて，それぞれ$1.1F/3$，$1.43F/3$，$1.6F/3$，$2F$を導いている。なお，『木質構造設計規準・同解説』[2]においては，従来，接合部の設計用長期許容せん断耐力を$F/3$としていたが，2006年改定版からは材料の許容応力度に合わせて$1.1F/3$をとることとしている。

継続時間の対数との関係を直線で近似し，荷重継続時間250年に対する強度比を50％，50年に対する強度比を55％，3か月に対して71.5％，3日に対して80％

（やすむら　もとい）

【参考文献】
1) 杉山英男：木材の許容応力度の変遷，その1－戦後の日本，AWCOM，No.28，1977年
2) 日本建築学会：木質構造設計規準・同解説－許容応力度・許容耐力設計法－，日本建築学会，2006年
3) L. W. Wood：Relation between Strength of Wood to Duration of Load, Rept. No.1916, U.S.F.P.L., 1951
4) 杉山英男編著：木質構造，共立出版，2000年

Q.252　木材のめり込み強度

北守顕久●京都大学生存圏研究所助教

木材のめり込み許容応力度は，どのような破壊形態を想定して決められているのか

加圧部外の繊維方向に連続した余長をもつ部分圧縮がめり込みであり，平成13年国告1024号に樹種ごとに基準強度F_{cv}が示されている。めり込み条件では余長部の繊維を巻き込むように変形するため，全面圧縮と比べて強度や剛性が向上する。したがって，胴差の大入れのような片側にのみ余長部をもつ条件よりも，土台中央部の柱のような両側に余長部をもつ条件の方が有効に働く。木質構造設計規準・同解説には，材中間部および材端におけるめり込みの条件が区別され，後者には前者の約0.8倍の数値が与えられている。図1は，めり込み加力時の応力—ひずみ曲線の概念（文献1）の図に加筆したもの）であるが，めり込みでは降伏後にも強度上昇し，明確な破壊点を示さないバイリニア型の挙動を示す。

◉めり込みの基準強度と許容応力度

めり込み性状は欠点の影響を受けないと考えられることから，短期許容応力度は，十分な両側余長をもつ無欠点小試験体の比例限応力度（図1①）に基づき定められる[2]。めり込み基準強度F_{cv}は通常の安全係数の逆数をとり，短期許容応力度に3/2を乗じて与えられる（図1②）。実際の耐力は相当の余裕があるが，比例限を過ぎると急激に変形が増大するため，構造躯体の別の箇所で二次応力による破壊が生じることを防止する目的がある。長期許容応力度は，継続応力度が静的比例限度を上回るとめり込みクリープが無限に増

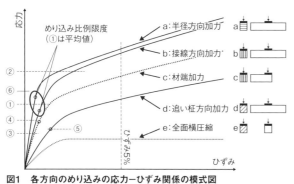

図1　各方向のめり込みの応力—ひずみ関係の模式図

表1　図1中の各種耐力指標

番号	指標	
①	短期許容応力度（＝比例限度の平均値）	$2F_{cv}/3$
②	めり込み基準強度	F_{cv}
③	長期許容応力度	$1.1F_{cv}/3$
④	土台などの割増し（長期）	$1.5F_{cv}/3$
⑤	追い柾時の低減（短期）	$(2F_{cv}/3)\times(2/3)$
⑥	基準式におけるめり込み降伏応力度	$F_m = F_{cv} \times 0.8$

大する[3]ため，想定使用期間中に荷重継続による強度低下が生じても弾性範囲を超えないことを保証するために定める（図1③）。また，平成20年国交告117号により，わずかなめり込み変形が生じても応力が再分配される[4]など，構造上の支障がないと判断できる場合に，長期許容応力度を割増しできる規定がある（図1④）。ただし，めり込み特性は加力方向の影響や個体のばらつきが大きいため，実際の耐力が許容値に満たない個体も相当数存在すると考えられ，注意が必要である。なお，追い柾条件では別途低減が求められる（図1⑤）。

●めり込み基準式

めり込み基準強度は，厳密には十分な余長と一般的な形状比（加圧幅：材せい＝1：1程度）をもつ場合に対応するもので，より特殊な条件にはめり込み基準式[5]を用いる。めり込み基準式では回転変形する貫接合部など，三角形めり込み条件に対しても直下部および余長部のめり込み反力をそれぞれ推定することで，精度よいモーメントの評価が可能であり，めり込みの粘り強い性質を活かした接合部などに適用することができる。なお，めり込み基準式でのめり込み強度値は，実際の荷重―変位バイリニアの折れ点に近いめり込み降伏応力度（図1⑥）を用いるため，許容応力度との整合性をみる必要がある。

（きたもり　あきひさ）

【参考文献】
1) 山井良三郎：部分圧縮応力-歪曲線（1），林業試験場研究報告第78号，pp.101-147，1955年
2) 日本建築学会編：木構造計算規準・同解説（1988年版），p.80，丸善，1988年
3) 杉山英男：建築構造学体系・木構造，pp.122-123，彰国社，昭和46年
4) 槌本敬大：柱の軸力による土台のめり込みの検定，p.145，建築技術2009年5月号
5) 日本建築学会編：木質構造接合部設計マニュアル，pp.252-263，丸善，2009年

Q.253 木材のせん断強度

長尾博文 ●独立行政法人森林総合研究所

> 木材のせん断に対する許容応力度は，どのような破壊形態を想定しているのか

許容応力度算出の基礎となる樹種ごとに設定されたせん断基準強度（**表1**）は，平成12年の建築基準法改正以前の建築基準法施行令第89条に示されていた，木材の長期許容応力度を3倍した値（当時の施行令第95条に与えられていた材料強度）をSI単位に変更した値と考えられる。

●無等級材の基準強度

当時の木材の材料強度，すなわち現行の無等級材の基準強度（F）は，JIS Z 2101に規定されている無欠点小試験体による強度試験で得られた樹種群ごとの基準強度値（平均値：$_0F$）に基づいて，次式の方法で誘導されていた。

$$F = {_0F} \times 0.8 \times \alpha$$

0.8：ばらつき係数（変動係数12％を想定）

α：強度比

曲げおよび圧縮強度の場合，強度比α（無欠点小試験体の強度に対する実大材の強度の比）は製材の品質と密接に関係しており，当時の「製材の日本農林規格」の一等材（日本建築学会の『木質構造設計規準』では普通構造材）の品質基準に基づいて，曲げ強度に対しては0.45，圧縮強度に対しては0.62が樹種を問わず一律の値を採用している。また，引張基準強度は，スギ実大材（製材品）を対象とした一連の強度試験結果に基づいて，曲げ基準強度の0.6倍に設定されている。

●木材のせん断基準強度

一方，せん断強度は，曲げ強度などと同様に，無欠点小試験体によるブロックせん断試験（図1）で得られた基準強度値（$_0F_s$）に基づいて材料強度は設定されているが，節などの欠点の増大に従って強度が明確に低下することは考えられないため，せん断の強度比αは製材がせん断破壊し，二分された最悪の場合を想定し

表1　樹種群ごとのせん断基準強度

樹種			基準強度値（$_0F_s$）(kgf/cm²)	基準強度（F_s）(N/mm²)
針葉樹	I	アカマツ，クロマツ，ベイマツ	90	2.4
	II	カラマツ，ヒバ，ヒノキ，ベイヒ	80	2.1
	III	ツガ，ベイツガ	80	2.1
	IV	モミ，エゾマツ，トドマツ，ベニマツ，スギ，ベイスギ，スプルース	70	1.8
広葉樹	I	カシ	160	4.2
	II	クリ，ナラ，ブナ，ケヤキ	110	3.0

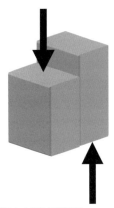

図1 無欠点小試験体によるせん断試験

て0.5が採用されている。

したがって、スギのせん断基準強度（F_s）は以下のように算出されることになる。

$F_s = 70 \times 0.8 \times 0.50 \times (\mathbf{1/1.5}) = 18.7 \text{kgf/cm}^2$
$\fallingdotseq 1.8 \text{N/mm}^2$

ここで、せん断基準強度の誘導式に使用されている太字の係数について、『木質構造設計規準』に明確な説明はないが、曲げ材の部材設計の際の許容せん断応力度の算出において、以下のような割増しにかかわる記載がある。したがって、両者のニュアンスはやや異なるが、製材の場合、基本的に、割裂きによるせん断耐力の低下を前提に基準強度を低く設定していると考えられる。

- 「製材の場合、曲げ材の支持点に切欠きがないものにおいては、その許容応力度として割裂きを伴わない値（1.50倍）を採用することができる」（1995年版）
- 「製材の場合、曲げ材の支持点に切欠き・干割れの発生のおそれがないものについては、許容せん断応力度を1.5倍までの範囲で割増して計算することができる」（2006年版）

（ながお　ひろふみ）

Q.254 木造柱の小径、部材の径長比・細長比

宮澤健二●工学院大学名誉教授

木造柱の小径や細長比にはなにか規定があるか。また木造柱の径長比や細長比で、1/33や150などという数値の理由はなにか

◉柱断面と材長に関する基準と規定

1) 建築基準法施行令第3章構造強度 第3節 木造 第43条（柱の小径）
- 柱の小径（せい）／横架材間距離は**表1**以上または構造計算
- 3階建以上の柱は135角以上または構造計算
- 断面の欠き取り制限（所要断面積の1/3）と補強
- すみ柱又はこれに準ずる柱は、通し柱
- 有効細長比は150以下

2) 公庫基準・木造住宅工事共通仕様書：105角以上、120角を標準。通し柱120角、すみ柱120角、階数2以上の通しすみ柱は135角以上（緩和あり）。

3) 日本建築学会『木質構造設計規準・同解説』：5.部材の設計 503 圧縮材、許容座屈応力度（後述）。細長比は150以下とする。

4) 日本建築学会規準：鉄骨は細長比200以下、RC造は径長比1/15以上。

◉論拠

1) 細長比とオイラー座屈

$P_{cr} = C\pi^2 EI/l^2 = \pi^2 EI/l_k^2$

断面積で除し、座屈応力度σ_{cr}は、

$\sigma_{cr} = \pi^2 E/\lambda^2$

ここで、Cは境界条件を示し両端ピンで1、Eはヤング係数、Iは断面二次モーメント、lは材長、$l_k = C \cdot l$は座屈有効長さ、$\lambda = l_k/i$は細長比、$i = \sqrt{I/A}$は断面二次半径である。

これは実験とよく一致するという。

2) 日本建築学会規準（図1）

木材のヤング係数Eと圧縮強度F_cは、

$E = 300 F_c$

$\therefore F_{cr} = 3{,}000 F_c/\lambda^2$

許容応力度を基準強度で表示し（木造では$f_c = K_d \times F_c/3$で、K_dは長期1.1～短期2.0）

$f_k = 3{,}000 f_c/\lambda^2$

この式では、λが56程度で許容応力度に達する。また、木材は、年輪の偏り、心材と辺材のヤング係数の違い、元たわみ、あるいはクリープ限度などがあり、$\lambda = 100$を限界細長比、$\lambda = 30$で許容応力度となるように

表1 木造柱小径比の下限値

建築物	柱間隔10m超, 大規模		左記以外の建物	
	最上階, 平屋	その他の階	最上階, 平屋	その他の階
①土蔵等重量特大	1/22	1/20	1/25	1/22
②金属板等軽い屋根	1/30	1/25	1/33	1/30
③①②以外	1/25	1/22	1/30	1/28

表2 径長比, 断面寸法（横架材間距離を2,700と仮定）, 細長比と座屈低減係数の関係

	径長比							
	1/8.7	1/20	1/22	1/25	1/28	1/28.9	1/30	1/33	1/43.3
断面寸法 (mm)	310	135	123	108	96	94	90	82	62
細長比	30	69.3	76.2	86.6	97.0	100	103.9	114.3	150
座屈低減係数	1.0	0.61	0.54	0.43	0.32	0.30	0.28	0.23	0.13

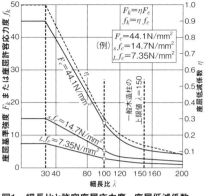

図1 細長比と許容座屈応力度, 座屈低減係数との関係（木質構造設計規準・同解説）

し, この範囲は直線補間している。$E=300F_c$は概算値なので, ヤング係数を測定する方法も規定している。

細長いと, 思わぬ変形が生じる。また, 施工時の損傷, 木材の欠点の影響などを考慮し, 上限を150とした。

3) 径長比

径長比は断面せいB/横架材間距離l_kで, 細長比λとの関係を表2に示す。

細長比$\lambda = l_k/i = l_k/\sqrt{I/A} = 2\sqrt{3} \cdot l_k/B$（矩形断面の場合）

径長比$= B/l_k = 2\sqrt{3}/\lambda$

● 規定の運用・適用性と注意事項

矩形断面の細長比は径長比と相関性があり, オイラー座屈を介し許容座屈応力度と関係がある。細長比100以下, 径長比1/29以上では弾塑性座屈を考慮し, また細長比の上限は150（径長比1/43.3）, 座屈低減係数は0.13である。

この他, 木造では下記の配慮も必要である。

①曲げを受ける場合は複合応力検定。

②柱は壁や雑壁で変形拘束されるが, これらや外壁では風圧力による曲げモーメントも受ける。

③座屈理論では完全ピンとしているが, 上下端はほぞや接合金物があり回転拘束を受けるが, 長期不均等めり込みによる回転変形もある。

④木材の不均一性, 施工上の損傷, 意図的欠込み（取付け, 背割り）, 長期クリープ, 乾燥収縮による干割れ・ゆがみなどがある。

座屈応力度は木材の許容応力度を基準としているので, 意図的な欠込み以外は許容圧縮応力度の中で考慮されているが, 設計や耐力評価への基準や規定の運用には, 上記①〜④の点を十分配慮する必要がある。

（みやざわ　けんじ）

Q.255 木造のJAS材かつ含水率15%の条件

槌本敬大 ●独立行政法人建築研究所

> 建築基準法で無等級材の許容応力度が与えられているにもかかわらず, 令46条2項ルートではJAS材かつ含水率15%（20%）の条件を満たさなければならないのはなぜか

● 許容応力度計算の材料制限

建築基準法施行令（以下, 令）第46条第2項を適用すると, 同第4項の適用が除外され, 壁量を満たさなくてよいこととなる。壁量を満足しない場合, 建築物に地震力や風圧力が作用したときの, 水平抵抗要素は柱・梁架構によるものが考えられる。例えば, 集成材や製材によるフレームにおいて柱・梁接合部などの回転抵抗によって, その水平抵抗力を確保する場合には, 接合部付近などに回転抵抗力発現を阻害するような節, 目切れなどの構造耐力上支障となるような欠点を含んだ材料ではならない。そこで, 昭和62年建設省告示（以下, 建告）第1898号では, 令第46条第2項を適用して, 許容応力度計算（昭和62年建告第1899号に定める方法であって, 令第82条各号によるものではない）を行う場合には, 構造耐力上支障となるような欠点を含まないような品質が確保されたものとして, 日本農林規格（以下, JAS）に基づいて次の6材料が例

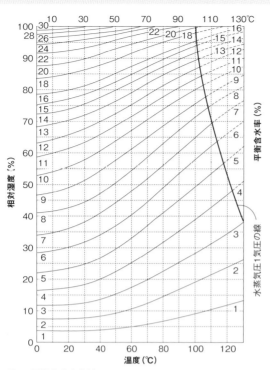

図1　平衡含水率曲線

示されている。

① 集成材のJAS（平成19年農林水産省告示（以下，農告）第1152号）に規定する構造用集成材および化粧ばり構造用集成柱
② 構造用単板積層材のJAS（昭和63年農告第1443号）に規定する構造用単板積層材
③ 平成13年国土交通省告示（以下，国交告）第1024号第3第三号に基づき，国土交通大臣（以下，大臣）が基準強度を指定した集成材
④ 建築基準法第37条第二号による大臣の認定を受け，かつ，平成13年国交告第1540号第2第三号に基づき，大臣がその許容応力度および材料強度を指定した木質接着成形軸材料または木質複合軸材料
⑤ 製材のJAS（平成19年農告第1083号）に規定する目視等級区分製材または機械等級区分構造用製材のうち，含水率の基準が15%（乾燥割れにより耐力が低下するおそれの少ない構造とした場合は20%）以下のもの
⑥ 平成12年建告第1452号第七号に基づき，大臣が基準強度を指定した木材のうち，含水率の基準が15%（乾燥割れにより耐力が低下するおそれの少ない構造とした場合は20%）以下のもの

◉ 木材の含水率と干割れ

木材は，一般に繊維飽和点（含水率約28%）以下まで含水率が低下すると，乾燥収縮が生じる。木材の半径（R）方向の乾燥収縮率は，接線（T）方向の約2倍であることが知られており，このため乾燥による干割れが生じる。この干割れが接合部の回転抵抗発現機構やフレームの水平抵抗性能発現機構に少なからず影響を及ぼすものとして，大きな干割れを生じない材料を使用することが求められている。

一方，木材の大気中での含水率は，その大気の温湿度によって異なり，図1に示すような平衡含水率曲線によることが知られている。

わが国の温湿度環境は標準状態（20℃，65%）として，日本工業規格（JIS）などで定められており，このときの含水率は約12%程度となる。高温多湿な地域の夏場で30℃，90%の環境下で約21%，乾燥した冬場で10℃，30%の環境下で約6.2%となる。さらに，特に漏水や結露水が発生していない木造建築物内部の木材の含水率は，約12〜17%程度であることが知られている。

以上を総合的に勘案し，含水率を15%程度としておけば，構造耐力上支障があるような干割れは発生しないと考えられ，製材について含水率の管理が要求されている。ただし，仮に多少の干割れが生じても構造耐力が著しく低下しない構造とする場合には，含水率が20%程度でも危険は少ないと考えられている。

（つちもと　たかひろ）

Q.256　木造の柱梁の燃えしろ

菅原進一●東京大学名誉教授

　木造建築物における，柱梁の耐火性能である燃えしろの厚みは，どのように決まったのか

森林が豊かに広がっていた頃は，原木を横積みとしたログ建築がごく普通に見られた。工場など大規模低層建築には重量木構造が使用されミル・コンストラクシ

❶梁の耐火性（木8×10, 鉄10インチ）。鉄骨は捩じれている[4]

表1 炭化速度の実測値例[5]

断面寸法 （cm×cm）	平均炭化速度 （mm/分）	加熱時間 （分）
211.6×516.2	0.62〜0.77	90
211.3×518.0	0.65〜0.70	71
167.1×388.3	0.58〜0.68	60
165.6×386.9	0.62〜0.72	40

＊含水率：9.5〜11.0％，加熱：JIS A 1304

表2 大断面木造設計用の燃えしろの値

柱，梁の部材 （JASに適合するもの）	必要な燃えしろ		
	30分	45分	60分
集成材，単板積層材	25mm	35mm	45mm
製材（含水率15％等）	30mm	45mm	60mm

ョン（mill construction）と称された。しかし，製材を使うと火災熱が通る継目部分では，火害が激しくなるおそれがあった。やがて工業が発達し，木材資源が不足する一方で，不燃材料である鉄やセメントの需要・供給が活発になり，都市建築用として主役を演じるようになった。しかし，鉄骨は常温時にはロングスパンで使えるが，火災時には耐力が急減し，写❶に示すように崩壊の危険性がある。そのため，鉄骨造には耐火被覆が不可欠とされた。また，鉄筋コンクリート造は鉄筋へのかぶり厚があるため，一般的には耐火造である。これら両構造が都市建築のコアを形成し，今日に至っている。

また，構法を明快にして，特異な燃え込みを防ぐ設計を施した大断面木構造は，平均的部分の炭化進行速度の値を基に，耐火構造に準ずる扱いとすることができる。

大断面木材の炭化スピードに関する既往の研究を総括すると約0.6mm/分となり，1時間標準加熱後の残存断面は各面で35〜40mm減となる[1)〜3)]。しかし，断面が小さくなると炭化速度も1mm/分を超える場合もあるから，なるべく太めの構造用材を使い，金属ジョイント金具部は耐火断熱被覆をし，部材相互の隙間に火気が進入しないようにし耐火シールを施すなど，きめ細かい設計が要求される。法的には，建築基準法施行令第107条の2「準耐火構造の技術基準」で柱・はりの受ける通常の火災による加熱時間が45分間とされ，1時間加熱の準耐火構造に関しては，建築基準法第7条ただし書に基づく同法施行令第115条の2の2「耐火建築物とすることを要しない特殊建築物の技術的基準等」に定められている。また，昭和62年建設省告示第1902号「通常の火災により建築物全体が容易に倒壊するおそれのない構造であることを確かめるための

構造計算の基準を定める件」（最終改正：平成16年国土交通省告示第333号）において，1時間準耐火構造の柱・はりの燃えしろの値は構造用集成材が45mmとされ，JAS（日本農林規格）適合の製材は，60mmと規定され平成16年官報第3814号に掲載された。

つまり，2000年に構造用集成材，2004年には製材に対して炭化深さを考慮し，断面を太くしておく（燃えしろ）設計法への道が開かれたわけである。燃えしろ設計に使用される製材や集成材では，含水率が重要な支配要素となるため，厳重に管理する必要があり，通常は15％，農林規格適合材では20％としている。表2に示す（燃えしろ）を確保すれば，残存断面で長期荷重を支持できれば準耐火構造となる。なお，建築基準法施行令第46条の2にかかわる大断面集成材の技術基準では，横架材や柱の最小断面寸法は，構法の細部で欠陥が生じるおそれを考慮して15cm以上，断面積300cm^{2}と規定している。また，木材による耐火構造の柱・はりとする場合は，通常の火災で1，2，3時間など所定の時間加熱した後，「燃え止まり」を確認する必要があり，木材に鉄やセメントなどを挿入する，表面を無機質の断熱材で覆う，などの工夫で大臣認定を取得した例がある。さらに，直交集成板（CLT）を用いた床や壁の燃えしろ設計方法なども検討されている。

（すがはら　しんいち）

【参考文献】
1) 濱田稔：木材の燃焼速度，Vol.2，No.3，1953年
2) 川越邦雄，今泉勝吉：集成材の耐火性，建築材料，1968年1月
3) 菅原進一：木材の炭化進行速度に関する考察，3005，日本建築学会北海道大会梗概集，1978年
4) Fire Protection Handbook：8-144，第13版，1969年
5) 最上浤二，中村賢一，ほか：2789，日本建築学会大会梗概集，1983年

Q.257 水平構面の設計

五十田 博●京都大学生存圏研究所教授

> 木造の壁量設計の床・水平構面の必要床倍率の検討の際の「α：耐力壁の上下関係で決まる係数」はどのように設定されたのか

●床倍率の基本的考え方

木造の壁倍率くらいまではなんとかわかるが、床倍率になるともうついていけない（ついていく気にならない?）というような話も耳にする。ここではまず、簡単に必要床倍率の概念を説明しよう。

ここで両端を壁で支持された区画（l：幅，L：奥行）を考える。当該区画で必要壁量をR_Eとした場合，作用せん断力Qを壁量の単位で表すと，次式となる。

$$Q = R_E \cdot l \cdot L \qquad (1)$$

この力を作用外力としてみなし，両端支持された水平構面に必要なせん断力ΔQを同じく壁量の単位とすれば，次式となる。

$$\Delta Q \geq \frac{R_E \cdot l \cdot L}{2 \cdot L} \qquad (2)$$

分子は壁倍率×壁長さと等価である。それを奥行Lで割ったものが必要床倍率である。

なお、ここには水平構面の先行破壊を防ぐための外力の割増し、水平構面の応答の増加、などといった概念は考慮されていない。

●αの設定方法について

さて、本題のαであるが、平屋建と考え、外力$R_E \cdot l \cdot L$を奥行Lで割った荷重をW_1とし、必要床倍率の基本式である式(2)を以下のように変形する。

$$\Delta Q = \frac{W_1}{2} \times \alpha \ (=1.0) \qquad (3)$$

つまり、両端で支えられている水平構面を$\alpha=1.0$とした基本形である。ここで、片側に有効な耐力壁がなく、片側のみで支えているといった場合に、水平構面に必要な伝達能力は2倍となり$\alpha=2.0$となる。

2階建では$(W_1+W_2)/2$を基本形の$\alpha=1.0$と置き、同様に場合分けをすればαが求まる。以上を整理して、図2に示した。これがαの設定根拠である。

もちろん、上階を支える壁の位置や上階の壁が支えている地震力が変わると、ここでの仮定とは異なる力の配分となる。しかし、これまでの地震被害において床が先行破壊するようなものは、平面形状がL型であったり、増築部との境界で極端に耐震性能が異なるものが組み合わされたものであったり、と限られていたこと。さらに、2階部分は一般に壁量の充足率が高く、上階からのせん断力の付加は仮定よりも小さい場合が多い、ということにより簡略化している。

つまり、仮定しているような建物はほとんどないとか、仮定が粗すぎる、などといった厳密性には欠けることは承知だが、それらには目をつぶり、経験工学を追認するような計算法をつくったと見る方が、理解は容易である。

（いそだ　ひろし）

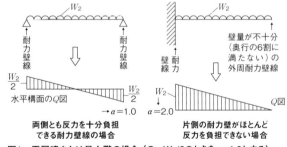

図1　平屋建または最上階の場合（$Q=W_2/2$のときを$\alpha=1.0$とする）

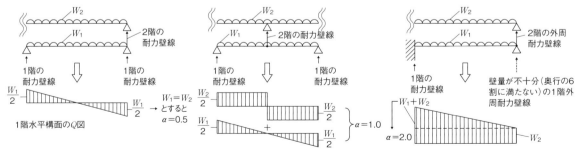

図2　2階建の1階の場合（$Q=(W_1+W_2)/2$のときを$\alpha=1.0$とする）

Q.258 木造における床倍率の加算

五十田 博●京都大学生存圏研究所教授

勾配屋根面と小屋組水平面の床倍率を加算してよいのはなぜか

◉木造住宅の屋根の構造と性能

木造軸組構法の典型的な小屋組は，図1に示すように傾斜をもつものとなる。垂木の上には，下地が張られる。最近は下地に構造用合板が用いられ，垂木と母屋の位置関係にもよるが，構造用合板壁のような高耐力の面内剛性も実現可能である。また，野地板のような小幅板であったとしても，ある程度の面内剛性を有する。これが勾配屋根構面である。

一方で，小屋組を構成している小屋梁，桁で構成される小屋組水平構面には，一般に火打ちが入れられる。火打ち床組の水平構面に関する実験データはいくつかあるが，それらの結果を踏まえて床倍率が決められている。

以上，勾配屋根構面と小屋組水平構面の面内の性能を整理して，表1に示す。ここでは，床倍率に1.96kN乗じて単位長さ当たりの耐力として示した。勾配屋根構面は下地の種類，垂木の転び止めのあるなし，勾配によって許容耐力が異なる。小屋組水平構面は，火打ちで囲まれる区画面積と梁せいによって異なる。

◉勾配屋根と水平構面の足し算は成立するか？

さて，編集部からいただいたお題は，この二つの構面をなぜ加算してよいか，である。このあたりの数値の設定にはかかわっていない，と逃げたいところだが，立場上そうもいかない。まず，資料を調べてみたが，それぞれの剛性や耐力の求め方についての記述はあるが，なぜ足してよいかはよくわからない。実のところ，耐震診断判定会などで，図2のような切妻屋根や大屋根構造では，耐力壁線の上には構造用合板壁を張ってほしいとお願いしたり，和小屋組の傾斜屋根部分はトラスとして十分に機能するように接合部に金物を設置してほしい，とお願いしている。一般の住宅では小屋裏利用でもない限り，構造用合板による補強などはされていない。つまり桁材，梁材を共有している外周部の壁にとっての足し算は可能であるが，内部を足し算するためには配慮が必要ということである。ただ，これまで屋根の振動台実験などを実施しているが，計算するとNGになるような水平構面であっても，かなり大きな入力まで壊れるようなことはなく[1]，ややもすると屋根がバラバラに揺れて入力低減することもある。経験工学を追認するために，理屈をつけたというところが実態であろうか。ただ，大屋根のような屋根形式は地震経験が少ない。大屋根部分に耐力壁が多く配置されているような構造では，足し算は危険であるといわざるを得ない。この辺は，日本建築学会『木質構造設計規準・同解説』にも，「連結材が必要」として述べられているところである。
　　　　　　　　　　　　　　　　（いそだ　ひろし）

【参考文献】
1) 松田昌洋，五十田博ほか：伝統構法による屋根構面の面内せん断性能に関する振動台実験，日本建築学会大会学術講演梗概集，2013年

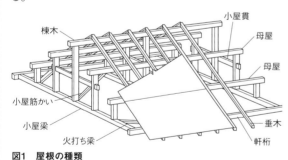

図1　屋根の種類

表1　勾配屋根と小屋組水平構面の許容耐力

勾配屋根構面，小屋組構面の種類	短期許容耐力(kN/m)
5寸勾配以下，構造用合板9mm以上，垂木@500以下転ばし，N50@150以下	1.37
5寸勾配以下，幅180スギ板9mm以上，垂木@500以下転ばし，N50@150以下	0.39
火打ち，木製90×90mm，平均負担面積2.5m²以下，梁せい240以上	1.57
火打ち，木製90×90mm，平均負担面積2.5m²以下，梁せい105以上	0.98

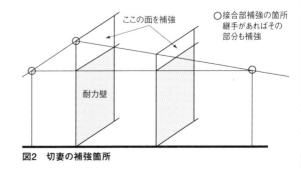

図2　切妻の補強箇所

Q.259 木造のN値計算

河合直人●工学院大学建築学部教授

N値計算において，B_1・B_2およびLの値の根拠は

2000年の建築基準法施行令改正で木造建築物の耐力壁端部における柱頭柱脚の仕口について，明確な規定（平成12年建設省告示第1460号）が設けられた。告示1460号では仕様書的に表が与えられているが，ただし書きがあり，柱頭柱脚に必要とされる引張力が引張耐力を超えないことが確かめられれば，他の方法でもよいことになっている。

その具体の方法としては，『2007年版　建築物の構造関係技術基準解説書』（全国官報販売協同組合，平成19年8月）（以下，基準解説書）に述べられている方法があり，N値計算と呼ばれている。各柱について，張り間，桁行きの各方向について，耐力壁の許容耐力などから柱頭柱脚仕口の引張力に対応した次式(1)または(2)のNの値（必要耐力に相当）を求め，仕口の短期許容引張耐力に対応したNの値と比較して，耐力的に十分な仕口を選択するというものである。告示1460号の表も，もともとはこの式に基づいてつくられている。

①平屋部分の柱または2階建部分の2階の柱の場合

$$N = A_1 \times B_1 - L \quad (1)$$

N：柱頭柱脚仕口の引張力に対応した数値
A_1：当該柱の両側における軸組の倍率の差。筋かいの場合には補正が必要
B_1：周辺部材による拘束効果を示す係数。出隅の柱で0.8，その他の柱で0.5
L：鉛直荷重による押さえの効果を示す係数。出隅の柱で0.4，その他の柱で0.6

②2階建の部分における1階の柱の場合

$$N = A_1 \times B_1 + A_2 \times B_2 - L \quad (2)$$

N：告示1460号表1のNの数値
A_1，B_1：式(1)の場合と同
A_2：当該柱に連続する2階柱の両側における軸組の倍率の差。筋かいの場合には補正が必要（2階柱の引抜力が，他の柱などによって下階に伝達される場合は0）
B_2：2階の周辺部材による拘束効果を示す係数。2階の出隅の柱で0.8，2階のその他の柱で0.5
L：鉛直荷重による押さえの効果を示す係数。出隅の柱では1，その他の柱では1.6

この式は，当時用いられていた3階建木造住宅の許容応力度計算，すなわち『3階建て木造住宅の構造設計と防火設計の手引き』（財団法人日本住宅・木材技術センター）（以下，手引き）の方法に類似しており，元は倍率1の耐力壁1mの許容せん断耐力を1.96kN，階高を2.7mと仮定して，接合部引張力を算出する式である。簡単のために両辺を1.96×2.7で除してある。

B_1，B_2の値を出隅の柱で0.8，その他の柱で0.5としているのも，この「手引き」をほぼ踏襲したものであり，その数値の根拠は，実大建物の水平加力実験結果を参考にしたものと説明されていた。

式(1)，式(2)が「手引き」と大きく異なるのは，引抜力の算出において壁量の充足率で低減を加えていない点である。大地震動時には，耐力壁量に相当の余裕があったとしても，耐力壁には当該耐力壁の終局耐力に相当するせん断力が生じることになる。もし，壁量に余裕があるからということで，引抜力を充足率で低減してしまうと，大地震動時には接合部が先に破壊し，期待している耐力壁の性能が発揮されないおそれがある。

この鉛直荷重による押さえの効果は，以下のような固定荷重の想定および図に示す負担面積の想定を行って算出したものである。

【固定荷重に対応する質量の想定】
・屋根（セメント瓦）

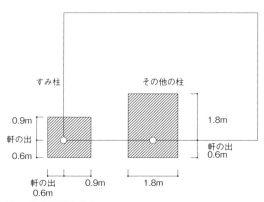

図1　負担面積の想定

+天井（水平投影面積当たり）　：56kg/m²
・壁（サイディング・開口部つき）：35
・2階床+天井　　　　　　　　　：60
・積載　　　　　　　　　　　　　：60

これにより柱軸力を算出し，式(1)，式(2)に入れるために1.96×2.7で除した結果は，**表1**のようになる。

頂部での軸力には，実際には壁の固定荷重も一部伝えられると思われるが，頂部と脚部で数値が異なるのは煩雑である。

表1　図1の負担面積によるLの計算値

部分	すみ柱	その他の柱
2階頂部	0.237	0.457
2階脚部	0.559	0.780
1階頂部	0.744	1.330
1階脚部	1.067	1.651

一方，特に2階の柱頭は周辺部材の拘束が少ないので慎重に扱う必要がある。これらを勘案して整理した結果が，前述のLの数値である。

（かわい　なおひと）

Q.260　木造のLの値とN値計算

河合直人●工学院大学建築学部教授

> 一般に使われているN値計算は，軽い屋根の住宅を根拠にLの値を算定したと聞いたが，重い屋根に適用させるための，Lの値は。また，このLの値を用いたN値計算で，重い屋根の住宅の接合部を検討してよいか

木造建築物の柱頭柱脚の継手仕口については，平成12年建設省告示第1460号に仕様規定があるが，ただし書きで，柱頭柱脚に必要とされる引張力が引張耐力を超えないことが確かめられれば，他の方法でもよいことになっている。その具体の方法として，『2007年版　建築物の構造関係技術基準解説書』（全国官報販売協同組合）に記載の，いわゆるN値計算がある。

柱の両側にある軸組の倍率の差A_1に，周辺部材による押さえの効果$B_1=0.5$（出隅の柱では0.8）を乗じ，2階建部分の1階では直上の柱についても加算したうえで，鉛直荷重による押さえの効果Lを差し引いた値をNとし，このNの値以上となる接合部を選択するというものである。

①平屋部分の柱または2階建部分の2階の柱の場合
$$N = A_1 \times B_1 - L \quad (1)$$
②2階建の部分における1階の柱の場合
$$N = A_1 \times B_1 + A_2 \times B_2 - L \quad (2)$$

これらの式は，接合部引張力の略算的な算定式(3)の両辺を，階高（$h=2.7$mと仮定）および軸組の倍率の基準値1.96kN/mで除したものである。
$$T = Q_{a1} \times B_1 (+ Q_{a2} \times B_2) - W \quad (3)$$
ここでQ_{a1}，Q_{a2}は柱の両側にある耐力壁の単位長さ当たりのせん断許容耐力の差（単位：kN/m），Tは接合部の引張許容耐力（単位：kN）である。

Lの値は，次のような想定で算出されている。
　固定荷重に対応する質量
　　屋根（セメント瓦）+天井　　　　56kg/m²
　　（水平投影面積当たり）
　　壁（サイディング・開口部付き）　35kg/m²
　　2階床+天井　　　　　　　　　　60kg/m²
　積載荷重に対応する質量　　　　　　60kg/m²
想定負担面積は，**図1**に示すとおりである。

これから柱軸力を算出し，（1.96×2.7）で除した結果が次の値で，これを丸めて式(1)では出隅の柱0.4，その他の柱0.6，式(2)では出隅の柱1，その他の柱1.6とされている。

	すみ柱	その他の柱
2階頂部	0.237	0.457
2階脚部	0.559	0.780
1階頂部	0.744	1.330

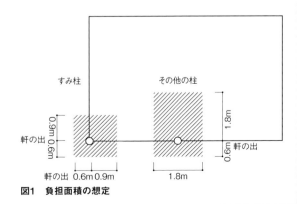

図1　負担面積の想定

| 1階脚部 | 1.067 | 1.651 |

ところで，式(1)，(2)では許容耐力が用いられているが，大地震動時を考えるならば，本来は耐力壁と接合部の終局耐力を用いて比較するべきものである。

耐力壁と接合部の「許容耐力と終局耐力の比」が同程度であれば，許容耐力同士の比較でもよいが，そうであれば式(1)，(2)に変換するには，Lにも（許容耐力／終局耐力）を乗じなければならない。この点でLの値自体が厳密さを欠いているが，もともと小さめの値であり，また，耐力壁の許容耐力は平均値の推定値，接合部の引張耐力は5％下限値を用いていることもあり，N値計算は全体として，おおむね安全側の結果を与えるようである。

こうしたさまざまな仮定を含んだ略算的手法であるので，Lの値だけを厳密に求めたとしても正解に近づくとは限らない。壁量計算ルートにおいて，屋根の重量や負担面積の想定を変えて，いたずらにLの値を大きくすることには問題があり，慎重さが必要であると思われる。

（かわい　なおひと）

Q.261 床高さ，木造基礎の立上がり

宮澤健二●工学院大学名誉教授

床高さ450mm以上，木造基礎の立上がりを300mm以上としているのはなぜか

◉床高さと基礎の立上がりの規定とは

木造住宅では，床の高さや基礎の立上がりなどが規定されている。これらにはどんな規定があり，どんな意味があるのだろうか。これらは次の意図がある。
①通気・防湿・防腐・防蟻対策
②床下の保守点検：これはある意味，実質的には①に通ずるもので，竣工後の①の対策である。
③基礎の剛性・強度確保：基礎の立上がりと根入れ深さから決まる梁せい，幅と鉄筋量が関係する。

◉床高さと基礎の立上がりの規定

1)「建築基準法施行令」
①第2章 一般構造 第2節 居室の天井高さ，床の高さ及び防湿方法
  第22条（居室の床高さ及び防湿方法）
- 床の高さは，直下地盤面からその床の上面まで450以上。
- 外壁床下5m以下ごとに換気口300cm²以上を設ける。
  大臣認定等ただし書きもある。
②第3章 構造強度 第2節 構造部材等 第38条（基礎）
- 構造安全性，構造方法，構造計算
- 平12建設省告示第1347号（**図1**）
  基礎の立上がりは地上300，厚さ120，根入れ240（べたは120），底盤厚150（べたは120）以上。
  その他配筋，換気口など規定。

2) 日本建築学会『木質構造設計規準・同解説』
【1973年4月発行版】
- 204.1 基礎
  基礎の深さ：底面の深さは地盤面下450以上。
- 701 防腐工法
  701.2 防腐工法の実施：基礎高さは地盤上200以上。換気口を設置。

【1995年，2002年，2006年発行版】
- 205.1 基礎
  換気口・点検口・人通口など断面欠損は適切な補強を行う。
  基礎の深さ：数値規定なし。強度・剛性，鉄筋コンクリート造など記載。
- 701 防腐工法
  701.2 防腐工法の実施：換気口の記載はあるが，基礎の高さは記載なし。

3) 住宅金融普及協会『木造住宅工事共通仕様書／枠組壁工法住宅工事仕様書』（**表1**）

4)「性能保証住宅設計施工基準」住宅保証機構H13制定，H16改訂（基礎などを改訂追加）
  第1節 地盤調査及び基礎　第6条 基礎
  1. 基礎の設計：地盤調査等の結果に基づかなければならない。
  ただし，軟弱地盤及び造成地盤等については，沈下の影響も考慮して基礎形式を選択すること。
  2. 必要に応じ地盤改良等の措置。

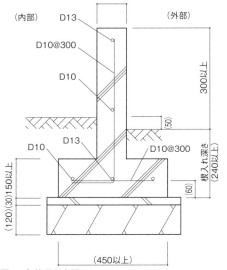

図1 布基礎参考図

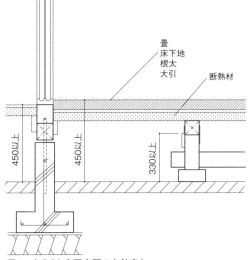

図2 床高さと床下空間の有効高さ

表1 住宅金融普及協会の基礎仕様の変遷

年	布基礎深さ	立上がり	幅	底盤幅	底盤厚さ	べた基礎深さ	立上がり	厚さ
昭和61年	120	240 (300)	120	[450]	[150]		なし	
平成6年	120	240 (300)	120	[450]	[150]		用語のみ	
平成10年	240	240 (300)	120	[450]	[150]	—	[300]	—
平成12年	240	400	120	450	150	—	400	—
平成15年	240	400	120 (150)	450	150	[120]	400	[180平成20年]

数値はmm以上，(標準)，[参考図記載]
注1) 凍結深度以深。　注2) 平成10年までは，一体のコンクリート造 (無筋) と底盤なし (ローソク基礎) も許容されていた。
注3) べた基礎が明記されたのは平成12年からである。

3．べた基礎：構造計算により基礎設計を行わなければならない。

4．基礎の立上り部分の高さ：地上部分で300mm以上。

5)「長期優良住宅の普及の促進等に関する法律施行細則」(国交告209号平成21年2月24日)

長期使用構造とするための措置及び維持保全の方法の基準

構造躯体等の劣化対策：木造床下空間の有効高さは330mm以上とする (ただし書きあり) (図2参照)。

◉注意事項

近年，基礎の耐力，防湿と防腐の重要性から，鉄筋コンクリート基礎，床下通気や点検保守が重視され，高い性能が求められるようになった。

床下点検には，1階床に点検口を設けるか人通口が必要で，人通口は高さ330程度が必要という。無知な業者による，既存住宅のシロアリ駆除のため内部基礎の後開口が問題になっている。　　　　(みやざわ　けんじ)

Q.262 木造の防腐処理

桃原郁夫 ◉独立行政法人森林総合研究所

防腐処理をする高さを地面から1メートル以内としているのはなぜか

◉はじめに

建築基準法施行令第49条 (外壁内部等の防腐措置等) は，「1．木造の外壁のうち，鉄網モルタル塗その他軸組が腐りやすい構造である部分の下地には，防水紙その他これに類するものを使用しなければならない。

2．構造耐力上主要な部分である柱，筋かい及び土台のうち，地面から1メートル以内の部分には，有効な防腐措置を講ずるとともに，必要に応じて，しろありその他の虫による害を防ぐための措置を講じなければならな

い」と，地面から1m以内の部分の防腐・防蟻措置を定めている。

本稿では，その数字が出てきた経緯について考えてみたい。

●公布当初の条文

建築基準法施行令が最初に公布されたのは，建築基準法が制定された昭和25年である。このときの条文は以下のとおりである。

「第49條　木造の外壁の全部又は一部が鉄網モルタル塗，張り石造その他軸組が腐りやすい構造である場合においては，その部分の下地に防水紙を使用し，且つ，地面から1メートル以内にあるその部分の柱，筋かい及び土台には，クレオソートその他の防腐剤を塗布しなければならない。但し，その部分の壁の内部に通気できる構造とした場合においては，この限りでない。」

すなわち，クレオソートやシロアリなど，削除あるいは追加された語句が若干はあるものの，第47条全体を通してみれば，昭和25年に公布された当時からほとんど変わっていないことが見て取れる。

では，どのような根拠で1mという数字が出てきたのであろうか。以下，当時の論文からその根拠を推察した。

●制定の根拠

木材の腐朽は木材腐朽菌によって引き起こされる。そして，腐朽菌が活動するためには，木材が適度な量の水分を含んでいることが必要である。

この水分は，屋根や外壁から浸入した雨が壁や柱を伝って柱端部に達することによって，あるいは礎石や束石で結露した水分を柱が吸い上げることによって供給される。

腐朽と腐朽を引き起こす水分との関係に着目した十代田は，社寺の柱根の調査[1]から，根継の高さが45cm程度の柱が存在したこと，柱内部が円錐形状に腐朽し，その最大高さが50cmにも達していた柱があったことを報告した。さらに同論文で，さまざまな樹種の柱の吸水性を調べる実験を行い，柱底面を1か月間水に接しておくと樹種によっては最大30cmの高さで水が吸い上げられること（**図1**），吸水期間を延長することによりその値が漸増し2か月目には，最大40cmに達することを認めた。

さらに，明治35年から昭和24年に建てられた住宅の柱の高さと含水率との関係および柱の高さと釘引き抜き耐力との関係を調査し，柱端部からの距離が短くなるにつれて含水率が上昇し，柱端部から50cm以内のところで釘引き抜き耐力の低下が始まることを認めた（**図2**）。

以上の結果は，柱（特に，外壁に面した柱）の下端から50cm程度までの範囲で腐朽のおそれが非常に高く，その範囲で実際の腐朽も生じていることを示していた。

施行令第49条にある，「地面から1メートル」は，上記実験で得られた50cmという高さに，地面から基礎天端の高さ（20〜30cm）や土台の高さ（10〜12cm）を加え，決められた値だと考えられる。

（ももはら　いくお）

【参考文献】
1) 十代田三郎：柱根の腐朽に関する研究，建築雑誌，49，pp.186-195，1935年
2) 十代田三郎：木造建物の腐朽診断法，日本建築學會研究報告5，pp.1-4，1950年

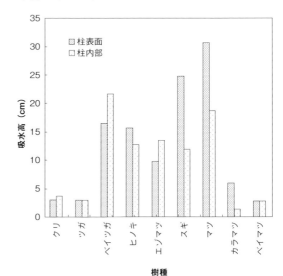

図1　各樹種が1か月で吸水する高さ（文献1より作図）

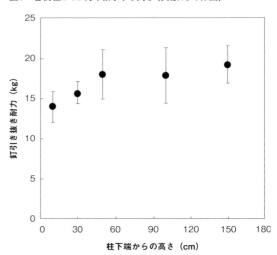

図2　柱下端からの高さと釘引き抜き抵抗との関係（文献2より作図）

Q.263 木造の床梁における D/L

鈴木秀三●職業能力開発総合大学校名誉教授

建物の使用上の支障が起こらないことを確かめる条件として，床梁において $D/L>1/12$ としている理由はなにか

施行令第82条第四号の「構造耐力上主要な部分である構造部材の変形又は振動によって建築物の使用上の支障が起こらないことを確かめること。」を受けて，平成12年建設省告示第1549号が規定された。同告示によれば，木造の梁について条件式 D（梁のせい）$/L$（梁の有効長さ）$>1/12$ を満たす場合以外は，構造計算による検証を要求している。

木造床梁のせい／スパン比（$=D/L$）については，伝統の大工技術である「間四の法」では $1/15$，飯塚[1]は木造住宅では $1/14$〜$1/13$ が望ましいとしている。一般的な荷重条件について作成されたスパン表を通観しても，$D/L>1/12$ の条件を外れる例は見当たらないが，スパン表がすべての状況を網羅しているとは言い難いので，以下では，若干の工学的検討を行い，条件式 $D/L>1/12$ の妥当性を検証する。

告示に定められた構造計算による検証は，①当該建築物の実況に応じた固定荷重および積載荷重（地震力を計算する場合の値）によって梁に生じるたわみの最大値を計算し，②その最大値に長期間の荷重により変形が増大することの調整係数＝変形増大係数を乗じ，その値を梁の有効長さで除した値が $1/250$ 以下であることを確認することになっている。

矩形断面の木造梁が等分布荷重を受ける場合について，①と②の条件を式で表せば，次式となる。

$$\delta = \underbrace{2}_{\text{変形増大係数}} \times \underbrace{\frac{5w' \cdot L^4}{384EI}}_{\text{たわみの最大値}} \leq \frac{L}{250}$$

w'：地震力を計算する場合の荷重
L：スパン　E：ヤング係数
I：断面二次モーメント

左辺を I とする式に変形すれば，

$I_1 \geq (2 \times 5 \times 250/384) \times (w'L^3/E) = 6.51(w'L^3/E)$

一方，この梁は曲げモーメントに対して安全であること＝曲げ応力度が許容応力度以下であることが大前提であるので，次式を満足していることが必要である。

$\sigma = (wL^2/8) \cdot (1/Z) \leq {}_Lf_b$

w：梁を計算する場合の荷重
Z：断面係数 $=I/(D/2)$
${}_Lf_b$：長期許容曲げ応力度

左辺を I とする式に変形すれば，

$I_2 \geq \dfrac{wL^2}{8} \times \dfrac{1}{{}_Lf_b} \times \dfrac{D}{2} = 6.25 \times 10^{-2} \times \dfrac{wL^2 D}{{}_Lf_b}$

梁が安全で，かつ，たわみ制限で決まるスパン／せい比の最小値は，次式（$I_1 \leq I_2$）を満足する必要がある。

$6.51(w'L^3/E) \leq 6.25 \times 10^{-2} \times (wL^2 D/{}_Lf_b)$

$(D/L) \geq 1/\{0.96 \times 10^{-2} \times (E/{}_Lf_b) \times (w/w')\}$

上式の（w/w'）の値は，固定荷重を 600N/m^2 と仮定し，積載荷重は施行令第85条によれば，部屋の種類により 1.58（教室），1.58（居室），1.71（事務室）の値となる。（$E/{}_Lf_b$）は，日本建築学会『木質構造設計規準・同解説』所載の E，平成12年建設省告示第1452号木材の基準強度 F_b および施行令第89条による長期許容応力度（$1.1F_b/3$）に基づき算定できる。

まず，無等級材の場合について検討する。（$E/{}_Lf_b$）は 860〜967 であり，最小値 860 と（w/w'）の最小値 1.58 を代入すれば，$D/L \geq 1/13.0$ と計算されるので分母を 12 としておけば，条件をクリアできる。集成材の場合も（$E/{}_Lf_b$）は，日本農林規格に規定されるものでは種類にかかわらず約 $1,000$ であるのでクリアできる。しかしながら，目視等級区分による製材の場合には 707〜$1,894$ で，最悪の組合せ（1.58 と 707）では $D/L \geq 1/10.7$ となり，条件式をクリアできない。ただし，規格材の部材設計では構造計算は当然行われるであろうことを考えれば，構造計算を行わない建物の場合には梁が条件式 $D/L>1/12$ を満足していれば，法令上の問題は生じないと考えられる。

終わりに，学会規準のクリープ変形係数 C_{cp}（変形増大係数に対応）は，製材・集成材の場合 $C_{cp}=1+0.2t^{0.2}$ で計算するが，期間が50年の場合は 2.42 で，係数 2 は約10年の値であること，また，変形制限値を $L/300$ としていることも指摘しておく。

（すずき　しゅうぞう）

【参考文献】

1) 飯塚五郎蔵：木造住宅とデザイン，丸善，1997年

Q.264 木材のヤング係数

有馬孝禮 ● 東京大学名誉教授

> 建築物の使用上の支障が起こらないことを確認する方法にたわみ計算を指定しているのに，木材のヤング係数が建築基準法で位置づけられていないのはなぜか

表記の質問は，構造設計を実務とする人からしばしば発せられる問いである。すなわち，建築基準法に許容応力度や材料強度（現在は基準強度が数値として示されている）があるのに，ヤング係数が示されていない違いはどこにあるのかということであろう。きわめて単純に表現すると，「決める」と「決まる」の違いであると解釈される。

構造設計の基本は，建築物を構成する材料に力が加わったときにどれぐらい変形するか，どれぐらいの力に耐えられるかを確認することである。すなわち，変形を計算するときに用いる数値がヤング係数で，耐えられるかどうかを比較する数値が最大強さ（破壊強さ，あるいは単純に強度といっている）である。

材料のこれらの強度特性は，試験方法を決めて，試験をすれば，その材料のヤング係数と最大強さは定まる。すなわち，試験をすればその材料のヤング係数も強度も決まる。しからば，その試験した材料をそのまま建築材料として使用できるであろうか？ NO，ノーである。試験した材料は破壊しているので，もはや使えない。表現を変えると，実際に建築材料に使う材料の破壊強度はわからないので，何らかの形で強度を推定するしかないということである。一方，ヤング係数は破壊しない範囲で求まるのである。力と変形の関係は，ある範囲内では直線関係が成り立つ。その傾きに相当するのがヤング係数である。試験をすることによって，破壊することなく明らかになる。すなわち，そのものずばりの数値が試験によって「決まる」のである。材料のヤング係数は，あえて推定する「決める」という人為は必要ないのである。そのような解釈をすれば，法律は「決める」ものであって，「決まる」ものを決める必要はないはずである。設計や法律などでは，安全率や作用する時間などのもろもろの条件を配慮して，推定「決める」という行為がなされている。

現在の建築基準法の関係法令や，木材の許容応力度や材料強度の設定には，規格で等級区分された木材を試験（In-Grade Testといわれている）して，統計的な下限値を基本にしていると思われる。日本農林規格では，節の大きさや繊維傾斜などで区分する目視的等級区分と，ヤング係数で区分する機械的等級区分を定めている。それらに対して，基準強度が告示で与えられている。一般的には，示された材料強度などの数値は最低基準を前提にしているので，それをクリアすればよいというような安易さは避けたい。

日本農林規格の機械的等級区分で示されている曲げヤング係数の等級は，測定した結果を基に，**表1**のように表示される。

各種設計基準や仕様書では，許容応力度とヤング係数が示されていることがあるが，一般的にはヤング係数に関しては直接実測を伴っていないので，推定に基づいた数値であり，運用の便宜のために示されていたと解釈した方がよい。

支障のないことを確認するために，たわみなどの変形計算を求める場面がしばしば見られる。変形の制限については，部位や部材によって状況や条件が異なることが予想されるので，現場における専門的な判断が重視される。もちろん法律に示された変形に関する定性的な要求条件に対して，具体的な仕様ではその数値は明らかにする必要はある。変形に関しては本来「決まる」ものであるが，YES or NOとなるような一律の数値の設定をすると，技術的議論や広範な判断ができなくなるおそれがある。一般的にみられる「使用上支障となる変形」といった定性的な要求条件は使用者にとっても不利益にならないように，技術者，現場の判断を重視して配慮されているとも考えられる。

（ありま　たかのり）

表1　日本農林規格機械的等級区分構造用製材の曲げヤング係数表示

等級	曲げヤング係数 (GPaまたは10^3N/mm^2)	
E50	3.9以上	5.9未満
E70	5.9以上	7.8未満
E90	7.8以上	9.8未満
E110	9.8以上	11.8未満
E130	11.8以上	13.7未満
E150	13.7以上	

Q.265 木造の壁、床の傾斜

中島正夫●関東学院大学教授

> 品確法における紛争処理の技術基準で、壁または床の傾斜が6/1,000以上の場合は構造耐力上主要な部分に瑕疵が存在する可能性が高いとする根拠はなにか

本質問は、壁や床の傾斜と構造上主要な部分における瑕疵の存在の可能性の判断根拠を問うものであるが、それは過去に行われた木造住宅の建方精度と基礎の不同沈下調査の結果に基づいている。

まず、1982年に発表された神山幸弘らによる「軸組工法による木造住宅の生産工学的研究」[1]では、首都圏における注文および建売りによる在来軸組工法住宅9棟、枠組壁工法住宅3棟の合計12棟の柱の垂直精度の実態調査を行い、その結果から、柱の垂直誤差が1m当たり3mm以内となっているものが、全体の約8割を占めていることを明らかにしている。また、その研究の中で住宅建設業者を対象に別途実施した柱の建入精度に関する許容誤差のアンケート調査からは、柱の垂直精度の許容誤差は3mm/m以内とする回答が約90%であったことを明らかにしている。

また、山畑信博らは、1991年に発表した「木造在来軸組構法による戸建住宅の建方精度と合理化に関する研究」[2]で、木造軸組構法住宅の柱の建方における施工誤差について「『柱の倒れ』の平均値は、手刻み材が2.72mm/m、プレカット材が2.30mm/m、乾燥プレカット材が2.82mm/mであり、ほぼ差がない」としている。

以上のような木造住宅の柱の垂直精度に関する実態調査結果を踏まえたうえで、基準制定の基本的な考え方として、木造住宅では通常の施工による場合は、施工誤差として3/1,000程度までの柱の倒れが生じ得ると考えるのが妥当であり、柱によって大きく精度が左右される壁の垂直誤差についても同様の許容誤差で収められているものと推測されるとの考えをとっている[3]。

一方、日本建築学会による『小規模木造住宅基礎設計の手引き』[4]によれば、「不同沈下による木造建築物の障害は、不同沈下量の増大に伴い表1のように進行する。この表から変形角の限界値は、3/1,000～5/1,000と考えられる」としていることから、木造住宅において通常想定される沈下による傾斜の勾配は、3/1,000程度が限界との考えをとっている[3]。

以上より、柱や壁の傾斜の最大許容値は、通常起こり得る基礎の沈下による傾斜の最大値に、通常起こり得る柱の最大施工誤差が同時に発生した場合と考えられ、その値は3/1,000+3/1,000=6/1,000となる。したがって、その程度までの傾斜は、誤差のみにより発生し得るが、それを上回る傾斜については誤差のみによって発生したのではなく、何らかの隠れた瑕疵が構造部分に存在する可能性が高くなる、とするのが本基準制定時の基本的な考え方である[5]。

なお、床の傾斜についても、柱・壁と同様のデータ、考え方の基に基準が定められている。

（なかじま　まさお）

【参考文献】
1) 神山幸弘ほか：軸組工法による木造住宅の生産工学的研究、(財)新住宅普及会住宅建築研究所、1982年
2) 山畑信博ほか：木造在来軸組構法による戸建住宅の建方精度と合理化に関する研究 その2、日本建築学会大会講演梗概集、1991年
3) 建設省住宅局住宅生産課：住宅紛争処理技術ハンドブック、新日本法規、p.48、2000年
4) 日本建築学会小規模建築物基礎小委員会：小規模建築物基礎設計の手引き、日本建築学会、1988年
5) 建設省住宅局住宅生産課：住宅紛争処理技術ハンドブック、新日本法規、p.49、2000年

表1　木造建築物の不同沈下障害と変形角

段階	不同沈下障害の状況	変形角（傾斜）の限度
初期段階	モルタル外壁・コンクリート犬走りに亀裂が発生する	1/1,000 *1
第1段階	束立ての床に不陸を生じ、布基礎・土間コンクリートに亀裂が入る	3/1,000 *2
第2段階	壁と柱の間に隙間が生じ、壁やタイルに亀裂が入る。窓・額縁や出入口枠の接合部に隙間が生じ、犬走りやブロック塀など外部構造物に被害が生じる	5/1,000 *2
第3段階	柱が傾き、建具の開閉が不良となる。床が傾斜して支障を生じる	10/1,000 *2
最終段階	柱の傾斜が著しく、倒壊の危険がある。床の傾斜もひどく、使用困難である	15/1,000 *2

［注］*1 間片ほか：シールド掘削に伴う地盤沈下と家屋障害について、土と基礎、1980年6月
*2 芳賀保夫：木造建物の不同沈下障害（その1）、日本建築学会大会学術講演梗概集、1987年

Q.266 パネルの変形

清家 剛●東京大学大学院准教授

パネルの変形は，どういう場合に考慮する必要があるのか

　建築の仕上げは，その取付方法からパネルなどの乾式工法と，モルタルなどの湿式工法に分けられる。パネルは乾式工法の代表的なものであり，この変形をどういう場合に考慮する必要があるのかについて解説する。なお，仕上げには内装と外装があるが，ここでは後者を中心に説明する。

　乾式工法のパネルは非構造部材であり，外部に取り付けられる場合に，構造躯体が風や地震で変形することに対して脱落，破損しないことが安全性確保の条件となる。これを設計として実現するためには，パネルに力が加わらないように取付部分が構造躯体の変形に追従できる機構とする。したがって，パネルは原則として変形しないように設計することになり，パネルそのものの変形を考慮することはほとんどないといえる。

　このような仕上材の設計目標は構造躯体の層間変形角で示され，設計ごとに異なる値となるのが基本であるが，いくつかの法律や基準でその目標が定められている。ここでは代表的な三つを紹介する。

①建設省告示第109号に示されている1/150

　昭和46（1971）年に定められた建設省告示第109号「屋根ふき材，外装材及び屋外に面する帳壁の構造方法を定める件」には，当初から「高さ31mを超える建築物の屋外に面する帳壁は，その高さの1/150の層間変位に対して脱落しないこと」と定められていた。さらに昭和53年の改正で，同年の宮城県沖地震によるプレキャストコンクリートパネルの脱落被害を受けて，「プレキャストコンクリート板を使用する帳壁は，その上部又は下部の支持構造部分において可動すること。」という文言が付加された。剛性が高く重量が大きいパネルの支持方法を，具体的に示したものとなっている。

②いわゆる新耐震設計法に示されている1/120

　昭和56（1981）年に改正された建築基準法では，いわゆる新耐震設計法の耐震基準において，層間変形角の緩和として施行令第82条の2の中で，層間変形角が「200分の1（地震力による構造耐力上主要な部分の変形によって建築物の部分に著しい損傷が生ずるおそれのない場合にあっては，120分の1）以内であることを確かめなければならない。」となっている。この括弧内の規定により，結果として1/120の変形に対して非構造部材が著しい損傷，すなわち脱落しないという一つの設計目標となっている。

③『官庁施設の総合耐震計画基準及び同解説』（平成8年，公共建築協会）に示されている1/100

　阪神・淡路大震災直後の平成8年に定められたこの基準では，非構造部材の層間変位追従性能として，大地震動時の最大変形角の概算値としておおむね「鉄骨造1/100，鉄筋コンクリート造及び鉄骨鉄筋コンクリート造1/200」と記述され，それに対して二つのランクが定められた。外壁およびその仕上げを例にとると，より厳しいaランクは「部材が損傷せず，破損・脱落もしない。また，シールなどの補修が必要になっても，当面外壁としてのある程度の機能を果たす。」とされている。これまでも設計で使われることの多かった1/100という層間変形角が，ここで初めて公的な基準に示された。

　以上が公的な基準類であるが，構造躯体がこれらいずれか，あるいはそれ以下の層間変形角の範囲になることを前提に，パネルの層間変位追従性能を確保するための設計を行うことになる。その方法には，一般的にスウェイ方式とロッキング方式があるが，これ以外に金属カーテンウォールに限り，部材の面内変形で追従する場合がある。これは主として，方立方式のカーテンウォールで採用される方法である。金属でもパネル形式ではより剛性が高くなるため，面内変形による追従は避ける場合が多い。しかし，金属パネルメーカーが許容できる面内変形量を計算して安全性を確認した場合には，この限りではない。

　では，非構造部材にとってはこうした目標となる層間変位に対して追従できるようになっていれば十分に安全かというと，そうではない。実際の構造計算で各部の正確な層間変形角が示されているわけではなく，部位ごとの設計が完璧に行われているとはいえない。阪神・淡路大震災の被害を見ると，階段室，エレベータコア，設備コア，吹抜けの周辺など，局所的に変形が大きくなる可能性のある部分で，非構造部材の被害が起きる場合が見られた。これらの部位には，より注意

を払わなければならないといえる。

ちなみに1996年版の『JASS14　カーテンウォール工事』ではこれら被害の結果を受けて、「耐震性能」の項目として、「慣性力に対する安全性」、「層間変位追従性能」に加えて、「鉛直相対変位追従性能」が定められ、注意喚起を促している。
（せいけ　つよし）

Q.267 カーテンウォールの層間変位追従性能

清家　剛●東京大学大学院准教授

カーテンウォールの層間変位追従性能の規定値1/300, 1/200, 1/150の根拠は

『JASS14　カーテンウォール工事』では、耐震性に関して、慣性力に対する安全性能、層間変位追従性能、鉛直相対変位追従性能の三つが規定されている。慣性力については、重量の大きなPCカーテンウォールのみ検討すべきことであり、鉛直相対変位追従性能は、吹抜けやキャンティレバーに取り付けられる場合に設計上配慮すべきという項目である。最も重要な性能値は、層間変位追従性能であり、これは以下の二つに対応する層間変形角を特記することになっている。
①ほとんど補修の必要なしに継続使用に耐える限界
②カーテンウォール部材が脱落しない限界

その中で、①の候補として1/400, 1/300、②の候補として1/200, 1/150, 1/120, 1/100といった数字が例示されている。これらがどこで定められた数字なのかについて、振り返ってみる。

1963年改正、1964年施行の建築基準法では、高さ制限が撤廃され、本格的な超高層ビルの建設が可能になった。同じ1964年に日本建築学会から、「高層建築技術指針」が発表されている。これは1973年に改訂され、そこに初めてカーテンウォールが面内変形で追従すべき目標として、1/400, 1/300, 1/150が示された。高層建築技術指針の改訂案は1966年にすでに示されており、そのときの説明としては、「地震の頻度」として、「ときどき起きる」、「ときたま起きることがある」、「きわめてまれに起こることがある」という記述に対して、「目安として与えた一般的な層間変位」として、1/400, 1/300, 1/150が示されている。これらに、1/400は「A：健全で補修せずに再使用できる程度」、1/300では「B：外壁では雨仕舞の補修を要する程度」、1/150では「C：仕上材に破損を生ずるが、形を保ち脱落しない程度」としている。つまり以上の三つの値は、1966年の改訂案の高層建築技術指針に記述された、高層建築の起こり得る層間変位に対して安全であるように日本建築学会で設定した値、ということになる。1973年の正式な改訂案では、表現が改められ、破損の程度が二つに整理された。

この1966年の改訂案に基づき、日本カーテンウォール工業会にて「カーテンウォール性能規準」が1967年に作成されている。その中で「面内変形追従性能」として層間変位追従性能のグレードも定められるが、ここでは1/400, 1/300, 1/150の三つを高層建築技術指針改訂案に基づいて示し、さらにグレーディングの関係で1/300と1/150の間を埋めるものとして1/200が加えられている。性能基準には「……本基準のグレーディングもこれにならい、級の数のつり合い上1/200を補った形になっている。」と記述されている。ちなみに日本カーテンウォール工業会はメタルカーテンウォールの業界団体であり、これらはそもそもメタルを対象としているが、結果としてプレキャストコンクリートカーテンウォールにも適用されることが多い。

このように、1967年のカーテンウォール性能基準で、1/400, 1/300, 1/200, 1/150の四つの数字が示され、この基準が世の中に広く普及したので、この数字

表1　破損の程度（高層建築技術指針改訂版，1973年より）

カーテンウォールが受けた層間変位	1/400	1/300	1/150
カーテンウォールの破損の程度	a) 健全で再使用できる程度	a) 健全で再使用できる程度	b) 主要部が破損しない程度

注）a：外観上目立った残留変形を生じないものはもちろん、水密性能の低下をきたすようなシール・気密材の剥離・離脱等もなく、まったく補修を必要としない程度
　　b：ガラス・パネル・支持部材・部品等の脱落・破損がなく、人命の安全および屋内の財産が保護される程度

が定着して今に至っているのである。これらの数字は、その後の1985年に制定された『JASS14　カーテンウォール工事』や、各種仕様書にも反映されている。

その後の層間変形角としては、いくつかの動きがあった。1971年制定の建設省告示109号では、高さ31m以上の建築の外部に面する帳壁が脱落しない基準として1/150として示されている。こちらは、高層建築技術指針などで検討された値であったのではないかと思われる。

一方、1981年に改正された建築基準法で示された、いわゆる新耐震設計法の中で層間変形角の変形制限として1/200という数字が示されている。これはきりのよい数字だったので、たまたま一致しているだけであろう。同じく新耐震設計法で示された、1/120（地震力による構造耐力上主要な部分の変形によって建築物の部分に著しい損傷が生ずるおそれのない場合にあっては、120分の1）、阪神・淡路大震災直後に定められた「官庁施設の総合耐震計画基準」（公共建築協会、1996年）での鉄骨造の重要な建物での非構造部材の目標値として1/100、以上の二つの数字は、新たな層間変位の目標値として、その後使われている。

（せいけ　つよし）

Q.268 タイルの接着試験での接着強度

本橋健司●芝浦工業大学教授

タイル接着試験の0.4N/mm²は、なぜこの数値に決まったのか

この基準値は、丸一らが実施した圧着工法による陶磁器質タイル張りの研究[1)～3)]に基づいている。丸一はこの研究成果を含む「建築仕上げの剥離防止に関する一連の研究」で1993年の日本建築学会賞（論文）を受賞しており、受賞に関連する記事[4)]の中でタイル張りの接着強度に関して以下のように述べている。

吸水率や裏足形状の異なる小口タイルを用いて圧着工法でタイル張りを行ったが、その際、張付けモルタルのオープンタイムを変えて接着強度を求めた結果、接着強度を高めるには、タイルにある程度の吸水率があり、裏足のあるものほど接着強度が高く、張付けモルタルのオープンタイムが短いほど接着強度が高いことが示された。

そして、図1に示すように、得られた接着強度データを接着強度試験後のタイル裏面に張付けモルタルが付着している場合（図1のMIN）と、タイル裏面に張付けモルタルが付着していない場合（図1のMAX）に分類して、接着強度の確率分布を求めた。その結果、図1から明らかなように、タイル裏面に張付けモルタルが付着していない場合（MAX）は接着強度が最大でも4kgf/cm²であり、張付けモルタルが付着している場合（MIN）は接着強度が最小でも4kgf/cm²であることが確認できたので、必要な接着強度を4kgf/cm²と考えた。

また、接着強度が4kgf/cm²以上の場合は、図2に示すように躯体コンクリートのひずみが300μ以下の場合にはタイルの剥離は発生せず、圧着工法と比較して新しい改良圧着工法や改良積上げ工法では躯体コンクリートのひずみが400μまで問題がないことが示された。

以上の成果が根拠となって、タイルの接着強度検査の基準値が4kgf/cm²（0.4N/mm²）になったと考えられる。

自重や風に耐えるだけであれば0.4N/mm²は過剰であろうというのは、しばしば指摘を受ける点である。しかし、安全率をどの程度見込むかなどの知見が少ない状況では、丸一らの実験データなどを参考にして基準値が定められてきた。

最後に、私は、接着強度値だけで単純に合否を定めることには、以下のような疑問を感じており、新しい基準が検討されることを期待している。

①接着強度検査では接着強度値を合否基準としているため、高い接着強度のみを意図した張付けモルタルなどが出現することを危惧している。丸一らの報告[1)～4)]から理解できるように、接着強度が0.4N/mm²以上であるなら、接着強度検査における破断モードは下地コンクリートや張付けモルタルの凝集破壊が主体となるはずである。

②最近では、有機系接着剤を利用したタイル張り工法なども開発されている。このような新しいタイル張り工法には、新しい基準が設定されて然るべきである。

（もとはし　けんじ）

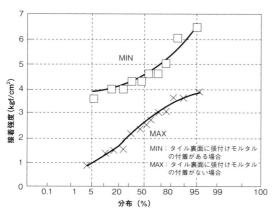

図1 接着強度の確率分布

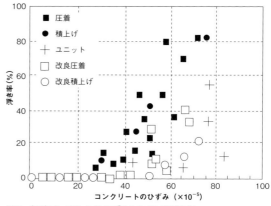

図2 躯体コンクリートのひずみとタイルの浮き率

注）本文中の①および②に関しては，2012年JASS19が改定され，セメントモルタル張りについては，接着強度値に加え破断モードが判定基準に組み入れられ，有機系接着剤張りについては破断モードが判定基準となった。

【参考文献】
1) 丸一俊雄，三浦寛，松本洋一：陶磁器質タイルの圧着工法に関する実験的研究（その1）圧着時期の影響について，日本建築学会大会梗概集（構造系），pp.209-210，1969年
2) 丸一俊雄，三浦寛，松本洋一：陶磁器質タイルの圧着工法に関する実験的研究（その2）材質と裏形の影響について，日本建築学会大会梗概集（構造系），pp.211-212，1969年
3) 丸一俊雄，熊谷敏男：陶磁器質タイルの圧着工法に関する実験的研究（その3）下地コンクリートの変形によるタイルの剥離，日本建築学会大会梗概集（構造系），pp.213-214，1969年
4) 丸一俊雄：建築仕上げの剥離防止について，FINEX（日本建築仕上学会学会誌），Vol.6，No.17，pp.94-97，1994年

Q.269 鉄骨のさび止め塗装

近藤照夫●ものつくり大学教授

鉄骨のさび止め塗装工場2回塗りは，刷毛で行って帰ってくる2回でよいのか。膜厚検査の試験数について，JASSで記載がない理由は

◉鉄骨のさび止め塗装工場2回塗りとは

溶剤系塗料を塗り広げるには，刷毛，ローラーブラシあるいは吹付けなどの塗装方法を問わず，硬化塗膜にピンホールが生じるのを避けることは不可能である。したがって，少なくとも2回塗りすれば，ピンホールが同一箇所に発生する可能性は低くなり，硬化塗膜の欠陥となる素地を貫通するピンホールを生じることなく，適切な塗装が可能となる。また，刷毛やローラーブラシあるいは吹付けガンのような塗装用器具を均一に運行して，横または縦方向にむらが生じないように塗り付けた後，最初の塗り方向と直行するように，均一に塗り付けるのが1回塗りであり，このような操作を繰り返すのが2回塗りである。特に，刷毛塗りの場合には，刷毛目正しく，たまりや流れなどが生じないように，一様に塗り付けることが重要である。

◉塗膜厚検査の試験数について，JASS6で記載がない理由は

鋼材に対する硬化塗膜の厚さは，十分に乾燥した後に電磁式膜厚計による測定が可能であり，湿潤塗膜厚から乾燥塗膜厚を推定するには，ウェットフィルムシックネスゲージを未乾燥の塗膜に垂直に押し込んで測定する。しかし，現状の建築塗装に用いる塗料や塗装の方法では，均一に塗り付けることは不可能である。また，一般の鉄骨に使用される鋼材は熱間圧延鋼材であり，表面は50μm前後の厚さを有する不均一な黒皮（ミルスケール）に覆われており，局部的には腐食して酸化鉄の赤さびも混在している。一方，さび止めペイントの標準膜厚は30〜35μm程度であり，不均一な素地に施された硬化塗膜の厚さを正確に測定することは，困難であると考えられる。鋼材に対する塗膜厚測定に関する実験的な評価[1),2)]が過去に報告されており，熱間圧延鋼板より均一な表面状態であると推定される冷間圧延鋼板に関する測定結果を，**表1**と**図1**に示す。

表1 塗装試験片の組合せ[2]

素地	1回目の塗装	2回目の塗装	色調	塗装方法	塗付量(g/m²)	希釈率(%)	番号
冷間圧延鋼板	JIS K 5625 シアナミト鉛 1種	JIS K 5625 シアナミト鉛 2種	濃彩色	刷毛塗り	73	5	I
					70	10	II
				ローラー塗り	50	10	III
					48	12	IV
			淡彩色	刷毛塗り	72	1.5	V
					70	5	VI
					66	10	VII
				ローラー塗り	70	5	VIII
					63	5	IX

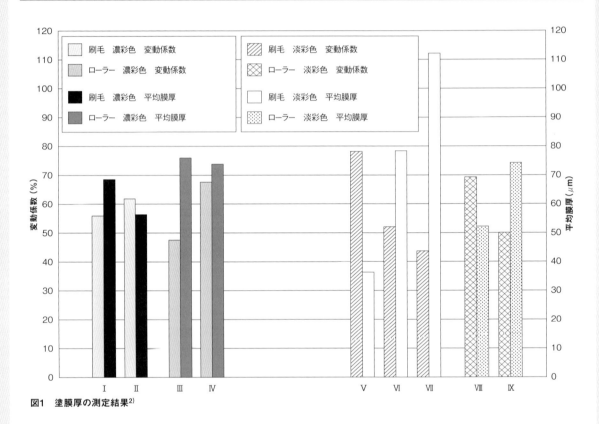

図1 塗膜厚の測定結果[2]

本実験の結果では，塗膜厚測定値の変動係数が44〜77%程度であり，刷毛塗りとローラー塗りによる違いも見られない。いずれの試験体も，端部の塗膜厚は中央部より厚くなる傾向が認められ，端部では塗り重ねを繰り返すことが影響していると推定される。国土交通省大臣官房官庁営繕部監修『公共建築工事標準仕様書』では，平成16年版から工場塗装に対する膜厚測定を実施することを規定している。しかし，測定結果にばらつきが大きい現場塗装に対しては，膜厚測定が規定されていない。

以上のように，鋼材に対する現場塗装による硬化塗膜の厚さにはばらつきが大きく，塗膜厚の測定数を単純に規定することは困難であると考えられる。

本稿で取り上げた文献の実験対象であるシアナミト鉛さび止めペイントは環境安全への配慮から2014年4月に廃止され，標準仕様書でも採用されていない。今後は，JIS K 5674鉛クロムフリーさび止めやペイントが主流となるため，新たな実験的検討が必要となっている。

（こんどう　てるお）

【参考文献】
1) 昇愛華，近藤照夫：表面被覆厚さの測定による品質管理その1, 日本建築学会大会学術講演梗概集A-1（東海），p.971, 2003年
2) 昇愛華，近藤照夫：表面被覆厚さの測定による品質管理その3, 日本建築学会大会学術講演梗概集A-1（近畿），p.303, 2005年

Q.270 防水施工時のコンクリートの含水率

湯浅 昇●日本大学生産工学部教授

防水工事の可否判断として，どうして「含水率8％」が広まったのか

JASS8「防水工事」において，本文の下地に関する記述「十分乾燥していること」に対する解説として，初めて「一般に乾燥程度の測定装置には確実なものはないが，普通コンクリートの場合Kettの水分計を用いて8％以下の状態であれば一応安全圏内にあるといえる」の記載が登場したのは，昭和47（1972）年の改訂版である。この記述は，昭和61（1986）年の改訂で消えるが，14年間にわたり日本建築学会の標準仕様書で示され続けた。

なぜ「Kettの水分計（この当時はCH-2型）」だったのであろう。なぜ「8％」だったのであろうか。

これよりも前で下地の含水状態を扱った記述を探してみると，西日本アスファルト事業協同組合（田島応用化工（現，田島ルーフィング㈱）が中心になった組織）が1958（昭和33）年に発刊した『アスファルト防水工事－年限仕様書の理論と実際－』で見ることができた。下地乾燥の検査として，「下地コンクリートの乾燥度測定は密閉カップ内の平衡湿度を測定する方法や高周波水分計によるモルタルの電気容量の変化を測定する方法がある。防水施工の際のモルタルコンクリートの乾燥度は前者では平衡湿度88％又はそれ以下，後者では電気容量8.0pF又はそれ以下でなければならない」の記述が最初のようである。そして，Kettの水分計CH-2型（昭和36（1961）年販売開始）ではない，それと様相が似ている高周波水分計の写真が掲載されている（写❶）。ケット科学研究所に問い合わせたところ，CH-2型（写❷）の前に確かに「CH型」をつくったようであるが，販売したかどうかは怪しく，あくまで試作機であった可能性がある。写真にある機器は，Kettの初代CH型と考えるよりは，アメリカ製の可能性が高い。

話は「平衡湿度88％」「電気容量8.0pF」の基準に戻るが，『アスファルト防水工事－年限仕様書の理論と実際－』の作成に多大な影響を与えた田島栄一は，東北大学で学位を得た田島応用化工二代目となる学者社長で，社員を連れ頻繁にアメリカへ視察調査に行った形跡が見受けられる。その過程で，この基準を，それを測定する機器も含めてアメリカから導入した可能性がある。

一方で，進駐軍の発注する床工事において，床材の膨れ防止のため軍からの指示書のかたちでもたらされた可能性もあるようだ。いずれにしても基準およびそれを測定する機器はアメリカからと考えてよいようである。販売されていたかは別として，幻のKettのCH型（写真も資料もまったく残っていない）は，このアメリカの機器を見よう見まねでつくった試作機だったのではな

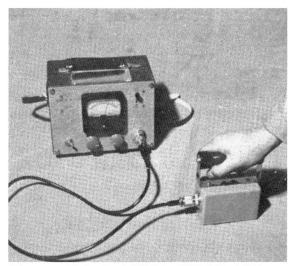

❶『アスファルト防水工事―年限仕様書の理論と実際―』（昭和33年）に掲載された高周波水分計（提供／田島ルーフィング㈱）

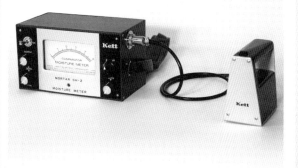

❷昭和36年に販売を開始したKettの水分計CH-2型（提供／ケット科学研究所）

いだろうか。

　さて，本題である。「含水率8%」は，どこから来たのであろうか。JASS改定時の当事者であった元大成建設の鶴田裕氏に伺ったところ，ケツト社が提示したものであることがわかった。

　押し当て式高周波水分計の原理からすると，本来，おかしな話になるのだが，とにかくアメリカ製の水分計は電気容量を測定できるとされている。実績として8.0pF以下であることを目安にすれば，工事をしても問題がなかったのだろう。そして，このアメリカ製水分計が電気容量8.0pFを示すときにKettの水分計CH-2型が示した数値を，取扱説明書にある1：2.7モルタル（W/C55%）のキャリブレーション例に対応させると，含水率は8%程度だったのではないかと推察する。その後，日本の中でKettの水分計CH-2型を使った数値として防水工事の現場で実績を積み，「8%」という目安が，昭和47（1972）年のJASS8の改訂時までには，一応の評価を得たのだろうと思う。実は，CH-2型は0～50の等分スケールを示したメータ式であり，発売当初は含水率との関係は，顧客が独自に実験により作成するべきという原則を貫いていた。キャリブレーション例が記載されるようになったのは数年経ってからである。

　最後に，「含水率」の絶対値を考えたい。防水層の下地は，現在のコンクリートを直に押さえる技術が一般化する1980年代以前は，モルタルを塗り押さえたものであった。現実的なモルタルの調合を考えると，最大含水率は約12%と考えてよい。よって「8%」は，1/3程度乾燥した状態といえる。一方，コンクリートは，モルタルに対して容積に占める骨材量が多いので，一般的なコンクリートでは最大約8%である。筆者は，これまで実含水率（Kettの直読式水分計の値ではない）で6%を少なくとも下回らないと，床仕上材に不具合が生じることを示してきた。この値は，水分が1/3程度乾燥した状態である。「1/3乾燥させる」はいいところなのかもしれない。

　なお，本稿を執筆するにあたり，東京工業大学名誉教授・田中享二先生，アスファルトルーフィング工業会・串原俊夫氏，東京工業大学名誉教授・小池迪夫先生，元大成建設・鶴田裕氏，ケツト科学研究所・沓掛文夫氏に取材・協力いただきました。謝意を表する次第です。

（ゆあさ　のぼる）

Q.271 防水層の耐用年数

輿石直幸●早稲田大学理工学術院教授

防水層の耐用年数はどのような根拠で決められているのか

　防水層の耐用年数は，防水材の種別，各社製品の銘柄，防水層の構成，さらには，屋外の劣化環境などによって異なるため，一律に定めることはできない。現在，最も広く認知されている数字は，1980年度からの5年間にわたって行われた建設省総合技術開発プロジェクト「建築物の耐久性向上技術の開発（通称，耐久性総プロ）」において検討されたものである。その研究成果の普及を目的として『建築物の耐久性向上技術シリーズ』が刊行され，その建築仕上編II「建築防水の耐久性向上技術」の第4章「屋根メンブレン防水の耐久設計指針・同解説」の第2節において「耐用年数の推定方法」と「標準耐用年数」が提示されている。すなわち，防水層の種別，下地および保護層の組合せごとに「標準耐用年数」を定め，設計や施工，施工時の気象，劣化外力，維持保全などの要因を係数化し，下式によって「推定耐用年数」を求めている。なお，「耐用年数に達した」とは「屋根メンブレン防水が何らかの原因で故障し，雨漏りが発生するような状態になったとき」と定義されている。

$$Y = Y_s \times s \times a \times b \times c \times D \times M$$

　Y_s：標準耐用年数
　s：防水工法の選択係数
　a：設計係数
　b：施工係数
　c：施工時の気象係数
　D：劣化外力係数（$D = d_1 \times d_2$）
　　d_1：断熱係数
　　d_2：地域係数
　M：維持保全係数

表1　耐久性総プロにおける標準耐用年数

防水層の種類	標準耐用年数
押えアスファルト防水	17年
露出アスファルト防水	13年
押えシート防水	13年
露出シート防水	13年
露出ウレタン塗膜防水	10年

表2　リファレンスサービスライフ（総プロ見直し）

防水層の種類	リファレンスサービスライフ
アスファルト防水保護仕様	20年
アスファルト防水露出仕様	15年
改質アスファルト防水保護仕様	20年
改質アスファルト防水露出仕様	15年
合成高分子系シート防水露出仕様	15年
ウレタンゴム系塗膜防水露出仕様	15年
FRP系塗膜防水露出仕様	15年
ステンレスシート防水工法	30年

　標準耐用年数は，当時の日本建築学会『建築工事標準仕様書・同解説 JASS8 防水工事（1981年版）』の工法を対象とし，既存建物からの防水層の切取試験，補修・改修に関するアンケート調査，実績と調査データに基づいて推定されたものである。よって，現在の材料・工法とは異なるが，現在でも当時の値が根強く定着している。しかも，劣化進行度（つまり，各要因の係数）は個々の建物で異なるはずであるが，一律に標準耐用年数の値がいろいろな場面で引用されている。最近になって，2009年から2年間，「建築物の長期使用に対応した材料・部材の品質確保・維持保全手法の開発」において，当時，対象外であった防水材も含め，標準耐用年数の見直しが行われた。なお現在は，ISO15686シリーズとの整合を図るため，「標準耐用年数」を「リファレンスサービスライフ」と称している。

　リファレンスサービスライフとして提示する年数は，標準的な条件を想定した場合の耐用年数の目安であり，個々の環境・条件において，その期間を通じて防水機能を保証するものではなく，品確法やメーカーが行う品質保証の期間とは無関係である。

（こしいし　なおゆき）

【参考文献】
1) 建設大臣官房技術調査室監修：建築防水の耐久性向上技術，1987年
2) 独立行政法人建築研究所：建築物の長期使用に対応した材料・部材の品質確保ならびに維持保全の開発に関する検討委員会（外装分科会編）報告書，2011年

Q.272　シーリング材の耐用年数

田中享二●東京工業大学名誉教授

シーリング材の耐用年数はどのような根拠で決められているのか

　シーリング材の耐用年数は，材料だけで決まるわけではない。それはシーリング材が図1に示すように，被着体の隙間に施工され，それらと一体になって外観の意匠性，水密性，気密性を発揮するからである。

　実際のシーリング材のクレームの調査[1]では，図2に示すように，いろいろな故障が示されている。一番多いのは，シーリング材が被着体から剥がれるという故障（界面剥離と呼ばれる）である。これは，剥がれ面から雨水や風が浸入するため重要な故障となる。その次に，

図1 シーリング目地の構成

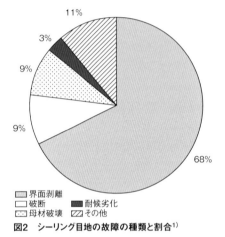

図2 シーリング目地の故障の種類と割合[1]

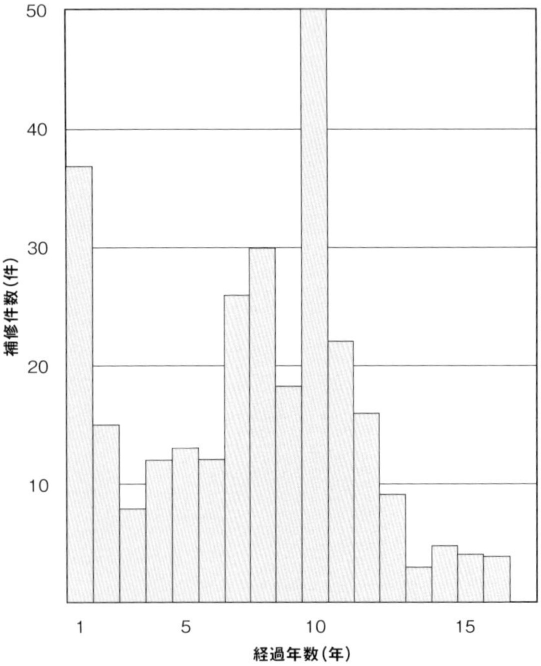

シーリング自身の故障が出てくる。シーリング材は有機材料であり，時間とともに劣化するからである。シーリング材の耐用年数は，このようなもろもろのことを含めて，総合的に決められたものである。そのため，耐用年数と称してはいるが，あくまでも大まかな目安であり，厳密な年数ではない。

シーリング材の分野で耐用年数の議論が本格化したのは，1980年から1984年にかけて，当時の建設省建築研究所が中心になって推進した「建築物の耐久性向上技術の開発（通称，耐久性総プロ）」のときである。ここでは，耐用年数を推定する仕組みが模索され，次式の耐用年数推定式が提案された。

$$Y(耐用年数) = Y_s(標準耐用年数) \times a \times b \times c \times d \times e \times D \times M$$

ここで，aからMは材料，施工，環境条件により決められる係数。

この式が示すように，耐用年数Yを計算するためには，基準とする標準耐用年数Y_sが必要である。耐用年数は，Y_sに各係数を乗じて求められるからである。そのため，これを求めるために補修工事の行われるまでの経過年数について，アンケート調査がなされた[2]。図3に，結果を示す。

シーリング工事は，機械や装置とまったく同じではないが，全体的にみると信頼性工学で説明に使われるバスタブ曲線の考え方を適用できそうである。1年以内のピークは初期故障の期間であり，10年前後のピークは摩耗故障期に相当する。そして，摩耗故障期はほぼ寿命と判断される時期である。そのような経緯で，シーリング材はおおむね10年が標準耐用年数として提案された。

この総プロの成果は，シーリング目地の耐用年数計算法として普及した。ただ実務では，係数に1（標準値）が入力されることが多く，次第に標準年数が耐用年数を代表するものとして理解されるようになった。このような経緯で，シーリング材の耐用年数が定着したものと思われる。

（たなか　きょうじ）

【参考文献】
1) シンポジウム資料集・外壁接合部の目地防水における性能設計に向けて：日本建築学会防水工事運営委員会シール材性能設計研究小委員会，p.8，2012年11月
2) 国土開発技術センター・建築物耐久性向上技術普及委員会編：建築物の耐久性向上技術シリーズ建築仕上編II・建築防水の耐久性向上技術，技報堂，p.204，1987年4月

図3 シーリングの補修までの経過年数[2]

防水保証

田中享二 ● 東京工業大学名誉教授

防水保証10年の根拠は

現在の防水保証10年は，平成11年に公布，翌12年に施行された品確法による。そのため，最近になって突然10年保証が出てきたように思われるかもしれないが，防水の分野では以前から防水保証が商習慣として慣例化されていた。たぶん現場作業を伴う建築材料の中で，長期間の保証期間を提示していた唯一の材料だと思う。それではこの商習慣が，いつどのような経緯で始まったかである。

◉防水保証の始まり

話は，昭和30年代前半にさかのぼる。当時，防水といえば，ほとんどがアスファルト防水であった。アスファルト防水は，英語では積層防水（Built-up roofing）と呼称されるように，熱で溶かしたアスファルトで，ルーフィングを防水層の防水安全性を高めるために何層も張り重ねてつくられるもので，もともとは欧米からもたらされた技術であった。

当時は戦後の復興期である。優れた防水技術の視察と勉強に，欧米に行く人が出てきた。そして，アメリカでは耐用年数を踏まえた防水仕様（防水層の構成とつくり方）が確立しており，10年，20年と仕様に応じた保証がなされているとの情報がもたらされた。アスファルト防水層は，使用するルーフィングの性能と積層数を変えることにより，耐用年数に何段階かの水準を設けることができ，それを前提とした保証が可能だからである。これが契機となって，一部のメーカーグループを中心に，耐用年数を尺度とする防水層が考え始められた。これは年限仕様と呼ばれ，防水層の使用年数の目安を表す用語として使われた。耐用年数の長いものは，価格も高かったのはいうまでもない。

ところで，当時のわが国は住宅が不足しており，安くて品質のよい住宅供給が強く望まれた時代でもあった。そのような社会情勢の中，日本住宅公団（現・都市再生機構）が，住宅および宅地の供給を目的として昭和30年に設立された。そしていわゆる公団住宅が次々とつくられた。これはダイニングキッチン，お風呂も備えられた高水準の住宅であり，庶民にとっては憧れの的だったという。構造は鉄筋コンクリート，屋根はフラットルーフ。当然防水が必要であった。ただ公団住宅は国民のための集合住宅であり，ローコスト化も重要課題であった。そのため，それまで建築防水として一般的に採用されていた押さえ工法（アスファルト防水層の上にコンクリート押さえ層を敷設する工法，当時は本防水と呼ばれていた）ではなく，砂付きルーフィング（アスファルトルーフィングの上に砂を付着させたもので，砂層が日射による劣化を抑制するため，防水層の最終仕上層として使用）による露出工法（当時は簡易防水と呼ばれていた）が採用されることになった。建物用途が住宅であるため，屋上を利用する必要がないというのも採用理由としてあったのかも知れない。

◉防水保証10年

露出防水はそれまで，わが国では主に勾配屋根に限定されていた。それをフラットルーフにも使おうというのだから，不安もあった。そのため，住宅公団の心配に対して，防水を担保するかたちとして工事会社から保証書を取るという仕組みがつくられた。当時の様子を書いた記録によると，「工事店は全部，公団から保証書を取られたんです」と書かれている。そして，そのときの保証期間が10年であった。このような経緯の中から，今につながる防水保証10年は生まれた。特に工学的根拠のあったわけではないが，当時の防水関係者が総合的に考えて，10年くらいは大丈夫と判断したのだろうと思う。

このように，防水保証は技術的背景の中からというよりは，営業戦略の一環として生まれてきたようなものだから，もしかしたら，ここで紹介した事実より以前に，個別に保証の話はあったかもしれない。真偽のほどは定かではないが，筆者も先輩から，昔はわが国の防水材料の品質が輸入品より劣っていたので，販売上の戦略として防水保証をしたという話を聞いたことがある。ただ，公的機関が関与しての10年保証が防水分野に登場したのは，この時代にまでさかのぼるのは間違いがない。

（たなか　きょうじ）

【参考文献】
1)「東西アス協組の創世期を語る」より抜粋：防水ジャーナル，2006年6月号，pp.44-49，新樹社

Q.274 蹴上げ，踏み面

古瀬 敏●静岡文化芸術大学名誉教授

蹴上げや踏み面の寸法の規定が5段階あるのはなぜか

　蹴上げ・踏み面をどういう組合せにすべきかは，ヴィトルヴィウスの時代から議論がある。より高いほうが威厳があることを示す場合を除くと，階段自体は上下する以外に意味をもたないので，なるべく面積を取らないのがよく，急勾配の方が有利だが，使い勝手や安全性の視点から一定の規制がかけられる。規制は蹴上げの上限，踏み面の下限，そして歩幅との関係からその両者の組合せ寸法で行われる。

　わが国の階段寸法規定は，戦前の市街地建築物法時代からあるが，その最低基準は，蹴上げ最大23cm，踏み面最低15cm（尺貫法では蹴上げ7.5寸，踏み面5寸）であった。これは，それ以前からあった木造建築で1間進むうちに1.5間の階高をカバーできればよしとする発想で，現在も住宅の専用階段での最低要件であるが，実際には大規模で不特定多数が利用する建築物では，使い勝手や火災時の避難要件が自ずと寸法を定めることになったと推察される。

　例えば，大阪府の施行規則は，学校，教会，公会堂，集会場，寄宿舎，合宿所，デパート，病院，工場，その他警察の取締りを受ける用途に供する建築物の階段では，最大蹴上げ7寸最低踏み面7寸と定めていた（メートル法に変える際に既存不適格にならぬように，蹴上げは若干高めの22cm，踏み面は若干小さめの21cmに読み替えられた。当初の勾配45°が，心ならずも不整合になったのはこの故である）。

　一方，東京都の場合，特殊建築物にあっては，蹴上げ6.5寸以下，踏み面8寸以上とされた（20cmと24cm）。興業場，旅館下宿などが対象で，幅員も4尺を要求していた。また，昭和9年に市街地建築物法が改正されてメートル化された際に，不特定多数が利用する階段に対して蹴上げ18cm，踏み面26cmの規定が導入されたものが一番厳しい。さらに昭和11年の特殊建築物規則によって，小学校に対する蹴上げ16cmの要件が定められたが，身長の小さい子供たちの歩幅を考慮したものであろう。

　戦後になって，建築基準法が新たに定められた際に，施行令において建築物の用途別で再整理がなされたが，既存建築物で容認されていた要件と比較して格段に厳しいものは導入しにくく，現状と見比べながら決めざるを得なかった。このため，住宅専用階段の例外を除いて，蹴上げが16cmから22cmまで4段階並ぶことになった。ただ，小学校を除いて一番厳しい要件でも，海外と比べると甘い。

　米国の場合，7-11，つまり蹴上げ7インチ，踏み面11インチ（ほぼ180mm，280mm）が一般建築物の最低要件で，住宅の専用階段では蹴上げが8インチ，踏み面は9インチと緩和されている。

　また英国の場合，かつての建築規制法は性能規定化されて寸法などの仕様がかなり緩和されたが，基本的な思想は実質的に維持され，大規模な公共建築物にあっては最大蹴上げ180mm，最小踏み面280mm，一般建築物では最大蹴上げ190mm，最小踏み面250mm。住宅専用階段では最大蹴上げ220mm，最小踏み面220mm，ただし最大勾配は42°。さらに，蹴上げ寸法の2倍+踏み面寸法を550mmから700mmの間に納めなければならない。この要件は，歩幅に対応するという考え方に基づくもので，合理的である。これで計算すると，日本の小学校階段の要件は，確かに他より身長の小さい子供側にずらしてある。

　参考までに駅の階段は，JRでは165mmと330mm，地下鉄などでは150mmと300mmという蹴上げ・踏み面の組合せであった。

（こせ　さとし）

【参考文献】
1) Elder, A.J.：Guide to the Building Regulations 1976 revised edition, Architectural Press, 1981
2) 警視庁建築監督官・官補共著：市街地建築物関係法令通解，建築工業社，1930年
3) 古瀬敏：階段使用時の安全性確保に関する研究，建築研究報告109号，建設省建築研究所，1986年
4) 白石博三・片倉健雄・船越暉由：建築基準法における階段の規定(4)，建築関係法令の研究9，pp.1-27，日本建築学会，1980年

Q.275 折れ曲がり階段

後藤義明●岡山理科大学教授

> 高齢者等配慮対策等級3，2で「180度曲がり部分が4段となる場合，その踏面の狭い方の形状が60度，30度，30度および60度の順となる回り階段の部分」は勾配等の基準が緩和されている。緩和される理由はなにか

階段に踊り場が設置されている方が安全であることはいうまでもない。転落時に途中で体を止める効果があり，被害の拡大を防ぐ。また昇り降りする際には踊り場で休憩することも可能になる。そこで，等級4以上では回り階段の使用禁止が規定されている。しかし，階段の勾配を緩やかにし，踊り場を設けると階段が占める面積の割合が大きくなる。床面積が限られた一般的な住宅では他の部屋の面積を減じることになり，踊り場付階段を全住宅に義務づけることは非現実的である。そこで，建築研究所が企業と合同で行った長寿社会における住宅の性能要件に関する一連の研究の中で，曲がり階段の形状についての実験研究が行われた。

加齢に伴い日常生活においてさまざまな支障が生じるようになり，建築的な対応が求められる。とりわけ階段では筋力の低下により体力的な負担が増えることに加え，バランスを崩しやすくなるために踏み外しなどによる転倒，転落の危険性が増す。

折れ曲がり階段は，折れ曲がり段の数により通常は6段回りと4段回りの2種類がある。中心角が30度の段板で構成される6段回り階段は狭い踏面が連続するために，経験的にその危険性は否定しようがない。そこで，4段回り階段について，高齢者による昇降実験を行い，適正な形状を求めた。バランスを崩しやすくなる理由の一つとして，複合動作が不得意になることが挙げられる。降りながら，あるいは昇りながら体の向きを変えると，上体の動きと足の動きが合わなくなってくる。均等に45度に分割した階段では，曲がりながら昇降するという複合動作にならざるを得ず，また，1段の段板の寸法の違いが大きいため通過する位置によって歩幅が大きく変わる。そのために，1段当たりの歩数がばらばらになり不安定な昇降になる。踊り場は平らな場所なので，安定して身体の向きを変えることができる。60度，30度，30度，60度の折れ曲がり階段では，幅の広い段板が踊り場の代用として体の向きを変える際に有効ということがわかった。実験は健常な高齢者，男性5名（平均年齢：71.4歳），女性5名（平均年齢：71.6歳）を被験者とし，実際の住宅に設けた実験用階段を用いて実施された。図1に示す6種類の4段回り階段を二組ずつ設置して昇降し，歩きやすさに関して一対比較による官能評価を行った。また，動作については段を通過する歩数や足の着床位置，歩行速度，左右の肩峰点の通過軌跡を用いて分析した。

特に転落の可能性が高い降りるときについて簡単に実験結果を紹介する。官能評価の結果では個人的なばらつきがあるものの，60度と30度の段板の組合せ（図1中の②）が"歩きやすい"という評価が高かった（表1）。

降りるときの足の着床位置の例を図2に示す。均等割では足の位置にばらつきがあるが，60度，30度，30度，60度の階段では幅の広い段を2歩，狭い段を1歩で通過している。また肩峰点の軌跡からも，広い段が踊り場のような使われ方をしていることがわかった。

段板の形状の安全性を図っても，階段が危険な箇所であることは間違いない。半覚醒時や慌てて昇降すれば

図1 4段回り階段実験パターン

表1 官能評価結果

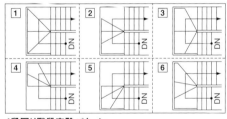

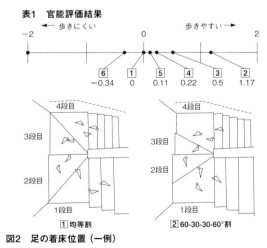

図2 足の着床位置（一例）

危険性は増す。段板の滑りなども影響する。段鼻への緩衝材の設置や階段下に危険な出入口を設けないなどの多面的な安全設計を心掛けたい。（ごとう　よしあき）

【参考文献】
1) 小西健夫，後藤義明，古瀬敏：高齢者に適した折返し階段曲がり段形状，1991年日本建築学会大会便概集，pp.661-662，1991年8月

Q.276 階段の手すり高さ

直井英雄●東京理科大学名誉教授

階段に設ける手すりの具体的な高さの規定がないのはなぜ

◉まず，手すりには2種類あることを認識すべき

日常用語では「手すり」と一言で済ませているが，手すりには，機能上2種類あることをまず認識すべきである。これが，この議論の前提となる。

さて，その2種類の手すりを言い分ける用語だが，特に定着した用語があるわけではない。筆者自身は，誰にでもわかるように，「墜落防止用手すり」と「身体支持用手すり」という用語を使っている。なお，ここでいう「墜落」という用語にもさらに注釈が必要だが，これは，屋上・バルコニーなどの高所からの落下事故を意味し，階段からごろごろと転がり落ちる「転落」事故とあえて区別するために用いる用語である。

ところで，英語にはこの2種類の手すりを明確に区別する言い方があるのかというと，Handrailという用語は，2種のうちの後者を指すのは明らかであるが，前者についてはあまりぴったりくる言い方はないようである。Balustradeという用語が一番近いが，どちらかというと，これは形状を言い表す用語といってよい。

◉2種類の手すりは，機能を果たす高さが違う

さて，この2種類の手すり，機能が違うわけだから，当然のことながら求められる高さが違ってくる。

「墜落防止用手すり」は，人が不用意に寄りかかった場合に落下させない機能が求められるので，人間工学的には，立位の人間の重心高さ（だいたい「へそ」のあたりにあるといわれている）より高くなっている必要がある。これを，人間工学の常套手段に従い，日本人の人体寸法をもとに，その99.9パーセンタイルの人（統計上は平均＋標準偏差×3に当たるかなり背の高い人）が余裕をもって救われるようにということで数値に当たってみると，きりのいい値で110cm以上という高さが得られる。ご承知のように，建築基準法施行令126条に規定されている数値である。もっとも，この法令上の数値が決められた経緯は，必ずしも上記の人間工学的検討の結果というわけではないと思われるが，少なくとも法で定められた数値の解釈としては，妥当なものと考えている。

一方，「身体支持用手すり」だが，この機能は，人がそれを手で握ることによって，足で立っているだけでは不安定になりがちな身体を支持しようとするものである。したがって，この手すりに求められる高さとしては，平均的な身長の立位の人間が少し肘を曲げたときの掌の高さ辺りが適当である。その高さなら，背の高い人でも低い人でも，握ろうと思ったときに比較的楽に握ることができる。あるいは身体のバランスを崩しそうになったときに，誰でもとっさに握ることができる。具体的な数値でいうと，80cm前後，あるいは70〜90cm程度という表現などがよく用いられる。

ちなみに，Handrailという用語は上で挙げたが，手で「握る」という動作に着目した用語に，Grab-barあるいはGrip-barという用語がある。これらは，浴室などに取り付けられる短い「身体支持用手すり」をいう。いうまでもなく，同じ仲間である。

◉階段手すりに高さの規定がない「わけ」

以上の議論を踏まえれば，階段手すりに高さの規定がない「わけ」は明らかであろう。すなわち，階段手すりとは，まず，第一義的には「身体支持用手すり」としての機能が期待されているから，法で必要最小限の数値を規定するといった性質のものではない。その場のいろいろな条件を勘案して，設計上定めるべきものである。

ただし，場合によっては，階段手すりに求められる機能として，階段からの「転落」防止機能（すなわち身体支持機能）だけでなく，階段側面からの「墜落」防止機能も，法的な要請という意味ではないまでも求められることもある。そのような場合はどう考えればよい

のか。

　一般には，両方の機能を勘案した適当な高さを設計上の総合判断として定めることが多い。例えば，玄関が2階にある住宅のアプローチ用外階段などは，この方針で設計するのが妥当であろう。

　しかし，それでは両方の機能ともいわば中途半端になってしまうのでいやだ，という場合にはどうするか。

例えば，かなりな高所に設けられる屋外避難階段などは，階段側面からの「墜落」も大いに心配である。このような場合には，110cm以上の高さの墜落防止用手すりを設けたうえで，さらにその内側に，然るべき高さの「身体支持用手すり」を設ければよい。最近は，そんな二重の手すりを設けた例もよく見かけるようになった。

（なおい　ひでお）

Q.277　バルコニー等の手すり高さ

直井英雄●東京理科大学名誉教授

手すりの高さが1,100mm以上なのはなぜか

◉「手すり」という用語について

　手すりの話をするとき，筆者は必ずこの用語に対する注意から始める。立脚点がぐらついていると，必ず誤解が生ずるからである。Q.276においても「階段に設ける手すりの具体的な高さの規定がないのはなぜ」という稿を担当したが，これと同じ注意から始めた。以下，しばらくはその稿と重複する。

　私たち，日常用語では「手すり」と一言で済ませているが，手すりには，機能上2種類あることをまず認識すべきである。その2種類の手すりとは，筆者が日ごろ使っている言葉を使えば，「墜落防止用手すり」と「身体支持用手すり」である。

　なお，ここで使っている「墜落」という用語にも，さらに注釈が必要かもしれない。この用語は，屋上，バルコニーなどの高所からの落下事故を意味し，階段からごろごろと転がり落ちる「転落」事故とあえて区別するために用いる用語である。日常用語では，そのどちらもごちゃまぜにして「転落」という言葉で表現しているが，ここで展開しようとしている議論にはふさわしくない。もちろん，日常用語には限界があるので，いたしかたないところではある。

　ちなみに，「手すり」を和英辞典で引いてみると，Handrailという言葉が出てくる。「手で握るレール状のもの」ということだから，これは，いうまでもなく，ここでいう「身体支持用手すり」をいう言葉である。では，「墜落防止用手すり」は英語では何というのか。実は，これという言葉はないのである。柵の一種であると考えれば，木製，金属製の場合ならGuard-fence，コンクリート製の場合だとFenceというわけにもいかないので，Guard-wallとでもいうのだろうか。なお，Balustradeという言葉もあるが，これは，どちらかというと機能ではなく，形状に着目した言葉である。

◉数値の意味

　「墜落防止用手すり」には，いうまでもなく，人が不用意に寄りかかった場合にも，「墜落」をさせない機能が求められる。人間工学的な言い方をすれば，立位の人間の重心高さより高くなっている必要がある。

　この辺りの数値的説明は，人間工学の得意とするところである。すなわち，日本人の人体寸法のデータを基に，1,000人中1，2番目に背の高い人（統計上は身長分布の99.9パーセンタイルの人，「平均＋標準偏差×3」の人）の重心高さを求め，これにある程度の余裕をもたせた数値にすればよい。手元にあった日本建築学会の『コンパクト建築設計資料集成インテリア』のデータを基に計算してみたところ，99.9パーセンタイルの人の身長は約188cm，その重心高さは約102cmとなり，これに靴のかかとの厚さとして3cmを足すと約105cm，若干の余裕を見て丸めれば110cmという数値が得られる。

　もちろん，施行令第126条にある110cmという数値は，このような計算結果から決められたわけではなく，経験則的な判断から決められたものであろう。しかし，その数値の意味としては，この解釈で間違いないものと考えてよい。

◉設計への適用にあたっての注意

　以上説明した数値の意味を考えれば当たり前だが，この高さは，あくまでも手すりに寄りかかる人の足元から測らなければならない。「すのこ」を敷いた床の場合であればその「すのこ」から，床に立上がり部分があ

って，その上に人が乗って手すりに寄りかかる場合であれば，その立上がり部分から測らなければならない。

また，集合住宅の手すりなど，幼児が使うことも想定しなければはならない場合には，いくら十分な高さがあったとしても，手すりの形状に注意しないと，幼児のよじ登りによる事故は防げない。この点にも，十分な配慮が必要である。

（なおい　ひでお）

Q.278　手すり子の隙間

直井英雄●東京理科大学名誉教授

手すり子の隙間が110mm以下なのはなぜか

◉数値の出典と法的な扱いについて

この数値は，集合住宅のバルコニー手すりを設計する際などに求められる有名な条件だが，この数値が規基準類のどこに書いてあるのかを知っている人は，そう多くはないのではないかと思われる。

この数値，かつては「公営住宅建設基準」第36条に明確に書かれていた。しかし，今はこの「基準」そのものが改変され，数値基準がなくなっていて，今明確に残っているのは，この「基準」を基につくられた（一財）ベターリビングの「墜落防止用手すりの認定基準」の中である。

したがって，例えば一般のマンションの設計などにおいては，法的な意味では，この数値基準を守ることは必ずしも求められない。しかし，この数値基準のように，すでに一般常識になっているような技術基準の場合は，それを守らなかったがために事故が生じたときなどには，相当重い民法上の責任が問われることになる。

◉数値の意味

数値の意味そのものは，説明するまでもなく明らかであろう。手すり子の間隔が広すぎると，その手すり子の隙間から乳幼児がするりと抜けて，落下してしまうかもしれない，ということである。これを，人間工学的に解説すると，以下のようになる。

まず，乳幼児に限らず，人間は，隙間をすり抜けようとしても，頭が通らなければすり抜けることはできない。したがって，手すり子の間隔としては，もっとも小さな頭をもつ乳幼児のその頭の寸法より，さらに小さくしておけばよい。

このような数値を決めるのは，人間工学の得意とするところである。すなわち，やっとつかまり立ちができるようになった月齢の乳幼児の頭幅寸法（頭長寸法より小さいのでこちらをとる）の統計データを基に，その0.1パーセンタイルにあたる頭幅寸法（1,000人中1，2番目に頭幅の狭い子の頭幅寸法，「平均−標準偏差×3」で求める）を求め，それより余裕をもって小さいラウンドナンバーの寸法として設定されたのが110mmという寸法である。

というわけで，この数値，きわめて意味の明快な数値なのだが，実は，この数値に関連して，どうしても付け加えておかなければならない後日談がある。それは，この数値基準を守った手すりでありながら（したがって，頭は隙間をすり抜けなかったものの），体だけが隙間をすり抜けてしまい，首吊り状態になるという事故が，実際に発生したのである。これを受け，先に述べた（一財）ベターリビングの「墜落防止用手すりの認定基準」では，このような事故の可能性が考えられる手すり下部の隙間については，さらに90mm以下にすべきとしている。

ところで，この90mmという数値だが，110mmという数値に比べると，実は根拠がいまひとつ曖昧なのである。110mmという寸法は，上に述べたとおり頭幅寸法で，これは骨の寸法だから計測可能である。したがってデータもある。これに対して，90mmという寸法は体の厚みの寸法で，これは肉の寸法なので加力により変形してしまい，計測不可能である。したがってデータもない。やむなく，経験則的に決めざるを得なかった寸法なのである。とはいえ，この基準でもなお同様の事故を起こしたという例は聴いたことがないので，基準として妥当なものであると筆者も考えている。

◉この数値基準の適用対象

この数値基準は，いうまでもなく，手すり子の隙間だけに適用できる基準というわけではない。乳幼児が使うもので，隙間をすり抜けては困るものには，すべからく適用されるべきものである。

建築内でも，手すり以外に該当する部分はいくらでも

あろうし，建築以外でも，例えば公園の遊具，ベビーベッドの柵など，適用すべき対象は挙げていけばきりがない。結構，利用範囲の広い数値基準なのである。

（なおい　ひでお）

Q.279 手すりの強度

真鍋恒博●東京理科大学名誉教授

手すりの強度に基準はあるのか

手すりには，転落防止や人体支持の機能が要求され，押したりもたれ掛かったりした場合の水平力などの荷重に耐える強度が必要であるが，建築基準法および同施行令では，手すりについては高さ1,100mm以上との規定があるのみで，強度の規定はない。

それに準ずる公的機関の基準としては，（一財）ベターリビングの優良住宅部品認定基準および評価基準「墜落防止手すり」に強度の規定（後述）があるが，あくまでBL部品の認定基準であって，一般の建物全般に適用されるものではない。また，さまざまな用途の手すり類にまでこの認定基準を準用すると，値が大きすぎて現実に合わないという面もあった。

2006（平成18）年には，耐震強度偽装事件とも関連して，衆議院国土交通委員会で手すりの強度に関する問題が取り上げられ，国土交通大臣は「関係業界と協議して第二弾の法令見直しにどう措置するか検討する」と答弁している。これに対応して日本金属工事業協同組合では，同年から手すりの安全に関する自主基準づくりのための検討を開始した。業界の技術者を集め，研究者の指導協力も受けて，1年をかけて標準的な手すりの強度に関する調査・実験および検討を実施し，「手すりの安全性に関する自主基準」を作成するに至った。

●BL部品の認定基準

（一財）ベターリビングの優良住宅部品認定基準「墜落防止手すり」では，水平荷重に対する強度については，共用廊下・階段まわり，住戸専用バルコニー用（300型）では2,950N/m（300kg/m），共用部を除く廊下・バルコニー用（150型）では1,450N/m（150kg/m），鉛直荷重についてはいずれも1,600N/m（165kg/m）とされている。

これらの水平荷重の値の意味としては，150型については成人男子1～2人が一斉に押した場合，300型については成人男子3～4人が一斉に押した場合，とされているが，その根拠はかなり昔の松下清夫東京大学教授らの実験結果から，経験者の判断で決められた数値が基になっているといわれている。

●金属工事業界団体の自主基準

上記のように，日本金属工事業協同組合では人間工学的荷重実験，一般の手すり製品の強度実験，取付け部分の強度実験などを実施した結果として，**表1**に示すような0～7の「グレード」を提案している。手すりに要求される水平力に対する強度には，ベターリビングの基準より細かいランクを設け，さらに従来の手すりの概念（面外力などの荷重を支持することが期待されるもの）に加えて，空間の仕切を示すだけで荷重の支持は期待されていない「柵」に相当するランクも加えている。業界団体としては，現実に合わせた強度の水準を設け，設計の際に「この手すりはどのランクにするか」という検討が行われることを期待して，実用性の高い基準となることを期待している。ただし，実際の手すりの強度は，手すり自体もさることながら，取付け部分のディテールや施工方法に大きな影響を受ける。無理のない取付けが可能な建物設計段階での配慮や，手順を守った正しい施工が前提となることはいうまでもない。

（まなべ　つねひろ）

表1　日本金属工事業協同組合の自主基準

グレード	荷重 N/m	荷重 kgf/m	備考	適用用途例
0	—	—	面外荷重がかからない「柵」	安全通路柵，敷地境界柵など
1	735	75	手すりの最低基準	個人住宅（廊下・バルコニー）
2	980	100	一般的な荷重	共同住宅の共用廊下・廊下
3	1,225	125	避難行為にかかわる荷重	避難通路・避難階段
4	1,470	150	BL墜落防止手すり基準相当（BL部品150型）	商業施設・公共施設の通路，共同住宅共用部，学校，大規模オフィスビル避難経路など
5	1,960	200	BL基準の中間の値	
6	2,940	300	BL墜落防止手すり基準相当（BL部品300型）	商業施設など多人数が集まる場所
7	2,940超	300超	さらに大きな荷重がかかる用途	吹抜まわり

Q.280 病床の数

長谷川裕能 ◉ ㈱日本設計

1看護単位当たりの病床数を，60床以下を標準とする根拠は

◉看護単位は病院設計の重要な「単位」

日本医療福祉建築協会が発行している季刊誌の用語説明によると，「看護上完結するように分けられた入院患者群に看護者群がその責任者と共に対応し，かつ主たる施設が固有に準備されている場合，これら患者集団・看護集団・施設のひとまとまりを看護単位という」と定義し，看護単位の集合体である入院施設全体を病棟と定義している。一般に病院を設計するときには，看護単位を何床にするかで病棟部分の階数と形が決まり，病院全体がおおむね決まる。病院設計を支配している単位だと考えてよいだろう。

◉看護単位は看護師の労働条件がベースだった

1958年，「基準看護制度」が創設され，入院患者数に対して何人の看護師が雇用されているかを制度化し，特一類（3対1），特二類（2.5対1），特三類（2対1）と設定された。このときはまだ，看護単位の病床数を規定するには至っておらず，各病院が自由に設定していた時代である。

1965年，人事院は国立病院の看護夜勤体制に対して看護単位内の1人夜勤を廃止し，2人以上で月8回以内と勧告した。このいわゆる「ニッパチ裁定」により，看護単位内の必要看護師数は16人以上となり，基準看護特一類（3対1）との関係から，50床前後の看護単位が一般的な標準規模となり，以後，病院運営および病院設計の目安となった。その後，特三類（2対1）が一般的となった時代でも，3人夜勤体制としたことで，やはり50床前後の看護単位になった。

1984年，厚生省看護課が設置した看護体制検討会により，1988年「看護体制の改善に関する報告書」がまとめられ，「病院看護管理指針」が提示された。これを契機に，病院が基準看護の承認を受ける際には，この指針以上の看護体制を整える必要があるとされた。その指針の中に「病棟の1看護単位が受け持つ病床数は50床を超えないことが望ましい」と書かれている。しかし，実際の「入院基本料施設基準」には「病棟の1看護単位当たりの病床数については，①効率的な看護管理，②夜間において看護が適性に行われること，③当該病棟に係る建築等の構造等を考慮した上で総合的に判断した上で決定されるものであり，原則として60床以下を基準とする」と記された。厚生省看護課が50床として方針を示したが，施設基準として明記するには当時の実態とかけ離れており，そのまま基準とするわけにはいかなかったという実状から，60床という落とし所をみつけたという政治決着に似た妥協の産物で，人間工学どころか，何の根拠もないということになる。

◉本来は看護学的根拠づけから決めたいもの

2006年の診療報酬改定で基準看護の考え方が「患者○人に対して1人の看護師が実際に働いている」という実質配置を示す考え方に変わり，15対1，13対1，10対1と改められ，そして新たに7対1という基準が設けられた。当時10対1体制だった病院の多くが看護師を増やし，7対1体制に移行したことから看護単位が縮小される予測もあったが，50床前後の看護単位を長年運用してきたせいか，あまり極端には縮小せず，建替えの際でも40床台の看護単位で検討する病院が多いのが現状だと思われる。

2012年の診療報酬改定からは看護必要度という考え方が重要視され始め，今後看護体制は一律に敷くのではなく，必要なところに必要な人数を割くという考え方に制度も変わりつつある。もはや，上限値の必要性すら疑問である。

看護単位は病院設計上重要な数値であるから，基準値を設けるのであれば，せめて看護学的見地から根拠づけられた数値であってもらいたい。しかし，基準値が診療報酬を規定するため，改正時に既存施設の実状との妥協が必要となれば，また根拠のない数値になるのだろう。

（はせがわ　ひろよし）

【参考文献】
1) 日本医療福祉建築協会：新看護体系における看護単位の大きさに関する研究，1999年

Q.281 病室の面積

長谷川裕能●㈱日本設計

患者1人当たりの病室面積が6.4m²/床である根拠は

◉3畳間から始まった

病室の面積を規定しているのは，医療法である。1948年，その医療法が制定され，医療水準を確保するための病院施設基準が整備された。制定当時の厚生省担当者へのインタビューを掲載した「病院管理」の研究論文によると，「約100病院を調べ，1人なら4畳半，2人なら6畳欲しいと考えた。さらに4寸柱で囲まれた1間半×1間の3畳間を考え，柱の中心線を結んだスペースを計算した。1間＝181.8cmで4寸＝13cmとして4.3827m²。切り捨てて4.3m²にし，4畳半は削って6.3と数字を並べた」という記録が残されている。長らく病院の施設計画を支配した個室6.3m²/床，多床室4.3m²/床という病室の面積基準はこのとき示された。約100病院を調べたとあるので，戦前の病院を基準にしたということになる。一方で，日本人の空間イメージは畳というモジュールが定着しているが，それを物語る記録でもある。

その後，高度経済成長とともに，量的な充足が必要となり，病院は急速に建設され，建築計画学を基に施設計画面では診療機能の中央化など発展を見せたが，病室の面積基準が改められることはなかった。

◉面積基準改正は病床削減と表裏一体

1980年代以降，経済成長とともに住宅をはじめとする生活環境が向上したことにより，病室に対しても特に療養環境面での環境改善に対する声が大きくなり，国も放置できない状況になり始めた。一方で，医療費高騰も社会問題となり始め，制定以来改正がなかった医療法もあらゆる面で改正が必要となった。

1986年第一次医療法改正で都道府県に医療計画制度を設け，基準病床数を定めることによる病床規制が行われた。つくりすぎた病床を削減する政策である。しかし，これだけでは病床は減らなかった。

1992年第二次医療法改正で，病床区分制度による病院の機能分化が行われた。その一環として，治療の少ない長期療養患者の入院を目的とした療養型病床群（現在の療養病床）という病床区分を設け，その病床に対して定められたのが6.4m²/床であった。当時，療養型に転換する方が経営上有利な部分もあり，その誘導に乗った病院が多く，このとき面積改善と病床削減が進み始めた。これだけが理由ではないが，事実この年をピークに病床は減り始める。

その後も医療施設近代化整備事業等補助金事業により，病床削減と環境改善を合わせた施設整備が進み，2001年第四次医療法改正により，一般病床や精神科病床にも6.4m²/床の基準が適用された。

では，6.4m²/床はどこから導き出されたのか。第二次医療法改正当時，既存病院の多床室はまだ6床室が主体であり，その6床室をそのまま4床室に減床すると，（4.3×6＝25.8）÷4＝6.4m²/床になるという論理で導き出された。病床削減を進めたい国と，環境改善をしたい病院側および建築側の思惑が一致していて，互いに受け入れやすい基準変更であったが，6.4m²/床という基準値は，人間工学的な根拠なしに決められた数値であると言って過言ではないだろう。

◉面積基準のあるべき方向性

病室は患者が療養生活を送る生活の場であると同時に，治療および看護の場である。90年代においては患者の療養環境という視点で病室の環境改善は行われたが，近年は治療および看護の場と捉え身体看護や感染管理，安全管理の視点で環境改善を考える時代を迎えた。

病院設計は全体的にはさほど専門性を要しないほど平均化されたが，一方で，より専門性が必要となった面もある。すべての病院を対象として施設環境の底上げを図るためには，建築主や設計者の自主性に委ねるのは無理があり，施設基準は必要である。今後，病室面積基準が改められることがあるとするならば，その際定められる数値は，病室の機能上必要な環境として導き出された，根拠のある数値になることを切に願う。

（はせがわ　ひろよし）

【参考文献】
1) 河口豊：病院の建築規模の推移に関する研究，1996年

Q.282 居室の天井高

岸崎孝弘●日欧設計事務所

居室の天井高は、なぜ2.1m以上なのか

●日本の寸法体系と生活スタイル

　建築基準法施行令第21条で「居室の天井高さは，2.1m以上とする」とされているが，その数値の根拠とは，果たして何であろうか。この基準自体は，大正9年施行の市街地建築物法第十八条に「居室ノ天井高ハ七尺以上卜為スベシ」とあり，昭和25年の基準法制定時にそれが引き継がれたようだが，その選定理由は，実は明確にされていない。

　実際のところ，住宅の居室を設計するにあたり，最低値である2.1mで設計する設計者は皆無だろうし，現代住宅での一般的な掃出し窓の高さ自体が1.8mから2mや2.2mが標準へと移っていることからも，2.1mという天井高さは実態に即していない。

　2.1m以上と定めたと考えられる根拠は，市街地建築物法にもあるように，日本の寸法体系からきたものであることは間違いない。

　日本独自の寸法である「尺」で考えれば，床面より襖の高さを6尺，欄間の高さを1尺，合わせて7尺で天井面と考えれば，これで約2.1mとなる。江戸期の長屋などを見ると，7尺から7尺5寸での建方は比較的多く見かけることができ，それを元に最低基準を定めたのではないかと思われる。これらの住宅では，間口が狭く奥に長い間取りが多く，間口が狭い部屋で天井を高くしすぎると，部屋がより狭く見え，天井高を抑えると広く見えるという視覚効果も考慮されているのではないだろうか。

　経済的な観点からみても，2.1mは6尺+1尺で，材木の寸法取りから考えれば経済寸法であり，材料に無駄が出ないよう考慮した場合の最低値が2.1mであることがわかる。

　これは木造住宅に限った話ではなく，鉄筋コンクリート造でも同様で，例えば同潤会アパートなどにおいては，階高8尺5寸，天井高7尺5寸など，関東大震災後の物資不足の中で，最低限の材料で最大限の生活水準を確保しようという努力が見られる。そのような観点から，基準法の制定時に「最低の基準を定めて，国民の生命，健康及び財産の保護を図り，公共の福祉の増進に資することを目的とする」という建築基準法第一条の目的に謳われている，最低の基準である数値として，これらの実例も考慮に入れたと考えれば，天井高さ2.1m以上としたことは最低限の基準として理に適っているといえる。

　日本人の生活スタイルから考えると，古来より畳に直に座って食事や団らんを行い，布団を敷いて眠るのが一般的であったということを考えれば，天井が低いことによる圧迫感は，天井高さが2.1mであったとしてもそれほど問題にはならなかったのであろう。ところが現代の住宅においては，生活様式が西洋風になり，机と椅子での生活，ベッドでの就寝が一般的になったことから，天井の高さが最低基準であると低すぎて圧迫感が出てしまう。また，日本人の平均身長は，この基準が制定された昭和25年の成人男性は160cm，女性は148cmであったのに対し，現在では男性171cm，女性158cmとそれぞれ10cmずつ平均が伸びており，当時の平均身長から考えれば，立って手を上に伸ばしても2.1mあれば届かない高さであったことがわかる。しかし現在では，男性であれば十分に手が届いてしまう高さであり，この点でも法令による最低値が実態に即しているとは言いがたい。

　日本の住宅はもともと，縦方向へ伸ばすスタイルというより，横方向に広げるスタイルで構成され，柱だけで横へ広げられた開口部から，座して庭を眺めることを考えると，高すぎる天井高はむしろ落ち着きをなくし，不安定にさえなる。借景の額縁として横長の開口部を考えた場合に，6尺高さの開口部が横に広がっていることは非常に効果的なのである。

　とはいえ，やはり土地の小さな現代の日本の住宅においては，天井高さ2.1mという基準はやや低いと思われるのだが，いかがであろうか。

（きしざき　たかひろ）

Q.283 延焼のおそれのある部分

菅原進一 ● 東京大学名誉教授

基準法第2条六の「延焼の恐れのある部分」で規定されている数値について

⦿ 条文の背景

建築基準法に用いられる用語の定義として規定され，建物をつくるほとんどの場合に考慮すべき重要な用語の一つである。日本は古来，相次ぐ市街地大火に悩まされてきた。その主たる原因は，燃えやすい木造住宅が市街地に密集していることにある。木造の火災性状を検証する最初の実大実験が，昭和8年8月に東京大学御殿下グランドで行われ，そのときの実験家屋周辺の温度変化や，その後全国各地で実施された多数の木造家屋の実験結果が内田祥文らによって整理され，日本家屋の標準的火事温度時間曲線が作成された。

そして，炎上家屋自体の温度の標準的な時間的変化を示す標準曲線を1級加熱曲線，炎上家屋の外壁面基部を原点として係数の値が0.82である放物線上での温度の時間変化は，1級加熱曲線のほぼ3/4の値をとることが明らかにされ，これが2級加熱曲線と名づけられた。なお，一般住宅を主な対象とした戸建木造の伝統的外壁である土塗り壁およびそれと同等の構造については，1級加熱曲線の260/1,110とした曲線を設定し，隣棟からの加熱強度を割引き，類焼防止構造の普及を図ってきた。現在は，国際ルールに準拠して，ISO834に規定する耐火加熱曲線を採用し延焼防止性能を判定している。

⦿ 条文の内容

上記のような背景の主旨を考慮して，建築基準法第2条六では「延焼の恐れのある部分」という表現で，家屋相互間の類焼を防止することを規定し，市街地大火への進展を防ぐことを目途としたと考えられる。その内容は，隣地境界線，道路の中心線，または同一敷地内で延べ面積の合計が500m²を超える2以上の建築物相互の外壁間の中心線のそれぞれから1階にあっては3m以内，2階以上にあっては5m以内の部分を指し，ただし書きでは，防火上有効な公園，広場，川などの空地，水面，耐火構造の壁に面している部分を除くとしている。

⦿ 条文の活用

建築設計の実務では，延焼の恐れのある部分を延焼線と呼び，敷地図のまわりに線を引いて，それにかかる建物の外壁部分を耐火構造，準耐火構造，防火構造，準防火構造（土塗り壁同等構造）としている。

ここでいう防火構造は，耐火試験炉に試験体を設置して，ISO834に規定する温度時間曲線（$\theta = 345\log(8t+1)+\theta_0$；ここに$\theta$は炉内温度（℃），$t$は時間（分），$\theta_0$は室温（℃））にそって炉内温度を上昇させ，30分経過時点における構造体の裏面温度が可燃物燃焼温度（平均160℃，最高温度180℃）以上に上昇しないこと，耐力外壁の場合は，裏面温度規定の他に軸方向最大収縮量が$h/100$以下，軸方向最大収縮速度が$3h/100$以下であることが要求され，類焼防止が図られている。

なお，各指定性能評価機関の業務方法書をみると，外壁の加熱試験による性能判定では，耐火構造が1時間，準耐火構造が45分，準防火構造は20分加熱とされているので，延焼防止の基準である防火構造に比べ旧来の住宅に多い土塗り壁や難燃性のある被覆材で表面を覆った構造は，防火構造よりは性能が低い。

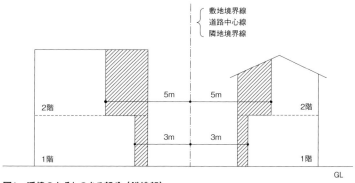

図1　延焼のおそれのある部分（斜線部）

しかし，この規定によって圧倒的多数を占める軸組木造家屋の延焼防止性能の向上が図られている。

(すがはら　しんいち)

Q.284 二項道路の幅

安達和男●Adachi Archi Associate

二項道路の幅はなぜ4mなのか

●二項道路とは

建築基準法第43条は「建築物の敷地は，道路に二メートル以上接しなければならない。」としている。その前の第42条は，「道路」を定義する。第一項では，1から5号までの法律に基づく各道路を規定する。第二項では，既存街区の救済措置的なみなし道路を規定する。これが「二項道路」である。条文は「この章の規定が適用されるに至った際，現に建築物が立ち並んでいる幅員四メートル未満の道で，特定行政庁の指定したものは，前項の規定にかかわらず，同項の道路とみなし，その中心線からの水平距離二メートル（前項の規定により指定された区域内においては三メートル，特定行政庁が周囲の状況により避難及び通行の安全上支障がないと認める場合は，二メートル）の線をその道路の境界線とみなす。」である。

●なぜ幅員4mか

大正8年12月に，日本で初めて道路構造令が制定された。ここで「第三條　主要ナル郡道及市道ノ有効幅員ハ二間以上トナスヘシ，山地其ノ他特殊ノ箇所ニ限リ其ノ幅員ヲ三尺以内縮小スルコトヲ得
第四條　主要ナル町村道ノ有効幅員ハ二間以上トナスヘシ，山地其ノ他特殊ノ箇所ニ限リ其ノ幅員ヲ三尺以内縮小スルコトヲ得」と，自治体管理道路の2間幅員を基準とし，やむを得ない場合9尺幅員を認めている。

翌，大正9年12月施行で建築基準法の前身である「市街地建築物法」は，建築物の接道を義務づけている。そして第26条には「本法ニ於テ道路ト称スルハ幅員四メートル以上ノモノヲ謂フ　2幅員四メートル未満二・七メートル以上ノ道路及道路ノ新設又ハ変更ノ計画アル場合ニ於ケル其ノ計画ノ道路ハ勅令ノ定ムル所ニ依リ之ヲ道路ト看做ス」とある。ここでは道路は幅員4m以上とし，さらに2.7m以上をみなし道路の条件としている。先の道路構造令を受けているが，メートル表記である。そして，昭和13年の建築物法改正で2.7mが4mに引き上げられ，現在の建築基準法（昭和25年11月23日施行）の二項道路規定に継承された。

●そのルーツ

江戸時代の元和2（1616）年の「家康百箇条」の中で，道路幅員の基準が述べられている。「大海道6間，小海道3間，横道2間，馬道2間，歩行路1間，捷路3尺，作業道3尺」。この2間幅員と，さらに1間との中間である9尺幅員が，大正8年の道路構造令の元になったのではないか。

●幅員4mの機能

現在，道路構造令，普通道路の車線幅員は等級別に3.75，3.5，3.25，3.0，2.75と規定されている。二項道路の4m幅員は，ぎりぎり車がすれ違える幅員である。しかし重要なのは，消防車や救急車が進入可能な幅員であることだ。建築基準法は防火的で安全なまちづくりを目指し，建築物が新築される際に敷地境界を道路中心線から2mまで後退させて，既存道路を順次拡幅することを狙った。しかし，住民が敷地面積減を嫌うために，必ずしも成功していないのが実情である。目的達成のためには，後退部分の容積補填を考えるべきではなかったのか。

(あだち　かずお)

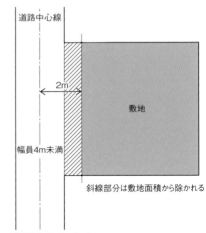

図1　二項道路のセットバック

Q.285 避雷設備の設置

高橋健彦●関東学院大学教授

避雷設備が高さ20mを超える建築物に設置しなければならないのはなぜか

建築物の高さ20mは，誰もが興味をもつ数値である。昭和の初期頃に決められた数値であるが，その背景や根拠を記した文献は見当たらない。まず，歴史をひも解いてみよう。

●雷現象の変遷

雷現象が電気によるものであることを実証したのは，1752年5月フランス・パリ郊外で実験したダリバールである。彼は雷雲下で金属棒を空中に建て，放電現象をとらえたもので，大地との絶縁物としてワインの瓶を使用していた。一方，1752年6月に米国・フィラデルフィアでフランクリンは凧の実験を行い，雨で濡れた凧ひもに火花を発生させることに成功した。フランクリンは雷現象の実証に留まらず，避雷針を提唱し，その有効性を示したことで後世に名を残した。

わが国でも1811（文化8）年，橋本宗吉が蘭書でフランクリンの実験を知り，泉州熊取で松の木に金属線を垂らし，「天の火」を取る実験を行った。

わが国で最初の避雷針は，1875（明治8）年に金沢市の尾山神社（祭神藩祖前田利家）の楼門に取り付けられたという。

19世紀頃は，避雷針による保護範囲は思惟的考察によって円筒や円錐形が提案された。この円錐形においては，避雷針の高さと雷遮蔽の角度のパラメータがあり，この考え方がいわゆる保護角法といわれる避雷の方式であり，近年まで供用されてきた。

●わが国の基準・規格の変遷

わが国における避雷設備の最初の法規制としては，1934（昭和9）年内務省令第38号の市街地建築物法施行規則第42条により，65尺（19.7m）を超過する建築物には適当な避雷設備を施すことが定められた。具体的な施工方法は，都道府県の内規によって個々に指導されていた。

1950（昭和25）年に建築基準法が制定され，避雷設備の全国的な統一基準として，高さ20m以上の建築物に避雷設備の設置が義務づけられ，同年の建築基準法施行令において，JIS A 4201に準拠すべきことが定められた。

この動きと並行して，日本学術振興会では避雷設備の標準仕様書を検討していた。JIS A 4201の原案作成委員会では，この標準仕様書，都道府県の内規，米国の避雷規程などを参考に1952（昭和27）年8月に制定した。その後，約3年ごとに一部改訂，あるいは確認が行われてきた。

1981（昭和56）年5月の改訂においては，規格名称が「建築物等の避雷設備（避雷針）」と改められ，JIS A 4201：1981として発行された。その後も改訂，確認が行われ，JIS A 4201：1992が発行された。

●現在の基準・規格

わが国は，国際貿易機構（WTO）の貿易の技術的障害に関する協定（TBT協定）を締結した。その結果，いわゆる基準・規格の国際整合化を実行しなければならなくなった。この対象は国際電気標準会議（IEC）規格とされ，それがJISにも波及し，JIS A 4201の大幅な改訂が必要になった。改訂の特徴としては，従前の仕様規定から性能規定とし，保護方式として保護角法に加え回転球体法，メッシュ法が追加された。この理由としては，近年の建築物の高層化に伴い，雷は建築物の側壁に落ちる事例が多く発生し，学界では保護角法の限界説が顕在化していた。さらに，「避雷」という用語を「雷保護」に変更した。それにより，避雷針は突針あるいは受雷部という用語になった。このような改訂により，JIS A 4201：2003が発行され，現在に至っている。

表1 受雷部高さと保護角

保護レベル	受雷部の高さh(m)				
	20	30	45	60	60超
I	25°	*	*	*	*
II	35°	25°	*	*	*
III	45°	35°	25°	*	*
IV	55°	45°	35°	25°	*

【注】＊印：回転球体法およびメッシュ法を使用する

特に，突針は大地面からの高さも加えた受電部の高さで評価することになり，**表1**に示すように保護レベル（雷保護のグレードと確率）に応じた保護角法の受電部の高さと角度が規定されている。

現在の建築基準法の第33条，同施行令の第129条の14では，建築物の高さ20mの数値に変更はないが，2005（平成17）年に改正された建設省告示第1425号においては，JIS A 4201の1992年版に適合する構造の避雷設備は2003年版に適合するものとみなされている。

（たかはし　たけひこ）

Q.286　高さ制限

桑田　仁●芝浦工業大学教授

高さ制限で規定されている数値には何があるか。また，その数値なのはなぜか

建築基準法（以下，建基法）における主な高さ制限としては，道路斜線制限（**図1**），隣地斜線制限（**図2**），北側斜線制限（**図3**）がある。ここではそれぞれの制定背景と，その数値根拠を見てみよう。

道路斜線制限については，1919年に制定された市街地建築物法（以下，物法）において，採光と通気を確保することを目的とし，現在の建基法と同様の規制が導入されていた。まず斜線の開始位置についてであるが，これは街並みへの配慮も含まれている。すなわち，もしそれが当該敷地と道路との境界線であったならば，必ず敷地境界からセットバックして建築せざるを得なくなり，道路境界に壁面が揃わなくなる。そのような点も考慮して，道路の向こう側の境界線に斜線の開始位置が設定されたのである。

それでは，道路斜線制限の傾きの数値の根拠は何だろうか。住居地域において1：1もしくは1：1.25，商業地域においては1：1.25もしくは1：1.5というのが，当時の諸外国の都市において最も普通な事例で，かつその運用実績からみても妥当な数値であることから，日本においても同様な数値に設定されたようである。なお，建基法での道路斜線の緩和措置（適用距離等）については，その数値について根拠は示されていない。

隣地斜線制限は，実は物法時代の絶対高さ制限と関係がある。物法では，交通への過度な負荷を防止することを主な目的として，建築物の容量を制限するために絶対高さ制限が制定されていた。これは，建築物の最大高さを住居地域で65尺，それ以外の地域で100尺とするものであった。100尺という数値が採用された理由としては，当時100尺を超える建物は東京で二つほどしかなかったこと，諸外国と比較しても厳しい数値ではなかったこと，また100という数字がきりのよい数字であったことなどが挙げられている。65尺の根拠については，住居地域ではより厳しい数値が妥当であること，3階建が余裕をもって建てられ，うまくすると5階建まで建てられることなどが挙げられている。

このようにして決められた数値は，メートル法への改正時にそれぞれ31m，20mとなり，建基法にも同じ数値で絶対高さ制限が引き継がれたのである。それが時代の変遷とともに高層化の許容を求める声が高まり，1970年に容積率規制の全国的な採用とともに，絶対高さ制限が撤廃された。その際に，高さ20mまたは31mを超える新たな建築物の出現により，隣地の採光環境が極度に悪化するのを防ぐ目的で，それまでの絶対高さ制限を超える部分に適用される，隣地斜線制限が導入されたのである。1：1.25，あるいは1：2.5という斜線勾配の数値に関しては，根拠は明らかではない。

北側斜線制限は，隣地斜線制限と同じく1970年の建基法改正時に採用された。日照紛争が広がる中，住居専用地域において，北側家屋への日照を確保することを目的としている。実は，北側斜線制限の制定より早く，東京都は1963年に全国に先駆け，住居専用地域に独自の高度地区を導入した。最も厳しい第一種高度地区（**図4**）では，北側隣地境界線で高さ5m（木造2階建）までは制限せず，それを超すものは冬至の南中時の入射角（1：0.6）で制限される。北側斜線は東京都の高度地区を参考にしたと考えられるが，日照を確保しつつ，かつ狭小敷地に対して厳しすぎない規制とする，といった相反する要求を勘案した結果，斜線の傾きは1：1.25と緩く設定され，日照確保の観点からは不十分な規制となっている。

（くわた　ひとし）

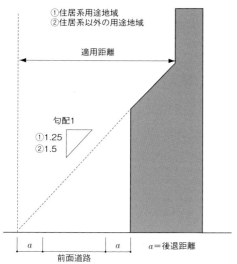

図1 道路斜線

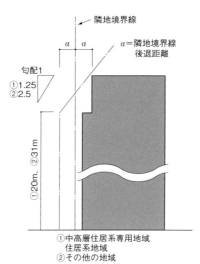

図2 隣地斜線

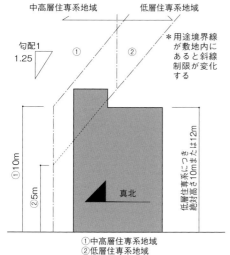

図3 北側斜線

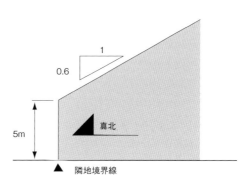

図4 東京都における第一種高度地区

Q.287 建物の高さの定義

小泉秀樹●東京大学教授

都市計画施行令と消防法では「高層建築物」の扱いが違う。「低層建築物」「中層建築物」「高層建築物」の定義と根拠はなにか

◉住宅地計画と消防法における低・中・高層の区分

住宅地計画の際に、「低層建築物」「中層建築物」「高層建築物」の区分を一般に用いるが、この場合は、低層を1～2階、中層を3～5階、高層を6階以上とする場合が多い。かつては、建築基準法において、木造住宅の階数が2階と制限されていたこともあり、低層を2階建までと考え、エレベータが必要とされない階数（5階）までを中層、エレベータ設置が必要とみなされる建築物を高層（6階以上）とする場合が多かった。

こうした考え方は、建設省（当時）が1995年に策定した「長寿社会対応住宅設計指針」（建設省住備発第63号）においても取り入れられ、「6階以上の高層住宅にはエレベーターを設置するとともに、できる限り3～5階の中層住宅等にもエレベーターを設ける」と規定され

表1 名古屋市中高層建築物の建築に係る紛争の予防及び調整等に関する条例における中高層建築物の定義

	地域または区分	建築物
①	第1種低層住居専用地域 第2種低層住居専用地域	軒高が7mを超える建築物 または地階を除く階数が3以上の建築物
②	第1種中高層住居専用地域 第2種中高層住居専用地域 第1種住居地域・第2種住居地域・準住居地域 近隣商業施設（容積率が200%または300%の地域） 準工業地域 用途地域の指定のない区域	高さが10mを超える建築物 または地階を除く階数が4以上の建築物
③	近隣商業地域（容積率が400%の地域） 商業地域（準防火地域内で容積率が400%の地域）	(1) 高さが15mを超える建築物 (2) 高さが10mを超える建築物または地階を除く階数が4以上の建築物のうち、冬至日の真太陽時による午前9時から午後3時までの間において、①または②左欄に掲げる地域または区域内の法定水平面に日影を生じさせるもの
④	商業地域（③に掲げるものを除く） 工業地域	(1) ③右欄(1)に掲げる建築物 (2) ③右欄(2)に掲げる建築物
⑤	工業専用地域	③右欄(2)に掲げる建築物

た。

一方で、消防法では、高層建築物を「高さ31mを超える建築物」と定義している（第8条の2）が、これはかつて市街地建築物法、旧都市計画法時代に、用途地域に応じて建築物の絶対高さ制限が行われていたことに由来がある。当時の絶対高さ制限の値は、住居地域で65尺＝20m、それ以外の用途地域では100尺＝31mとされていた。この高さを超える建築物については、特別な条件のもとその建築を認めていた、そのことの名残である。ちなみに、今ある銀座の街並みが、この旧法時代の31mの絶対高さ制限のもと形成されたものであることは、あまりにも有名である。

◉ **曖昧・多様化する低・中・高層建築物概念**

近年では、木造の3階建建築物が一般化してきたことから、3階までを低層する場合も見られる。また、中低層でもエレベータが設置される場合が一般的となり、かつての低層、中層、高層の区分の考え方は、必ずしも厳密な意味をもっていないといえるかもしれない。

また、戦後、都市自治体において、マンションなどの建設に伴い頻発した中高層建築物の建築にかかる紛争を予防することを目的に、条例を制定することが広く行われるようになった。この各自治体が制定する「中高層建築物紛争調整条例」においては、各自治体が独自に中高層建築物について定義を規定している（**表1**）。

（こいずみ　ひでき）

【参考文献】
1) http://ja.wikipedia.org/wiki/高層建築物

規基準の数値は「何でなの」を探る　第2巻

発行：	2015年5月15日　第1刷
	2018年1月22日　第2刷

監修	寺本隆幸／大越俊男／和田　章
発行者	橋戸幹彦
発行所	株式会社建築技術
	〒101-0061　東京都千代田区三崎町3-10-4 千代田ビル
	TEL 03-3222-5951　FAX 03-3222-5957
	http://www.k-gijutsu.co.jp
	振替口座 00100-7-72417
装丁デザイン	箕浦　卓(M's SPACE)
印刷・製本	三報社印刷株式会社

落丁・乱丁本はお取り替えいたします。
本書の無断複製(コピー)は著作権法上での例外を除き禁じられています。
また、代行業者等に依頼してスキャンやデジタル化することは，
例え個人や家庭内の利用を目的とする場合でも著作権法違反です。
ISBN978-4-7677-0146-2 C3052
Ⓒ Takayuki Teramoto, Toshio Okoshi, Akira Wada 2015
Printed in Japan